"博学而笃志，切问而近思。"

(《论语》)

博晓古今，可立一家之说；

学贯中西，或成经国之才。

内容提要

随着冷战时代的结束，世界各国经济的互补性和依赖性越来越强，企业的国际化和跨国经营成为当今世界经济发展的一大趋势，这一趋势向传统的贸易理论提出了挑战，把国际贸易、国际营销、国际投资、国际商法、企业管理等学科以企业的国际经营为主线加以提炼和综合，便是形成国际商务管理这门课程的前提。

本教材是在复旦大学管理学院国际企业管理系的讲义基础上编写而成的，共分国际商务导论、基本理论、商务环境、经营方式、经营战略、营销管理、财务管理、人力资源管理等十二章和十四个案例，每章后还配有思考题。

大学管理类教材丛书

国际商务管理

（第二版）

薛求知　刘子馨　主编

復旦大學出版社

前　　言

国际商务(International Business)，作为一类经济活动由来已久，但作为一门学科还是一个新兴的领域。商品的进出口、技术的转让和引进、海外的直接投资，长期以来，只是被看做部分厂商专业分工形成的、单独的、分散的经营行为，或只是国内经营活动的补充形式。因而，经济学家们根据这些活动发展的先后顺序，分别研究形成了国际贸易、技术贸易和国际投资等学科。但当世界进入了一个全球经济相互依赖的时代，企业国际化成了当今世界经济发展的一大趋势和特征时，人们看到这些国际经营的多种形式已并存于同一企业之中，企业已从经营战略的高度在全球不同区位交替使用这些形式以达到企业的目标，以及通过跨国的管理更有效益、更有效率地进行这些活动，跨国公司便是这类企业的典型代表。实践向经济学家、管理学家提出了挑战，于是超越传统的理论局限，把国际贸易、国际营销、国际商法、国际投资、企业管理等学科进行整合，并以企业国际经营这一主线加以提炼、分析、总结，建立一门综合性学科便成了必然，这也就是国际商务学科的研究主题和研究内容。

国际商务作为一门课开出，即使是在发达国家的著名商学院也是1970年代后半期的事。而近三十年恰恰是国际商务活动发展最为迅速的一段时期，尤其是2001年，我国正式成为WTO的成员之后，新的经营理念层出不穷，企业的经营手段和方式花样翻新，管理上也是新招迭出，这对课程内容的稳定性提出了难题。在这门课中，目前很难找出公认的经典教材，而这一点又恰恰是为这门课编写教材的诱人之处。

在市场经济确立和完善过程中最新定位的中国企业,越来越多地按照市场经济条件下企业的本质要求来确定自己的经营目标、经营内容和经营区位。“问题本身并不在于资本主义生产的自然规律引起的社会对抗的发展程度的高低,问题在于这些规律本身,在于这些以铁的必然性发生作用并且正在实现的趋势,工业较发达的国家向工业较不发达的国家所显示的,只是后者未来的景象”(马克思)。生产力发展的一般趋势显示:先进的技术、管理、生产率等总是通过企业组织作为载体,在世界范围内进行传播和扩散;企业从自身利益出发进行的跨国经营活动,客观上顺应了生产力国际化发展的一般趋势,中国企业走国际化经营之路,这也是一种必然趋势。这种尝试始于1980年代,到1990年代已成为一股不小的势头。改革开放环境中的中国企业经营行为与国际接轨的速度是惊人的,当1989年,我们第一次尝试在复旦大学管理学院为研究生开出这门课时,学生觉得所学的内容与中国一般企业的实践隔得是那么遥远,可是随着时间的推进,这种距离感在大大被缩短,如今,其中不少内容已在中国企业中被实践、被运作。一批中国的跨国企业正在培育和发展起来,越来越多的企业把经营国际化和企业国际化归入了战略规划之中。所以,十分有必要从发达国家的企业实践中和理论家的归纳中汲取有用的东西,作为认识和发展中国企业跨国经营的思想材料和行为参照。

形成一本向中国经营实务界和未来的经营者、管理者既能全面介绍国际商务的一般理论,又能对国际商务管理进行实用指导的教材兼参考书是作者多年来的愿望。本书是在我们近年来潜心学习、讲授和研究国内外国际商务理论和实践的基础上编著而成的。本教材的第一版自1996年出版以来,受到同行和读者的首肯,多次重印,发行数万册。而近几年来,经济全球化导致的国际经营环境发生了巨大的变化,企业国际商务实践活动也有许多创新，而在国际商务学界也有许多新发展，修订本教材已势在必行。这次修订由薛求知、刘子馨共同讨论了修订大纲，然后由薛求知对全书进行了修订，其中重写了第一章、第六章、第十一章、第十二章；对第二章、第三章、第八章作了较大量的补充和调整，阎海峰重写了第十一章。其余各章也作了一定的修改。我们同时更换了五分之四的案例，挑选了一些更适合于教学讨论，背景更新近的案例，但考虑到有些案例内容经典，我们予以保留。在新版教材中我们还是注意保留和发扬本教材的特点：

1. 在有限的容量中体现结构和内容的丰富性，把国际商务中环境、战略和管理三个主要方面的重点内容尽可能包括其中。

2. 包容国际商务主体的多层次性，不仅包括国际商务的主要载体——跨国公司，同时也涉及具有参与国际商务活动潜质的中小型企业。

3. 教材行文风格的中间路线。既要体现经典教材所强调的规范性和严谨性，又溶合 MBA 教材的现实性和活力。

本教材适合于高等院校管理和财经类研究生、本科生教学使用，也适用于在职管理人员为对象的培训中作为教材。即使作为非系统性学习或因一般兴趣而阅读，也希望它具有一定的吸引力。

尽管我们作了努力，但由于学科自身发展的局限性和囿于我们的水平，不少地方仍有待不断地提高和完善。好在这只是一本概论性质的教材，探索和研究这一领域的真谛，还有待于理论界和实务界的共同努力。

作者

2002 年 1 月

目　　录

前言……………………………………………………………………… 1

第一章　国际商务导论……………………………………………………… 1
　第一节　国际商务的发展与现状……………………………………… 1
　第二节　经济全球化与国际商务 ……………………………………… 10
　第三节　国际商务的特殊性 …………………………………………… 13
　第四节　现代企业与国际商务 ………………………………………… 18
第二章　国际商务的基本理论 …………………………………………… 28
　第一节　国际贸易理论 ………………………………………………… 28
　第二节　对外直接投资理论 …………………………………………… 38
　第三节　国际竞争力理论 ……………………………………………… 47
　第四节　企业国际商务理论 …………………………………………… 53
第三章　国际商务环境 …………………………………………………… 60
　第一节　国际贸易与世界市场 ………………………………………… 60
　第二节　国际金融市场 ………………………………………………… 65
　第三节　国际资本流动 ………………………………………………… 79
　第四节　国际收支 ……………………………………………………… 84
　第五节　国际经济组织 ………………………………………………… 92
第四章　外国经营环境……………………………………………………… 97
　第一节　国际经营面对的环境 ………………………………………… 97
　第二节　经济物质环境…………………………………………………… 100
　第三节　政治环境………………………………………………………… 111
　第四节　法律环境………………………………………………………… 115

第五节　社会文化环境…………………………………… 120
第六节　国际商务环境评估……………………………… 124
第五章　国际商务经营方式…………………………… 128
第一节　商品出口………………………………………… 128
第二节　技术授权………………………………………… 135
第三节　合同安排………………………………………… 139
第四节　对外直接投资…………………………………… 142
第五节　国际经营方式的选择…………………………… 150
第六章　国际经营战略………………………………… 157
第一节　国际经营战略的模式与选择…………………… 157
第二节　全球竞争优势:目标与方法 …………………… 172
第三节　战略实施………………………………………… 185
第七章　国际商务的营销管理………………………… 188
第一节　国际营销决策…………………………………… 188
第二节　国际产品策略…………………………………… 194
第三节　国际销售渠道策略……………………………… 200
第四节　国际定价策略…………………………………… 208
第五节　国际促销策略…………………………………… 215
第八章　国际商务中的进出口实务…………………… 221
第一节　国际贸易业务的程序…………………………… 221
第二节　进出口业务中的交易条件……………………… 223
第三节　贸易磋商的环节………………………………… 239
第四节　合同的订立……………………………………… 244
第五节　合同的履行……………………………………… 246
第六节　EDI 在进出口实务中的应用 …………………… 252
第九章　国际财务管理………………………………… 255
第一节　国际财务管理的功能…………………………… 255
第二节　国际商务中的融资管理………………………… 259

第三节　长期资金投放管理……………………………… 267
第四节　营运资本管理…………………………………… 271
第五节　外汇风险管理…………………………………… 277
第十章　国际人力资源管理…………………………… 285
第一节　管理者的管理…………………………………… 285
第二节　劳工的管理……………………………………… 295
第三节　多元文化背景下的管理………………………… 304
第十一章　国际商务组织与控制……………………… 312
第一节　组织结构的设计与演变………………………… 312
第二节　组织结构的基本类型…………………………… 318
第三节　新组织形态:跨国网络结构 …………………… 329
第四节　国际经营控制体系……………………………… 332
第十二章　中国企业的国际经营……………………… 339
第一节　我国企业国际经营的发展……………………… 339
第二节　我国企业国际经营的因素分析………………… 357
第三节　我国企业国际经营的模式与策略……………… 367

案　　例

一、国际商务学生开的国际商务企业 ……………………… 380
二、欧洲迪斯尼乐园 ………………………………………… 383
三、波美合资企业中的组织与国家文化 …………………… 395
四、通用电气照明公司出击全球三大市场 ………………… 404
五、海鸥方镜照相机在国际市场的夹缝中拓展 …………… 408
六、三家外国企业打入美国汽车市场的“进入战略”的
　　比较 …………………………………………………… 411
七、ABB 公司 ……………………………………………… 421
八、全球竞争中的两个组织 ………………………………… 436

九、拉特—安德松机器制造公司 …………………………… 440
十、国际银行马来西亚分行 ………………………………… 442
十一、由海尔的国际化到国际化的海尔 …………………… 452
十二、中信公司境外企业管理制度 ………………………… 461
十三、万向美国公司境外经营经验:本土化 ……………… 469
十四、上海实业集团海外收购案 …………………………… 477

第一章 国际商务导论

全球化是当今世界经济的主要时代特征之一。全球化时代为世界各国的企业和个体开启了机会之门。日益增长的国际贸易和国际直接投资,日新月异的新技术和创新活动,日渐发达的媒体和互联网,都为经济增长和人类发展注入了生机。经济全球化的潮流势不可挡,它摧毁了各种贸易的壁垒、市场的限制,冲破了国家的、地区的界限,经营国际化和企业国际化在此条件下便成了一种必然选择。

我们加入了WTO以后,在"国民待遇"的总体方略条件下,在有越来越多的跨国公司进入中国市场的同时,也会有越来越多的中国企业走向国际市场。"国内竞争国际化,国际竞争国内化",面对日益国际化的中国市场和日益全球化的国际市场,作为今天的或未来的管理者,都有必要树立全球的经营视野,了解国际商务理论,掌握国际商务管理的知识和能力,以适应经济全球化条件下企业管理的需要。

第一节 国际商务的发展与现状

一、国际商务

国际商务(International Business)是指越过国界的任何形式的工商活动。它包括几乎任何形式的经济资源——商品、劳务、技术和资本的国际转移。

当代世界经济,是一个发展成熟的世界经济,在全球范围内不但存在着高度发达的世界商品市场,而且存在着高度发达的世界资本市场,并在一定程度和某些范围内存在着世界人力资源市场。因而,一国的政府、企业、个人与世界其余国家的政府、企业、个人及世界性的企业发生着极其复杂的经济往来关系,而国际商务主要指的是企业之间的这类经济往来。这类经济联系是以生产的国际化、交换的国际化以及消费的国际化为背景的,分别通过产品流动和要素流动来实现的,其经营活动的主要内容包括:

(1) 以商品进出口为中心的国际贸易;

(2) 对外投资,包括国际证券投资、在国外的直接投资、国外的生产等;

(3) 技术转让方面的特许或授权(Licensing),包括商标、专利权、制造程序或有价的知识技能的国际化,以及研究与发展(R&D)活动的国际化;

(4) 国际劳务和服务的提供,包括市场(广告)、法律、财务、保险、运输、会计、管理顾问咨询等劳务;

(5) 国际通讯、信息及传递,包括电台、电视、电影、电话、电报、书籍、报刊、新闻提供等。

从事国际商务经营活动的企业,可以根据企业的战略目标,企业的条件,以及外部环境提供的可能性,进行多种形式的选择和组合,从事不同程度的国际商务活动,以及涉及不同空间跨度的商务活动。

对国际商务的研究和学习主要包括两个方面的内容,一是多元的环境对国际领域内各公司的影响以及公司应采取的对策,二是国际经营企业带有独特性质的国际性的管理过程。

由于国际企业的经营打破单个国家的范围而发展到多个国家,因此会出现各种机会和问题,国际商务的研究重点就放在这些机会和问题上。从非常实际的意义上来说,国际商务包含有关这一领域最广泛最有概括性的研究。有关管理的传统理论与研究,仅是从基本属于国内的环境的角度来观察工商业活动，在国际商务中许多非常重要的参数和环境变量（如外国法律制度、外汇市场、文化差异以及不同的通货膨胀率），或是与国内工商业活动无关，或是在其范围和复杂性大为降低而导致重要性大大降低。因此，从现代经营的观念来看，国内商务是国际商务的一种特殊的有限制的经营领域。

当今国际商务活动的最主要特点之一，就是跨国公司成为国际商务活动的主要载体，跨国公司发展迅速、其数量、规模、经济实力、技术开发能力都达到空前，跨国公司通过无所不包的公司战略和错综复杂的网络结构，将世界各国的经济紧密联系在一起，形成一体化的生产体系。因而，对国际商务的研究，跨国公司自然成为主要对象，不过不同规模和类型的企业都可以参加不同层次的商务活动，由此也可见国际商务活动主体的多样化。

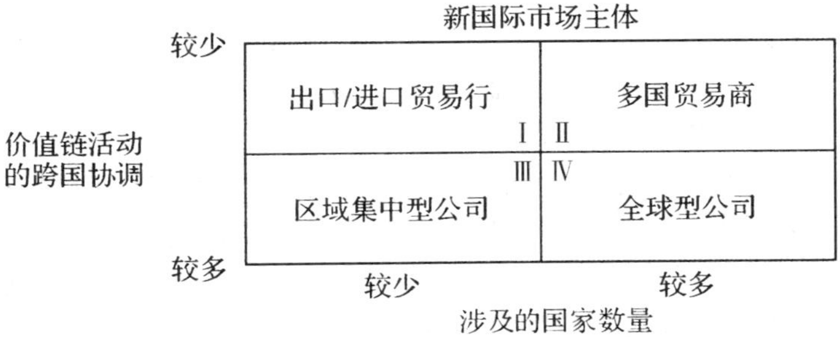

图 1.1　国际商务新建企业的类型

二、国际商务的历史发展

国际商务作为一种跨国界的经营活动，是在一定的历史条件下产生和发展起来的，而在这一活动中起决定性影响作用的是国际分工的发展和变化。国际分工是国际间的劳动分工，是各种社会劳动在国际范围内的划分和独立化。国际分工是国际生产力发展到一定水平的必然结果,而国际分工的发展和深化又促进世界经济的发展,使社会再生产过程各领域向国际化趋势发展。国际商务是在国际范围内把生产要素进行组合从而进行社会再生产的表现形式。所以,国际分工的不同阶段是世界经济发展的不同时期的必然产物。不同的社会生产力水平要求有不同形式、内容和范围的国际商务活动。

1. 国际分工第一阶段。从18世纪中叶到19世纪中叶是自由资本主义时期,英国、美国和一些西欧国家相继完成了产业革命,并形成了统一的世界市场,促成了世界经济体系的形成。马克思和恩格斯在《共产党宣言》中指出:过去那种地方和民族的自给自足和闭关自守状态,已被各民族的各方面的互相依赖所代替。这一时期国际分工的特征是形成世界城市和农村对立的一种垂直式国际工农业分工体系,其表现形式是商品交换的国际化。国际贸易额急剧扩大,国际贸易活动遍及全球,商品种类日益繁多。随着资本主义生产方式的确立,工业革命和机器大生产造成的巨大生产力,使产品作为商品资本而大批生产出来,而国内市场的有限导致了向海外扩张的必然,贸易成了国际性活动。

2. 国际分工的第二阶段。从19世纪70年代以后到第二次世界大战前夕,以内燃机、铁路、汽车等科技成果促进世界经济迅速发展,并形成了第二次科技革命。这个时期国际分工的特征是发达国家间工业部门内各部门和各产品间水平分工的发展和深化,如英国发展纺织业、造船和铁路等交通工具生产,美国发展汽车、农机和电器业,德国发展钢铁业、化工工业等。南北关系仍维持旧有的垂直式工农产品的国际分工。资本在国际间的转移在这一时期有很大的发展,资本转移的重要前提条件是资本的相对过剩,由于受到商业周期的波动的影响,在资本循环与周转过程中存在大量暂时闲置的货币,实物形成的相对过剩资本,由于国内投资环境欠佳,这些过剩资本就通过资本转移来寻找更为有利的新投资场所。第二次世界大战前间接投资(证券投资)曾盛极一时,即购买外国公司的股票或外国公、私机构所发行的债券。1920年代,英国的海外投资总额约40亿英镑,而证券投资占了35亿。但在1929—1930年,经济大萧条,外国政府及厂商均无力偿付债务。因而这些投资的大部分,在法律无法追索的情况下化为乌有。国际证券投资从此萎缩,而直接投资却有较快的增长,如对海外自然资源的开发和制造业的投资者有长足的发展,特别是在第一次世界大战后,由于各国都想保护自己的民族工业,纷纷设立各种贸易壁垒,使得一些大型企业不得不到海外市场设厂制造或营销,所以当时跨国公司到海外投资发展甚快,其中以汽车工业及相关行业发展更令人瞩目,这期间跨国公司不仅在投资的重心和资本转移的方向上有所改变,而更重要的变化是,跨国公司带有政治使命的外衣已脱下,而以公司利益为主的使命已经建立。这一时期的国际分工的基本特点是资本国际化,通过资本国际化带动商品国际化。

3. 国际分工的第三阶段。第二次世界大战以后到1980年代,以电脑技术、核能、塑料和精细化工、航天工业等为代表的第三次科技革命推动了世界生产力的空前增长和产业结构的巨大变革,进入以生产和劳务合作为基础的国际分工第三阶段。这一阶段的国际分工体系完全以工业部门的水平分工为主,产品分工由部门间分工和产品间系列分工转入以产品内部分工为主,即产品与组件,技术、劳动力、管理等生产要素间的分工,并进一步发展到组件与组件,组件/产品与劳务(技术、咨询和信息、劳力、管理经验以及与营销相关的服务)间为主的国际分工。第二次世界大战以后世界经济格局发生深刻的变化,殖民制度的崩溃和第三世界国家纷纷独立,西欧和日本经济的恢复和发展,一批中央计划经济国家的建立和转轨,东西方关系由冷战、对抗逐渐转变为竞争和合作,从而促进了社会生产力的发展,即向国民生产的全方位国际化方向发展。国际企业,特别是跨国公司在战后日益发展的国际商务活动中起了推波助澜的作用。许多国家的厂商通过所有权控制和其他跨国联系，发展成跨国公司。跨国公司的全球战略是在世界范围内将营销和生产化为一体。所以，第三阶段的国际分工特征是科技和生产国际化带动资本国际化和商品国际化：

(1) 由资本、土地、资源、劳务、技术、信息管理等多种生产要素的复合国际转移和重新配置；

(2) 规模大、全方位的多元化、多层次的合作；

(3) 不同社会制度、多种经济发展水平国家间工商企业的多极化合作。

4. 国际分工第四阶段。从1980年代中期起，以信息技术、网络技术和通讯技术的变革性的发展，以及经济全球化的推进，使得国际分工进入了生产经营一体化的阶段，随着产品构造日益复杂化，各国企业独立开发零部件的意义越来越低，而且这种硬件的竞争越来越没有必要。这就使各国大公司重视产品的标准化，而把竞争的重点放在产品的综合性能、质量、可靠性和售后服务等方面，所用标准件则采用外包形式。同时，由于产品的关键零部件已相当复杂，单独开发耗资越来越高，且存在极大风险，使独立开发很不经济。因此不少公司宁愿采用共同投资、共担风险、共享成果的方式来进行开发。国际战略联盟成为企业共生的形式。信息化和网络化的发展破除了工业社会生产场所的固定性，消除了工业生产经营的地理界限，拓宽了市场范围。现代通信技术和运输技术使企业可以利用全球范围内的物资、技术、资金、劳动力等资源生产产品，并通过全球信息网络销售产品和提供服务。经济活动的国内和国外界限变得模糊起来，产业布局将在世界范围内重组。信息革命使企业内部和企业之间的信息交流突破了地域空间的限制，从而可以对遍布全球的生产和经营进行控制。信息的高速传输与反馈，为实现全球化经营提供了成本低、效率高的信息交流网络。新的财富创造体系正是由一个全球性的市场、银行、生产中心和研究机构的网络系统组成。

三、国际商务发展的基本动因

我们不仅生活在一个日益变小的世界，而且还生活在一个日益相互依赖的世界。不断扩大的贸易交往，日益增多的资本流动，加速发展的技术传播和信息交流等等，这一切都使得各国经济日益相互渗透，相互依赖和相互制约。经济生活的高度国际化已经成为我们时代发展的一个基本特征。

为了认识国际商务发展的基本动因，我们可以从宏观(即从国家的角度)和微观(即从企业的角度)分别来分析。

从宏观的角度看，国际贸易交换是打破民族经济封闭疆界和体系，在国际经济间建立相互依赖关系的最早、最基本的形式。概括地说，国际贸易至少在以下两个方面打破民族经济的封闭性。

1. 生产的民族资源禀赋限制被打破，即由于交换的发展，可以从外部获得稀缺原料，因而那种自有资源决定生产的格局得到改变。

2. 生产对消费格局被打破，即通过交换获得国内不生产或生产不足的消费品。

在上述情况下，一国经济的发展与外部市场及他国经济的发展相联系，从而使各国间建立起相互依赖的机制。现代国际贸易已大大超出了上述简单基础，其中最突出的是以生产的国际专业化分工为基础的贸易交换得到空前发展。尤其是第二次世界大战以来，生产的国际专业化向工商专业化深度发展，这样交换过程成为生产过程的一个必要环节。在此情况下，国外的生产与国内的生产过程结成一个完整的过程，生产的国际化由为世界市场而生产产品到生产依赖世界市场而进行，由此各国经济之间由外部交往发展到由内部连接了。

资本的跨国流动在建立各国经济相互依赖关系方面，最初不如国际贸易交换作用大。但是,直接投资的空前发展使各国间以更直接的形式相连接。尤其是跨国公司的广泛发展,鉴于其投资以生产的国际专业化分工为基础,寻求资本在世界范围内的优化利用,因此,他们所建立的是真正打破了国界限制的国际企业。在跨国公司的国际专业化分工安排下,公司与东道国之间,东道国与东道国经济以及东道国与母国经济之间的联系,往往具有多层交织的特征,产品生产分工广泛分布以及中间产品的多次往返加工,把参与各方的活动脉搏结成一个协调循序的整体。从世界经济发展的意义上说,跨国公司的出现创造了一种现实的,在世界范围内实现优化经营的国际生产组织形式。

技术的国际化在加深各国经济相互依赖关系上所起的作用日趋重要。技术的发展本来有着内在的保密和专有性质。因而,最初技术往往只是作为商品的附着物参与国际贸易交换,进行跨国转移和传播的。但是,技术的下述发展把其上述局限性打破了。

1. 技术生产的国际分工。由于技术构成的日益复杂,技术发明对人力、物力和财力的要求不断提高。这不仅导致了技术生产在一国范围内的分工,而且也导致了技术生产的国际分工。在此情况下,技术生产的含义不仅包括一国生产所使用的全部技术,而且也包括不完全生产的技术,尤其是后一个方面,是技术生产分工的深入形式。

2. 技术生产的商品化。技术生产的国际分工必然导致技术的国际交换。然而,技术国际交换的发展不仅标志着技术本身成为商品,而且也包括技术为交换而生产。在此情况下,技术具备了普通商品参加国际交换的特征。同时一国经济的发展亦可摆脱自有技术资源的限制。

技术生产的国际分工和国际交换在各国经济间建立起复杂的相互依赖关系。如果说直接投资是从生产过程内部把各国经济直接联系起来,那么,技术的国际分工和交换则从生产构成的内部,在各国经济间建立起直接的联系。

当然，还有许多国际经济方面的发展。由于这些发展，世界经济才变得越来越具有一体化的特征。

再从微观角度来看，企业的经营目的在于获取利润，而利润的高低多寡取决于企业如何筹划和组织生产、销售与分配这三道前后相衔的运动环节。在生产环节，低价值投入、高价值产出是企业生存和发展的基本要求，据此企业势必降低生产成本或提高劳动生产率，力求其产品成本的极小化。生产要素的合理组合直接决定着企业的生产成本与劳动生产率的高低。而突破国界在国际间进行生产要素组合选优的机会大于一国自身。

由于生产要素客观上存在着国际差异，即各国间存有要素的相对富裕和相对稀缺的差别。有的国家资本存量充足，而有些国家则劳动力相对富裕；有些国家技术管理水平先进，而有些国家则土地资源丰富。而要素供应相对富裕的地方的要素价格则相对便宜，这样客观上就要求通过要素的国际流动来达到要素在生产上的优化组合，但在不少情况下生产要素的国际间流动存在障碍。土地和资源这两种要素是一国“天赋”的。劳动力的国际流动也受到地域和文化背景差异的影响，即使流动性最大的国际资本也会因外汇管制、国家政策法规等方面的原因而遇到障碍。在这种情况下，打算要在国际间进行生产要素组合的企业就要主动向外发展，开拓适宜和优化的环境，如规模生产环境、效益实现环境、分工与协作环境等等。这里既有分散的要素实行优化聚合的要求，也有把集中的要素进行分散优化选择的动力，在这种内在动力驱动之下，企业生产力的增长与经济中的向外扩张压力成正比。

跨国公司的广泛发展，鉴于其投资以生产的国际专业化分工为基础，寻求资本在世界范围内的优化利用，因此，它们所建立的是真正打破了国界限制的国际企业。尽管跨国公司的出现首先是资本主义垄断大公司对外扩张的结果，但从世界经济发展的意义上说,则由此创造了一种现实的以在世界范围内实现优化经营的国际生产组织形式。这种内在的合理性质使得跨国公司越来越超越其脱胎的制度,成为一种世界性的现象。事实上,如今不仅是发达国家,发展中国家也大力发展对外直接投资,创立自己的跨国公司。

第二节　经济全球化与国际商务

经济全球化已经成为人类社会经济发展的必然趋势,经济全球化的内容是由各种日益增多的国际商务活动所组成的,而经济全球化作为一种整体状态又赋予了国际商务活动更深刻的含义。

一、经济全球化

近年来,经济全球化进程加快,从历史发展的角度全面分析当今世界发展的各个方面可以看出,经济全球化以科技进步和生产力发展为前提,以生产要素和资本流动为主要表现形式,以世界各国经济相互依存性增强为特点,反映了世界各国经济在生产、分配和消费各环节的一体化趋势。所谓经济全球化,其基本标志有"三化",即"信息化"、"市场化"和资本等生产要素自由流动的"跨国化",经济全球化是人类社会生产力发展的必然结果和客观要求。

有关经济全球化的定义,多种多样,有从微观角度定义的,也有从宏观角度定义的。一般说来,全球化属于微观经济过程,而与此相对应的是区域经济一体化,后者联结的是国家,因而被描述为是宏观经济的过程。有鉴于此,全球化被定义为是企业(无论是特殊经济关系还是没有特殊经济关系)在全球范围内通过战略联盟和国际网络变得更为相互依存和相互关联的进程。与贸易相比,全球化生产相联系更紧密,尽管日益增长的国际贸易本身就属于全球化进程的一部分,因为生产过程的被分割及其广泛的工厂分布，会导致在同一生产过程中产生更多的贸易机会。在经济全球化的条件下，在贸易趋于一体化的同时，生产呈非一体化的趋势。此外，全球化还被描述为是一项多维的过程。

对全球化过程的广义解释，大多由国际经济组织作出，国际货币基金组织将全球化与下述经济问题联系在一起：更为开放的自由贸易政策；私有化；外汇与金融自由化；简政放权；增加进入国际市场的渠道；政府在经济中作用的逐渐减少；减少使用进口替代工业化发展模式，更多地强调以出口为导向的经济增长；制定全面调整和改革的方案等。联合国贸发会议（UNCTAD）把全球化比喻为国际化三个层次的第三层次。

历史上，国际化的第一个层次是国际贸易的大发展。1970 年代国际化第二层次兴起，在这一层次国际投资额超过了国际贸易额。自 1980 年代起，全球化在上述两个层次的基础上发展起来，将技术特别是信息技术（IT）置于竞争的最前沿。企业间的战略联盟以及信息技术网络的广泛使用“将矛盾指向比较优势的重新定位，其中不断的创新和灵活的组织已经成为利润的重要源泉”。因而，联合国贸发会议建议，在对当今世界经济相互依存性进行分析时，除了仍然考虑贸易和金融因素之外，还应更多地关注技术和私人企业的全球战略。

全球化并不是一个全新的现象，但是当今世界的全球化却有其鲜明的特征。时空的缩小，边界的消失，把人们的生活联系得比以往的任何时候都更加紧密和更加直接。当今全球化的鲜明特征表现在以下几个方面。

1. 新市场。外汇和资本市场已实现全球化，每天 24 小时交易，远程的交易可在瞬间完成。

2. 新工具。如互联网、移动电话、媒体网络。

3. 新主角。它们是：对民族国家政府拥有权力的世贸组织（WTO），比许多主权国家具有更大经济权力的跨国公司，以及其他全球性的非政府组织。

4. 新规则。世贸组织（WTO）达成的有关贸易、服务、知识产权、投资等议题的多边协定，辅以有力的执法机制，同时对民族国家政府进行更多的约束，进一步缩小了国家政策的制定范围。

各国的经济通过世界产品市场和世界金融市场联结为一个整体，这就是全球经济。各国经济之间的这种联系实质上是在世界范围内配置稀缺资源，全球经济日益变为一种高度一体化的资源配置机制。

二、经济全球化中的国际商务

全球化最初是由企业为对应日趋激烈的国际竞争环境而驱动的微观经济现象。这一国际竞争环境的产生是由下述原因造成的：金融的政府管制放松、贸易的自由化、现代技术特别是通讯和交通领域的技术的成本下降、传播和进步。国内外竞争的加剧不仅带来了公司和产业组织的新发展，而且还导致了无形资产跨越国境移动现象的日益增多。这也促使企业在国外市场投资设点，提高效率，并使产品本地化。全球性企业要求在更大的范围内得到来自海外的投入和支持服务，在实现某一国市场知识化和专门化的同时，要使之在遍布全球的子公司间进行有效传递。在当今世界，企业在全球各地进行投资以获得市场、技术和人才已成为竞争的必要条件。企业的经营国际化导致了企业在研发、生产、营销、财务的组织方式等方面的变革。

全球化意味着将国际因素融入企业的组织结构的策略行为。全球化允许企业通过创建一体化的，跨越国界的“全球网络”来提高其竞争地位。全球性企业利用其国际网络组织投入与产出，而且在许多情况下，生产是无国界的，更多的是与中间产品网络的供应方与生产组装线提供方相关联，而不再是开办某一单独的工厂。这与“多国国内（multi-domestic）”的策略已有很大的区别，在该策略中，某一企业通过服务于多个独立的国内市场以实现全球性产业战略，不同国家的竞争基本上是相互独立的。

在全球性产业，某一企业在一国的竞争地位在相当程度上取决于该企业在其他国家的业绩。全球性企业不是民族企业松散的联合体，而是一个受到全球性一体化策略控制的企业，以实现其所有资源在整个世界市场上的合理配置。因而，全球性企业不仅是其组织结构在地理上横跨各国疆界，而且在适应不断变化的经济政治形势的调整过程中，企业的主体组织结构也在不断的改变。在这种机制下，企业的民族性（国籍）以及国家的疆界已经变得较为模糊。

这种形式的跨国活动允许企业沿着整个产品生命周期进入新的市场，进而充分发挥其技术和组织优势，降低成本和风险。为了在竞争日趋激烈的环境中确保成功，企业必须扩展与深化其经营活动，在更为广泛的市场进行货物的生产与销售，并使其产品在各自的市场实现本地化。其结果是，企业的国际职责变得更加复杂，远远超出以前的正常贸易和传统的直接投资的范围。因而，全球性企业的形象暗示着企业在几乎所有职能方面——管理、财务、研发、营销都实现全球化。

第三节　国际商务的特殊性

了解和把握国际商务的特点，需同国内商务活动的比较相结合。

一、经营环境的复杂化

企业作为社会经济活动中的细胞，它的生存和发展是离不开它赖以存在的经营环境的。企业经营的很多因素是它能够控制的，诸如企业所拥有的人力、物力、财力；企业生产的产品、产品的定价、销售的渠道、促销策略的确立等等。同时企业又有许多因素是不能控制的，诸如市场的结构、不同执政者所推行的不同经济政策、有关工商活动的各种法律、受到社会文化所影响的商业惯例等等，这些企业不可控的因素便构成了企业经营的外部环境，企业的经营活动的实质则在于企业对可控因素进行组合和调整，以适应外部环境的变化，以求得企业的生存和发展。

当企业在国内从事经营活动时，外部环境已是一个非常复杂的综合体，并处于动态的变化之中，对外部环境的把握和适应，对于企业决策者和经营者来说，是一件难度很大的事。但由于决策者和经营者就是在这种广义社会文化背景下成长起来的，在长期的经营经验和生活经验的积累中，他们对于有内在联系的社会、政治、经济等因素的关联及其相互影响有比较深刻的认识，所以对经营环境变化的大趋势基本能够把握，对经营环境的变化一般也能在经营战略上迅速作出调整，而且有些反应虽是下意识作出的，却有相当的准确性，这也可以说是本国经营者所具有的优势。

国际商务活动与国内商务活动相比，其最大的不同点就是企业的经营环境发生了深刻的变化。它所面临的环境不是单一的、所熟悉的环境，而是多元的、复杂的环境，而且随着企业国际经营地域范围和目标市场的增多，这种复杂性成倍地增加。

1. 由于国际商务活动涉及到不同的主权国家，各国政体和国体存在着差异，会使国际商务活动面临着不同的政治制度，不同的法律制度和不同的货币制度。如在税收和知识产权保护方面的不同法律规定，在外汇管理，财政与金融方面的不同政策等都会对国际商务活动产生一定的影响。

2. 经济环境不同。如各国的经济发展程度不同、经济体制不同、交通和通讯等基础设施存在差异、对外开放度和外贸依存度不同，以及经济政策尤其是有关国际商务活动方面的政策措施也不尽相同，从而对国际商务活动影响很大。

3. 社会文化背景的差别。由于各国有自己的文化传统，有自己的价值观和生活方式，各国语言文字也存在很大的差别，因而会导致各国的消费者、产品的供应者以及雇员具有不同的行为方式。由于语言、习惯和价值观不同带来一系列的沟通问题，是国际经营的一大难题。

二、面临着更多的机会和选择

正因为各国的经营环境有着很大的差异，各国处在不同的经济发展阶段，各种要素拥有及供应的条件不一样，各国的关税水平、税收制度、利率水平、通货膨胀程度都不同，各国的经济周期性波动也常常是不同步的，这就给从事国际经营的企业提供了一种可能性，即利用别国经营环境同本国经营环境的差别，或别国之间的经营环境的差别，对经营方向和重点进行不同的调整和组合，为本企业的生存和发展寻找更多的机会。比如把在本国市场已处于成熟期或衰退期的产品转移到低经济发展层次的国家去进行销售和生产，使产品的市场生命周期得以更新或延长。利用各种经济周期的差异，对公司产品的市场结构作出调整。跨国公司利用转移价格和在避税地建立财务公司的办法，对各子公司的成本、价格及税率作出调整和比较，以达到公司整体的利润最大化。这些机会对单纯在国内市场经营的企业是不会有的，而一些方法和手段在这类国内企业也是难以运用的。面临着更多的机会和选择，这也是近年来跨国公司发展迅速的原因之一。

三、面临着更大的风险

一般的商业风险在任何类型的商务活动中都是存在的，而国际经营活动面临着特殊的风险因素，其中包括金融的、政治的、法规上和税赋上的。它们是由于存在着不同的货币，货币本位和国家目标等因素引起的，但它们都可以通过其对企业利润和所有权的影响来衡量。比如面临金融财务风险(资金冻结、汇率变动)、政治风险(财产国有化,民族主义导致的排外浪潮)和法律风险(双重征税,税收待遇恶化)等。由于国际经营环境的多样性和多变性,国际经营企业由于其特殊地位及价值参照系的不同,常常对这类风险难以预测,或难以进行有效的防范,而使企业遭受到损失。

四、面临着特殊的冲突

由于在经营活动中所涉及的当事人(投资者、雇员、消费者和供货者)的国民身份各不相同,他们的利益也各不相同,主权国家和国际经营企业的目标各不相同,因而在经营活动中就会出现程度不同的各类冲突和矛盾。其中有些矛盾产生于企业与外部环境,而有些冲突则产生于公司内部。尽管国内经营的企业也会碰到冲突和矛盾,但与国际企业相比,这些冲突和矛盾往往具有完全不同的性质。例如,东道国希望外国企业能对本地的出口作出贡献,而国际企业着重的却是开辟东道国市场。东道国追求更多更好的就业,而国际公司追求高效率低成本生产。东道国根据本国的产业政策和经济发展重点来控制经济发展的类型,而国际公司却要根据公司的整体目标和它所认为的东道国的优势来确定其投资行业,东道国追求公共福利的最大化,而国际企业则追求税收负担的最小化。在国际企业内部,母国公民倾向于控制国际公司的高层管理阶层,而且出现了把技术和管理功能保留在母国高层管理阶层的倾向。各国间工资率的差别也导致实践中广泛流行的国籍歧视待遇。由于文化背景和传统的不同,也会出现公司内部在管理倾向和管理风格上的冲突。

可见,东道国及其国民和国际公司间追求的目标及利益存在着很大的差异,而且这种差异随着国际公司渗入的深度加大而扩大。东道国通常的做法是对其加强控制和限制,限制国际企业资金、技术、人员的转移,使国际企业的经营活动的难度加大。

五、面临着经营决策的特殊性

相对单纯的国内经营而言，国际经营企业的决策显得更复杂，要考虑更多的制约因素，要考虑更多的子系统间的协调，要在一个更长的时间范围内进行成本和效益的比较，因而原来适用于国内经营的管理思想和方法，在国际经营中常常变得不适用了。这就需要新的管理思想和方法。例如越来越多的经验证明，要想在全球范围内获得成功，跨国公司在进行投资决策时，必须超越狭隘观念，不能优先照顾本国公司或本国人员，而着眼于在全球网络中有效地利用人才、资本、技术和自然资源。像国际商用机器公司、通用电气公司、福特、菲利浦、索尼等公司，在世界范围的经营中，都心甘情愿地放弃，至少是淡化自己的民族身份。它们将高增值活动分布在许多国家，聘用外国人担任高级职务，给予在各地的地区经营者很大的自主权。并且它们也很关心当地经济的发展。再如外汇风险管理对于国内经营的企业来说，影响不是本质性的，但对于国际经营企业来说，就成了其财务管理中最重要的内容之一，其管理核心一般来说是尽可能减少公司外汇的净头寸。但是这一管理如果是通过价格或经营地区进行调整时，可能会导致公司市场份额的减少，如何在外汇风险的回避和公司经营发展两者之间进行选择，这是一件难度很大、技巧性很高的决策，这也对国际商务的管理人员提出新的挑战。

在认识了国际经营与国内经营的区别后，我们还必须强调一下国际经营与国内经营的联系。无论对于已发展到何种层次的国际企业，从其发展的历史来看，它的起点总是从国内经营开始的，况且对大部分国际经营企业来说，目前国内市场仍是其最重要的经营范围。国内经营使这些企业建立起了企业的基点，形成了企业的主业，和在主业上的技术优势、设备优势和人才优势，确立了与企业形象相联系的产品和品牌。正是在这基点之上，随着企业不断的发展,企业才冲出了国界,走上了国际经营之路。所以国内经营可以看作国际经营的基点和母体。从管理的角度来看也是如此,尽管我们上面已经强调了由于经营环境变得复杂化、多样化,国际经营的管理思想和方法已产生了很大的变化,但是国内经营管理与国际经营管理在其基本功能和基本内容上还是有很多联系的,国际经营管理和国内经营管理一样,其主要管理领域包括战略管理、生产管理、财务管理、营销管理、研究与开发管理和人力资源管理,其管理的步骤为计划、组织、指挥、协调和控制。

对于大部分国际经营企业来说,国内经营部分与国际经营部分形成了两块有机的组成整体,互相弥补,互相提携,缺一不可。新产品首先在国内进行研制,创造需求,投入国内市场,与此同时通过广告等手段,向海外市场传递需求,然后以国内生产的产品出口到海外市场。海外的市场进一步刺激了国内的生产。发展到一定的时机,则利用技术出口或海外投资的方法,把产品的生产转移到海外。海外生产的产品可能会再回流到国内市场。对产品的海外市场适应性修改或国外细分市场的开拓,会对国内产品的研究开发提出新的要求。国内市场与国际市场的贯通,也为企业扩大生产规模,降低生产成本提供了可能性。

而对于一部分实行全球经营战略的企业来说,国内经营已与国际经营合为一体,母公司所在国的市场和经营仅仅是全球市场和经营的一个部分,而不具有特殊的意义。

第四节 现代企业与国际商务

现代企业是与现代市场经济相适应的企业,它们是市场经济的细胞,它们的行为模式是符合市场经济的要求的,在现代市场日益国际化的背景下,国际商务活动已成为现代企业功能的一个组成部分,国际商务的理论和知识已成为现代企业管理层知识结构所必需包括的部分。

一、国际商务:现代企业功能的组成部分

现代企业是市场的基本经济单元,产权清晰、权责明确、管理科学的现代企业由于其自主经营、自负盈亏,对出资者承担资产保值增值的责任,所以企业必然要按照市场需求组织生产经营,以提高劳动生产率和经济效益为目的。市场机制的作用一般是通过价格体现的(利率、汇率均可视为货币的价格),所以市场机制又称价格机制。因为价格机制只有在竞争条件下才能发挥作用,所以市场机制又是一种竞争机制。在竞争的条件下,价格信号指挥企业的行为,企业为了自身利益必须对价格信号作出灵敏、强烈的反应,积极而迅速地调节自己的生产经营活动,调整自己的人力、物力和财力资源,投向能使企业获得最大经济利益的地方。在企业完成这种调整的过程中,客观上也调整了社会资源,使社会资源流向能够取得最大效益的地方,使社会资源的配置趋向合理和有效。

企业国际化的前提在于市场的国际化,而市场国际化又是同经济生活国际化、生产国际化、资本国际化和科技国际化相联系的。世界经济的国际化使世界市场呈现多元化和全方位性等新的特征。这一国际化的市场给现代企业创造了新的机会,提出了新的要求和约束。

(一) 市场国际化导致了生产和资本越出了国界

从某种意义上讲,在国际范围内形成了一个整体,每个国家的企业生产都成为这个整体中相互依赖和相互补充的一个组成部分。特别是近年来,经济生活国际化和全球经济区域化、集团化的发展,加快了各国之间生产要素的移动,使各国可以在世界范围内实现生产要素的最优配置,从而使本国生产要素存在的稀缺性有可能得到改变。国际市场的容量和独有的吸引力超过任何单一民族市场。作为现代企业,如果国内市场不能充分满足其实现企业

的目标,或企业的能力和资源在国内市场条件下不能充分发挥其作用,那么进入国际市场则是一种必然的选择。

(二)市场国际化导致世界范围内的竞争更加激烈

越来越多的国家和企业进入国际市场,导致竞争形式更加复杂,竞争的程度不断加剧,而国家甚至国家集团也加入了竞争。地区一体化组织的发展,其实质就是国家集团为加强地区内企业竞争力而削弱地区外企业竞争力的一种形式。现代企业就必须通过各种国际经营方式,采取各种形式的贸易方式和手段,绕过高额关税,配额限制,反倾销等贸易壁垒而发挥其独特的优势。技术发展促使竞争加剧,知识已成为竞争的主要因素,人才已成为世界最稀缺的资源,许多企业正是通过国际经营而在世界范围内取得人才资源。跨国公司形成的由国际股权和子公司组成的国际网络,建立起相对稳定的研究开发——投资——生产——销售一体化的全球网络而保持其在国际竞争中的领先地位。

(三)市场国际化导致市场需求的趋同化和多样化趋势同时得以发展

随着市场的国际化发展和运输、通讯、信息传递的现代化,消费方式和消费倾向迅速在国际进行传递,从而导致市场需求和偏好逐渐趋向一致。同时由于进入了追求消费个性化、新异化的软经济时代,市场需求多样化的趋势也在发展,但是这种多样化并不是以国别,民族为基础的。市场需求的趋同化,为企业扩大其规模经济性提供了可能性(大批量生产),而市场需求的多样化,又为企业实现其范围经济性提供了可能性(多品种小批量),而规模经济和范围经济都是降低产品成本、增加利润的有效手段。

随着产量增加而使生产成本降低时,则将此称为大量生产利益,它与大量销售利益一起,即构成规模经济。国际企业在资源和市场方面选择适当的国家和地区,集中生产和开发产品及零部件。由于其活动范围不是限定在一国之内,所以,它可以比国内企业获得更大的规模经济性。

而范围经济指的是在某一种产品的生产过程中，存在着几乎不花费成本就能生产出其他产品的共同经营资源或余闲的生产要素，因此，通过增加产品的种类，就可以在不增加成本的情况下增加利润，确立竞争优势。在国际企业中，通过在国外设立生产网点，可以进一步扩大范围的经济性。这是因为，它可以不花费任何成本将A国市场的经济效果（信息、诀窍等无形资源）应用到B国市场。

在市场国际化的条件下，成熟的现代企业它的国际经营功能可以体现出如下的优点。

1. 营销的统一调配作用。跨国公司内部的子公司所生产的产品，可以委托母公司或其他子公司在海外市场代做营销工作。这样可以利用同一套推销人员，销售网络，广告节目，储运设备等，从而大大地节省本地子公司到海外市场另设一套营销体系的成本。

2. 生产的统一调配作用。跨国公司内部的子公司可以在当地市场上接受本身尚未生产和不能生产的产品的订单，因为它可以通过母公司或其他子公司代制供应，而不必自行重新设厂、购买生产设备以及训练技术工人等，这就大大地节省了本地子公司的生产成本。现在一些国际公司在当地仅生产少数几种产品，但它却在当地市场招揽许多不能制造的产品订单，然后将这些订单转给海外其他子公司，如此既节省了当地的生产成本，同时也节省了海外姐妹公司的单位生产成本，这就是所谓OEM式生产的统一调配优势。

3. 财务的统一调配作用。跨国公司形成之后，都要设立财务调度中心，或以海外总管理处的名义统一调度各地子公司的借款、放款、保证、外汇买卖。甚至包括制定转移价格等工作，以求达到资金融通及时、利率便宜、外汇安全以及减免税捐至最低程度等目的。许多子公司因得到母公司财务统筹单位的信用保证,可以很快地以较低利率向本地的外国银行借得所需的短期周转资金,或者在母公司财务统筹单位的协助下,以分期付款方式进口设备,甚至可向母公司或姐妹公司借得长期资金。这些长短财务融通的统一调配做法,使本地子公司依据财务优势比其他竞争者先占一步。还可以用内部转移价方法,标高进口技术价格,标低出口价格,把较高税率地区的子公司利润转移到较低税率地区的子公司或财务中心,从而达到减少税赋的目的。

4. 采购的统一调配作用。跨国公司所属各地子公司所需的零件及原料,一般都可通过母公司统一采购。这种大订购量的买主可以与供应商交涉,以便得到较低成本、较快交货以及较佳品质的产品。

5. 高层人才的统一调配作用。任何一个企业或一个项目在其初创阶段,需要各种专业技术人才及管理方面的高层次决策人才。如有母公司或姐妹公司的存在,这些专业人才马上可以统一调配、交流使用,从而可以节省一大笔人事成本,更重要的是可以争取时效,及时推动新设点计划顺利进行。

6. 新技术及新产品的统一调配作用。不论是新企业或老企业,在市场竞争过程中,必须不断推出新技术和新产品,以保证有力的竞争地位。跨国公司下属的子公司,可以通过母公司或姐妹公司直接引进新产品和新技术,与一般企业不同,它不必向外寻找技术合作的对象,或自己花费资金从头开始研究,这在时间及成本上都可节省很多。

国际经营的几个有利因素反映了国际经营企业(特别是跨国公司)具有时效性和低成本两个特点。这两个特点是由国际企业组织机构的机动性和规模性所衍生的,而机动性和规模经济性则是国际企业的内部统一调配机制所具有的特性和功能,这种特性和功能反映了现代企业的本质特点,现代企业不一定都是国际企业，而真正意义的国际企业必定是现代企业。

二、国际商务：现代企业管理人员必备的知识

企业管理的根本是人的管理，而人的管理关键在于有一批具有远见卓识，具有新的观念和新的行为方式，具有完备的现代管理知识和技能的管理者。

如上所述，现代生产力构成要素有了新变化，生产国际化有了新发展，国际经济联系空前密切起来。这一客观条件要求管理者更新观念，拥有国际的视角和全球化的眼光，用新的观念来解决新的问题，国际商务应成为现代企业决策层和管理人员必备的知识。

在已经开展了国际业务的企业，管理者掌握了国际商务知识，就不会把国际商务活动仅仅看成是向海外市场销售剩余产品，仅仅把它当作是互通有无，调剂余缺的国内市场补充，就不会面对在国际经营活动中碰到的困难和阻力而裹足不前。而是把国际经营活动当成企业经营活动的有机组成部分，把国际经营的发展和企业的发展目标及发展规划结合起来，由浅入深、由近及远、由小到大地进入海外市场，在全球经济贸易经济范围内灵活、合理、有效、熟练地利用国际资本、国际资源、国际产业提供的有利条件，选择有利时机，综合运筹，取得最佳的经济效益。如向海外银行贷款，购买中东原油，在新加坡的炼油厂加工，将加工所得的成品油销往美国、日本或韩国，扣除总成本和利息，还有钱可赚。掌握了国际商务知识，就会主动积极地利用国际市场进行资源的有效组合，通过国际经营活动，进口国内生产成本高的原材料和半成品，引进国外先进的技术和管理，引进国外的资金甚至人才。

在尚未进行国际经营活动的企业，管理者掌握一些国际商务的知识也是很有必要的。在一个开放的时代，企业不进入国际市场，但却会有外国的企业进入国内市场，成为企业的竞争对手。而了解了一些国际商务知识及国际企业管理的知识的管理者，便可

知己知彼,了解竞争对手的行为动因和行动模式,估计出竞争对手可能采取的战略和战术,以作出有效的对应。或者因势利导,抓住外国企业的动机和进入步骤,促成合作,带动企业的发展和转机。

三、经营意识和观念的转变

行为的转变来源于观念的转变,从事国内经营的企业,转向从事国际经营活动,作为企业的决策者和管理者,在经营观念上要作调整。

(一) 参加国际分工的意识

人类社会的劳动分工,导致生产效率的提高和商品交换的规模日益扩大,这是经济发展的必然趋势。随着现代生产方式的产生和发展,世界经济发展日趋国际化,国际化也向着专业化协作的水平分工发展,社会化大生产的发展使各国的生产越来越具有专业化性质。逐渐从部门之间的分工(工业国、农业国;原料国、加工工业国)深入到部门内部的分工,甚至深入到生产过程的内部。这是因为专业化的设备、专业化的生产、专业化的管理拥有更大的劳动生产率。据统计,英国目前需要的化工产品大约有1万种,但是至少有2000多种产品它自己是不生产的。"R—1800"载重汽车的发动机是瑞典提供的,控制设备是德国制造的,底盘、弹簧是美国制造的,车身是意大利生产的,而整车的装配则在英国进行。企业要开展国际化经营,就不可避免地要参与国际分工。要变求全的观念为突出优势的思想,舍弃小而全的做法,按照动态比较成本优势,大胆舍弃一些产品和部件的生产,集中力量形成真正优势,成为国际分工联系上的有机一环。也只有这样,才能利用国内外两种资源,国内外两个市场,取得更大的经济效益。

(二) 按WTO原则和国际惯例办事的意识

企业要进行国际经营活动就不能过分强调本国和本企业的特殊性和通常做法。而要按照国际市场、目标国市场的要求和惯例去从事经营活动。对 WTO 的原则、条款要尽快熟悉，而国际惯例是指有确定内容，在国际上反复使用的惯例。国际惯例可分为成文的和不成文的。成文的国际惯例是由某些国际组织或某些国家的团体根据长期形成的商业习惯制定的。这种统一惯例虽然不是法律，不具有普遍的约束力，但在国际商业活动中，各国法律一般都允许双方当事人有选择使用国际惯例的自由。一旦当事人在合同中采用了某项惯例，该惯例对双方当事人就具有约束力。而不成文的国际惯例即在长期国际商务活动中一些约定俗成的通常做法。按 WTO 原则和国际惯例办事，一方面可以避免和减少不必要的摩擦，提高国际经营的成功率；同时也可以在国际经营活动中有效地维护本企业的利益，避免不必要的损失，树立良好的企业形象，使国际经营活动取得成功。

（三）竞争的意识

从事国际经营活动将面对多内容、多形式和多层次的竞争市场，众多的厂商把他们的产品推向国际市场，把他们的技术和资本投向国际市场，在一个更大的范围进行角逐。这里不仅有价格上的竞争，更有许多非价格竞争。企业竞争就是企业之间为了获得有利的生产和销售条件而发生的经济关系。竞争作为一种经济关系，既有斗争性，又具有联系性、依赖性和合作发展的可能性，一个处于劣势的企业，只有当产品在市场上与其他产品发生联系时才能发现其劣处所在，也才能产生向先进企业引进技术，发展联合，引进经营管理，改变自己地位的动力。所以，只有从既有排斥又有联系的经济关系上理解竞争，才能揭示竞争的本质。树立竞争的意识，就要求进行国际经营的企业，必须在进行充分的市场调研分析的基础上，知己知彼，权衡条件，量力而行，制定出在国际市场上的竞争策略，突出扬长避短的原则。在国际经营活动中要认识到：在国际市场上资源分布不匀和经济发展不平衡是一个绝对规律，任何企业，不管其实力多强，都只具有相对优势，而不可能占有一切优势;同样不管其实力多差,都会在某一方面占有一些优势,而不可能毫无优势。关键在于企业能否发现自己的优势和劣势,并扬己之长,避己之短。美国是个实力雄厚的国家,但是不少市场都被台湾、香港地区和韩国的企业所占领。台湾塑胶公司,1956 年生产塑胶粉 1 200 公吨,后来乘美国经济危机的机会,通过利用经营上的优势,四次购买美国破产企业,成为一个颇有实力的集团。

现在,该公司产量已达到 100 万公吨的规模,增长了 830 倍,成为美国市场的最大供货者。

(四) 全球意识

经济全球化条件下的经营和管理,不仅要求企业在战略上作出调整,在组织上作出改革,更重要的还要在管理者和员工的意识上作出改变,树立全球意识。全世界的管理思维方式正在遭遇前所未有的新撞击,这个撞击是由全球竞争带动的,在全球的竞争风潮之下,人们日益发现,21 世纪的成功关键与 19 世纪和 20 世纪的成功关键会有很大的不同。全球经营者的视野是全世界的,无论在什么地方,哪个国家做生意都一样,他们的目标是通过在世界各地开展活动,尽量扩大本公司的市场,增加利润,提升公司的股票价值。管理者在进行决策时,必须超越狭隘的观念,摆脱与国家之间的纽带,超越民族国家和独立区位的利益,以全球为目标,为全球市场服务,在全球网络中有效地利用人才、资本、技术和自然资源。同时,他们还是世界公民,无论在哪个国家,不仅遵守当地公民的义务,遵守当地的法规,还积极地为当地公益事业作贡献。他们有足够的灵活性,理解变化,接纳差异,把多样性作为一种思考方式,并知道如何在一个多重文化的团体中有效地工作。具有用合作代替对抗的能力以联合同样具有全球观的人。

思考讨论题

1. 国际商务的含义和经济实质。
2. 经济全球化的含义和经济实质。
3. 国内经营与国外经营的联系与区别。
4. 现代企业与国际商务之间的必然联系。
5. 为了适应国际经营活动的需要,在经营观念上应有哪些转变?

第二章　国际商务的基本理论

国际商务就其本身而言，还没有一个独立的、完整的理论体系，但是有关国际商务的一些主要形式——贸易、直接投资、国际生产，则分别有一些较成熟的理论，这些理论，有的具有悠久的历史，有的则是近年才产生出来的，本章将分别介绍国际贸易理论，国际直接投资理论和国际生产理论。

第一节　国际贸易理论

长期以来，不同国家独立的卖主和买主之间的贸易一直是国际间商务交易的主要形式，所以国际贸易理论也有着悠久的历史和严谨的结构，直到今天它仍然影响着国际商务理论的形成，并且在某种程度上左右着各国政府的经济和政治活动。因此熟悉国际贸易理论能使跨国企业管理人员更好地认识、分析、预测并影响政府对国际商务活动的政策。各国政府都在通过改变关税税率、进口配额以及使用其他非关税壁垒来不断地对本国的企业经营环境进行调整，传统的贸易理论往往是这些政策性变化的理论依据。

不论是从国际贸易理论的历史发展过程来看，还是从当代国际贸易理论的体系结构来看，国际贸易理论都是围绕着下述三个主要问题而展开的。

1. 国际贸易的格局或称型式(Pattern)，它主要考察贸易发生的原因及决定交易商品流向的因素。

2. 国际贸易的条件(Term)，它主要考察商品交易中决定交换的比例或相对价格的因素。

3．国际贸易的收益(Gain),它主要考察贸易双方各自的福利以及作为整体的福利会产生什么影响。

一、古典贸易理论

(一) 重商主义

最早在15世纪末至16世纪初,即在西方国家的资本原始积累阶段,对国际贸易的研究就已出现,当时的主要理论为重商主义。重商主义主要研究对外贸易怎样为一国带来财富,而所谓财富,则完全由金银货币来衡量。在他们看来,国内市场上的贸易是由一部分人支付货币给另一部分人,从而使一部分人获利,另一部分人受损。国内贸易的结果只是社会财富在国内不同集团之间的再分配,整个社会财富的总量并没有增加。而对外贸易可以使一国从国外获得金银货币从而使国家致富。因此,重商主义对贸易的研究主要集中在如何进行贸易,具体来说,怎样通过鼓励商品输出,限制商品进口以增加货币的流入从而增加社会财富。

对怎样能够做到多输出少进口,晚期的重商主义与早期的观点有所不同。早期重商主义强调绝对的贸易出超,主张控制商品进口和货币外流。而晚期的重商主义(16世纪下半期到17世纪末)以长远的观点看,认为在一定时期内的外贸入超是允许的,只要最终的贸易结果能保证出超,保证货币最终流向国内就可以。但无论早期还是晚期,重商主义主张限制进口,对贸易的研究是很有局限的。

(二) 绝对优势理论

18世纪末叶,重商主义的贸易观念受到古典经济学派的挑战,并被自由贸易的思想所取代。古典经济学的主要代表亚当·斯密(Adam Smith)的基本经济思想是“自由放任”,这一原则也被用于国际贸易理论。在其著名的《国富论》中,斯密从个人之间的交换推到国家之间的交换。

亚当·斯密批评了重商主义者提出的一个国家的财富依靠其自己财产的库存的观点。他认为一个国家的真正财富是公民所能获得的物质和服务。斯密认为,如果可以自由贸易,每个国家可以根据自己的特点生产出自己的产品,这就有竞争优势。当一个国家在一种商品的生产上比另一个国家更有效率,即具有绝对优势;而在另一种商品的生产上比其他国家效率低,即具有绝对劣势。那么,每一个国家都能通过专业化生产它具有绝对优势的产品或通过与其他国家交换其具有绝对优势的部分产品而获得利益,这种交换对所有国家都是有利的。

斯密认为,交换需要引起社会分工,自由贸易会引起国际分工,各国都具有有利的自然禀赋或有利生产的条件,无论是自然禀赋还是后天的有利生产条件,都可以使一国在生产上和对外贸易方面处于有利地位,各国按照各自的有利条件进行分工和交换,将会使各国的资源、劳动力和资本得到最有效的利用,将会极大地提高劳动生产率和增加物质财富。简言之,一国在某种产品的生产上所花成本绝对地低于他国,就称为具有“绝对优势”,生产成本的绝对差别,是国际贸易和国际分工的基础。

“绝对优势”理论解释了产生贸易的部分原因,但局限性很大,因为在现实社会中,有些国家比较先进发达,有可能在各种产品的生产上都具有绝对优势,而另一些国家可能不具有任何生产技术上的绝对优势,但是贸易仍然在这两种国家之间发生,对这种贸易,绝对优势(利益)论无法做出解释。

(三) 比较优势理论

在亚当·斯密“绝对优势”理论的基础上,英国另一著名古典经济学家大卫·李嘉图提出了“比较优势”或“相对优势”的贸易理论。比较优势理论认为,国际贸易的基础并不限于生产成本上的绝对差别,只要各国之间存在生产技术上的相对差别,就会出现生产成本和产品价格的相对差别,从而使各国在不同的产品上具有比较优势,使国际分工和国际贸易成为可能。

根据李嘉图的观点,虽然一国在两种商品的生产上都处于劣势地位,但两者的不利程度肯定有所不同,相比之下总有一种商品的劣势要小一些,即具有相对优势。如果一国利用这种相对优势进行专业化生产,然后将其产品进行国际交换,贸易双方同样能从交换中获得利益,这就是比较利益论。由此,任何国家都可以有出口的产品,都有条件参与国际分工和国际贸易。

李嘉图的比较利益论较圆满地说明了开展国际贸易的一般基础,比斯密的绝对利益论具有更普遍的意义。比较利益论实际上是对各国劳动成本,亦即劳动生产率的比较,他认为劳动时间决定生产成本和价值,劳动成本的差异是比较利益的根源所在,所以比较利益论亦被称为比较成本或劳动价值论。

比较利益论的科学性在于它揭示了一个客观规律——比较成本法则。它从实证经济学的角度证明：无论是生产力水平高还是生产力水平低的国家，按照比较利益的思想参与国际分工和国际贸易都可以得到实际利益。所以它是物质财富增加的规律。这个理论为世界各国（无论贫富）参加国际分工和国际贸易的必要性作了理论上的证明，这也是100多年来西方国际贸易理论的核心。

（四）资源配置理论

李嘉图的“比较优势”学说为国际贸易理论奠定了重要基础,尤其他的“比较成本”的概念给后人许多启示。20世纪初,瑞典经济学家赫克歇尔和俄林又进一步从生产要素比例的差别来阐述贸易的基础。

赫克歇尔、俄林克服了斯密和李嘉图贸易模型中的某些局限性,认为生产商品需要不同的生产要素而不仅仅是劳动力。资本、土地以及其他生产要素也都在生产中起了重要作用并影响到劳动生产率和生产成本。而且，他们注意到了不同的商品生产需要不同的生产要素配置。有些产品的生产技术性较高，需要大量的机器设备和资本投入，这种产品可称为资本密集型产品。有些产品的生产则主要是手工操作，需要大量的劳动力。这种产品则称为劳动密集型产品。另外，各国生产要素的储备比例也是不同的。有的国家资本相对雄厚，有的国家劳动力相对充足。因此，产品生产的相对成本不仅可以由技术差别决定，也可以由要素比例和稀缺程度的不同而决定。一般来说，劳动力相对充实的国家，劳动力价格偏低，因此，劳动密集型产品的生产成本会相对低一些。而在资本相对充实的国家里，资本的价格会相对低些，生产资本密集型产品可能会有利。因此，根据赫克歇尔—俄林(H-O)的理论，各国应该集中生产并出口那些能够充分利用本国充实要素的产品，以换取那些需要密集使用其稀缺要素的产品。国际贸易的基础是生产资源配置或要素储备比例上的差别。

二、国际贸易现代理论

1960年代以来，国际贸易理论出现了许多新的倾向，主要有两个方面。

1. 发达的工业国之间的贸易量大大增加。在1950年代，西方工业国之间的贸易在世界贸易总额中只有40%左右，大部分贸易发生在发达国家与发展中国家之间。到了1960年代以后，这种格局逐渐改变，发达国家之间的贸易成为国际贸易的主要部分。

2. 同类产品之间的贸易量大大增加。许多国家不仅出口工业产品，也大量进口相似的工业产品，工业国家传统的"进口初级产品—出口工业产品"的模式逐渐改变，出现了许多同一行业既出口又进口的"双向贸易"或行业内贸易("Two-Way" or Intraindustry Trade)。

国际贸易中的新倾向立即引起了对传统贸易理论，尤其是对

H-O 理论的挑战,这种新的贸易倾向显然是不能用"资源配置"来解释,因为发达国家的资源比例是相似的,都属于资本相对充实的国家,而同类工业产品的生产技术更具有相似的要素密集性。国际贸易为什么会在相似的要素密集型产品和相似的要素充实国家间进行呢?实践对理论的挑战,引发了理论的创新。

(一) 规模经济理论

当代经济学家默瑞·坎普(Murray C. Kemp)和保罗·克鲁格曼(Paul P. Krugman)以"规模经济"的角度来解释国际贸易的新倾向。"规模经济"学说成为当代国际贸易理论的一个重要部分。

传统贸易理论(从斯密到 H-O)都假设产品的规模报酬不变,而规模经济学说认为这一假设是不完全的。在现代化社会大生产中,许多产品的生产具有规模报酬递增的特点,即扩大生产规模,每单位生产要素的投入会有更多的产出。尤其是现代化的工业,大规模的生产反而会降低单位产品成本。另外,传统贸易理论假设各国生产的产品都是同质同样的,国际市场是完全竞争的。克鲁格曼则认为工业产品类似但不同样,因此,大多数工业产品的市场是垄断性竞争。一方面,各种产品类似并有一定的替代性,因此互相竞争;另一方面,产品又不完全一样,各有一定特征,所以各自又有一定的垄断性。

在规模经济和垄断竞争的条件下,企业的长期平均成本随着产量增加而下降,企业的市场需求量随着价格的下跌而增加(见图2.1)。在参与国际贸易以前,企业所面向的只是国内的需求曲线 D_1。在利润最大化的目标下,企业会选择生产 Q_1,即边际成本等于边际收益时的产量。虽然企业在短期内可能会有利润,但长期竞争的结果,企业的利润会消失,产品的市场价格等于产品的平均成本,$P_1 = LAC_1$。但是,Q_1 并不是企业的最佳生产规模。只是由于国内市场需求的限制,企业只能生产 Q_1,从而使生产成本和产品价格不得不保持在较高的水平上。

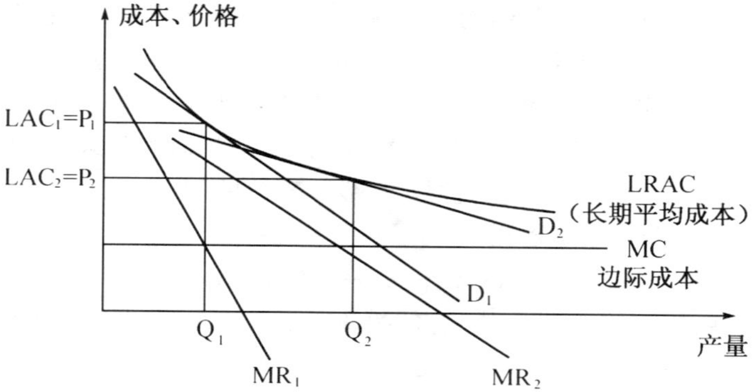

图 2.1　在"规模经济"和"垄断竞争"条件下的企业生产

如果企业参与国际贸易，产品所面临的市场就会扩大，需求变成 D_2（国内需求加上国外需求），企业生产就可以从 Q_1 增加到 Q_2。由于生产处于规模经济阶段，产量的增加反而使产品的平均成本降低到 LAC_2，从而在国际和国内市场上都增加竞争能力。

规模经济学说还可以用来解释发达国家之间工业品的"双向贸易"。假设日本和美国都是资本充裕的国家，都生产资本密集型的工业品，如汽车，但汽车的种类很多，至少有卡车和轿车两种。在贸易发生之前，各国各自生产一部分卡车和一部分轿车，如果两国允许贸易，市场就不再局限于本国，产品的生产就可以增加从而产生规模经济使成本下降。假如日本抢先扩大卡车生产，并降低价格向美国出口，就有可能占领美国市场，并使卡车价格下降。由于汽车的种类很多，美国就没有必要继续生产卡车与日本竞争，可将资源转移到轿车上去，扩大轿车生产，并以较低价格向日本出口。这种分工和贸易的结果使两国生产成本都降低，资源利用都更加有效，而各国的消费量还有可能都增加。

由于工业产品的多样性，任何一国都不可能囊括一个行业的全部产品，从而使国际贸易分工成为必然。这种分工既可以自然

(竞争)产生,也可以协议分工,但这种分工的基础是规模经济,而不是技术不同或资源配置不同产生的比较优势。

(二) 产品周期理论

以上贸易理论,从各种不同的角度阐述了贸易的基础,说明了贸易的原因。但这些理论都只是从静态的角度来分析的。如果我们从贸易发展的历史看,还有一种贸易现象没有很好的说明:即有许多产品先由一些发达国家生产和出口,其他国家则需进口。过了一段时间后,原来进口的国家开始生产并出口这些产品,而最初出口的发达国家反而需要进口。如何解释这种现象呢?美国当代经济学家雷蒙德·弗农(Raymond Vernon)以产品技术变化分析了其对贸易格局的影响,提出了产品周期的学说。

这一理论认为,一个新产品的技术发展大致有三个阶段:新产品阶段,成熟阶段,标准化阶段。在新产品阶段技术上尚处于创新阶段,所需的主要资源是发达的科学技术和大量的研究经费,新产品是一种科技知识密集型的产品,只有少数科研发达的国家才拥有这些资源,从而拥有新产品生产的比较优势,新产品往往首先出现在少数发达工业国家。

当第二阶段技术成熟以后,大量生产成为主要目标。这时所需投资的是机器设备和先进劳动技能。产品从知识密集型变成"技能密集型"或资本密集型。资本和熟练工人充实的国家开始拥有该产品生产的比较优势,并逐渐取代发明国而成为主要生产和出口国。

到了第三阶段,一方面,产品的技术已完成了生命周期,生产技术已经被设计到机器或生产装配线中了,生产过程已经标准化,操作也变得简单了。另一方面,生产该产品的机器本身也成为标准化的产品而变得比较便宜。因此,到了这一阶段,技术和资本也逐渐失去了重要性,而劳动力成本则成为决定产品是否有比较优势的主要因素。此时,原来的发明国既丧失了技术上的比较优势,又缺乏生产要素配置上的比较优势,不得不开始进口,而发展中国家丰富的劳动力资源呈现出不可比拟的比较优势。

产品周期理论被认为是对 H-O 理论的一个重要补充,它一方面强调了技术和知识是决定贸易的一个重要因素,另一方面从动态的角度分析了比较优势或技术优势的国际转移,使 H-O 理论更趋完美。

(三) 需求贸易论

商品价格的差异是产生贸易的重要原因。至此,贸易理论都是从生产和供给方面来分析这种差异的。由于商品的价格是由供需两方面决定的,即使在同样的生产条件下,商品的相对价格也会由于需求的不同而不同。一些经济学家以需求方面提出了贸易的解释理论。

偏好相似论由瑞典经济学家林德(S. B. Linder)提出,该理论认为,一国的新产品首先满足本国的需求,然后再出口到国外——满足外国的需求。因此,两国的需求结构(需求偏好)越相似,两国开展贸易的可能性就越大。该理论还认为一个国家的需求结构决定于该国的收入水平。不同收入水平的国家,其需求结构是不同的。高收入国家需要技术水平高,加工程度深,价值较大的高档商品,低收入国家需要低档次的商品以满足生活的基本需求。因此,两国的人均水平越接近,需求结构也就越相似,相互需求就越大,贸易量也就越多。相反,收入水平差距越大,需求结构相差越大,相互需求越小,贸易量也就越小。根据林德的理论,工业制成品在发达国家之间的贸易会随着收入的不断提高而占据越来越重要的地位。

三、国际贸易理论作为国际商务理论基础的局限

国际贸易理论始终处于不断变化之中,经济学家正在进行大量的理论工作使之更具有现实意义。但正是这些理论上的补充、

延伸和修改使得国际贸易理论变得更加复杂,更加不具普遍解释性。

贸易理论的局限性在某种程度上是由于在分析时所作出的假设过于简单化。例如,这些理论往往假设生产要素不能在国际间流动,交易双方随时可获得有关国际贸易机会的完全信息,以及在不同国家中的贸易厂商都是独立的经济实体等。

国际贸易理论作为国际商务理论基础,其局限性中最重要的一点,就是这种理论既不能预示也不试图解释除商品贸易以外的其他形式的国际商务活动。贸易理论试图解释的一个核心问题是:为什么不同国家间要进行贸易?但遗憾的是,这是一个局限性很大的问题,这一问题本身就反映了国际贸易理论的局限性——传统贸易理论研究的角度是国家间的经济行为。而现实越来越需要得以解答的问题是:企业的商品和劳务为什么要在不同国家间转移。经济活动的基本决策机构是企业而不是国家,所以在分析和解释国际商务活动时,问题的焦点应该是企业本身。

理论研究重心向企业的转移强调了这样一个事实,即厂商除采用传统的进出口贸易外,还可以通过其他许多途径来满足国外市场的需求或从国外获得所需的各种商品。这些途径包括许可证贸易,国外生产和国外直接投资等。国际贸易理论由于进行了限制性的假定,从而排除了企业进行这些商务活动的可能性。这种理论还对当代国际市场销售的发展特点视而不见,而假设在国际市场上销售的商品都是标准的、基本的和可转移的——如小麦、棉花和酒。然而,当今的厂商都在不断地对自己的产品进行调整以适应不同消费者和不同市场的需求。那种单一的标准商品是不存在的。国际贸易理论家已经意识到这些问题,并着手对理论进行修改,以使理论更具灵活性和适应性,但这类修改,基本上还是在原有的框架中进行。

第二节　对外直接投资理论

正当贸易理论家试图扩充贸易理论内涵的时候,另外一些理论家正致力于建立一些与众不同的对外直接投资理论或跨国公司理论。这些新理论大大地帮助我们了解现代国际商务活动的类型和结构,当然这些理论距离一个完整的体系的要求,差距还是很远的。

一、垄断优势理论

对外直接投资理论是由美国学者S·H·海默开始的。海默在他1960年完成的博士论文中,首次提出以垄断优势来解释跨国企业对外直接投资行为的理论,其后经其导师,查尔斯·金德尔伯格教授等人的补充和发展,使之成为研究对外直接投资最早和最有影响的独立理论。

海默首先区分了直接投资与间接投资的不同性质,指出了直接投资的特征在于控制国外经营活动。传统的国际理论都假定市场是完全竞争的,而海默则认为,完全竞争是一种纯粹情况,现实中并不常见,较多存在的市场条件是不完全竞争。在完全竞争的市场条件下,企业不具有支配市场的力量,它们生产同类产品,有获得所有生产要素的平等权利。这时不会有直接对外投资发生,因为这并不会对投资的企业增加什么优势。而一国和国际市场的不完全,才有可能使跨国企业在国内获得垄断优势,并通过投资在国外生产加以利用。海默认为,市场不完全(即不完全竞争)是导致对外直接投资的主要原因。所谓市场不完全是指介于完全竞争与完全垄断之间,也就是一种垄断竞争的市场状况。上述市场不完全表现在四个方面:

(1) 产品和要素市场的不完全;

(2) 由规模经济导致的市场不完全;

(3) 由政府管制而引起的市场不完全;

(4) 由税赋和关税产生的市场不完全。

正是国内和国际市场存在这种不完全性,才形成企业对外直接投资的社会经济基础。

那么,什么样的企业才具备对外直接投资的条件并据此获利?海默发现直接投资与垄断的工业部门结构有关。美国企业对海外进行直接投资的主要动因是为了充分利用自己的"独占性生产要素",即所谓的垄断优势。因此,他认为,愿意而且能够从事对外直接投资并由此获利的企业,必须具有一种或若干种当地厂商所缺乏的独占优势,它们可以抵消跨国竞争和国外经营所引起的额外成本。

垄断优势是同市场不完全相关的。对外投资企业至少有以下四种优势。

1. 技术优势。它包括技术、知识、信息、诀窍、无形资产等范围广泛的要素。其中新产品、新生产工艺和产品特异化能力是最具实质性的构成部分,因为它们既造成投资企业的独占性,又常常是东道国市场所需要的东西。约翰逊认为,垄断优势主要来自跨国企业对知识产权的占有,国外子企业可以在不增加成本的条件下利用这些知识。凯夫斯认为,产品特异化能力在技术已变得标准化的地方则更为重要,依靠对产品物质形态做少量变化,或者通过广告形成的商标认识,可以避免产品被当地竞争者仿制。

2. 规模经济。跨国企业的垄断优势主要来自于非生产活动的规模经济性,主要包含集中化的研究与开发,建立大规模销售网络,以及进行集中的市场购销,资金筹措和统一的管理等等,他们还把企业规模同其技术密集度联系一起来说明垄断优势。

3. 资金和货币优势。对外投资企业它们或有丰裕的资金需要寻找出路,或者有较强的资金筹集能力和来源广泛的渠道,寻求较高的资金收益,成为它们对外投资的重要原因。阿利伯认为,投资企业拥有相对坚挺的货币可以使它首先在汇率上获得一个所谓通货溢价的额外收益。

4. 组织管理能力。这种优势一方面是由于它们有受过较好训练和教育并且具有丰富经验的管理人员;另一方面则由于它们有较快并有效作出决策的良好组织结构,这种管理上的潜能随着公司对外直接投资而扩大经营规模后得到以充分利用。

上述四个方面的因素后来被邓宁教授概括归纳为"所有权优势",用以解释跨国公司对外直接投资的主观条件和动因。但是垄断优势论无法解释为什么拥有独占性技术优势的企业一定要对外直接投资,而不是通过有偿的转让技术或出口来获取那些潜在收益,此外该理论也无法解释发展中国家企业的对外直接投资。

二、内部化理论

内部化理论(Internalization Theory)是英国学者巴克利(Peter. J. Buckley)在 1976 年出版的《跨国公司的未来》一书中首次提出,以后加拿大学者拉格曼(A. M. Rugman)于 1981 年出版的《跨国公司内幕》一书中,进一步发展了这一理论。他们认为,导致对外直接投资发生的原因不仅仅在于最终产品市场的不完全性,更重要的在于中间产品市场的不完全竞争。

该理论认为:中间产品(包括知识、信息、技术、管理专长等)市场是不完全的,由于存在这种市场缺陷,企业之间通过市场发生的买卖关系就可能出现时滞和交易费用,不能保证企业获利。因此,将中间产品市场在一个厂商中内部化,即将市场上的买卖关系纳入企业内部生产活动中去,就可以避免时滞、讨价还价、购买者的不确定性并将政府干预的影响缩小到最低限度。

所谓内部化是指把市场建立在公司内部的过程,以内部市场取代原来固定的外部市场,公司内部的调拨价格起着润滑内部市场的作用，使之像固定的外部市场那样有效地发挥作用。与垄断优势论不同的是，内部化理论并不是强调企业特有的技术优势本身，而是强调企业通过内部组织体系和信息传递网络以较低成本在内部转移这种优势的能力。并认为这才是跨国企业对外直接投资的真正动因和优势所在。因为只有直接投资，在国外建立自己能够控制的子公司，才能以较低的成本将技术优势转移到国外，并且保护这些知识不被外人染指。美国学者马克则强调，跨国界的内部化可以使企业在新产品和其他信息的开发上的投资得到充分报偿。创新企业直接投资设厂，把技术创新的信息内部化，将有利于把结合在产品中的新技术隐藏起来，从而保证它获得创新投入的充分报偿。

内部化理论的创立者认为，有四种因素将会影响企业实现中间产品市场的内部化：

(1) 行业特定因素，主要包括中间产品的特性，外部市场结构、规模经济；

(2) 地区特定因素，包括地理距离和文化差异等；

(3) 国别特定因素，包括东道国政府的政治、法律、财政状况；

(4) 企业特定因素，包括企业的组织结构、管理经验、控制和协调能力等。

在上述因素中，行业特定因素最为重要。当一个行业的产品需要多阶段生产过程时，如果中间产品的供需通过外部市场来进行，供需双方关系既不稳定，也难于协调，因此通过内部市场来稳定和调节中间产品的供需就特别必要。

内部化理论的进步在于划分了中间产品与最终产品市场的完全性的区别，并把自己的理论基点放在中间产品市场的不完全性上，因此该理论也更接近国际生产过程的实际，运用它也能解释发达国家企业的相互投资。

三、国际产品周期理论与区位因素理论

我们在贸易理论中已经介绍了弗农的产品周期理论，这一理论不仅是一种以新技术为特征的国际贸易理论，而且第一次把贸易活动和投资活动当成一个有关联的整体来考察，因此，它又是一种对外直接投资理论。作为贸易理论，它揭示了随着产品生命周期的演化，比较优势是一个动态的转移过程，贸易格局和产品流向发生变位。作为投资理论，它则揭示了对外直接投资的动因和基础不仅取决于企业拥有的特殊优势，而且还取决于企业在特定东道国所能获得的区位优势。只有这两方面优势的结合，才能使直接投资最终发生，并给投资者带来利益。而且投资活动使比较优势的动态变化得以实现。

在成熟产品阶段，节省运输成本和关税支出对厂商日渐重要，创新国企业就将向拥有产品市场的其他发达国家投资设厂，就近供应市场。在标准化阶段，跨国性的生产就通过投资进一步向发展中国家转移。制成品厂商竭力期望获得这些分布于不同国家的区位优势因素，是企业不辞辛劳，并承担风险到国外投资从事制造经营活动的重要原因。

美国学者约翰逊等人则进一步分析和考察了导致跨国直接投资的各种区位因素，认为它们构成了对外直接投资的充分条件。

1. 劳动成本。劳动力的国际市场具有不完全性，大多数国家实行的移民管制，形成实际工资成本的差异。在这种情况下，特别是产品技术已经标准化时，企业就倾向于把生产活动转移到劳动力资源丰富、劳动成本低的国家。跨国企业实行世界范围的制造和装配政策，其目标就是要使总生产成本最低。

2. 市场需求。某些国家的市场规模较大并且增长迅速，这也会吸引一些企业在当地投资办厂，以形成和利用其生产与购销的规模经济。此外，在当地生产也有利于投资者改善自己的市场竞

争地位,比如及时获得信息,降低运输成本等等。

3. 贸易壁垒。一些国家为了发展本国的工业,或者为了平衡国际收支,有意识地利用关税,配额和当地标准等贸易壁垒来限制进口,鼓励外国企业直接投资,这也是导致直接投资发展的重要区位因素。

4. 政府政策。不同国家的政府为了一定的经济或政治目标,对外国投资者实行的各种优惠或激励政策,创造有利的投资环境,也是吸引企业作出对外投资决策的重要因素。

总之,产品周期理论和其他区位因素论者从动态的区位条件来分析对外直接投资,说明了直接投资需要一定的外部环境条件。这在一定程度上弥补了垄断优势论和内部化理论的不足之处,同时也为投资企业进行区位和市场选择提供了一个分析框架。

四、国际生产折衷理论

国际生产折衷理论(The Eclectic Theory of International Production)又称国际生产综合论,是在1970年代来由英国经济学家邓宁提出的。

国际生产折衷理论实际上是一种综合理论。邓宁指出,他的折衷理论有三个方面的特点。

1. 它吸收了过去20年中出现的各种对外直接投资理论的特长。

2. 它和直接投资的所有形式有关。

3. 它能够解释企业进行国际经营活动的三种主要形式,即直接投资,出口贸易和技术转移。

邓宁将上述的垄断优势论,内部化理论和区位理论三者紧密结合起来,把跨国经营的决定因素概括为三类优势,并把这三类优势的拥有程度作为判断企业跨国经营方式选择的依据和条件。按照邓宁的提法,跨国公司国际生产的决定因素可分为三类:

(1) 所有权优势；

(2) 内部化优势；

(3) 区位优势。

所有权优势是指一些企业拥有或可以得到的那些外国企业不能获得的优势，如产品、技术、规模经济、市场等等。内部化优势是指为了避免不完全市场给企业带来不良影响而将企业的优势保持在企业内部。区位优势是指由于存在着贸易壁垒、政府政策和相对资源成本(特别是劳动力成本)的差异、市场规模及其发展的差异等，把其生产的一部分转移到国外进行，往往比在国内更为有利可图。

邓宁认为企业要想从事对外直接投资，必须同时拥有上面三种优势。如果仅有所有权优势和内部优势而无区位优势，那就意味着缺乏有利的投资场所，因此只能将有关优势在国内运用，生产后出口。如果只有所有权优势和区位优势而无内部化优势，则说明企业拥有的无形资产优势难以在内部使用，只能转让给外国企业。邓宁认为，尽管上述这些优势的内容和性质因国别、行业或企业的特点而互不相同，但仍可用它们来解释和判别绝大多数企业的跨国经营活动。邓宁据此列出了一个表，以说明上述三个条件与经营方式选择的关系(见表 2.1)。

表 2.1 供应国际市场的方式选择

供应市场的方式	优势		
	所有权	内部化	(国外)区位
对外直接投资	有	有	有
出口	有	有	无
非股权资源转让	有	无	无

表 2.1 中所列的选择方案具有两层含义。首先，它说明了几种国际经营形式选择时所必备的基本因素。同时，更重要的是说明了，假如一个公司同时具有三种优势时，却采用其他经营形式，

就会丧失某些优势会带来的收益。

邓宁后来又对他的折衷理论作了动态化的发展。他研究了67个国家在1967—1978年间直接投资与经济发展阶段之间的关系，认为一个国家的直接投资流量与该国经济发展水平密切相关，从而提出了他的"对外直接投资周期的概念"。根据一个国家的经济从较低水平向较高水平的发展，直接投资的流入、流出也有一个发展变化的过程。开始资本流动值很小，而且主要是吸收外资，逐渐发展成为直接投资的流入、流出并举。在经济发展的较高阶段，直接投资的流量达到了较高的水平，而且资本流出额高于资本流入额。

邓宁从微观的角度概括了企业跨国化发展的主客观因素：在主观方面，企业拥有对特定无形资产的所有权；在客观方面，某些国家和地区具有特别适合于这些无形资产发挥作用的有利条件，把二者结合起来，促使企业跨国化扩展的则是其转移使用无形资产的内部化组织能力。这样，他的折衷理论就远较前述理论更全面和综合地说明了企业跨国发展的基本动因。

五、对外直接投资的其他理论

除了以海默到邓宁以强调企业优势为中心的主流派理论外，从其他角度阐述企业跨国化经营动因的理论也在发展，其中有代表性的有以下几个。

（一）防御性投资（Defensive Investment）

亚历山大·拉姆法勒希（Alexande Lanvfalussy）认为许多投资往往基于防御性的考虑。投资者为了避免竞争地位被削弱，而不是为了获取利润而去投资；或者试图抢先占有一种有价值且有限的生产要素或资源，以防止其落入竞争对手的手里。防御性投资被人称为是一种非利润倾向的投资类型，但这从短期看是正确的，从长期看却仍是一种利润导向的决策。这种长期利益是通过阻止竞争对手实力的增强而取得的。

（二）自我保险(Self-Insurance)

企业对外直接投资，是为了分散市场和生产基地，实际上是发展了一种市场或制造工厂的组合，能有效地减少风险，对自身提供了一定程度的保险。这是一种资产组合效应(portfolio effect)。通过对外直接投资减少的风险包括：

(1) 由于本国经济衰退，或由于受到国外市场的排挤而丧失市场；

(2) 因罢工或国内动乱造成生产破坏；

(3) 生产设备被没收等。

（三）提高公司形象(Enhancing Corporate Image)

为了提高公司的国际形象而进行投资。有的公司为提高公司形象，不管被投资国条件如何，在尽可能多的国家开办了公司。另一方面，有时公司通过投资，在国外市场被视为当地企业，借此来提高自己形象和竞争地位。例如，在本国不具有优势生产商形象的企业，在一个拥有优质声誉的第三国进行投资和生产，就能提高本身形象，扩大销售。

（四）追随领导者(Follow-the-Leader)

这类投资通常发生在高度集中的产业部门。在这些行业或部门中，少数几家大企业旗鼓相当，势均力敌，互相制约。只要其中一个企业到其他国家建立新的子公司，进入一个新的特定市场，其他几家寡头企业会迅速反应，纷纷跟进。例如在几家最大银行到英国伦敦设置分支机构后，其他美国银行蜂拥而至，到伦敦开设机构。这种动因反映了这些寡头企业防御性投资的目的和垄断企业之间剧烈竞争的事实。

（五）发展中国家跨国企业发展的动因解释

前述所有投资动因理论，几乎都是以发达国家跨国企业为中心来展开其理论分析的。但在实现上，发展中国家的新兴跨国企业也有很大的发展,它们之中大都并不具有称之为垄断的技术优势,那么这些企业跨国发展的动因是什么呢?这日益引起一些西方学者的关注,最有影响的是哈佛大学的刘易斯·威尔斯和唐纳德·莱克劳。

威尔斯认为发展中国家企业对外投资的动因包括如下几点:

(1) 保护出口市场,由于贸易壁垒重重,出口不断受到威胁,而正是扩大对外投资才使不少发展中国家的国外市场受到保护;

(2) 越过配额限制,这实际是保护出口市场的自然延伸;

(3) 谋求低成本,寻求工资比本国水平更低的劳动力,以对付其他国家厂商的出口竞争,有时也为了节约生产过程中的运输开支;

(4) 分散资产,一些国家国内政局不稳,社会动荡,造成国内企业的资本外流,防避政治风险;

(5) 其他动因,如国外的侨缘联系,本国和东道国政府的倡导与推动等等。

此外威尔斯和莱克劳认为发展中国家的跨国企业还是有一些与发达国家跨国企业不同的竞争优势,比如小规模和密集使用劳动的制造技术,在东道国当地采购原材料和生产当地所需的产品,采用低价格的市场营销策略等。

第三节　国际竞争力理论

从国际竞争力的产生及强弱变化来研究国际商务活动的起因和发展是一个较新的视角。当代国际竞争的一个显著的特点是,市场价格机制与企业机制都在起作用,这一点和李嘉图时代不同。在李嘉图时代,企业还是传统式的小工场手工业,资源配置主要靠市场价格机制,企业在资源配置中不占主导地位,外生比较优势能够发挥比较充分的作用。而当代,跨国公司这种最典型的现代企业制度大量出现，说明现代企业的国际竞争行为已成为国际商务发生的一个重要原因。而1870年后新古典经济学的研究重心放在市场上，严重忽视了企业的组织生产功能与技术创新功能，导致企业的创新能力和动态竞争能力未能进入分析框架。而近年，以波特关于国家竞争优势决定理论在这方面有重大的突破。

一、国家竞争优势理论

迈克尔·波特(Michael Porter)是哈佛商学院的战略学教授，擅长于将产业分析的理论和方法应用到企业战略问题研究中。在竞争理论方面，他出版了《竞争战略》、《竞争优势》和《国家竞争优势》三部重要著作。在《国家竞争优势》中，波特把他的国内竞争优势理论运用到国际竞争领域，提出了著名的“钻石理论”。

波特理论的核心思想体现在他的“国家竞争优势四因素”模型中，可表示如图2.2。他认为，一国的国内经济环境对企业开发其自身的竞争能力有很大影响，其中影响最大、最直接的因素就是：生 产要素、需求因素、相关和支持产业以及企业战略、结构与竞争

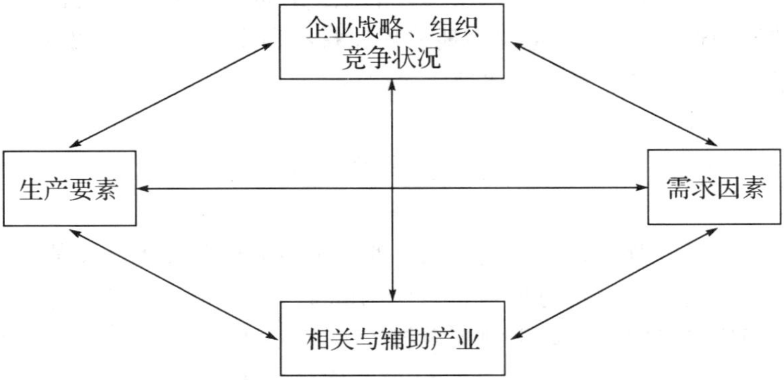

图2.2　国家产业竞争优势决定的“钻石模型”

状况。在一国的许多行业中,最有可能在国际竞争中取胜的是那些国内“四因素”环境对其特别有利的那些行业,因此四因素环境是产业国际竞争力的最重要来源。

(一) 因素Ⅰ——生产要素

波特把生产要素分为基本要素(Basic factors)和高等要素(Advanced factors)两类。基本要素包括自然资源、气候、地理位置、非熟练和半熟练劳工、债务资本等;高等要素包括现代化电信网络、高科技人才、尖端学科的研究机构等。

1. 基本要素中的人口、土地、自然资源是“遗传”或天赋的,是既定的先天条件,而高等要素要通过长期投资和后天开发,是创造出来的。在许多行业中,基本要素对企业竞争力有很大影响,但由于其普遍可供性和可替代性,基本要素的重要性正日益下降。

2. 与基本要素相反的是,高等要素的重要性与日俱增。高等要素是开发新产品、设计新工艺的必要条件,而且其供给相对稀缺。

(1) 高等要素的“创造”需要长期大量的人力资本投资,而且要有适宜其生产的社会经济、政法环境。

(2) 高等要素往往难于通过公开市场取得,存在市场交易“失效”的问题。因此,高等要素的获得对企业的国际竞争具有极重要的意义。

波特还把生产要素分为通用要素(Generalized factors)和特殊要素(Specialized factors)两类。

1. 通用要素包括高速公路、融通资金、大学一般专业的毕业生,这些要素可以为不同行业所共用。

2. 特殊要素是指应用面很窄的专业人才、专门设施和专门知识,特殊要素往往比通用要素在保持企业竞争优势方面更重要,因为特殊要素的创造需要更长的时间和更多投资,而且供给更有限,公开市场交易更困难。

显然，高等要素加特殊要素是一国一行业竞争取胜的有利条件，但高等要素也有“无形损耗”，特殊要素也会随时间推移而变成通用要素，因此关键是要创造新的高等要素和特殊要素并不断提高和改善它。

（二）因素Ⅱ——需求因素

本国需求条件是一个行业一个产品是否具有国际竞争力的另一个重要影响因素。企业的投资、生产和营销首先是从本国需求来考虑的，国内市场是企业“市场导向”的真正含义。企业从本国需求出发建立起来的生产方式、组织结构和营销管理是否有利于进行国际竞争，是企业是否具有国际竞争力的重要影响因素。所谓有利于国际竞争的需求，取决于本国需求与别国需求的比较，这种比较体现在三方面。

1. 需求特征。这包括三层含义：一层是本国需求是否有全球代表性；另一层是本国需求是否具有超前性；第三层是本国需求是否挑剔，挑剔的购买者会迫使当地企业在产品质量，式样和服务方面满足消费者的高标准要求，在这种需求环境下成长起来的企业必然经过磨炼而使自己具有较强的竞争力。

2. 需求规模和需求拉动方式。当地需求规模大，增长率快的产品有利于提高该行业的国际竞争力；在需求拉动方式中消费偏好的多样性和差异性会激发企业的创新动力。市场的快速饱和也会造成降低价格的压力。

3. 需求国际化。一国的需求方式会随着本国人员在国际上的流动而传导到国外，反过来本国人员在异国接受的消费习惯也同样会被带回来并传导开去。可是，无论是本国消费者走出去，还是外国消费者走进来，只要一国对外开放程度愈高，其产品就愈容易适应国际竞争。

（三）因素Ⅲ——相关和辅助产业

对一国某一行业的国际竞争力有重要影响的另一个因素是该

国该行业的上游产业及其相关行业的国际竞争力，意大利制鞋业的国际竞争力就受到其供货商(制革机械、皮鞋配件、皮革加工、设计鞋样)竞争优势的有力支持。除了供货商的竞争力外，其他相关产业的竞争力也很重要，因此往往一国的优势行业会表现为一个“优势行业群”。相关行业的优势对一个具有国际竞争力的行业会起到互相促进优势扩大的作用。

供货商和相关行业的水平之所以对某一行业竞争优势有重要影响，原因主要是：

1. 有可能发挥群体优势。国际竞争往往不是单个企业之间的竞争，而是企业所属的各国生产，营销体系之间的竞争；企业的竞争优势不仅取决于供货商的相关产业的能力和策略。供货商往往提供上游产品和中间产品，具有国际竞争力的供货商能带动下游行业提高竞争力；而相关产业往往依托相同的技术和供货，易于开展互相的信息流和各种合作，而且还有技术外溢效果，因此会有明显的互相影响和带动作用。

2. 可能产生对互补产品的需求拉动。

3. 可能构造有利的外在经济和信息环境。相关行业的经济活动有相当强的“外部经济效果”，但这种外部经济效果的辐射面是有限的，往往只在本地区、本国范围内才有较大影响，这就要求相关行业在地理位置上相近。

(四) 因素Ⅳ——企业战略、组织和竞争状态

波特认为这三点是决定一国的企业如何创建、组织和管理的条件，而这在不同的国家和不同行业中有很大的差别。国家竞争力来源在于在特定行业中各种竞争优势能够恰当地匹配在企业中，而国内的市场竞争结构对培育企业的国际竞争力也有很大影响。各种优势能否被恰当匹配在企业中，很大程度取决于国家环境的影响。国家环境对人才流向、企业战略和企业组织形式的影响决定了该行业是否有竞争力。

1. 从人才流向的影响看。如果一个行业能长久地、持续地吸引和凝聚最出色的人才为之服务,这个行业就很可能在国际竞争中显示力量。

2. 从企业的战略来看,公司目标是企业战略中的核心内容,它受到下列因素的强烈影响:所有权结构、所有者动机、债权持有者动机、公司管理的特征、对高级管理人员的激励方式。

3. 从企业的组织方式来看,一些国家的文化强调个人首创精神,强调机会面前人人平等,优胜劣汰,奖励考核以个人为单位,如美国;另一些国家的文化传统鼓励人际合作,强调和谐、互助、奖惩主要以集体单位为基础,如日本。不同文化传统对企业生产组织方式带来直接影响。一国国内市场的竞争压力,也会对该国的国家竞争优势有所影响。凡是国内竞争程度高的国家,其厂商所受的压力大,被迫要进行技术创新与改进,而且还促使企业去寻求更高等级或更加长期效果的竞争优势来源,而受本国政府补贴和扶持的独占性垄断厂商则不易取得国际竞争优势。

二、对“钻石模型”的补充

总的来讲,波特的论点是一个国家在某个行业中取得国际性成功的可能性的大小取决于要素状况,国内需求状况、相关产业和国内公司策略、结构和竞争等因素的共同作用。只有这四种因素并存(尽管有时也有例外)才能对一个国家在国际竞争中的表现产生积极影响。

另外,波特认为机遇和政府这两个附加因素也会对国家竞争优势产生影响。

1. 机遇。机会或偶然因素有时对产业的成功也会产生相当重要的影响。其中特别重要的有:纯粹的发明活动、重大的技术非连续性(例如,生物技术、微电子技术的出现)、投入成本的不连续性(例如,石油冲击)、世界金融市场和汇率的重大变化,世界或地区需求的高涨、外国政府的政治决策、战争等。偶然事件之所以重要，是因为造成了非连续性，使竞争地位发生了变化，使以前的竞争优势失效，而为能够适应新形势的国家中的企业获得竞争优势提供了机会。当然，各国能否利用偶然事件所提供的机遇来获得产业国际竞争优势，还要取决于各种其他的因素。同样的机遇，在不同的国家能产生非常不同的结果。

2. 政府。政府可通过其政策影响上述四个基本要素，从而对国家的竞争优势产生影响。这些政策包括：投资与补贴(影响生产要素和需求状况)；规则(影响关联工业网和企业战略)；政府购买(影响需求)；税收(影响企业战略)等。政府在创造国家竞争优势方面的作用是通过政策来改进该国的"钻石"因素与竞争发展阶段转换所需的条件。

与国家竞争优势钻石模型相联系的，波特还有一个国家产业竞争力成长的四阶段说。波特在研究了许多国家特定产业发展和参与国际竞争的历史之后认为，一国参与国际竞争的过程大致可以分为四个依次递进、也可能发生折返的阶段：第一阶段是要素驱动(Factor-driven)，第二阶段是投资驱动(Investment-driven)，第三阶段是创新驱动(Innovation-driven)，第四阶段是财富驱动(Wealth-driven)。在这四个阶段中，前三个阶段是产业国际竞争力增长时期，第四个阶段则是产业竞争力下降时期。

波特的国家竞争理论十分富于启发性，对国际竞争力研究作出了非常有价值的贡献。波特的理论试图捕捉全部现实竞争世界的丰富性和复杂性，更加强调对竞争力和经济发展的微观经济基础的研究，因而，也就更加具有应用价值。

第四节　企业国际商务理论

关于企业国际商务的理论比上述两部分的理论更为分散，更为零星，但其中不少在某一观点方面还是很有见地的，对这些理论加以比较研究，对我们发展企业国际经营还是很有启发的。

一、全球方位理论

早在1960年代，美国经济学家阿罗尼就在其著作中论述了那些可以改变厂商的经营地理区位并使其走向国际化的因素。在古典经济学理论中，不存在企业的地理观念问题。因为传统的经济理论往往假设厂商不花分文便可获得有关市场机会的完全信息，并能随时抓住这些时机进行交易。但是在现实生活中，最初的厂商的地理观念往往被限制在一定的地区或母国之内。大量的国外市场机会由于超越了企业的地理区位，而未被发现。

作为厂商发展过程中的一部分，地理区位是不断变化的。这种变化往往是由于企业外部环境的刺激或组织内部的某些力量造成的。来自外部的刺激主要包括：用户的影响，外国政府的政策，竞争者在国外市场上扩张，某些重大事件（如欧共体成立）等。来自内部的力量则包括：高级管理人员的影响，新技术和新产品的开发，对外国原材料的依赖等。这些影响开阔了地理区位的因素，是企业发展链条中的一环。它们对现代国际商务的结构作出了一些必要的但不全面的解释，还需要用其他一些因素来解释厂商是如何对已知的市场机会作出反应的。

二、国际资源转移学说

这一学说的创立人约翰·费尔瓦洋发展了国际贸易理论中有关资源转移的基本原理，扩大了资源概念的含义，使之不仅包括了自然资源、资本和劳动力，还包括了技术和经营管理经验。他认为，国际间资源转移中出现的供给不平衡造成了对国内资源流动的压力，从而为跨国公司提供了投资的机会。政府通过各种政策在一定程度上改变了自由经济因素所决定的资源供给的不平衡关系,并使之成为跨国企业所面临的实在的商务机会。为了利用这些机会,跨国公司必须根据自己的特点和经营战略选择不同的国家,需要转移的资源以及转移资源的方式等。跨国公司在国际资源转移中能起到何种作用主要取决于三个因素,即资源的差异性,政府的政策和企业的特点。

国际资源转移理论基本包括了有关国际贸易和投资理论的经济概念,同时还涉及了某些企业的经营行为模式。该理论认为,各国政府在影响国际商务活动中起着主要的作用,其形式是通过对本国资源配置的影响及外国企业进入本国的控制。该学说还表明,国际企业与国内企业在资源转移中的差别就在于跨国公司建立起了全球经营的观念,因此它主要关心的是不同国家在资源上的差异以及不同的经济和政府制度对资源流动的影响。

三、地缘商务理论

作为一个综合性理论体系,地缘商务学说试图全面地解释和预测国际商务活动的结构发展。“地缘商务”这一名称表明了地理与国际商务的关系。

该理论探讨的是所有厂商,而不仅仅是跨国公司所进行的国际商务活动。地缘商务理论中使用了大量的重要变量因素来说明地理与国际商务的关系,因为这些变量因素之间的相互影响会改变国际商务活动在地理上的起止点。这一理论承认企业是国际商务活动的动力,并认为国际商务结构的形成是由于某些企业为适应外部环境而进行的调整所致,这些企业为了生存和发展,首先要在一定范围内的本国市场上同对手进行竞争。地缘商务理论中所使用的变量因素有三大类:条件变量、动因变量和控制变量。

1. 条件变量。是指进行国际商务活动的机会是否存在。条件变量包括产品和劳务的特性、东道国的特点及国际变量。这三者之间的相互关系使厂商产生进行国际商务活动的动机。这些变量还决定了厂商为了获利在何种程度上可以在国外进行生产和提供劳务。相比前面介绍的理论，该理论在变量中强调了母国因素和国际变量的影响。母国资源多寡会影响厂商进行国际性经营扩张的动机和能力。日本资源贫乏的状况，迫使该国的企业大规模地进行对外贸易和直接投资。母国的经济规模和收入水平可以促使或限制本国企业走向国际市场，母国的政治、经济、文化和社会环境都能促进和限制国际商务活动。国际变量通常包括：国际金融体系，国际贸易结构，国际专利和商标协定及税收协议等。

2. 动因变量。是指厂商是否具有实现那些纯收益的动机。动因变量包括厂商特有的因素，如厂商的经营地理观念以及是否拥有进行国际商务活动所需要的资源等。厂商的竞争地位由于直接或间接地受到竞争对手行为的影响，也将成为促使其改变国际商务经营方向的动因。动因变量大致可分为两类，一类是厂商特有的动因变量，另一类是有关厂商之间竞争关系的动因变量。那些经常改变国际商务经营结构的厂商，必须了解国际市场行情并且具有一定的经营地理意识，这种企业的地理意识包括空间的（向哪些地域国家发展）和功能性的（以何种形式开拓）两个方面。厂商不仅应具有观察和预测国际市场上潜在机会和风险的能力，还要有把已获得的信息转化为有效的经济行动的能力。从竞争的角度看，厂商可能通过某些措施来阻止竞争对手在市场上建立优势，或消除那些对自身特有竞争优势不利的因素。在国际化经营中的一条原则是，不能为了扩大经营而失掉竞争优势，要从经营活动中获取最大利润。

3. 控制变量。指那些在本国或东道国市场上影响国际商务活动结构的限制或激励行为。有时国际商务机会的存在会促使厂商对其经营形式做出某种改变。但是，所涉及的国家政府的某些行为会对厂商改变其经营形式的决策产生直接的影响。东道国和宗主国对经济的控制政策往往会使企业不能有效地利用存在于国际市场上的商务机会。国家的控制变量因素主要是那些东道国和宗主国政府为维护国家利益而采取的法律和行政措施。控制因素是随着国家目标的变化而变化。企业的国际化经营产生了许多国内生产经营未曾遇到的政策性问题。

四、合理化全球计划模型

合理化全球计划模型试图解释厂商的某些经营行为,因为这些行为使厂商在原有的经营地理方位上发展了对国际市场的分析能力,并掌握了进行国际经营所必须的各种资源要素。

在对国际市场上的机会和风险进行预测和分析基础上,厂商将先定其目标市场。根据经营目标和区位经济的要求,厂商还将制定出相对于特定国际市场的逻辑模型,这些模型反映了厂商应采用的对已选定的市场进行供给的合理形式。逻辑模型的内容包括:原料来源、生产场地、服务和销售设施,研究活动以及劳动力、管理人员和资本的来源等。厂商通过把市场销售情况和对逻辑模型的选择进行综合便会得到总的计划模型,并据此发展出厂商最佳经营战略。

全球计划理论认为,许多解释国际商务的理论并不仅仅局限于国际。国际商务活动中厂商应具备的必要条件(如竞争优势),对企业进行国内经营扩张来说同样是最基本的要求。一些影响厂商经营的因素,仅在程度上存在差别。另外一些因素,如货币风险,则在形式上不尽相同,在国内市场上货币因素是个常量,而在国际上则是变量。同时,在进行国际经营决策时,管理者还要考虑到一些新的影响国际商务活动的变量因素。如关税和东道国对合资中当地投资的比例要求等。

全球计划模式使用何种方式来调整厂商的国际经营结构呢?有两种极端的选择,即进行传统的贸易和全面实现经营国际化。但是,这两者之间包含着许多可供厂商选择的在不同程度上参与对外直接投资的方式。这些经营方式包括:许可证贸易,收购外国公司,或通过直接投资在国外建立销售、仓储设施、组装生产线和进行商品再包装业务,也可在国外建厂生产。在直接投资中,厂商有时还会通过兼并外国公司来开展一项全新的业务。

当中间产品和生产要素市场为一有效的市场时,经营国际化的优势将不会存在。在这种情况下,厂商将通过进出口来满足市场的需求和获得所需的生产要素。当中间产品和生产要素市场为一非完全性市场时,国际经营将为厂商带来利益。这时,区位因素将决定进行横向和纵向一体化生产的地理位置。

总的来说,直到近年,经济理论界才把国际商务研究作为一个重要的领域,但是,有关国际商务理论的研究工作相对仍然很少,目前对国际商务的研究大致可分为三类。

1. 大量的研究是围绕着国际贸易的方式和产生贸易的原因进行的。遗憾的是,这些研究中只有一小部分探索了贸易与投资之间的关系。

2. 研究重点是对外直接投资和跨国企业的内部经营。直接投资理论试图通过研究流入某一特定国家的资本中的工业构成来解释产生直接投资的原因。对跨国公司内部经营的研究被理论界认为是不全面的,因而也不能令人满意的。

3. 研究的内容主要包括跨国公司在经济上和政治上对东道国和宗主国的影响,以及国家对跨国企业的经营活动所采取的相应的限制性政策。有关东道国政策的研究重点,主要是放在发展中国家。国际商务理论的说服力和实用性有待实践来检验,同时新内容新形式层出不穷的国际商务实践是理论发展的源泉。

思考讨论题

1. 国际商务的基本理论是由哪些主要理论组成的?为什么选择这些理

论作为国际商务的基本理论?

2. 为什么说比较利益论是国际贸易理论的基本理论? 其他主要贸易理论同比较利益论有何联系?
3. 试述国外直接投资几种主要理论的主要论点。
4. 试述国家竞争优势理论的四要素内容。
5. 企业国际经营几种主要理论有何共同点?

第三章　国际商务环境

从广义上讲,企业的国际经营环境分为两个部分。一部分是东道国的经营环境,即我们在下一章要分析的外国商务环境,这类环境中尽管也可以找出一些规律性和共同特征,但更多的却是因国而异的特殊性。另一部分即是本章要分析的国际经营环境,这一环境分析尽管也建立在各国环境组合之上,却超越国别的限制,更多地讨论国际经营环境中具有规律性、共性、广泛制约性的方面。在本章中,我们还会介绍一些国际商务环境分析中的一些基本知识和有用的分析工具。

第一节　国际贸易与世界市场

在经济全球化的趋势下,国际贸易也处在风云变幻的剧烈动荡之中。传统的国际贸易格局正在被打破,新的国际贸易秩序正在成长,现存的国际体制与政策正面临着一种前所未有的冲击。

一、国际贸易的改革与发展

经过1980年代的矛盾演变与孕育,1990年代正在进行的分化与重组使21世纪的世界经济呈现出两大历史性浪潮。

(一)世界经济区域集团化

它发端于1980年代初期,1990年代进入高潮,21世纪将基本定局,新的国际贸易秩序将由此而形成,世界经济的多极化格局由此而产生。这股浪潮最重要的标志是欧盟经过近两代人的努力最终形成，成为全世界规模最大的贸易集团之一，包括3.7亿人口，年产总值81 800亿美元，与此同时，北美自由贸易协定也于1994年1月起实施生效，该协定包括3.7亿人口，年国民产值达80 610亿美元，成为与欧盟鼎足而立，相互抗衡的又一世界规模最大的贸易集团。

推动世界经济区域集团化浪潮最直接的动因，是跨国公司日益强大及与世界经济竞争的日益激烈与残酷，据资料显示，目前跨国公司有近53 000多家，控制着45万家分支机构，海外总资产达12.6万亿美元，年创利润1 500亿美元左右，相当于发达国家当年国民产值的2%。

（二）国际市场日益一体化

当今世界南北、东西间政治、经济、科技、贸易日益走向国际化。以现代化为目标推动本国经济的起飞与崛起成为发展中国家的时代主题。任何一个意图推动本国经济发展的国家，都离不开国际市场，都必须在比较利益驱使下，能与国际范围内的全球分工与协作，最大限度地切入世界市场，挤占国际贸易份额。这股浪潮的标志是国际金融资本流动加快，国际贸易额增加，国际规模增大。推动这股浪潮的最终动因是正回荡在各国上空的现代化发展的主旋律及新的数字化科技革命。

这两大世界性浪潮相互依赖，交互作用，直接推动着国际贸易的改革与突破，在改革中求发展，在发展中更深层次地推进改革。

1. 国际贸易竞争的内容更趋多元化，区域集团化趋势使商品、资本、技术和劳动力的国际流通引起国家间和企业集团间的竞争，导致世界经济势力的重新组合，使国际贸易竞争从内容到对象，从目标到手段更趋多元化和复杂化。

2. 世界市场的竞争主体发生变动，最主要表现在参与竞争的微观主体由国内企业向跨国企业发展，宏观主体从国家间的竞争向国际经济区域集团间竞争扩展，竞争主体出现一般中小企业

——国内企业集团——跨国公司——区域经济集团等层次。国际经济战将是以跨国公司为核心，以区域集团化的大经济圈为依托，以众多企业集团为基础的多主体竞争。

3. 区域集团化进一步加速了各国企业、企业集团的兼并与产业结构的调整。发达国家间企业的跨国兼并活动非常活跃，银行的跨国兼并与收购频繁。企业兼并加速了产业结构的调整步伐，新科技革命正向纵深方向发展，资本互相渗透，竞争日益白热化。

国际贸易竞争的新特点，直接推动了国际贸易在体制、政策等诸方面的改革。

在国际贸易体制方面，尽管世界贸易组织作为贸易保护主义的对立面不断受到其侵蚀。但是，区域贸易集团的发展正推动着一个多边的、自由的国际贸易体制的形成与发展。1990 年代中后期，各区域贸易集团开始向外向型发展，整个世界经济关系更加迫切地需要一个强有力的多边贸易体制为依托。作为国际贸易中普遍运用的准则，世界贸易组织的制约影响范围将大大加强，国际贸易体制有可能形成一个更为广阔的，更为自由的多边贸易，充满竞争与活力的协调机制。

在国际贸易政策方面，以非关税壁垒为特征的贸易保护主义政策正导致越来越多的贸易摩擦与竞争，其产生的效应越来越明显。因此，伴随着贸易政策的报复性竞争，更多地出现了贸易政策的协调。从一些双边的或区域的贸易协议来看，各国都在寻找贸易政策协调的道路。随着 1990 年代国际货币基金组织与世贸组织（WTO）的密切合作，通过履行其全面的监督职能，能够有效地制约全球贸易保护政策的进一步抬头，创造一个贸易自由化政策的局面，推进各国贸易改革的进程，改善国际贸易环境，推动国际贸易的均衡扩展。

二、世界市场

世界市场是指世界各国商品交换的领域，或是指世界商品交换关系的总和。它是商品货币经济在世界范围内发展的结果，始终同国际分工和国际贸易紧密联系在一起。

世界市场的内容包括商品、货币、运输、保险、劳务等，其中商品是主体，其余都是为商品服务的。所以它一般是指世界商品市场。出于各种各样的需要，可以对市场作许多分类，例如可以按地区划分。目前主要按国别划分，也可按洲或特定区域（如东南亚地区）划分。又如可以按商品划分，作这类划分时，或者按大类进行，如纺织品市场、食品市场、化工市场等，或者按具体商品和品种进行，如石油市场、茶叶市场等。

世界市场上的商品由一国生产领域进入他国消费领域所采取的购销形式，就是它的商品流通渠道，主要可以分为两种。一种是固有组织形式的世界市场，指的是在特定地点按照一定组织规章进行的交易活动，具体有商品交易所、国际拍卖市场、国际博览会和工商业展览会等。另一种是没有固定组织形式的世界市场，指的是不通过固定场所所进行的各种商品交易。买卖双方自由选择交易对象，采用各种形式谈判贸易的主要条件，在协商一致的基础上签订合同，并据此加以执行。这是世界市场最通行的购销形式。此外还有补偿贸易、加工贸易和租赁贸易，它们是同其他因素（如信贷，劳务报酬，使用权）相结合的购销形式。

第二次世界大战以后，世界政治经济形势的巨大变化，导致世界市场也发生了许多重大的变化，出现了一些新特点。

（一）世界市场的范围和规模空前发展

从市场范围来看，第二次世界大战前主要是初级产品出口国与制成品出口国之间的垂直型贸易，但这些年来，发展中国家之间，尤其是发达国家之间的贸易发展极为迅速。世界市场的范围大为扩展。从规模看,其商品流通发展速度相当快,2000 年,世界全年出口总值约为 59 600 亿美元,不仅贸易量的增长速度大大超过战前,而且世界贸易量的增长速度也超过生产增长速度,这表明各国经济的开放度在加大,见表 3.1。

表 3.1　国际贸易与世界经济增长指数

年份 指数	1950	1955	1960	1965	1970	1975	1980	1985	1990	1995	2000
国际贸易	100	148	210	310	476	605	776	862	1 157	1 427	1 822
世界经济	100	129	155	203	263	318	387	442	516	566	646

(二) 世界市场的商品构成发生重大变化

第二次世界大战后初期,世界市场上初级产品交易的比重还一直高于工业制成品。从 1954 年起,制成品交易比重开始超过初级产品,此后两者的差距继续拉大。到 2000 年,制成品交易约占 79%。在工业制成品中,机电产品的贸易增长最为迅速,化工产品也保持强劲的势头。在初级产品中,原料贸易的比重下降幅度最大,食品的比重也呈下跌趋势。此外,技术贸易和高附加值产品(如移动通讯工具、电脑)贸易有了迅速发展。而消费品向多样、高档、优质的方向发展,也成为世界市场上的新趋势。

(三) 无形贸易比重加大,技术贸易增长

无形贸易亦称国际劳务贸易,主要包括:海外投资收入(包括利息、利润和股息)、运输和保险;船只的维修和服务费、国际旅游、侨民汇款,银行业务以及技术、信息、咨询服务等。世界无形贸易增长很快,无形贸易出口额 1970 年为 1 081 亿美元,2000 年增至 14 184 亿美元,发达国家在无形贸易中约占 4/5。作为无形贸易中的一种——技术贸易增长也是当前国际贸易中极为重要的特征,全世界技术贸易总额 1970 年代为 120 亿美元。2000 年达到 2 800 亿美元。

（四）公司内贸易比重大

公司内部贸易是指跨国公司内部，母公司与子公司，子公司之间的产品、技术、劳务的流动。随着国内外竞争日益激烈，跨国公司建立了把不同国家的生产活动连结在一起的体系，把投资和贸易结合起来，贸易在公司内部进行。据联合国贸发会议估计，1990年代全世界贸易额大约40%是在公司内部进行的。公司内贸易的主流是中间产品，跨国公司为了追求利润和成本的最优化，安排母子公司之间从事同一产业的产品在生产过程中各个不同阶段的生产和经营，这样体现在公司内贸易上，中间产品的贸易占了很大的比例。

（五）世界市场的垄断和竞争更趋加剧

由于跨国公司的发展，资本输出规模庞大，国际贸易活动日趋集中，跨国公司在世界范围内直接垄断着许多主要商品的生产和销售，控制了世界贸易的50%。随着垄断的加剧，世界市场的竞争更趋激烈。例如，为了适应消费者的需求，生产者尤其注重诸如提高产品质量，增加品种，改进售后服务，放宽支付条件等非价格竞争手段。为了减少因出口市场单一而导致的政治经济上的风险，许多国家的生产者广泛寻找新市场，力求市场多元化。国家政府也通过种种保护主义措施和对出口的鼓励措施，以及为本国企业谋求较有利的海外经营环境，这进一步加剧了垄断和竞争。

第二节　国际金融市场

国际金融市场由下面几个部分组成：国家对外资本市场，境外货币市场和外汇黄金市场。资本市场，无论是短期的资金市场或长期的资本市场，是经营存贷货币的信用市场，外汇市场是支付手段的交易，而境外货币市场即离岸金融中心吸引国际银行业，成为非居民外币资产和负债的进出口地。

一、金融市场国际化

金融市场全球化意味着规则的一致和壁垒的减少以促使资本自由流动,允许所有的金融机构在全球所有市场进行竞争。金融全球化最明显地表现在那种基于本国的跨国金融交易在种类上的增多和规模上的扩大。与国际贸易和国际直接投资相比,国际金融市场的发展其速度之迅猛,影响之大,都是历史上无法比拟的。在1972—1995年间(按当年价格计算的)世界生产增长了7倍,世界出口扩大了12倍,而国际金融市场则膨胀了43倍。

表3.2 世界金融市场规模 单位:亿美元

国家或地区	人口(亿)	国内生产总值	股票市值	债券市值	银行资产	资产总额
欧盟15国	3.73	80 970	37 790	86 730	148 180	272 700
其中欧元区	2.90	63 040	21 190	69 930	119 720	210 840
美国	2.67	78 190	68 580	110 080	50 000	228 650
日本	1.26	42 230	36 670	53 260	73 820	163 750
上述国家、地区合计	7.66	201 390	143 040	250 070	272 000	665 100

金融市场的全球化主要表现在以下几个方面。

(一)外汇市场的全球化

外汇市场的全球化是最为明显的。传统上它为国际贸易融资,办理外币兑换、银行承兑票据。到了1980年代,除了为国际贸易融资外,国际资本流动大大增加,而且其数量大大超过前者。当时,许多养老基金、信托基金、商业银行以及个人持有的大量外币都在外汇市场进行交易,此外,还有大量的投机资金入市。同时自1970年代实行浮动汇率制度以来,各国中央银行为了稳定汇率,也在外汇市场进行了买卖活动,外汇市场交易规模的扩大在不断加剧。现在一天24小时,全球外汇市场的交易都在进行。当美国纽约外汇市场闭市后,东京、悉尼、香港、新加坡则已开市;当远东外汇市场闭市后，中东地区则已经开市几个小时，而伦敦、法兰克福等则刚刚开市。

表 3.3　全球外汇交易统计

	1986	1989	1992	1995	1998
全球日外汇交易额(亿美元)	1 880	5 900	8 200	11 900	15 000
占世界商品、服务出口比例(%)	7.4	15.8	17.4	19.1	—
占各国储备(除黄金)比例(%)	36.7	75.9	86	84.3	—

(二) 证券市场全球化

在证券市场上，1990年代以前，居民和非居民之间的股票和债券交易只占各国GDP很小的比重。而到了1999年，居民和非居民之间在债券和股票上的交易在主要发达国家中，均已超过或接近其本国GDP的规模。同时，伴随着证券跨国交易规模的急剧增大，发达国家的企业也越来越多地在国外证券市场上筹集资金。从1990年代以来，各国在国外市场上发行的股票规模都有跳跃性增长，其中，发达国家以德国和意大利为最大，均增长60余倍；发展中国家则以拉丁美洲国家领先，增长了50倍；亚洲国家在1990—1997年，通过发行股票共在国外市场上筹资200亿美元。

股票市场全球化起步较晚，但各国为了加强股票市场全球化采取了许多措施，如伦敦国际股票交易所对外国客户制定的交易发行费低于本国客户，目前，在英国的股票交易所中，上市公司中20%是外国企业。证券投资的国际化，使投资者和筹资者可以在国际范围内选择币种和投资对象，从而可以最大限度地分散风险和获取收益，也可以使借款人在国际范围内寻找信贷和股本资金来源，从而大大降低了筹资资本。证券投资的国际化使国际证券投资发展非常迅速，尤其是在近10年，国际资本市场上的证券发行数量飞速膨胀。1990年全球国际债券的发行总额为2 266亿美元，到1999年，这一数据已增长到14 730亿美元，增长6.5倍。证券市场的国际化,以及跨国证券投资的不断增长,为加速世界金融全球化步伐创造了条件。

二、外汇、汇率、外汇市场

(一) 外汇与汇率的基本含义

外汇,是外国货币或以外国货币表示的能用来清算国际收支差额的资产。并非所有的外币都是外汇,一种外币要成为外汇,必须满足两个条件:第一是自由兑换性,即该外币能自由地兑换成其他货币;第二是普遍接受性,即该外币在国际经济往来中被普遍接受和使用。

所谓汇率,是指一国货币兑换另一国货币的比率。由于不同国家使用的货币不同,在商品和劳务的国际交换中,就产生了一个把该商品或劳务以本国货币表示的价格转换为以外币表示的国际价格问题,即产生了汇率问题。

外汇汇率有两种标价法。用一定单位的外国货币作标准,折算为一定数额的本国货币,叫直接标价法。我国和世界上大多数国家采用这种标价法,如我国外汇管理局在 2002 年 1 月 8 日公布的外汇牌价为:1 美元 = 8.3198 元人民币。如果用一定单位的本国货币为标准,折算为一定数额的外国货币,就叫间接标价法,目前英美两国实行间接标价法。

在直接标价法下,当本国货币数量增加时,说明本国货币贬值(本国货币汇率下浮),外国货币升值(外国货币汇率上浮)。反之,当本国货币数量减少时,本币升值,外币贬值。在间接标价法下,情况正好与直接标价法相反。

汇率的种类极其繁多,这里选择其中的几种加以介绍。

1. 按照制定汇率的方法来划分,可分为基本汇率和套算汇率。设有 A、B、C 等多种外币,一国在折算其本国货币汇率时,若先计算出本币与 A 币之间的汇率,再根据 A、B、C 的汇率折算出本币与B币、C币的比价，则我们称本币与A币之间的汇率为基本汇率，本币与B币、C币之间的汇率为套算汇率。

2. 按照汇率制度来划分，可分为固定汇率和浮动汇率。固定汇率是指政府用行政或法律手段选择一基本参照物，并确定、公布和维持本国货币与该单位参照物的固定比价。充当参照物的可以是黄金，也可以是某一种或一组外国货币。浮动汇率是指汇率水平完全由外汇市场上的供求决定，政府不加任何干预的汇率制定。在当今世界，固定汇率和浮动汇率是相对的，固定汇率并非永远不变，在纸币流通条件下，当经济形势发生较大变化时，就需对汇率水平进行调整，故实际上是一种可调整的固定汇率，同样在浮动汇率制下，各国政府也可以或多或少地对汇率水平进行干预和指导。

3. 按照外汇买卖的交割时间来划分，可分为即期汇率和远期汇率。即期汇率是指目前的汇率，即买卖双方成交后于当日或两日内交割的汇率；远期汇率是指将来某一时刻的汇率，即按买卖双方签订的合同，预约在将来某一时刻办理交割的汇率。远期汇率与即期汇率的差额用“升水”、“贴水”或“平价”来表示。当远期汇率低于即期汇率时，我们称这种外汇的远期汇率为贴水，反之则称为升水，两者持平时称为平价。

4. 按照汇率的种数可以分为单一汇率和复汇率。单一汇率是指一种货币只有一种汇率，该汇率适用于该国所有国际经济交往中。复汇率是指一种货币有两种或两种以上的汇率，不同的汇率适用于不同的国际经济交往。复汇率有两种：一种是双重汇率，一种是多种汇率，前者是指一种货币兑换他国货币时，有两种汇率同时并存，后者指一国货币有多种汇价，一种汇价适用于某一类交易或某一种商品。最复杂的汇率制，汇价多达几十种，高低相差几十倍，例如西班牙一度实行多种汇率，一种汇率适用于一类商品，复汇率是纸币制度和外汇管制的产物，是一种歧视性的金融措施，其影响和利弊这里不再展开论述。

（二）汇率的变动及其影响因素

1. 汇率决定的基础。在不同时期、不同的货币制度下，汇率的决定基础是不一样的。

(1) 传统的金本位制，即金铸币本位制下，金币可以自由铸造、自由兑换和自由输出入，各国货币都有规定的含金量，这样，汇率就是两国货币以其内在的含金量为基础而确定的交换比例。例如1925—1931年，1英镑的含金量为7.322 38克，1美元的含金量是1.504 63克，由于1英镑的含金量是1美元含金量的4.866 5倍（7.322 38 ÷ 1.504 63），从而得出1英镑等于4.866 5美元，该兑换率叫做法定平价。实际的市场汇率，受供求关系的影响，围绕法定平价波动，但波动幅度受制于黄金输送点，这是因为，在金铸币本位制下，各国间办理国际结算既可以利用汇票等支付手段，又可以直接运送黄金。汇率波动的最高界限是法定平价加运输黄金的费用（黄金输出点），汇率波动的最低界限是法定平价加运输黄金的费用（黄金输入点）。例如，假定英国和美国之间运送一英镑黄金的费用是0.02美元，那么法定平价4.866 5美元加上0.02美元就是4.886 5美元，这是美国对英国的黄金输出点。如果1英镑的汇价高于4.886 5美元，美国债务人会觉得购买外汇不如输出黄金有利，于是美国的黄金就要向英国输出。相反，如果1英镑的汇价低于黄金输入点4.846 5美元（4.866 5—0.02），美国债权人就不要外汇，宁可自己花运费，从英国输入黄金。

在变形的金本位制，即金块本位制和金汇兑本位制下，黄金的自由输出受到了限制，尽管决定汇率的基础还是货币代表的含金量之比，但汇率的波动幅度已不再受制于黄金输送点，而需政府设立外汇平准基金来维护汇率的稳定。

(2) 金本位货币制度崩溃后，各国普遍实行纸币流通制度，纸币的含金量已徒有其名，许多国家取消了纸币的含金量，还有一些国家从未规定过纸币的含金量，那么，纸币流通条件下，汇率决定的基础是什么呢？纸币是价值的代表，两国纸币之间的汇率可以用两国纸币各自所代表的价值量之比来确定，也就是说，纸币所代表的价值量，是决定汇率的基础。这种观点至今依然正确，只是在实际生活中，由于各国劳动生产率的差异、信息技术的发展以及世界经济一体化趋向诸多因素，纸币流通制度下的货币汇率决定，还受其他多种因素的影响。

2. 影响汇率变动的因素。影响汇率变动的因素是多方面的，既有经济因素，也有政策因素和政治因素、心理因素，既有国内因素也有国际因素，而且各个因素之间又相互联系相互交错。因此，汇率变动是一个极其错综复杂的问题。在这里，我们仅选择几个最基本的经济变量来分析它们对汇率变动的影响。

(1) 国际收支状况。国际收支变化是影响汇率变化的最为直接的重要因素。若一国国际收支发生顺差，则外国对该国货币的需求增加，顺差国的货币汇率上升；若为逆差，则逆差国货币供应增多，逆差国货币汇率下跌。

(2) 相对通货膨胀率。通货膨胀使一国货币的国内购买力下降，对内价值下降，在其他条件不变的情况下，货币对内贬值必然引起对外贬值。在考察通胀对汇率的影响时，还要与他国作比较，即要考察相对通胀率，一般来说，相对通胀率持续较高的国家，由于其货币的国内价值下降相对较快，则其货币汇率也随之持续下降。

(3) 相对利率水平。国际间利率的差距，会引起短期资金在国际间的流动，引起外汇市场供求关系的变化，从而对外汇汇率产生影响。比如，一国利率较高，将对本国和外国投资者更有吸引力，资本内流，从而导致该国货币汇率的上升。当然，这里需要结合本国的通货膨胀率、外国的利率和通胀率变动情况来分析。一般利率变动可以对短期汇率产生较大影响。

(4) 国内总需求与总供给。一国的总需求和总供给增长中的结构不一致与数量不一致,也会影响汇率。如果总需求中对于进口的需求增长快于总供给中出口供给的增长,本币汇率将下降。如果总需求的整体增长快于总供给的整体增长,满足不了的那部分总需求将通过进口来满足,从而导致本国货币贬值。

(5) 财政赤字。如果一国的财政预算出现巨额赤字,则说明政府支出过度,从而导致通货膨胀的加剧和经济项目收支的恶化,因而,赤字的增加会引起本国货币汇率的下降。不过,这种影响并不十分确定,如果赤字增加同时伴有利率上升,则其对汇率的影响就很难预测。

(6) 国际储备和外汇干预。较多的国际储备,表明一国政策干预外汇市场和维持市价的能力较强,因此,储备增加能加强外汇市场对本国货币的信心,因而有助于本币汇率的上升。不过,外汇干预只能在短期内对汇率产生有限的影响,它无法从根本上改变决定汇率的基本因素。

以上我们列举了影响货币汇率变动的六大因素,这里想说明两点:① 上述分析是在假定其他条件都不变时,各因素对汇率变动的影响,而实际上,这些因素对汇率的影响不是绝对的孤立的,它们本身可能反方向交错地对汇率发生影响;② 在考察汇率的变动情况时,除上述经济因素外,也不能排除其他非经济因素的影响,如心理预期与投机、政治动乱、军事冲突等。总之,影响汇率变动的因素极其复杂,且在因素间又存在着相当复杂的相互关联、相互制约乃至相互抵消的关系。因此,不可能用单纯一种因素来说明汇率的全部变动。另外,由于影响汇率的各因素在不同国家、不同时期,其重要性也各不相同,故对汇率变动的分析,还应同一定的社会经济条件和特定的政治时期因素等相联系。

3. 汇率变动对国际经营的影响。从事对外经济、贸易、投资及金融活动的公司、企业或金融机构,在其国际经营过程中,通常会收付大量外币,或保有外币的债权债务,或以外币标示其资产负债的价值。由于汇率的波动,这些经济实体在国际经营中必然会面临外汇风险。外汇风险是指一经济实体或个人的以外币计价的资产与负债,因外汇汇率波动而引起其价值上涨或下降的风险。

(1) 交易风险。一个经济实体在其经营活动中所具有的尚未结算的外汇权益与支付义务,由于外汇汇率波动而引起其应收资产和应付债务价值变化的风险,即为交易风险。包括:以即期或延期付款为条件的商品或劳务的进出口,在货物装运或劳务提供后,在货款或劳务费用尚未收支这一期间,外汇汇率变动引起的风险;以外币计价的国际信贷活动,在债权债务清偿前所存在的风险;待交割的远期外汇合同的一方,在该合同到期时,交易一方可能要拿出更多货币去换取另一种货币的风险。

(2) 经济风险。经济风险指由于汇率变动而可能引起国际企业未来收益变化的一种潜在风险。收益变化的幅度主要取决于汇率对该企业的产品数量、价格与成本可能产生的影响程度。潜在的经济风险直接影响企业的生产、销售和资金融通,从而直接关系到企业在国外的投资效益,故对企业至关重要。

(3) 储备风险。储备风险是指企业将其外汇以不同币种存放银行,不同币种汇率的变动所导致的收入变化的风险。

企业在其国际经营活动中,由于汇率的经常波动,随时都存在外汇风险,而对外汇风险的分析、预测将直接影响企业在融资、生产、市场营销方面的战略决策。因此,外汇风险管理作为国际经营管理的一个环节,日益受企业重视。

三、外汇市场与外汇交易

外汇市场是从事外汇买卖、外汇交易和外汇投机活动的系统。我们讲系统,是指在当今世界上,外汇业务活动并非在一个固定的有形场所进行,而是通常利用现代化的通讯网络来进行外汇的报价、询价、买进卖出、交割清算。因此,外汇市场实际上是一个包含无数外汇参与者的电子通讯网络系统。从时间上看，整个西欧外汇市场统一了营业时间，当西欧在下午两时营业结束时，纽约外汇市场刚好开张，而纽约市场营业结束时，又正是东京市场开始一天营业时候，而东京市场又与西欧市场在时间上衔接，如此周而复始，构成一日 24 小时连续不断的外汇市场。

外汇市场的参与者主要有中央银行、外汇银行、外汇经纪人或交易商及外汇的实际供求者。随着国际间交流的不断深化，外汇市场上的交易方式也越来越多，这里我们仅介绍远期外汇交易、外汇期货、外汇期权、掉期交易等几种较常见的外汇业务。

远期外汇交易与即期外汇交易相对。即期外汇交易又称现汇交易，指交易双方以当天外汇市场的价格成交，并在当天或第二个营业日进行交割收付的交易。远期外汇交易又称期汇交易，是指外汇交易成交后，根据合同约定的到期日，按约定的汇率办理收付交割的外汇交易。期汇交易的特点是交易双方在成交时，只确定买卖价格和交割时期，交割日之前，双方都不用交付货币；交割时，双方按合同规定的价格收接货币，不受其间汇率变动的影响。

外汇期货是金融期货的一种，其原理与远期外汇交易一样，即交易双方同意在未来的时间内，按照一定的价格和条件交割一定金额的货币。在这里，我们需要区别外汇期货交易与远期外汇交易这两个容易混淆的概念，实际上，两者存在不少差别。

1. 外汇期货交易在有形市场——交易所里进行，而期汇交易并没有一个有形市场，而是在银行间进行。

2. 期货合约的规格标准化，交易双方只谈合约份数和价格，而远期业务和交易条件需买卖双方谈判解决。

3. 期货市场是三方协议，清算公司为第三方，而外汇远期则是两方协议，参加者都了解对方。

4. 期货交易范围广泛，银行、公司和一般平民均可参加，只要缴纳保证金，每天结算损益，而远期业务交易数额大，资信要求高，中小企业和一般平民不敢问津。

5. 期货市场保值的费用由不同的利率所决定,而远期外汇市场保值则是远期汇率牌价的函数。

总之,期货市场的优点是交易集中,信息灵通,风险较小;远期市场的优点是比较灵活,资金流动性大,数额及交货期不受整数的限制。所以这两个市场并行不悖、相辅相成。

期权是指交易双方按照协定的汇率,就将来是否购买某种货币的选择权,预先签订的一个合约。外汇期权是由银行对客户以合约的形式所做的外汇交易,合约规定交易额度和有效期,客户向银行支付保险费,自选买进或卖出的权利,但无执行的义务,在这点上较期货交易与期汇交易有优越性。外汇期权有两种基本形式:买方期权和卖方期权。买方期权使签约一方拥有在合同期满时(欧洲式)或期满日前任何时候(美国式)按约定汇率购进一定数额外币的权利,卖方期权则使一方拥有出售一定数额外币的权利,但这两种权利不对等。买方有权决定是否进行实际交割,代价是向卖方支付一笔费用,即保险费,卖方接受了保险费,就要承担合约中汇率变动的风险。保险费是期权合约的价格,它随时涨跌以保持供需平衡。

掉期交易亦称调期交易,是指将方向相反的远期和即期交易结合起来的做法,即做与即期交易币别、金额相同但方向相反的远期外汇交易。即期卖出货币,远期买入货币,简称卖/买货币调期,反之为买/卖货币调期。企业为了防范对国外进行套利或投资而受到的汇率波动风险,通常会采用掉期交易的方式。

四、国际货币市场与资本市场

国际金融市场的构成内容可以按不同的标准进行分类。一般说来,从时间上划分,可以把期限在一年或一年以下的资金融通业务划为货币市场,而把期限在一年以上的业务划入资本市场。

（一）货币市场

货币市场是经营短期资金的借贷市场。国际货币市场根据不同的借贷方式，一般分为银行短期信贷市场、短期证券市场和贴现市场。由于各个专业市场短期融资方式的不同以及各国的传统和习惯不同，各种短期资金市场的中介机构及其地位也不同。例如，美国的短期资金市场以银行短期信贷和短期债券为主，商业银行居重要地位。而在伦敦，短期资金市场以贴现业务为主，故贴现行的地位十分重要。一般说来，国际货币市场的中介机构包括商业银行、票据承兑行、贴现行、证券交易商和证券经纪人。

1. 银行短期信贷市场。该市场包括两部分内容，一是一国银行对他国工商企业为解决临时性资金需要而发放的短期信贷，另一是银行间的短期贷款，即同业拆借。银行间的资金拆借是信用交易，一般无需担保或抵押，拆借期限有日拆、1 周、1 个月、3 个月、6 个月等几种。伦敦同业拆放率已成为国际贷款制定利率的基础。

2. 短期证券市场。这是国际间进行短期信用工具交易的场所，期限不超过 1 年。各国货币市场上交易对象种类繁多，主要有短期国库券、可转让的银行定期存单、商业票据和银行承兑票据等。

国库券是西方各国财政部门发行的短期债券，借以支付国库季节性的财政需要或进行短期经济和金融调控。国库券一般为定期 3 个月或 6 个月，由于它具有较高的信用度和流动性，故成为人们短期投资的目标。在美国，国库券是短期债券市场上发行量最大的信用工具，发行以按面额予以折扣方式进行，在市场上以投标方式进行交易，到期日按票面金额予以兑付。

银行定期存单是存户在银行的定期存款凭证，可以流通转让。美国于 1961 年开始发行这种存单，定额为 100 万美元以上，最少也有 50 万美元，在美国，银行定期存单的流通额仅次于国库券。

英国于 1971 年发行银行定期存单，金额从 5 万到 50 万英镑不等。存单的利率大致与银行同业拆借利率相等，持有人可以随时将存单转让，存单到期日方可向发行银行提取本息。

商业票据和银行承兑票据都是信用支付工具，前者由商号或个人承兑，后者由银行承兑，承兑后可“背书”转让，到期可持票向付款人取款。商业票据的票面金额不限，期限一般为 4—6 个月，交易方法通常采用按票面金额贴现的方式。由于银行信誉较高，银行承兑票据的流动性比商业承兑票据强。

3. 贴现市场。贴现是短期资金市场一种重要的融资方式。贴现是指票据持有人将未到期的票据向贴现行融通资金，贴现行收取票据，按贴现率扣除贴现日至到期日的利息及手续费后，将票面余额付现金给持票人的经济行为。贴现交易使持票人提前取得票据到期时的金额(扣除支付给贴现行的利息和手续费)，而贴现行则向要求贴现的持票人提供了信贷。贴现市场交易的信用工具主要有国库券、银行债券、公司债券、商业承兑票据和银行承兑票据。贴现率一般略高于银行利率，贴现行或从事贴现的银行可以用经贴现后的票据向中央银行要求再贴现。

(二) 资本市场

资本市场也称长期资金市场，这里的长期资金是指一年期以上的中、长期借贷资金。国际资本市场的职能在于：组织吸收和利用国内、国际各种资金，提供和促进各国生产建设所需的长期资本，满足各国国民经济发展的要求。长期资金的融通方式主要包括信贷市场和证券市场两个部分。

1. 信贷市场。信贷市场是政府机构(包括国际经济组织)和国际银行提供中长期信贷资金的场所，其需求者主要是各国政府及其工商企业。政府贷款一般期限较长、利息较低，但往往附有一定的条件，比如限制贷款的使用范围，规定受贷国必须在经济政策或外交政策方面作出某些承诺等。国际银行贷款的利率取决于多方面因素,如经济形势、资金供求量、通货膨胀率、借款人的资信等。对于数额巨大的贷款,银行为了分散风险,常采用辛迪加贷款的方式,即由几家甚至十几家银行共同向某一客户提供贷款,由一家银行牵头,几家银行管理,其他银行参与。一般牵头行也是管理行,收取牵头费和管理费。

2. 证券市场。证券市场是采用发行各种有价证券的形式组织吸收国内外长期资金,提供政府和企业所需长期资金的市场。证券市场的资金来源,主要是保险公司、投资信托公司、储蓄公司和各种基金,这些机构从保户、投资者、存户方面吸收大量资金,将其中一部分投放市场,成为证券市场的主要资金来源。另一方面,需要筹措中长期资金的政府机构、国际组织、公司、企业、银行等,就成为证券市场的主要资金需求者。此外,需要筹措资金的外国政府、公司企业,也可以利用国际证券市场发行各种债券,吸收市场的中、长期资金。这里,我们对国际债券市场作一简单介绍。

国际债券是指由借款者以外国货币为面值而发行的债券,国际债券的发行与买卖活动,构成国际债券市场。国际债券有外国债券和欧洲债券之分,外国债券是指由一国政府、企业、公司、银行或其他金融机构以及国际组织,在另一国的债券市场上以该国货币为面值所发行的债券。也就是说,外国债券的发行者属于一国,而债券的计值货币和发行地点则同属于另一国。例如,我国的企业在日本的债券市场上,以日元为面值发行的债券,就称为外国债券。

欧洲债券市场与传统的外国债券市场不同,它是境外债券,不在面值货币国家发行,欧洲债券是一国的政府或企业在他国的债券市场上,以第三国的货币为面值所发行的债券。例如,面值为美元的欧洲债券,是在美国之外的几个国家同时发行的,受发行地金融当局的管理较少。通常,它由一些国家的银行和机构建立的国际承销辛迪加出售,并由有关国家向投资人提供担保,因此这个市场对借贷双方都具有国际性。

欧洲债券市场的出现和扩大是在1950年代末1960年代初，当时美国为改善国际收支状况，采取一系列措施控制资金外流，致使许多跨国公司转向欧洲市场融通资金，向欧洲持有美元的投资者发行债券。第一次欧洲美元债券的发行始于1963年，次年出现欧洲马克债券，1965年出现以法国法郎和荷兰盾为面值的欧洲债券。1970年代开始，加拿大元面值的欧洲债券已大量发行，1975年第一次为特别提款权（SDR）发行欧洲债券，日元欧洲债券于1977年出现。目前，欧洲债券市场已发展成为一个重要的国际资本来源。其不受当地政府金融法规限制的特点（当然，每一笔欧洲债券的发行必须遵守它所在销售国的法律和规则），亦构成其一部分吸引力。

第三节　国际资本流动

一、国际资本流动概述及其新特点

国际资本流动是指一国资本流向别的国家和地区的活动过程。通俗地说，就是指资本跨越国界，到别的国家和地区，进行生产方面或金融方面的投资活动。国际资本流动是当前世界经济中最重要的现象之一。按资本持有者的性质，可分为官方资本流动和私人资本流动两大类；按投资方式，则可分为直接投资、证券投资、国际信贷等；按投资期限的长短，则可分为长期资本流动和短期资本流动。1年以上的资本流动是长期资本流动，包括直接投资、证券投资和国际贷款。1年以下的资本流动为短期资本流动，主要形式有短期政府债券、商业票据、可转让存单等，它的流动一般同国际贸易支付和银行间资金往来相联系，但在众多场合下，又同国际性的套利和投机活动相联系。

国际间生产要素的差异性和产品生产所使用的要素密集程度

不同，是生产要素国际移动的内在原因，并且决定了生产要素的移动方向。国际间生产要素的差异性，从静态看，取决于各国生产要素禀赋的不同；从动态看，则也是由历史的原因和经济发展水平不同等因素引起的，生产要素禀赋的差异会引起生产要素价格的不同，是从供给角度而言的；而产品生产的要素密集程度差异使生产要素价格的变动，则是从需求角度而言的。

现代工业社会是以资本为第一生产要素的资本经济，其核心特征是：资本是支撑经济的主体力量，资本增加是经济增长的主要来源；资本支配着其他生产要素（如土地、劳动力等）；资本处于经常的短缺状态，资本可替代其他生产要素。资本天然是一种流动性很好的要素，这种流动性优势主要表现在其方便和安全两个方面。方便是指资本从一个地方转移到另外一个地方时十分便利且运输成本很低，安全则指资本在转移的过程中发生损失的可能性较小。由于与劳动力、土地等相比具有这种流动优势，在很少时间里，在生产要素跨国界流动方面，资本就一直大大高于其他要素。

纵观国际资本流动近 10 年的变化，可以发现其变化总体呈现以下特点。

（一）资本流动规模不断扩大，资本流动速度日益加快

过去 10 多年是国际资本流动增长最为迅速的时期，国际资本市场融资和外国直接投资总额由 1986 年的 28 000 亿美元增加到 1988 年的 138 000 亿美元，增加了 3.9 倍。1984—1998 年的 15 年间，国际资本市场融资累计额的年平均增长速度为 12.34%，外国直接投资的年增长速度是 15.53%，同期全球 GDP 的年均增长速度是 3.37%，国际贸易的平均增长速度是 6.34%，国际资本流动以远远高于 GDP 和国际贸易的增长速度快速增长。

伴随着国际资本流动规模的扩张，在各类金融衍生工具的创新和运用下，国际资本流动速度大大提高，与此同时，金融衍生工具的未平仓数额增长率下降，交易期限缩短，也表明资金以更快的

速度在市场流动。

（二）国际资本构成发生了变化

国际资本的结构就由传统的银行资金为主转为外国直接投资、银行信贷和债券市场三分天下的格局。国际直接投资由萎缩转为旺盛，国际直接投资逐年增加。从1985年到1998年，国际直接投资占国际资本流动总额的比例由24%上升到28%。间接资本的流动自1970年代以来一直呈高速增长之势，而进入1990年代后增长尤快。融资证券化在国际金融领域中进一步增大，大量的游资游动于国际债券市场，其比重由20%上升到30%。融资者大量转向国际债券市场，获取低成本，高流动的资金来源，从而出现了影响广泛的脱媒现象。商业银行在传统的借贷为主的资本流动中的主导地位下降，为增加竞争力，分散风险，越来越多的商业银行开发银行信贷之外的业务品种，并更多地转向证券融资。

（三）国际资本流动的区域结构中发达国家的重心再次凸现

全球资本流动的地域结构，长期以来表现为大量资本由发达国家向新兴市场的单向流动。但是近年来，发达国家和地区在资本全球流动中的地位和作用显著上升，越来越成为资本全球化布局的出发点和目的地。1998年，全年流入西方国家的国际直接投资超过4 500亿美元，比1997年增长3.25%，占国际直接投资的78%左右。这种变化和知识经济的重要性日益上升有关，拥有知识越多的国家，知识的创新能力越强，资本的获利能力也越强，对资本的吸引力就越强。国际资本追求用资本对发展中国家的廉价自然资源和劳动力进行组织、套利的时代已经接近结束，取而代之的是资本对高度专业的知识的追求。

（四）国际资本流动的主体格局有了较大的变化

私人资本取代官方资本成为国际资本流动的主要形式是国际资本流动的重要发展趋势。从1970—1981年，流入新兴市场的资本中有49.5%是官方资本；现在，私人资本则占新兴市场资本流入的 80.6%。过去二十年间，与国际信贷是国际资本活动的主要方式这一事实相对应，国际商业银行是国际资本市场活动的主体，近年来，以集体投资机构、保险公司和养老基金为主要构成的机构投资者数量不断增加，其管理的资产快速膨胀，其在国际资本市场的活动也越来越引起各界的关注。

（五）国际兼并和收购（M&A）成为直接投资的重要形式

近年来，国际直接投资除采取传统的设立合资，独资等新建企业形式外，更多地通过跨国兼并和收购活动来实现跨国公司的全球战略。通过跨国购并能有效地获得规模经济，扩大市场份额，保持竞争优势，故成为许多跨国公司的重要策略。

表 3.4　1985—1998 年国际直接投资（FDI）和跨国兼并和收购（M&A）

单位：亿美元

年份 形式	1985	1990	1991	1992	1993	1994	1995	1996	1997	1998	1999
FDI	853	2 046	1 649	1 706	2 154	2 805	3 264	3 611	3 971	6 400	7 800
M&A	390	1 160	490	720	640	1 250	1 410	1 750	2 360	3 712	4 681
M&A/FDI（%）	46	57	30	42	30	45	43	48	59	58	60

国际公司间战略联盟（International Corporations Alliances，ICAs）近十年的发展对国际直接投资和间接投资也都有很大的影响，也涉及到越来越多的国际资本流动。

二、资本流动的影响及其控制

经济学家一般认为，资本流动对整个世界是有利的，它能促进国际金融市场的一体化和资金在国际间的合理配置，因为一国资本之所以流向另一国，是由于它可提供更高的利润率，即资本输入国利用资本的经济效益比资本输出国大，从而资本流动给输入国新增加的产量要超出输出国新减少的产量，结果，世界总产量增加。

一般地讲，资本流动对资本输出国或输入国都有很大影响，在错综复杂的经济活动过程中，有时是有利的，有时是不利的。从实际情形看，资本的国际性流动能促进全球经济效益的提高，调节国际收支不平衡，也可缓和个别国家内外部的冲击。在承认国际资本流动的积极一面的同时，我们也不否认其消极影响。另一方面，资本输出也会给输出国带来不良后果，即在某种程度上引起经济发展的停滞。战后美国大量输出资本，结果它在技术革新和经济增长速度方面落后于德国和日本。这也是事实。随着国际金融的迅速发展，资本流动往往会加剧外汇投机、加剧国际信贷市场的波动，成为国际金融形势动荡不安的主要因素，同时，也会削弱各国货币政策的效力。

对于国际资本流动，国际间存在不同看法。国际货币基金组织在其协定中，强调会员国不要限制经常项目的支付，却没规定会员国控制资本流动的自由，也就是说，各国可对国际资本流动施行一定程度的控制。1961 年经合组织通过《资本移动自由化规约》，认为成员国应相互逐步取消对资本自由流动的限制。不过，由于引起国际资本流动的原因十分复杂，同样的国际资本流动对处于不同经济地位的国家之影响不同，所以事实上，目前世界各国对国际资本流动都有不同程度的控制。

1. 外汇管制。各国对投机性的短期资本流动往往采取外汇管制的措施。现在大多数国家实行有管理的浮动汇率制，必要时可以对外汇市场进行干预，来抑制汇率的波动以控制大规模的投机性国际资本流动。有些国家还实行完全的外汇管制，非经中央银行批准，一律不准进行外汇买卖，这样，资本流动就受到了绝对控制。

2. 资本管制。各国政府可以通过颁发一些限制资本流动的法令或条例，来达到控制目的。例如，美国在 1963 年就曾实行过“利息平衡税”，限制外国人在美国债券市场上发行债券，1965 年 3

月的“自动限制计划”和 1968 年 1 月的“强制性信贷计划”也是为了限制资金外流。而瑞士和原联邦德国在 1970 年代曾规定,对非居民的存款不付给利息,甚至有时要存款人倒付利息,以此来限制资本从国外流入。

3. 政策调节以及各国国内政策的协调。国家可以运用各种政策工具来影响国际资本的流动,比如,一国货币当局可以通过降低利率来促使本国资本外流,也可以通过提高本国利率来吸引外资进入。然而,各国的利率差别正是引起资本流动的因素之一,如果各国货币政策能协调一致,使利率不致相差悬殊,也是可消除资本流动的一个重要动因。不过,由于各国的情况不同且受本位利益的影响,它们不愿以牺牲国内政策目标为代价来协调,故这方面虽取得一些进展但效果不很显著。

总的说来,尽管各国金融当局都对国际资本流动或多或少地采取了一些限制措施,但效果并不十分理想。这就要求各国进一步协调合作,限制那些破坏性的投机性流动,促进那些积极的有利的资本流动,力求国际金融形势的长期稳定和资本在国际间的合理配置。

第四节 国 际 收 支

经济的开放性会对宏观经济运行和企业微观决策造成重大影响。为了全面认识开放经济,有必要对经济的开放性本身进行精确度量,也就是要对一国与其他国家间的商品以及资本、劳动力等要素的国际流动的方向、数量等有一个完整的记录。国际收支账户就是衡量经济开放性的主要工具。

一、国际收支平衡表及其内容

国际收支的概念,最初出现于 17 世纪初期。根据当时的国际经济情况，国际收支被简单地解释为一个国家的对外贸易差额。后来，由于国际经济交易的内容、范围不断扩大，原概念不再适用。在金本位制崩溃以后，国际收支指一个国家的外汇收支。第二次世界大战后，国际收支有了更广泛的含义，为了全面反映一国的对外往来情况，根据国际货币基金组织的定义，各国均采用广义的国际收支概念：国际收支指一国在一定时期内全部对外往来的系统的货币记录。这个定义，既包括了涉及外汇收支的对外往来，也包括了未涉及外汇收支的对外往来，如易货贸易、以实物形式对外国的投资等。

国际收支平衡表系统地记录一个国家在一定时期内所发生的国际收支，它是国际收支按特定账户分类和复式记账原则表示出来的会计报表。一般说来，国际收支平衡表的内容主要由两大类构成：经常账户、资本与金融账户。

（一）经常账户（Current Account）

经常账户是指对实际资源在国际间的流动行为进行记录的账户，它包括以下项目：货物、服务、收入和经常转移。

1. 货物（goods）。包括一般商品、用于加工的货物、货物修理、各种运输工具在港口购买的物物。在处理上，货物的出口和进口应在货物的所有权从一居民转移到另一居民时记录下来。一般说，货物按边境离岸价（FOB）计价。

2. 服务（services）。包括运输、旅游以及在国际贸易中的地位越来越重要的其他项目（如：通讯、金融和计算机服务、专有权征用和特许以及其他商业服务）。

3. 收入（income）。包括居民与非居民之间进行的两大类交易：① 支付给非居民工人的职工报酬，② 投资收入项下有关对外金融资产的负债的收入与支出。第二大类包括有关直接投资、证券投资和其他投资的收入和支出以及储备资产的收入。最常见的投资收入是股本收入（红利）和债务收入（利息）。

4. 经常转移(current transfer)包括各级政府的转移(如政府间经常性的国际合作、对收入和财政支付的经常性税收等)和其他转移(如个人汇款)。

(二) 资本与金融账户(Capital and Financial Account)

资本与金融账户是指对资产所有权在国际间流动行为进行记录的账户,它包括资本账户和金融账户两大部分。

资本账户包括资本转移和非生产、非金融资产的收买或放弃。资本转移的含义已在经常转移部分进行了说明。非生产、非金融资产的收买或放弃是指各种无形资产如专利、版权、商标、经销权以及租赁和其他可转让合同的交易。

金融账户包括一经济体对外资产和负债所有权变更的所有权交易。金融账户根据投资类型或功能,可以分为直接投资、证券投资、其他投资、储备资产四类。与经常账户不同,金融账户的各个项目并不按借贷方总额来记录,而是按净额来计入相应的借方和贷方。

1. 直接投资(direct investment)。直接投资的主要特征是投资者对另一经济体的企业拥有永久利益。这一永久利益意味着直接投资者和企业之间存在着长期的关系,并且投资者对企业经营管理施加着相当大的影响。直接投资可以采取在国外建立分支企业的形式,也可以采用购买国外企业一定比例(最低为10%)以上的股票的形式。

2. 证券投资(portfolio investment)。证券投资的主要对象是股本证券和债务证券。对于债务证券而言,它可以进一步细分为期限在1年以上的中长期债券、货币市场工具和其他派生金融工具。

3. 其他投资(other investment)。这是一个剩余项目,它包括所有直接投资、证券投资或储备资产未包括的金融交易。

4. 储备资产(reserve assets)。储备资产包括货币当局可随时动用并控制在手的外部资产。它可以分为货币黄金、特别提款权、在基金组织的储备头寸、外汇资产(包括货币、存款和有价证券)和其他债权。

此外,国际收支账户体系中还存在一个错误与遗漏(errors and omissions account)。这是一个人为的平衡项目,用于轧平国际收支平衡表中借贷方总额。从理论上讲,国际收支平衡表的借贷方总额应该相等,然而由于资料来源、统计口径不一或者资料本身的错漏,实际上,借贷方总额会出现差额,这时需要人为设立一个抵消账户。

二、国际收支的平衡与失衡

(一) 国际收支平衡与失衡的含义

如果统计精确而又完备,一国国际收支总的来讲必定平衡,但其中某些项目可能出现赤字,这需要靠其他项目的盈余来弥补。比如,经常项目差额可用资本项目净额来平衡,如果全部交易出现逆差,那就得动用黄金外汇储备,而储备总是有限的。为此,各国政府都十分关注国际收支的平衡问题。

国际收支平衡有以下不同含义。

1. 账面平衡与真实平衡。国际收支可分为实质项目和平衡项目。实质项目包括商品和劳务、单方面支付和一些资本项目,实质项目的盈余和赤字表现为一国国际收支的真实平衡状况;平衡项目包括黄金外汇和其他流动资产,这是平衡国际收支赤字或反映国际收支盈余的项目,用来完成国际收支的账面平衡。

2. 数额平衡与内容平衡。一国国际收支在数额上的平衡只能说是表面上的平衡,它是否对一国经济有利还取决于它对外经济交易的内容。如果输入、输出的货物都对本国的经济发展有利,才是在内容上的平衡;相反,如果进出口是以牺牲国内经济而实现国际收支平衡,那就不是真正的平衡。

3. 主动平衡与被动平衡。国际经济交易可分为自主性交易

(经常项目与资本项目的总和)和补偿性交易。当国际收支不平衡时,为了弥补差额所进行的交易就属于后者,由于达到的平衡也只能是被动平衡。一国自主性交易不能保持平衡,就会发生逆差,实质上就是一种不平衡。

(二)国际收支失衡的原因

要判断一国的国际收支是否平衡,主要是看其自主性交易是否平衡。如果一个国家在国际间的经济交易中,其自主性交易收支自动相等或基本相等,不依靠补偿性交易来调节,这才真正说明这个国家的国际收支是平衡的。

一国的国际收支发生不平衡,其原因多种多样,归纳起来,主要有以下几个方面。

1. 贸易方面的原因。一个国家的外贸顺差或逆差,主要取决于国内生产和消费水平、对外依赖度、进出口商品结构及贸易条件的好坏等因素。

从国内生产和消费水平看,若一国可供出口的生产水平低,而进口消费水平较高,则易形成外贸逆差,反之可能产生顺差;就对外依赖度而言,一般说来,那些国内资源较丰富、市场较广阔的国家的经济发展的对外依赖度较低,外贸收支容易自动平衡。从进出口商品结构看,由于工业品的品种和数量容易扩展,初级产品则受自然条件限制不易迅速增加,且现行比价极不合理,故以出口初级产品为主的国家往往是外贸逆差。贸易条件指数是指一国在一定时期内出口商品价格指数与进口商品价格指数的比值,如果贸易条件指数大于1,则说明该国的交换比价上升,贸易条件有利,反之亦反是。

2. 非贸易方面的原因。非贸易项目很多且各国各有特色。1970年代以来巴西、阿根廷等国的国际收支不断恶化,重要原因之一就是外债过重,每年的还本付息额太大。又如,美国庞大的军费支出促成其国际收支逆差,新加坡、瑞士的旅游收入是平衡国际收支的重要因素，而德国的旅游支出为数甚大等。

3．资本流动方面的原因。如果经常项目出现赤字，则可以用资本项目来弥补，因此，资本流动对平衡一国的国际收支有重要作用。有些国家大量吸引外资，使之成为平衡国际收支的重要手段。也有些国家，对外经济极度扩张，资本输出过大，往往是造成国际收支赤字的重要原因之一。

（三）国际收支的调节

1．国际收支失衡的自动调节机制。国际收支的失衡表现为国际收支的逆差或顺差，它会引起国内某些经济变量的变动，而这些变动又反过来影响国际收支，这就是我们所说的国际收支自动调节。值得一提的是，这种自动调节只有在完全自由经济下方能产生理论上描述的那些作用，由于顺差和逆差的情况正好相反，这里仅以逆差为例来作简单介绍。

(1) 货币—价格机制。这种机制有两方面的表现形式，一方面，一国国际收支逆差，意味着对外支付大于收入，货币外流，从而货币存量减少，在其他条件既定的情况下，国内一般物价水平下降，贸易收支因此而得到改善；另一方面，国际收支发生逆差，本国货币外流，对外币需求增加，引起本国货币贬值，从而刺激出口减少进口，改善贸易收支。

(2) 收入机制。国际收支逆差表明一国对外支付增加，国民收入下降，引起对外国商品、劳务和金融资产的需求不同程度的下降，从而整个国际收支得以改善。

(3) 利率机制。当国际收支发生逆差时，本国货币存量相对减少，利率上升，这表明本国金融资产的收益率上升，从而对本国金融资产的需求上升，对外国金融资产的需求相对减少，资金内流增加、外流减少，国际收支得以改善。

2．运用经济政策进行调节。经济政策主要包括财政政策和货币政策两个方面。财政政策主要通过财政支出的增减和税率的高低来实现其调节作用,比如,当一国在进口增加、出口减少而产生逆差时,政府可以削减财政开支,或提高税率、增加税收,使社会上通货紧缩,物价下降,从而刺激出口、抑制进口,逐步消灭国际收支的不平衡;为了消除逆差,国家在货币政策方面经常提高利率和银行法定准备金率,同时可以进行公开市场业务。然而,以上措施虽可促进国际收支的暂时平衡,却以牺牲国内经济增长和人民生活水平为代价。因此,财政政策和货币政策必须配合运用,才能达到内部和外部的共同平衡。

3. 政府直接管制。直接管制是指一国政府以行政命令的办法,直接干预外汇自由买卖和外贸的自由输入与输出。直接管制可以分为财政金融管制与贸易管制。财政金融管制又可分为金融管制与财政管制,前者是从外汇方面限制国际经济交易,如实行外汇管制以限制输入、促进输出等,后者包括关税与出口信贷、出口补贴等奖入限出政策。贸易管制是对进出口直接限制,如进口许可证,进口配额等。

4. 国际经济合作。以上措施都是针对一国而言,为解决逆差而可以选择的对策,然而,一国的顺差必然以他国的逆差为前提,矛盾和冲突难免。假如每个国家仅从自身利益出发而采用一定对策,则必然会引起其他国家的报复,陷入报复与反报复的混战之中,使各国都蒙受其害。从这种意义上说,国际经济合作也是调节国际收支不平衡的一种方法,具体做法已经有谋求恢复自由贸易(如 WTO)、推动经济一体化的进程、互相协调经济政策等。

三、国际收支与企业的国际经营

(一)国际收支对国际贸易的影响

国际收支状况对汇率会产生重大影响,从而影响国际贸易。当国际收支是顺差时,由于外国货币流入过多、供过于求,外国货币对本国货币的价值就会降低,本国货币升值,这不利于本国商品的出口却有利于进口,因为本币升值意味着进口商品折成主国货币时价格下降(因而进口需求增加),而本国出口商品折成外币时价格上升,竞争力下降(因而出口减少)。相反,当国际收支经常处于逆差时,外汇供不应求,外币升值,本币贬值,这将刺激出口贸易、抑制进口。

国际收支状况促使一国政府采取相应措施,从而影响国际贸易。在国际收支中,贸易外汇收支所占比重最大,政府对进出口贸易自然十分关注。为了改善国际收支,一般而言,政府会根据"奖出限入"的原则来制订管理规定,对出口一般有信贷支持、出口补贴、出口退税以及其他奖励办法。在进口方面,为了节约外汇,保证必需品的进口并对本国工业进行一定的保护,一般会采取进口许可证制度、征收进口税、限制进口数量、限制与国内生产相竞争的商品进口、禁止奢侈品的进口等。政府为了改善国际收支状况而在进出口方面的举措,对国际贸易有直接影响。

(二) 国际收支对企业国际经营战略方向决定的影响

国际收支状况是衡量一国经济环境的重要指标之一,它是政府制订对外经济政策的依据,也是国际企业决策者在制定经营战略时必须考虑的因素,尤其在市场选择方面。

如前所述,一国政府总是根据其国际收支状况来调整其财政货币政策,特别是国际收支处于逆差状态时,经常会采取必要的政策措施来缓和这种不平衡状态,如调整利率、制定鼓励外国投资的政策措施、加强外汇管制和贸易管制等。一般说来,处于收支逆差、外汇资金紧缺状态的国家,比较欢迎外资流入,常采取优惠政策来吸引外资,然而外汇管制比较严格。国际企业在作市场选择决策时,必须充分研究目标市场国的国际收支状况,分析何种收支状况可能引起的汇率变动,以及为了平衡国际收支,政府可能采取的对财政政策、货币金融政策的调整以及对外汇、外贸的直接管制措施,将对目标市场经济环境和企业今后经营诸方面会产生什么样的影响。由于一国的国际收支全面反映一国的对外经济往来状况，因此，保持国际收支的基本平衡已成为各国政府的基本目标之一。一国的国际收支状况直接影响政府在财政、货币政策方面的决策和各种直接管理措施的制定，它在一国经济环境中的重要性是不言而喻的。分析一国的国际收支状况，是企业在策划国际经营战略，尤其是在市场选择的过程中不可忽略的一个重要环节。

第五节　国际经济组织

现在，全世界有170多个国家。由于不同的主权国家，不同的社会制度，不同的经济发展水平，不同的政治和经济目的，许多国家之间的矛盾和冲突是不可避免的。因此，许多国际组织应运而生，以协调各国的矛盾，避免冲突，寻求合作的可能性。国际组织在当今作为法律、政治和经济的协调机构在全球社会中发挥着越来越重要的作用。国际组织作为一种国际政治力量，对国际企业的经营管理影响很大。

国际组织有三种基本的类型。

1. 论坛型。即国际组织基本上是讨论共同关心问题和社会的机构，通常没有独立的或代表成员国利益执行决议的权威性。但十分有价值的是，这类组织可使成员国聚集在一起，讨论并且经常解决一些主要的问题。如联合国（UN）、世界贸易组织（WTO）、石油输出国组织（OPEC）、经济合作与发展组织（OECD）。

2. 独立权威机构型。即独立的多国的权威管理机关，以完成单个国家无法完成的职能，如国际货币基金组织（IMF）、世界银行（World Bank）、亚洲开发银行（AsDB）等。

3. 多国联合型。即统合成员国部分政治和经济活动的组织，如欧洲联盟（EC）等。

下面我们简介一些对国际企业经营环境有重要影响的国际经

济组织。

（一）国际货币基金组织(IMF)

国际货币基金组织,成立于1945年12月,1947年开始活动并成为联合国的一个专门机构。总部设在华盛顿。国际货币基金组织的主要任务是在加入该组织的成员国出现国际收支不平衡时,向此成员国提供短期贷款,用于贸易和非贸易的经营项目的支付,以解决成员国国际收支上出现的暂时不平衡。国际货币基金组织的宗旨是:

(1) 促进国际货币合作;

(2) 促进国际贸易的扩大和均衡发展,以提高会员国就业和所得水平,使生产资源得到开发;

(3) 促进汇率稳定,维持正常汇兑关系,避免竞争性的货币贬值;

(4) 协助会员国建立多边支付制度,消除阻碍国际贸易发展的外汇管制;

(5) 协助会员国改善国际收支,通过贷款解决会员国国际收支的困难,避免采取有损于本国或国际繁荣的措施。

国际货币基金组织的作用:

(1) IMF的建立,实现了以固定汇率制为基础的国际货币体系,到1975年有43个国家的货币为可兑换货币,稳定了国际汇率、便利国际结算;

(2) 维持世界货币体系的正常运转,从而使世界的商品劳务和资本流通得以正常进行;

(3) 暂时缓和了国际收支困难,石油危机后,有许多发达国家和发展中国家出现国际收支逆差,基金组织采取多种贷款形式,帮助逆差国解决了国际收支困难。

（二）国际复兴开发银行集团

国际复兴开发银行,简称世界银行,成立于1945年12月,是联合国的专门机构之一，现有成员国189个，总部在华盛顿，该行于1956年7月建立国际金融公司，1960年9月建立国际开发协会，从而构成了世界银行集团。

世界银行的宗旨：

（1）对生产性投资提供便利，协助会员国经济复兴、生产和资源开发，减少贫困，提高生活水平；

（2）促进私人对外贷款和投资；

（3）鼓励国际投资，促进国际贸易长期均衡发展，维持国际收支平衡；

（4）配合国际贷款，提供信贷保证。

国际开发协会的宗旨：以世界银行优惠的条件，向会员国中较贫穷的发展中国家提供贷款，从而促进其经济发展。贷款不计利息。国际金融公司的宗旨：通过贷款或投资入股的方式，向成员国中不发达国家的资金困难的私营企业提供资金，贷款不需政府担保，期限7—15年，利率中等。

世银集团的作用：

（1）1950年代后，世界银行的贷款对象转向发展中国家，特别是对新独立的国家给予资金支援，信用较高，偿还能力较强的国家，可以得到世界银行的贷款，使用较差，经济水平较低的国家可以向国际开发协会申请贷款；

（2）贷款分配次序以基础设施，如公路、铁路、港口、邮电、能源为援助重点，1974年开始重点逐渐转移到农业；

（3）国际金融公司的贷款对象多为中型企业以及矿产，原材料部门，以加速这些产业的开发，一些发达国家的垄断集团也通过该公司向发展中国家投资，以避免被没收、征用或国有化等风险。

（三）关税与贸易总协定（GATT）和世界贸易组织（WTO）

在历史上，贸易条约的谈判是在双边的基础上进行的，很少注意与其他国家之间的关系。第二次世界大战结束后，23个国家签署了关税与贸易总协定,该协定为世界范围内第一个有效的关税协定铺平了道路。协定为降低关税提供了途径,并且设立了一个监督世界贸易的机构。关税与贸易总协定总干事及其成员为成员国就贸易和相关问题进行谈判提供了一个论坛。

关税与贸易总协定及其以后召开的一系列多边谈判形成多个协议,大范围地、大幅度地削减了商品关税,成员国定期召开会议,重新评估各种贸易壁垒,建立旨在促进成员国间贸易的国际准则。协定的基本原则是:

(1) 在无歧视的基础上开展贸易;

(2) 通过海关关税,而不是通过诸如进口配额等商业措施保护国内工业;

(3) 磋商应该是解决全球贸易问题的主要方法。

关贸总协定的第八个回合的谈判——乌拉圭回合(1986—1994),是迄今为止进行的包含内容最多、影响最深远的一个回合。该轮谈判除了市场准入问题外,还就服务、农业、纺织品、知识产权、投资和资本流通等一系列问题达成协议。《服务贸易总协定》(GATS)是第一个包括服务部门贸易和投资,在法律上可行的多边协议。它为将来旨在消除歧视外国服务、对外国服务拒绝给予市场准入的壁垒的谈判提供了法律基础。《与贸易相关的投资措施》(TRIMs),该协定禁止对外国投资的歧视性限制,诸如当地含量要求;贸易平衡要求;外汇平衡要求等。《与贸易相关的知识产权协议》(TRIPs)为全面保护知识产权(专利、版权、商标、贸易秘密、工业设计等)制订了更高的标准,并且为这些标准在国际上和边境上的有效实施奠定了基础。

由于总协定从法律上讲不是一个具有法人地位的正式组织,只是一个临时适用的"契约",因此对缔约方不具有严格的法律约束力,使关贸总协定在组织上具有"软弱性"和"涣散性"。1994 年 4 月 104 个国家在摩洛哥的马拉喀什签署了《建立世界贸易组织的决议》，决定以1995年1月1日起正式成立世界贸易组织，关贸总协定仍保留一年的过渡期，然后，关贸总协定退出历史舞台，由世界贸易组织在乌拉圭回合最终协议的基础上，取代关贸总协定，真正建立起一个具有法人地位的国际贸易组织，为世界经济贸易持续、均衡、稳定的发展作出努力。

世贸组织与关贸总协定不同，它是一个机构而不是一个协定。它将制订指导135个成员国间贸易的规则，建立一个专家小组，调解成员国之间的贸易争端，并作出具有约束力的裁决。世界贸易组织确保成员国接受所有协定项下的义务，而不仅仅是他们所喜欢的那些内容。有史以来第一次，包括发展中国家在内的成员国将履行义务，开放市场，并且受多边贸易体制的约束。

思考讨论题

1. 国际收支对企业国际经营有何影响？
2. 在国际商务活动中，为什么汇率因素是一个重要的考虑因素。
3. 简述国际货币市场和资本市场的分类和各自的特点。
4. 国际资本流动在1990年代后出现了哪些新特点？
5. 国际贸易在1990年代后出现了哪些发展和改革？

第四章　外国经营环境

企业的经营活动从国内扩展到国际市场，其基本功能和原则并未发生本质的变化，企业可控制的基本因素也未发生变化，关键的变化在于由不可控因素组成的外部营销环境发生了变化，由单纯的简单环境变成了多元的多维环境。由于经营环境的这种变化，导致国际商务的技术必须适应性地发展和扩伸，策略也趋于复杂化。因此企业在进行国际商务活动之前，必须清楚地了解它们经营所在的国际环境。这种市场营销环境的分析应包括对东道国市场的经济、技术、政治、法律和文化环境的分析，包括对这些方面的国际性的分析。

第一节　国际经营面对的环境

一、经营环境分析

一般意义上，"环境"是指与某一特定作用体之间存在潜在关系的所有外在因素及实体的总和体系。对不同事物环境的内容各有不同。

对一个企业经营者来说，关心的当然是市场经营环境，即环绕企业周围具有潜在影响某一特定行业和产品的所有因素。在对国际经营的环境分析中，包括两个层次。第一个层次是一般的特征，如政治、经济、技术、社会、人口、教育、法律、文化、自然资源、地理位置，这些因素对国际企业经营的关系比较间接，称为次级影响因素。第二次层次是特殊环境特征，包括一些能够直接影响企业微观环境的因素，如需求者、供应者、竞争者、社会政治、技术等方面的特征，这些因素对企业的国际经营的关系比较密切，影响比较直接，称为一级影响因素。同时，企业还要把内部资源条件同相关的地区和国家联系起来加以分析，以确定企业对环境的配合和适应程度。总之，企业在国际经营活动之前和进行的过程之中，对经营环境进行分析，目的在于寻找机会和避免风险。

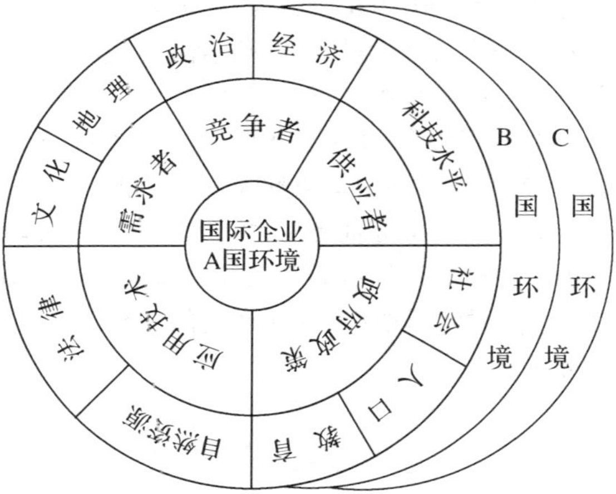

图 4.1　企业国际经营的外部环境因素

二、构成企业经营环境的因素

构成企业经营环境的各个方面的因素，当它们放到一个处于不同地域，不同历史，不同文化背景，不同经济发展阶段的国际市场中时，所构成的经营环境变得范围更广，也更复杂了。

比如商标的所有权问题，采用大陆法系的国家奉行注册在先的原则，而采用普通法系的国家则奉行使用在先的原则。美国人谈判喜欢开门见山，直接介入主题，马上谈出结果，阿拉伯人在谈判中却看重个人感情，总要先花上一二个小时谈无关紧要的事。

实行民主制的国家,经贸政策透明度高,领导人换届对生意不会有很大的影响,而实行独裁制军人执政的国家却是朝令夕改,让人摸不透,但一旦打通关系,却也可做成大买卖。自行车在发达国家作为运动工具,在发展中国家则作为交通工具、运输工具,在某些落后部落,则被视为财富的象征。

企业在本国经营,要把握经营环境因素的各个方面,并把它们综合起来考虑,本身就很复杂了。如果企业的经营活动进入到国际市场,对企业起影响的因素就增多,企业涉及的海外市场和东道国越多,这些因素就会成倍地增加。

企业经营活动涉及的海外市场数目多,情况复杂,而且进入每个市场的形式又有所不同,而这些市场又是相互联系的,因此在产品多样化方针和集权与分权相平衡的组织原则下进行国际经营的企业,其在各国各地区的外部经营业务活动,势必既有互相配合,协调和补充的一面,又有互相矛盾、渗透和排斥的一面。国际经营的这种复杂性给企业的经营战略管理带来困难。

美国著名管理学家彼得·杜拉克(Peter Drucker)在其著作《不连续的时代》中指出,世界的经济与技术正面临一个不连续的时代。换言之,在技术上和经济政策上,在产业结构和经济理论上,在管理的知识上,都将是一个瞬息万变的时代。他认为,50 年来世界的产业、技术等结构都是延续 1913 年以前的传统基础。但是,由于知识的突破,新技术的发明,社会、经济政策、文化等结构的转变,人们所熟悉的生活将面临革命性的改变,并将出现一个“不连续的时代”。

复杂性,多样化,变化和不确定是国际经营环境的主要特性,这些特性对企业的营销管理有很大的影响。

如果对外部环境的多种因素的作用没有正确的基本估计,或者对它们的作用力量的强弱、作用范围的大小,发挥作用时间的早晚和作用时间的持续长短,以及作用的机制如何等等问题没有比较正确的估计,那么,外部环境因素多样性给企业带来的新机会或附加机会就可能变成额外的负担和损失。

在探讨企业的经营环境时,我们的注意点,既不局限于企业本身,也不限于环境实体。而是综观企业与环境间相互作用的互动关系。企业所处的环境无时无刻不处在变化之中,随时会产生新的威胁和新的机会;企业也必须循序不断采用适时适地的反应行动,为自己开创新的环境。

第二节　经济物质环境

经济因素会影响到市场的大小,市场的吸引力,也会影响到企业对各种市场的获利能力及可运用的资源限制,经济因素是经营环境分析中最为重要的环境因素。

一、经济发展阶段与市场功能

一个国家的经济发展阶段不同,对进出口商品的数量、结构、与档次都会产生不同的影响,对吸引投资和技术,在境内组织生产和销售也有不同的动力和制约。

对于经济发展阶段的划分,国外有许多提法。美国著名经济学家和经济史学家罗斯托的经济发展理论,认为世界任何一个国家经济发展都要经历六个阶段:① 传统社会阶段;② 起飞前夕阶段;③ 起飞阶段;④ 趋向成熟阶段;⑤ 高度消费阶段;⑥ 追求生活质量阶段。而每一个阶段所代表的是不同的经济形态。罗斯托的经济发展阶段是以工业化的程度来加以划分的,其重要的标志是产业结构和资本系数,处于不同经济发展阶段的国家其市场功能和特点有很大的差异。任何一个企业须随市场所在国的经济发展阶段,研订其经营计划,创造经营机会,克服经营中的问题。

市场学家菲立浦·柯特勒把经济发展阶段分成四种类型。

1. 维持生存的经济。在这种经济里，大部分人从事农业。他们消费了自己生产的大部分产品，并将余下的产品以物换物，取得简单的货物和服务，几乎没有出口的机会。

2. 原材料出口经济。这种经济建立在一种或几种自然资源丰富的基础上，但是在其他方面却十分贫乏。国家大部分收入来源于出口这些自然资源。这些国家是提炼设备、工具和备用品，材料处理设备以及卡车的理想市场。由于一些外国居住者和当地富人的需求，这些国家也成为一般消费品和奢侈品的市场。

3. 工业化经济。在这种经济中制造业在国民生产总值中所占的比重达 10%—20%左右。当制造业日益发展时，国民经济越来越依靠进口纺织品原材料、钢和重型机器，但不进口纺织品、纸品。新的富裕阶层和正在发展的中产阶级则希望进口新的商品以满足需求。

4. 工业经济。这种经济类型的国家是制成品和投资资金的主要出口国。工业国之间互相进行制成品贸易，同时也向其他经济类型国家出口商品，换取所需的原材料和半成品。工业国之间的大规模目的不同的生产活动，以及大量中产阶级的存在，使这些国家成为各种商品的市场。

罗斯托的发展阶段和柯特勒的市场类型有相似之处，他们所要揭示的是经济发展的阶段与经济结构的改变，与收入水平的提高有密切的关系。随着经济结构的改变，进出口商品的结构、层次和数量会发生很大的变化。部门之间的结构变化通常随各部门的相对重要性的改变而改变。例如，低收入国家的制造业多半以纺织品和食品加工业为主，而高收入的国家则以机器制造业和生产其他高、精、尖产品为主。这样，不同产品的市场特征会有很大的区别，而由于收入水平的提高，消费者花费在必需品上的份额减少，而用来购买制造业（第二产业）、商品和服务业（第三产业）所提供的奢侈品、服务、休闲及其他物品上的份额则会增加。

当然,实际上许多国家的发展阶段和产业结构常常是二元甚至多元的。实际的经济状况和市场状况与典型模式之间存在程度不同的偏离,但是在预测与部门结构紧密相关的一国产业或产品增长前景时,典型模式仍然十分有用。

如世界上最发达的国家之一——美国,被罗斯托称为处于"追求生活质量阶段",美国拥有世界总人口的5%,总陆地面积的6.2%,但却生产着世界总产值的25%的产品,世界工业制成品的五分之一。其总出口额占全球的11%。在过去十年里高技术项目占了美国出口量的40%到44%。美国既是世界上最大的资本国,同时又是最大的资本国输入国。与此同时,美国还是世界上最大的进口市场,进口额占全球的12%,进口需求广泛。从基本的原材料到一般的制成品,从普通产品到高科技产品,需求包罗万象。市场特点表现为市场容量大市场变化快,销售时效性强,重视广告宣传,销售渠道复杂。

又如沙特阿拉伯属于原料出口经济类的国家。它独占世界已探明石油储量的20%左右,拥有日产1 050万桶原油的生产能力,是世界头号石油输出国,大部分国民收入靠输出石油获得,主要日用品和工业设备依赖进口,具有很高的国际支付能力。尽管财富分配严重不均,但国民平均收入水平仍有很快的提高,市场商品似乎是万国展览会,各国最豪华、最新的产品都可在此寻到踪影,但市场仍保持很浓的传统色彩,禁忌较多,广告受到限制,对产品质量及包装等有特殊要求。

不同经济发展阶段的国家对国际投资的需求是不同的。在工业品市场方面,发达国家着重投资较大而节省劳动力的生产设备,即资本集约型或知识集约型。发展中国家,生产设备偏重于多用劳动力而节省资金,即劳动集约型,以适应劳动力对资本的合理比率,以及适应熟练技术工人偏少的现实。

二、市场规模分析

在国际经营的经济环境中，有关市场规模大小的分析是企业关心的重点，无论是以商品的形式或资本的形式进入海外的目标市场，市场规模的大小都是至关重要的。

一般而言，市场规模大小深受以下几个指标的影响：① 人口；② 人口成长率；③ 人口分布状况；④ 国民生产总额；⑤ 人均所得；⑥ 所得分配状况。

著名管理学家杜拉克在他的名著《动荡时代的管理》中曾提出人口动力可以创造新机会、新市场，且由于各种新政策的需要，会改变企业的信仰与习惯。人口特征的分析，确使我们能够更有效地进行市场预测，评估市场机会，从人口特征的分析中，我们可以掌握到：

(1) 未来消费者倾向；

(2) 可能展现或消退的社会问题；

(3) 主要经济变量的变动本质。

市场是由一定的人口所组成的。没有人口就没有市场。一个国家的市场规模与其人口总数成正比。很多产品的消费与人口规模有关，如食品、日用品、药物、教育用具等。所以，人口规模是确定市场潜量的第一个依据。就全世界来说，人口正在不断增长中，国际市场规模正在不断扩大。人口增长率是预测市场规模增长的依据之一，人口增长率与出生率成正比。人口增长意味着人类需求的增长，新家庭的组成将增加商品的消费量，进一步扩大市场。另一方面，人口增长如果超过了收入的增长，就会导致人均收入下降，市场吸引力降低，进而阻碍经济的发展。由于发达国家的人口增长率减少，从长远来看，它们的市场容量会相对减少。从目前来看，由于它们的出生率降低，对儿童产品的需求量相对也降低，这给儿童玩具、儿童食品、儿童服装等行业的国际营销带来了“环境威胁”。

其他的一些人口指标如人口分布、人口的年龄结构、性别结构等，从经营环境的角度进行分析，都有特殊的意义。如人口密度对于国际经营者评估分销渠道和运输问题是很重要的。人口密度高的市场，分销点可以少设而且集中，降低了销售的营业成本。一些国家出现的城市中心人口减少而外围人口密度增加的所谓“空心化”现象，使这些国家的零售结构发生了变化。市郊住宅区的购物中心蓬勃兴起，而市中心的百货商店和专业商店的营业受到冲击。因而，这类市郊的购买中心，成了国外分销渠道选择的考虑之一。人口高龄化、结构老年化将使与“银发消费”有关的商品如医药、保健用品，眼镜、助听器等老年人用品和特殊服务的需求迅速增加，甚至还会带来营销组合策略上的新突破，如开发老年玩具，邮购和上门服务，为老年人提供廉价、优质服务等。

收入是决定市场规模的另一个重要因素。严格来说构成市场规模的人应是有支付能力的人。收入因素的内容很多，包括一个国家的国民总收入或国内总收入，人均收入，个人可支配收入，个人自由支配收入，财产分布等等。收入水平也对国际投资产生影响，是国际经营企业在进行投资过程中的一个不可忽视的因素。因此，分析不同指标表示的各类收入水平，可对投资规模，投资收益及投资的市场需求有一个大致的认识。

在研究某些商品(卡车，公共汽车、水泥，钢铁)市场潜在需求量时，GDP 是很有价值的判断指标。这类商品的市场需求量与 GDP 的数量成正比。但对于消费品，这一指标的代表性较低，其原因是生产总值与消费者最终支出并不直接发生关系。反映消费品市场需求的指标有人均国民收入、个人收入、个人可支配收入和家庭收入。

人均 GDP 是将收入与人口因素结合起来。它常被用以描述一国经济实力的统计指标，不但表示一国经济发展的水准，同时也象征一国现代化程度，以及在健康、教育、福利方面的进步的情况。国际经营者也经常以此作为评估一国经济的指标。在评估市场规模大小及水准时以人均 GDP 为指标，是广为接受的观念。一般说来人均收入高的国家消费水平一般较高，对产品的档次质量要求较高，对奢侈品、文化娱乐产品、休闲旅游产品有更多的需求量。而人均收入低的国家则以维持日常生活需要的食品和一般消费品为主。

收入水平也是考察国际投资环境的一个重要因素，一般地说，收入水平高资本周转率必然高，那么，吸收投资的能力必然大，投资收益一般高于低收入国家。

在使用人均收入指标作分析时，要注意结合考察收入的分配状况，在居民所得的差距彼此不大的状况下，人均收入对于了解市场规模有很大的可用性。但是，许多国家都存在贫富差距大，收入分配不公平的情况，这时就要以该国的收入分配情况对人均收入作一定程度的校正。尤其是收入敏感产品，如轿车、高档家具、高档装饰品，更要注意阶层间收入的差异。比较极端的情况是，低收入和高收入的人口较多，而中产阶层较少时，这种情况称为“双峰收入分布”。根据这个分布，经营者可以发现两个群体的市场需求完全不同。

三、经济景气

目标市场的情况是动态的，它不仅受到基本经济条件和经济因素的支配，而且受到经济景气的变化影响。对现代经济活动实践的分析已证明，不管是在何种经济制度下，处于何种经济发展阶段，在一国总的经济活动的扩张和紧缩的交替或周期性波动都是客观存在的。

（一）经济周期

经济学家们过去习惯于把经济周期分为四个阶段：繁荣、衰退、萧条和复苏。现在除了继续沿用这个划分法之外,还经常把经济周期分为这样四个阶段:衰退、谷底、扩张和顶峰。

扩张是经济周期中总的经济活动从谷底上升到顶峰的阶段。在扩张阶段,经济活动全面上升:就业、生产、工资、价格、货币供给、利率和利润一般都上升,而在衰退阶段,经济活动全面下降,延缓时间较短,下降幅度较小的衰退被叫做温和衰退,延缓时间较长,下降幅度较大的衰退被叫做严重衰退。

经济周期的波动对商业活动有很大的影响,衰退期,市场相对缩小,货物流动慢,资金周转慢,履约率低,有些商品不得不降价销售。开工不足设备利用率不足,对投资的吸纳能力明显降低。而在扩张期,需求旺盛,市场容量扩大,进出口增加,货物资金流动快,商品能以正常价格或高价销售,是进军该市场的好时机。同时投资热情旺盛,也是投资进入的较好时机。

所以在对目标市场经营环境作分析时,所作的经济景气分析在很大程度上是分析和预测周期的变化,确定当前处于周期的哪个阶段,今后转向哪个阶段,波动的幅度及扩散程度,扩张与收缩的转折点及持续的时间等。经济活动的综合指标可以显示出宏观经济的扩张和紧缩的交替。国民生产总值,工业生产指数,就业和失业人数,就业率和失业率以及个人收入等指标的波动,都可以显示出宏观经济活动的周期波动。但在一系列经常波动的经济变量中,有一些经济变量的波动比其他经济变量的波动更大。比较而言,非耐用消费品的需求量波动较少,而耐用消费品和资本品的需求量波动十分激烈。

在全部经济活动扩展和收缩的交替运动中,通常有一些个别经济活动先行出现上升和下降,反映这些先行发生变动的经济活动的指标被称为领先指标(Leading Indicators)。领先指标通常在一般经济活动之前达到商业循环的高峰和谷底。这些指标亦称为敏感性指标,如库存变动,订单,新厂房承包契约,建筑合同与许可,股票价格综合指数，工业原料价格指数，工商业组成净增指数，首次申请失业保险人数，制造业工人平均工作周数等。根据这些指数编制的领先指标综合指数可以作为经济周期的预测工具。我们如能掌握用领先指标法分析目标市场的周期性波动，就能较好地提前把握商业机会和进入机会，使经营活动有更大的主动权。

（二）通货膨胀

每一个国家都有其货币制度及货币政策，这是由于有不同的金融环境及不同的通货膨胀率所致。大多数国家都有通货膨胀问题，只是每个国家所受影响程度不一。1992年，日本、美国等西方主要国家的通货膨胀率低于6%，拉美国家平均高达169%，而前南斯拉夫则高达2 600%。高通货膨胀率会导致成本控制及订价上的困难。由于各国通货膨胀率的差异，将影响到企业如何在各市场间移动资金与商品。另外，通货膨胀过程并不是以稳定的，可预测的方式进行的，相反，是以不规则的方式进行，这无疑强化了投资的不确定性。为了逃避风险，投资者宁愿进行短期投资，而不愿进行长期投资；宁愿投资于传统技术的生产，而不愿投资于新技术的生产；宁愿投资于现有存货以投机取利，而不愿投资于生产性企业以生产新产品。其结果，经济增长受到抑制，经济发展受到阻碍，对于外国投资者来说，以东道国货币显示的利润收入将会减少，减弱投资地的吸引力。这对国际经营者是个不利的信号。

（三）国际收支

国际收支是一个国家在一定时期由对外经济往来和对外债权债务清算而引起的所有货币收支，是一国对外政治，经济等关系，同时也是一国在世界经济中所处地位及升降的反映。一国的国际收支通常用国际收支平衡表来表示，它是系统地记录一定时期内该国国际收支项目及金额的统计表，这张表是各国全面掌握本国对外经济往来状况的基本资料，是政府制订对外经济政策的依据，它同样也是国际经营决策制定者所要考虑的目标国经济因素。

1. 一国的国际收支状况是影响该国汇率升降的直接因素。当一国国际收支处于逆差状态,以致对外债务增加,或国际储备日趋减少,该国货币的对外价值就会降低,在外汇市场上对外币的需求增多,本国货币的汇率就比较疲软,从而使该国货币在国际市场上成为弱势货币或软通货。反之则反是。

2. 一国的国际收支状况也影响该国的商品价格变化和通货膨胀的程度。当一国国际收支保持经常顺差,汇率较少波动,物价稳定,通货供应量正常,就有利于国民经济和对外贸易的发展。

3. 一国的国际收支状况,对该国的货币金融政策措施具有直接影响。保持国际收支的基本平衡,是各国政府的基本目标之一。西方国家总是根据其国际收支状况来调整其货币金融政策,特别是在国际收支处于逆差状态时,在对外举债或动用储备以弥补其逆差的同时,经常采取必要的政策措施,以防止其国际收支状况恶化或缓和其国际收支危机。这些政策措施主要是:

(1) 调整利率水平,制定鼓励外国投资的政策措施,吸引外国资金流入;

(2) 紧缩信用,控制国内通货膨胀;

(3) 加强市场干预,稳定货币汇率;

(4) 从外汇资金上开源节流,扩大贸易和贸易外汇收入,节约外汇开支,增加外汇积累;

(5) 加强外汇管制,实行复汇率制等措施,改善国际收支状况。

这些措施对于外国企业来说,有些是有利其发展的,有的则是不利的,因而要特别注意鉴别和把握。

有些市场潜力很大,对各类消费品和资本品都有很大的需求,但是由于国际收支状况连年恶化,通货膨胀严重,他们的货币又是不可自由兑换的,所以出口企业在同这些国家的厂商打交道时,就有很大的局限性。

四、物质技术条件

与国际经营有关并影响国际经营的物质条件包括两个方面：

（1）自然条件，包括自然资源，土地面积，地形和气候条件等；

（2）基础设施，指为经济活动提供服务的公共设施，包括交通运输网，通讯设施，仓库等，还包括与商务活动有关的基础设施，如商业网点、金融机构、沟通媒介等等。

而技术环境，则指目标市场地区科技发展状况和相关产品的技术水平，以及目标市场消费者对产品技术的接受能力等。国际商务人员在对市场环境进行分析时，不仅仅只是注意这些环境的表象和统计描绘，而是要把它们作为市场环境的重要诱发因素来进行研究。

（一）自然条件

自然条件体现了一个国家的物质特点，是决定该社会具有何种特征，以及采取何种方式满足自身需要的主要因素，其影响范围很广泛。

1. 自然资源。利用资源来进行生产是现代技术的关键。地球上的资源分布是极不平衡的，这就产生了国与国之间贸易。大多数的资源进口国是本国资源满足不了本国需要的工业化国家。如在20项主要资源中，美国有较大蕴藏量的仅占5项，而其消耗量却超过全世界总消耗量20%以上的资源却有16种。资源拥有状况，对各国来说，并不是一成不变的。资源的贮藏量、开采量、需求量、出口量都在发生变化。资源的分布、质量和可供利用的程度作为国际市场经营环境的因素，至少在本世纪之内还会影响着世界经济发展和贸易的格局。国际商务人员在制定世界范围的投资决策时必须对此因素予以认真考虑。除了工业化所需的原料之外，还必须拥有经济的能源供应，以便把各种资源转化为有使用价值的产品。

2. 自然环境。一国的地形、地势和气候等地理因素是估价该国经营环境时必须考虑的重要因素。这些地理特征对于市场具有一系列的影响,明显时如要求产品适应当地的地理环境,深远时涉及到如何在一个国家建立和发展市场经营体系。一国的海拔高度,湿度和温差变化都可能是影响产品和设备的使用和性能的气候条件。气候不仅能影响产品的使用寿命,也要影响产品的工作方式。气候还影响到维修。

3. 基础设施。基础设施与自然条件不同,前者是物质文化的成果,而后者则是天然禀赋。基础设施一般是指为经济提供服务的公共设施。它包括:交通运输网,通讯设施,仓库等。此外还包括有关商业和财务方面的基础设施,如商业网点,金融机构,沟通媒介等。一般来说,一个国家的基础设施越是完备,国际商务活动进行就越顺利,市场吸引力也越大。一国或地区的基础结构往往对国际投资有制约作用,基础结构的优化程度会影响投资的效益,因为国际投资比较集中投向的地区,除考虑政局稳定等因素外,其中一个很重要的考虑就是当地有着较为完善发达的基础结构,从而使投资者可达到降低投资决策成本,提高效益的目的。

4. 技术环境。技术是指人们所有行事方法的知识总和。它直接影响到企业的产品开发、设计、销售和管理。技术环境不仅是目标市场国的科技发展状况和相关的技术水平,而且还受到世界科技发展水平和应用程度的影响。

从国别技术环境因素的角度考虑,一般来说,科技水平高的国家可降低国际经营活动的技术风险;目标市场国的专业人才(例如工程师、会计师、律师)供应多,经营者感到便利并可减少风险和降低成本。一国如对现代技术有较强的吸收能力和研究开发能力,将构成吸引国际经营高级形式——投资的有利条件。

技术的变化也会给企业造成威胁,一些经济学家估计有 20% 的产品寿命不会超过十年,说明将有成千上万的企业起起落落,每一种新技术都会给企业造成新的市场营销机会。面对新技术,失败的企业常是因为感觉不出并适应不了技术的迅速改变,而成功者,则由于其经营者具有足够的敏感性和想像力对付技术环境的变动。

第三节　政治环境

在现代各国经济生活中,政府是企业活动的一个不可分割的组成部分,而各种社会政治集团亦各有其代表的政治力量,并不同程度地影响着企业的经营。一国政府对企业,竞争和利润的态度,对企业活动的限制或鼓励,政局是否稳定以及政府机关办事效率是否高等等都会影响国际商务活动,所以政治环境也是国际经营环境的一个重要方面。

一、基本政治环境因素

包括政府组织结构及形式、政党体制和国家利益等。

政治制度纷繁复杂。大多数国家的政体可以划分为代议制和集权制两种。代议制可细分为共和国制和君主立宪制两种。集权制包括绝对君主制和独裁制。在代议制国家,一般来说政策、法规的透明度较高,政策的稳定性较好,而在集权制的国家,则反之。在代议制国家,公众政策对制定政策有影响力,因此政党必须围绕特定的立法和行政措施集中公众的意见。国际商务人员应当对目标市场各个政党都予以注意,因为它们会影响对商业和外国投资的态度,或者说是决定外国企业的商务活动在该国经济中担任何种角色的一个因素。

一国的政党体系可分为两党制、多党制、一党制和一党控制制。各种体制下,每一个政党对政府的影响力是不同的,因此,作出投资决策时,必须考虑政党体制。每一个政党的纲领不同,它们之间的交替对外国企业的商务活动的影响往往比对本国企业的影响还大。如英国保守党执政时逐步放松对外国企业的限制。后来工党执政,就采取了一些重要的控制措施,如对进口品征收15%的附加税,而后来保守党再次上台,又采取了一系列自由化措施。

一国政府对发生在其国内的外国企业的投资活动采取鼓励或限制性政策的出发点是国家利益,国家利益在国与国之间大相径庭,但通常都包括自我保护、安全、繁荣、声誉和意识形态这五个目标。东道国希望从外国资本、技术或进入国外市场销售中得到好处,但所需的代价必须是可以忍受的。否则,东道国就会拒绝外国企业进入,而通过其他途径取得资本、技术和市场。

二、政治环境和政府政策的稳定性

除了上述基本政治环境因素之外,国际商务管理人员所关注的另一个问题是政治环境和政府政策的稳定性。政治环境的稳定性是指政治活动中,各关键参与者之间现存的关系在一定时期内有无根本性或实质性变化的趋势。如果各派政治力量之间相互作用及关系变化对外国企业的经营活动所产生的影响不可预知时,政治环境就是不稳定的。政府政治环境的不稳定具体表现在以下几个方面:

(1) 东道国政权更替频繁;

(2) 东道国国内各种不同文化间的相互倾轧;

(3) 存在宗教势力;

(4) 经济发生危机。

政治离不开经济,其最终目的是为经济服务,一旦经济运行不正常,例如很高的通货膨胀率则很容易诱发政治动荡。

东道国政府政策的是否稳定关系重大,因为这种稳定性直接影响到对公司业务适用的各项政策的持续性。当然,政府的政策总是处于逐渐变化之中,外国企业主要关心的是政策是否会发生剧变,从而使企业一下子难以适应。这对于从事高层次的国际商务活动——海外投资的企业来说,更显得至关重要,因为一项投资,意味着开始了一项至少十年的商业活动。1980年密特朗当选法国总统,由于他推行了把大产业国有化的政策,包括那些含有外资的企业,给法国商业环境带来了根本性的变化。同年,加拿大采取了新的能源政策,将外国在能源方面的参与率从75%降低到50%,从而急剧地改变了它在石油工业中欢迎外国投资的传统做法。在发展中国家这种变化更加频繁。

对于国际商务活动,首要考虑的是当地的政治稳定性,即使利润率高,且其他条件也较优越,而政治上欠稳定,则考虑到资金的安全性,也要慎重决策,一般只做出口贸易而不直接投资,并迅速兑换外汇。

三、东道国对国际企业的态度与政策

国际商务活动受东道国的政策影响极大,所以,往往要考虑其态度与政策是否有利。如是否允许外国公司进入工业部门,是否允许外资在合资经营形式中占大多数所有权,是否允许有外国独资企业,对外资公司的扩张限制多少,对外国公司的资金与利润外调有无限制,对外资企业的经营期限有无限制,对外资企业有无优厚待遇等。

对外国投资,东道国政府通常是采用鼓励和控制相结合的政策。政府控制外国投资流入的手段是多种多样的。

1. 有些国家通过制定一般法规来管理特定类别的投资。它们限制外国资本的投资领域,限制外国人拥有所有权,如日本禁止外国资本投向核能、电力、煤气供应、航空等,美国不准外国投资沿海船运业和广播业,印度尼西亚不准外国投资进入国际工业和大众传播业。

2. 政府通过津贴、政府优先购买,以及其他一些支持形式,增强本国企业的竞争能力，与入境的外国企业抗衡。政府所支持的企业，通常是国内第一流的。这些企业可能是公营的，也可能是私营的。

3．对外国投资者实施业绩要求，以增加东道国从投资者中得到的利益，例如要求外国公司与国民分享所有权；要求企业在当地购买或生产一定比例的零部件；要求企业出口一定比例的产品；要求外国公司从当地资本市场之外筹集其债务资金；实施当地培训计划等。

4．对人员转移的控制。例如一些国家不准把某些工作岗位让位于外国经理和国际企业的技术人员，并以此作为本国人保留这些岗位的一种政策组成部分。

5．对经营权力转移的控制。有些国家对非本国国民拥有、持有特许或从事企业经营的权力加以限制，或在某些经济区域加以限制。

6．征用、没收和国有化是东道国对跨国公司最严厉的方法。东道国政府将外国人拥有和经营的企业、财产以及经营特许权收归本国国家所有，并由国家经营。这类行动可能是有补偿性的，也可能是无补偿性的，均是国际商务中最棘手的问题。

为吸引外资，鼓励外资与东道国某些经济发展目标保持一致，一些国家对投资者提供了多种奖励措施，其中包括常见的赠予和贷款、贷款担保、津贴和股份投资等直接的资金补助；加速折旧、超过投资额100%的注销额、投资减税、降低税率和规定免税期等税收奖励；允许接受政府采购，提供关税和配额保护，提供受过培训的工人，对财产没收给予担保和公正解决争端等非资金、非税收方面的奖励措施。

第四节 法 律 环 境

在形成一国商务环境的种种因素中，法律因素起着很重要的作用，任何其他因素的作用或者社会机制的运行往往总是通过一定的法律形式表现出来，而且还通过一定的法律制度和规定对国际商务直接予以影响，国际经营者一方面依据法律规定来把握企业的海外经营活动，另外也可凭借这些法律来维护自己的正当权益。

国际商务的法律环境相当复杂，一般企业会面临三个层面的法律：① 国内法律；② 国际商法；③ 东道国法律。

一、国际法和国际商务

讨论国际法及制订国际法都相当困难，因为国际间没有相当于各国立法机构的国际法制订机构，同样也没有国际性执行机构以实施国际法，没有实际的法官去裁决国际法。国际间虽然在海牙设立了国际法庭，但其功能仍然有限。国家之间的争议主要通过谈判、协调、调停的方式来解决。国家通过签订或参加国际条约、声明、承认某些国际法准则，以及按照国际法和国际惯例进行交往和活动，这就形成国际法。国际法是各国间具有法律效力的条约、公约和规定。而这些条约和公约可能是限于两国间的双边关系，也可能是许多国家之间的多边关系。无论是多边的或双边国际条约，只有我国依法定程序参加、接受的，才对我国有法律上的约束力，国际商务人员在从事决策的过程中，必须考虑许多国际的条约和公约。

目前，世界上关于商法的国际公约很多，涉及到以下几个不同方面。

1. 调整国际货物买卖关系的公约。如 1980 年《联合国国际货物销售合同公约》,这类公约对国际货物买卖作了极为详尽的规定,如买卖双方都是公约的参加国企业,他们的买卖活动要受到公约的制约,相互之间的货物买卖关系有章可循,有法可依,一旦发生争议,也可根据公约很快得到解决。

2. 调整国际海上货物运输关系的公约。如1978年《联合国海上货物运输公约(汉堡规则)》。

3. 调整国际航空运输,铁路运输,多式联合运输的公约。

4. 调整国际货币信贷关系的公约。

5. 调整国际票据关系的公约。

6. 关于知识产权的公约。主要有,1883年《保护工业产权的巴黎公约》,1891年《商标国际注册马德里协定》,1967年《成立世界知识产权组织的公约》,1970年《国际专利合作条约》,1973年《商标注册条约》。

7. 关于国际商事仲裁的公约,如1976年《联合国国际贸易法委员会仲裁规则》。

国际贸易惯例也是形成统一的国际商法的一个重要渊源,国际贸易惯例是指有确定内容,在国际上反复使用的贸易惯例。成文的国际贸易统一惯例是由某些国际组织或某些国家的商业团体根据长期形成的商业习惯制定的。这种统一惯例虽然不是法律,不具有普遍的约束力,但在国际商业活动中,各国法律一般都允许双方当事人有选择使用国际贸易惯例的自由。一旦当事人在合同中采用了某项惯例,该惯例对双方当事人就具有约束力。

目前,在国际商业活动中通行的或者有较大影响的国际贸易惯例有:在国际货物买卖中,如国际商会1936年制订,1953年修订的《贸易术语解释国际通则》(后经1967、1976、1980年三次补充),统一解释了国际货物买卖惯例,在国际上被广泛采用;在国际货币买卖的支付中,如国际商会1958年草拟,1967年公布的《商业单据托收统一规则》(1978年修订,改名为《托收统一规则》)和1930年拟订,1933 年公布并于 1951 年修订的《商业跟单信用证统一惯例》(1962 年修订,改名为《跟单信用证统一惯例》,1974 年再次修订),对国际托收及跟单信用证等付款方式中有关各方的权利和义务作了确定性的统一规定。它们在有关的银行承认后,对当事人各方有约束作用。

格式合同和标准条款是国际组织、专业公司或公会规定的,供当事人签订合同时使用的合同或条款。其中载明双方当事人权利和义务关系的内容,一般都参照国际上通行的方法,格式合同和标准条款是在长期交易过程中形成的,并在国际货物买卖,运输及保险中广泛使用。

许多国际性组织对国际商务有准法律性的影响,如国际标准组织(ISO),大部分工业化国家均加入该组织,ISO 拥有 114 位专门技术委员,以发展一套国际标准制度。由于每个国家有其标准和规格,从而成为国际贸易和国际专业化的主要阻碍。

二、国外法律与国际商务

对于国际商务者来说,国外法律的重要性与其说是在于国际商务活动,不如说是在于每一个市场的当地营销,这是由于每一个市场采用的法律环境不同,随着国际法及区域法律的发展,各国间差距渐渐缩短,但要使影响商务活动的法律趋于标准化,则还有很大的距离。所以一般来说,每一个东道国的法律环境较之国际法更为重要,所以企业在规划国际商务方案时,必须仔细而慎重地分析国外市场的法律环境。

(一) 法律制度的差异

大多数国家的现行法律制度,大致可以分为两个系统:习惯法系(Common Law);成文法系(Code Law)。

1. 习惯法。又称不成文法,源于英国的法律制度。以传统导向为主,重视习惯和判例,假使没有特殊的判例或法令,习惯法往往由法官自行裁定。英国、美国、澳大利亚、印度、埃及及英联邦系统的国家,均采用不成文法。

2. 成文法。其判决基础大致都有可供依据的活动条文而不是依赖判例和法官解释。在实行成文法的国家,明确的法律条文是非常重要的,而且其法律条文要能包括所有可能的法律事实和状况。由于成文法系国家不依据以前的裁决,因此同样的法系,因不同的用意,将产生解释上的偏差。成文法系源于古罗马,世界上成文法系国家比习惯法系的国家多,由于早期殖民地及其他的亲近关系,许多成文法系都受法国、德国、西班牙的法律制度的影响。

伊斯兰教法系代表了另一个主要的法律系统,世界上有 27 个国家是依据伊斯兰教法系,但在程度上多少掺杂了一些成文法或习惯法。

成文法系和习惯法系的区别不仅仅在环境不同的历史渊源、法律结构和风格技术,而是在性质上有很大的区别,对于同一事物,可以有完全不同的解释和处理。对国际商务者来说,重要的是熟悉一个国家法律的实质,因为后者对所有类型的决策都有深远的影响。例如在一个习惯法国家里,财产权利(它也包括诸如商标之类事物)依赖于使用该项财产的历史。哪个当事人在他的包装和广告竞销中实际使用了这个商标,就拥有这个财产。但是根据成文法,财产权利是依据哪个当事者实际注册登记了这个商标来判定的。再如对合同中“不可抗力”的处理,出口商货物在仓库储藏过程中,由于空调系统的事故而损坏,那么依照习惯法,这不是天灾,而依据成文法,则很可能被看作天灾。

(二) 对于国际商务影响较大的国外法律若干文献的立法归纳

1. 保护消费者利益的立法。这类立法的目的在于强化生产制造商对于产品所应承担的责任和义务,保护使用者的合法权益。为了保护消费者,产品的物理或化学特性,如纯度、安全性、性能都须符合法令的要求。1975年，美国一儿童因燃放中国出口的烟花而炸伤左眼，结果孩子家属根据产品责任法中的有关规定，要求中国方面赔偿600万美元。

2. 保护生产制造者的立法。这类立法又称工业产权法，是专利法和商标法的统称。其目的在于保护生产制造者利用专利和商标这类无形资产制造和销售产品，巩固和扩大销售市场，使其利益不受侵犯。为牟取暴利而侵犯工业产权的现象屡见不鲜，1986年全世界假冒商品的销售额高达600亿美元，约占世界贸易总额的20%。这一切都使得公司要求以法律形式来保护自己的工业产权不受侵犯。

3. 保护公平竞争的立法，这类立法又称为反托拉斯法，限制性商业惯例或保护竞争法。其目的在于防止或限制企业为了牟取高额利润而进行的合并、接管等垄断活动，以及勾结起来进行串通投标，操纵价格，划分市场等不正当的经营活动，从而创造和保持公平竞争的经营环境。

4. 保护当地雇佣者的立法。这类主要是劳工立法。各国对劳工关系，即与工会有关的各项义务，如集体谈判、罢工、抑制等行为，以及招聘和雇佣条件，如工资、工时、解雇、安全、退休等大都有立法。有的国家对待劳工如奴隶，禁止成立工会或严格管理工会；有的国家的法律赋予工会很大的权力。一些发展中国家就有广泛的社会安全以及工作保障的立法，企业不能轻易解雇工人。

5. 外国投资法。到目前为止，大多数国家已有比较系统的外资法。有的国家没有统一的外资法，而是制定某种利用外资形式的特别法律法令；也有的就特种行业、部门制定外国人投资法；还有的专就外资审查和管理制定单行法等。此外还有不少国家之间订立了双边投资保护协定，把投资保护上升到政府间的共同保证，具体内容包括关于对外国投资者实行平等待遇的原则，解决投资争议的原则等。

国际商务者对东道国陌生的法律环境，除了要认真研究分析其立法目的、立法态度和各项法律的具体内容之外，还要考察东道国的司法现状，司法程序等。因为有些投资对象国，特别是某些发展中国家存在法制观念不强，有法不依，司法不力的现象，所以国际商务者在作出海外投资决策时不得不考虑司法的因素。

第五节　社会文化环境

这里说的文化是指制约一个群体行为的一整套社会规范和反应。正是这些社会规范和反应使得一种社会环境与另一种社会环境迥然不同，并且使每一种社会环境以其自身的面貌出现。一个社会的政治、法律乃至经济都受到该社会文化背景的深刻影响，所以可以说整个国际商务环境都可归为广义的社会文化环境。作为国际商务者来说并不一定要成为专业的人类文化学家，但他对各种文化环境的差异应当会有所辨别，并能把握对国际商务活动有直接影响的关键文化因素的评价技能，并由此对国际商务活动进行积极的调整。

著名的国际营销专家菲利浦·凯特奥拉认为，国际商务人员应具备市场文化的两种知识。一种是明显的事实性知识，如不同的宗教信仰，不同的传统习惯，不同的审美观等等，这些关于某一特定文化的事实，基本上是可以看到和了解到的。另一种是领悟性知识，即一种理解不同文化特征之间的差别的能力，如何待人接物，时间的观念，对自己在社会中作用的理解以及人生的意义等等。这些是较之事实性知识更难、更需十分注意的知识，是要靠时间、经验和体会才能获得的。

一、文化环境中的具体知识因素

要真切地了解文化对群体的行为究竟发生多大程度的支配力

量，那就需要知道文化构成的各个方面。

1. 物质文化。物质文化是指人们所创造的物质产品以及用来生产产品的方式、技术和工艺。物质文化对生活方式和消费方式具有强烈的影响，物质文化是可以感知的，也是与国际企业生产经营活动有密切联系的。在对外投资决策时，国际商务管理者应知道东道国的物质文化特征，如当地居民拥有或希望拥有的产品，应该为该市场设计什么样的产品。例如，欧洲许多家庭由于冰箱的容量有限，所以，冷冻食品在这里的市场就相对狭小。在非洲，尽管炎热的天气是空调、冰箱、电扇的好市场，但由于许多国家缺乏足够而稳定的供电系统，这就大大限制了对这些国家的家电产品出口。

2. 语言与沟通。对大多数人来说，从事国际商务最直接的障碍来自语言，而接触异国文化的主要通道却又正是语言。要充分理解一种外国语言的真正含义绝非易事。语言里包含着丰富的历史、知识、情感和态度，绝不仅仅是一种字符排列。

沟通的实质就是信息的交流，国际经营有赖于沟通，商业谈判、函电往来、合同签订、广告宣传等等，都牵涉到沟通问题。当然，这里语言是沟通的主要工具。在国际沟通中，以英语为官方语言的国家约有 30 个，在商业函电、合同中用英语作为书面语言的则更广泛些。但是，即使是作为公司间沟通的书面语言，仍有许多国际企业不能适应，至于与顾客或消费者直接沟通（如广告、包装、使用说明书等）则只能使用当地语言。因此，国际商务人员不仅应注意两种语言之间表面上的差别，而且更应注意文字是否符合当地习惯。

语言不是人们交流沟通的惟一渠道。眼神、手势、脸部表情等也是表达思想与情感的重要渠道。非语言渠道的交流所表达的含义在不同的国家会有很大不同，交谈时靠得很近，在南美商人看来表示亲近，而在北欧人看来简直无法接受。

3. 宗教信仰。宗教是文化的一个重要方面,也是文化的一大源泉。宗教信仰影响人们的生活态度,价值观念,消费倾向和企业的经营作风等,这些都会对国际商务产生直接或间接的影响。欧美许多国家的法定假日都与宗教有关,在假日期间便形成了商品的需求期,如每年圣诞节,货物的需求量就大大增加。因此,国际商务人员必须对宗教有一定的理解,否则就会坐失良机,甚至触犯禁忌,造成损失。宗教教义对当地的居民包括潜在的雇员影响很大,甚至成为他们道德伦理标准。对于那些在当地进行经营的国际商务人员来说是必须要考虑到宗教因素。

4. 教育。教育水平在很大程度上反映了一国的经济发展水平,而教育结构决定了一个国家的人才结构。消费者受教育程度高,则对文具、杂志、录音带、旅游等的需求就高,谋求改善生活的欲望及能力都较高,对新的观念和新技术也较易接受,对各种文字的宣传媒介容易理解,易产生宣传效果。在当地开展营销、生产、招工都要对教育水平有事先的了解,并在设计时作为一个限制性因素。

有的国家工程技术教育比较发达,而工商管理教育落后,而有的国家教育倾向于人文、法律和医学的教育,而工程技术教育滞后,这些都会影响到国际企业在当地设立子公司是否招聘得到合格的相应人才。

5. 审美观念。这里指有关美和高尚情趣的观念。它体现在对于美术、音乐、戏剧、舞蹈以及颜色、形状的特殊鉴赏力。审美观念对国际商务的意义本现在很多方面。例如,特定的色彩在不同的国家有其独特的涵义。西方国家以黑色代表哀伤;东方国家却以白色来表示。所以企业在设计产品,包装或广告时,应该尽量适应当地人的审美观念。不善于审美和迎合销售对象的审美标准,国际公司就不可能同时在各个目标市场上取得成功,甚至会因冒犯顾客而在目标市场上不受欢迎。

二、文化环境中的领悟性知识

对文化环境中领悟性知识的把握和区别，对于国际经营管理是十分重要的。

1. 对于工作和成就的态度。在一个社会里，对财富与物质收入所持的主要观点，可能对追求创业精神和企业管理生涯的人的类型、品质、数量有很大的影响，工人对物质刺激的反应也是如此。在大多数的国家里，人们渴望获得财富和对物质收入的期望是一种主要动力；但是在有些社会里，工作干活挣得一笔钱之后就不干了，直到这笔钱花完为止再去工作。社会对成就和工作所持的观点可能是对管理业务和生产效率的一种重要的决定因素。成就动机也是管理成功的关键，一个人的成就动机指的是他对生活的一种基本态度，即愿意投身于自己认为是值得而又艰苦的工作中去。以一项成就为动机的人以取得成就本身为目的，这里不排除有形的报酬，但是这些报酬不是必不可少的。

2. 对于未来的态度。不同文化的主要差异之处在于对人类能够影响未来能力的设想和态度。例如，西方管理哲学主要建立在人们能够在很大程度上影响未来的假设之上，长期计划成为一项有价值的投资，因为人们相信计划可以影响将来发生的事情，而有的社会却具有很强的宿命论，不愿积极参与改变未来，这些差异对企业经营影响也很大。

3. 对于权威的态度。在各个国家权威体系有很大差别，并形成自己的传统。有的国家管理决策是高度集中的，绝少权力下放，而在另一些国家管理权是由下属官员和工人们共同分担的，并且决策中相当大的部分是分散的。在一个特定的国家里无论哪种权威体制占主导地位，国际企业都必须使其管理模式同当地雇员的期望和传统联系起来。权威体制还与市场营销紧密相关。了解对方的购买决策是典型的权力下放还是由高级管理人员所掌握至关重要。在同政府进行谈判时,国际商务人员必须知道决策权是属于下层官员还是必须由政府部门的最高层来处理。

不同社会对表达的坦率程度以及对个人差异的容忍程度影响到人际关系。在东方传统文化中,注重礼貌先于注意坦诚。日本的高级企管人员认为在许多情况下使用否定的回答是不适当的。在同美国人打交道时,日本人在发出各种勉强的赞同声之后可能说:“对这个问题要考虑一下。”这实际上是告诉美国人不行,但美国人却可能认为日本人的回答是肯定的,而过后还很可能认为日本人欺骗了他。

4. 态度价值观。这是指人们对于事物的评判标准,比如对时间的态度,对创新的态度,以及一些没有专门定义,但通过观察别人,学习范例而获得的态度、习惯等。

在国外文化环境中,做贸易办企业不仅要学习新技术和新战略,如果想使自己的工作对公司和所在国及其国民都卓有成效时,它还意味着要学会理解和欣赏所在国的传统、历史、价值和标准。在国外办企业比在国内办企业更需要适应能力和合作精神。

第六节　国际商务环境评估

国际商务环境对国际商务活动的成功与否关系很大,而且不少国际商务活动要求对环境有较长时期的把握。所以评估国际商务环境已成为许多进行跨国经营企业的经营决策的一个重要步骤。对国际商务环境总的要求是:风险小,安全性高,损失(威胁)小,收益(机会)大。但实际上,较高的投资收益往往伴随着较大的风险,但即使如此,也要把收益与风险进行比较,只有在收益足以抵补风险所带来的成本的情况下,国际商务活动才得以实行。

国际企业评估投资环境的方法很多,各个行业,各个公司所采用的评估方法也不尽相同。这里列举几种国际企业常用的,比较典型的评估方法。

一、国别冷热比较法

这种方法是美国学者伊西阿·利特瓦克和彼得·拜廷在1960年代后期对美国、加拿大等国大批工商界人士进行广泛调查和对大量资料进行分析之后提出的。他们把一国的生产经营环境归结为以下七大因素,并对其效果的“冷”与“热”作出分析,然后进行综合评价。

① 政治稳定性;② 市场机会;③ 经济发展和成就;④ 文化一元化;⑤ 法令障碍;⑥ 实质障碍;⑦ 地理文化差距。在这七个因素中,前四种程度高,即具有“热效果”,程度低则具有“冷效果”;后三种则相反,程度高即具有“冷效果”,程度低则具有“热效果”。如果某一因素存在的程度不高也不低,其效果则为中,即不“冷”也不“热”。把对各国这些因素的评价填制在同一张表上,进行比较,就可从中选出最佳经营环境的国家。经营、投资环境越好的国家,即为“热国”(外国公司在该国的经营、投资活动将日益增加),经营环境越差的国家则为“冷国”。

二、经营环境等级评分法

这是美国经济学家罗伯特·斯托鲍夫提出的。他认为,经营环境中各因素对国际商务活动,特别是对企业投资的作用和影响是不同的,不能同等看待。他首先根据不同因素的作用效果,确定其等级评分;然后,再按每一个因素的有利和不利程度给予不同的分值;最后,把所有因素的等级评分值加总,作为对当地跨国经营环境的总体评价。经营环境等级评分法主要从东道国政府对外国直接投资者的政策着眼，在影响国际经营的各种因素中挑选了八个主要的因素进行评价：① 资本抽回限制；② 外商股权比例；③ 对外商的管制和歧视程度；④ 货币稳定性；⑤ 政治稳定性；⑥ 给予关税保护的意愿；⑦ 当地奖金的可供程度；⑧ 近五年的通货膨胀率。这种评分法的优点在于：每一因素的分值是依各自在经营、投资环境中的作用大小来评定的，从而避免了对不同因素平等看待的缺点。根据这种方法，总分越高，跨国经营的环境越好，反之则表示跨国经营环境越差。

三、机会—威胁分析法

这是从企业自身的角度来分析评定其国际经营环境的一种方法。环境变化给公司带来的影响基本上可分为两大类：一类是环境威胁，即指环境中一种不利的发展趋势所形成的挑战，如果不采取果断的经营行动，这种不利趋势将会导致公司在当地市场或其他目标市场的地位被侵蚀；另一类是环境机会，即指环境中对公司经营活动富有吸引力的领域，在这一领域里，该公司将拥有竞争优势。机会与威胁发生的可能性是彼此独立的，发生的可能性大小也不相同。

1. 根据不同时期的形势，从公司的内部条件与外部环境中归纳出若干基本因素，如：

（1）市场需求，包括销售额及其增长率、潜在需求状况、销售利润率、消费购买力等；

（2）市场竞争状况，包括同行业生产状况、主要竞争对手状况、潜在竞争状况、主要竞争方式等；

（3）经济形势与政策，包括目标市场国家经济发展战略、产业政策、投资政策及投资导向、政府干预经济的程度、财政税收政策等；

（4）企业自身条件，包括市场占有率、目标市场分布状况、产品结构、质量水平、生产能力、技术能力、营销能力、财产能力等。

2. 对上述每一个基本因素中出现的概率大小和这种威胁可能给公司带来的影响程度分别进行判断,绘制出“威胁矩阵图”,并把所有基本因素的“威胁矩阵图”汇总分析比较,再用百分比分别表示出每一基本因素可能出现的威胁及给公司带来的影响程度的综合分析指标。同样,对上述每一基本因素中出现成功机会的概率大小和这种机会可能给公司带来的吸引力程度,分别进行判断,绘制出“机会矩阵图”,并把所有基本因素的“机会矩阵图”汇总分析比较,求得每一基本因素给公司带来的机会的综合评定指标(用百分比表示)。

3. 把上述因素的两个综合性指标进行汇总编制,由此可得出公司所面临的威胁和机会的整个情况的综合特征。这些综合特征通常反映出四种可能的结果。

(1) 理想的业务,公司拥有很多大好机会,并且很少面临威胁,甚至可以避免威胁。

(2) 投机性的业务,大好机会和威胁的出现率同样高。

(3) 成熟的业务,大好的机会和威胁都很少。

(4) 麻烦的业务,机会很少,而威胁却很大。

思考讨论题

1. 国际经营环境包括哪些主要内容?
2. 试选用某种投资环境评估方法分析和评估我国或某一地区的投资环境。
3. 结合本企业或本行业的经营产品,对不同国家和地区作模拟海外经营目标市场的横向比较。

第五章　国际商务经营方式

由于国际经济活动内容的丰富性及空间地域的多样性，加之不断的技术创新和管理创新，给国际商务提供了多种多样的经营方式。美国麻省理工学院教授法默和里茨，根据是否涉及海外管理权的情况，把国际企业经营方式分为两大类十大种。

第一类为不享有国外管理权的经营活动，包括进出口贸易、证券投资、对政府和国际金融机构贷款、技术授权、合同安排、国际租赁、国际咨询。

第二类为享有直接国外管理权的国际企业经营活动，包括国外直接投资、国际性服务经营、工业合作。对国际商务经营方式的选择，不仅反映了企业进入国际市场的层次性，而且也受制于企业的战略目标、能力以及东道国环境的制约。

第一节　商品出口

商品出口是国际商务最简单，也是最普遍的形式。企业国际经营的初级阶段也往往先采用商品出口的形式，以求以较低的成本、较小的风险涉足海外市场，并取得国际经营的经验。商品出口又可分为两种形式，即间接出口和直接出口。

一、间接出口

间接出口就是通过国内的中间商出口自己的产品。这是企业涉足国际市场初期常用的方法。这种方法所需的资金投入少，且不必组织自己的海外推销队伍,不必自己与外商签订合同和处理复杂的出口程序,风险小,可充分利用专业性外贸公司长期建立起来的销售网络和信誉,使企业的产品迅速地进入国际市场。

(一) 外贸收购

这是企业将产品卖给外贸公司,再由外贸公司通过各种渠道出口产品的一种方法。这对企业来说是最省事的,既不需要专职外销人员,也无须考虑渠道问题,不存在资金负担,没有外汇风险,企业的机构也不必调整变化。我国企业出口长期以来都是使用这个方法,并且至今为止许多企业的出口仍是采用这种方法。国内现在对这种方法批评较多。主要认为是主次颠倒,挫伤了生产企业的积极性,工贸作为买卖双方,经济利益常有冲突。但是客观地说,外贸收购也有其优点。对诸如农产品、原材料、矿产品等的出口,由于国际市场价格波动较大,此赢彼亏,很讲究信息和规模效益,此时,由国家外贸公司统一收购对企业是有利的。对初次进入出口市场或出口规模比较小次数比较少的企业来讲,外贸收购也是一种较合适的选择,加之生产企业现在也有权自己寻找外贸收购部门,促进了外贸部门之间的竞争。

(二) 外贸代理

外贸出口代理是西方国家早就通行的一种经营方式。特别是中小企业,因其资金有限,缺乏外贸经营人才和能力,加上外贸手续麻烦复杂,搞产、供、销一条龙的外销经营体制显然是不可能的。故国外大部分生产企业的产品出口,通行的办法是委托代理。

代理方(外贸公司、出口商)与委托方(生产企业)在外销商品中的关系,大致有以下五个方面:

(1) 代理方帮助或负责寻求国外的销售机会;

(2) 与委托方一起与进口商洽谈,并最终由代理方与进口商签订合同,办理冗繁的手续;

(3) 代理方负责反映国外用户的要求,委托方则负责不断改进产品要求；

(4) 外销价格由双方商订，一般按国际市场价格出售；

(5) 委托方付给代理方销售额的3%—5%作为佣金。

出口采用代理制使企业的利益与出口效益直接挂钩，自负盈亏，风险大大增加，参与感大大加强，使企业主动地根据市场变化调整各项策略，而且企业可以挑选外贸企业作为伙伴，也明显地提高了外贸企业的服务质量，更主动地发挥其各种特长和优势。就我国目前推行代理制的情况而言，虽然尚有些问题须认真解决，如资金周转，工贸进一步协调等等，但总体效果还不错，深受出口企业欢迎。

(三) 委托出口管理公司代理

出口管理公司是一种专为生产企业从事出口贸易的公司。这种公司一般规模较小，但拥有外贸人才，熟悉出口业务程序，了解国际市场行情，收费较低，典型的出口管理公司通常代理着数十家固定的客户。我国沿海地区也已出现了这种形式的公司。

(四) 联营出口

这是一种以合作作为基础的出口公司，这是由数家生产企业与外贸企业共同投资、共同管理和控制的合作机构。这种方法把工、贸的利益捆在一起。使工贸真正成为一家，充分发挥了双方的积极性。在欧美，由于企业有进出口权，因此这种联营出口往往是以中、小企业或初级产品生产者合作为基础的。如美国农产品出口中就有10%是通过农场合作社出口的，合作出口可以获得许多潜在的利益，比如更容易地获取国外市场情报，提高知名度，避免削价竞争等等。我国沿海地区也开始出现了这种形式，如福建的乡镇企业出口联营公司，上海的新联纺织品进出口公司也是集生产与外贸为一体的联营企业。

间接出口虽然有许多优点，但是它的缺点也是很明显的，主要是企业对海外市场控制程度很低，无法取得海外经营与销售的经验,较难在国外市场建立起自己的声誉,相当一部分利润给了外贸部门。因此有条件、有实力的企业往往将间接出口用于潜力不大、或比较陌生的市场。而把主要精力用于直接出口。

二、直接出口

直接出口是指企业将产品直接卖给国外的客户,这些客户可能是最终用户也可能是各类中间商。直接出口标志着企业开始了真正的国际经营活动。目前我国已有数千家生产企业获得了外贸经营权,可以直接出口。而数万家合资企业也拥有外贸自营权,企业从事直接出口,可以采取下述几种形式。

(一) 直接卖给最终用户

把产品直接卖给国外最终用户,而不经由各层中间商,虽然为数不多,但也不属罕见。这种方法跟产品特性有很大关系。高技术、高价值的产品如飞机、轮船、大型计算机等通常是直接售给用户的。随着营销手段的改进,一些精密机械、大型机床、半成品零配件等产品也愈来愈多地采用直接售给最终用户的手段。这种方法可以根据最终用户的要求,确定产品的规格、型号、功能,大大降低流通环节的费用,并能保持较稳定的供销关系。

(二) 卖给国外中间商

绝大部分的产品是通过国外的中间商转到消费者手里的。一般有以下四种类型的国外中间商可以利用。

1. 国外代理商。公司可委托国外代理商销售产品。有三种类型的代理商。

(1) 佣金代理商。这类代理商借助于委托人的产品目录和样品进行推销,但并不掌握产品库存,不承担信贷风险,他把收到的订单转交给委托人,由公司直接向买主发货。代理商根据销售额的大小收取一定的佣金。

(2) 存货代理商。这种代理商除进行推销外,还保存一定的库存，但并不拥有产品所有权，只收取销售佣金和仓储费用。

(3) 提供零部件和服务设施的代理商。这种代理商除了推销产品或者加上库存外，还提供零部件和服务维修，他除向委托人收取佣金外，还要向买主收取服务费用。

就销售而言，代理人还可分为独家代理与一般代理。独家代理是代理人依照代理协议，接受企业的授权，在某一特定的区域内和一定时期内享有独家代理销售指定商品的专营权利，并根据业绩收取佣金。根据协议，不经代理人同意，委托人不得直接或间接向该区内销售这个产品，而代理人也不得在此区域内再经营其他厂商的同类产品。一般代理制则没有这些制约。显然，独家代理较之一般代理的积极性和责任性要高得多，在委托代理中用得较多的是独家代理，有些国家如埃及规定必须要用独家代理形式。

2. 国外经销商。这是出口企业把产品卖给国外经销商，由他们再转售给各类客户。经销商是通过贱买贵卖获得利润。经销也有包销和一般经销的区别。包销是出口企业通过协议把某一种出口商品卖给外国买主让其在一特定区域和期限内独家销售，包销协议生效后，在规定期限内出口企业不能再通过其他途径向特定区域内销售指定的产品，作为对应义务，包销人要保证在一定期限内购买一定数量或金额的包销商品。一般经销则没有此种约束，显然包销也有利有弊。利在于企业可有计划，有步骤地安排出口生产，均衡供货，收汇保证。弊在于如果价格上扬，也只能按协议价卖给包销商，失去多获利的可能。因此对有竞争力的、行情看好的产品一般不用包销方法。

3. 国外批发商。通常批发商的商品来源是进口商和经销商。但是也有批发商直接进口的。特别是在欧洲，具有批发性质的大采购组织在进口国外商品方面扮演着重要的角色。因此生产企业也可通过国外批发商直接出口。

4. 国外零售商。世界上的一些大百货公司，如美国的西尔斯、卡马、德国的卡斯太德、日本的丸红、法国的柏立劳尼克都是在国内拥有数百家甚至上千家连锁店的大公司,采购量非常大。在世界各大城市均设有采购处,如西尔斯在中国北京就有办事处,它在某国的采购处仅向某某橡胶公司采购橡胶艇的年金额就约800万美元。要拓展国外零售领域,必须与设在当地的采购处直接联系。

（三）在国外设立办事处或销售子公司

企业在国外设立机构是直接出口的最高级形式了。在国外设机构当然能使企业直接地进行出口市场的营销管理,获取第一手资料,提供更好的服务,扩大企业的影响。但是建立和维持一个海外机构的费用也是相当可观的,除非市场潜力较大,发展前途良好,或通过中间商销售成本较高和有其他阻力,否则在海外专设机构就应相当谨慎。

三、其他形式出口

上面介绍的出口形式,绝大多数情况下,采取的是正规的传统现金贸易形式。但在现实贸易过程中,常常会碰到这类情况,买方对卖方的商品有兴趣,而买方所拥有的支付能力是不可兑换的货币,或者买方缺少足够的支付能力,而巨大的可能交易额对卖方又有相当大的吸引力,这时就有可能采用非传统的贸易方式。在这种贸易中,买方不用或较少地用现金支付货款,而是采用其他一些方式来促成交易。这种贸易称为反向贸易(Countertrade)。反向贸易过去主要在前苏联、东欧以及发展中国家使用。但现在,加拿大、瑞士、瑞典、甚至美国等西方发达国家也加入到这个行列。在全部国际商业活动中,这种方式约占15%。反向贸易包括易货贸易、补偿贸易、互换贸易、回购贸易、转手贸易等。

1. 易货贸易(Barter Deal)。是物与物之间的交换。这是一次性的交易行为,只有互买互卖的双方当事人。双方贸易额相等,可以避开外汇等问题。

2. 补偿贸易(Compensation trade)。是进口方从出口方进口设备或技术,并以这种设备或技术直接生产的产品或其他产品和劳务分期偿付其全部或部分进口贷款。补偿贸易的出口一方还可以在进口一方的同意下,将应向进口方回购的义务转让给第三者,然后进口方将第三者向其回购的贷款偿还给出口方,使双边关系变成三边或多边关系。

3. 回购贸易(Buy-back Deal)。也称直接补偿贸易,通常是由出口方向进口方提供设备或技术,进口方则以用这种设备和技术生产出来的产品加以偿付的贸易。

4. 互换贸易(Exchange Products Arrangement)。又称平行贸易。由甲乙双方通过洽谈,签订两个各自分立的合同并据此分别加以履行的一种方式。对甲方来说,第一个合同是出口合同,规定全部货款以现汇支付;第二个合同是购买合同,金额与第一个合同相接近,以现汇支付。上述两个合同允许分别履行,而两个合同规定的商品可以没有联系。这种贸易交换方式灵活,因而被普遍采用。

5. 转手贸易(Switch trade)。是利用双边清算外汇来进行多边关系的贸易。它涉及对象较多,一般是:甲乙两国双方签订合同;乙国用它对两国的清算盈余支付货款,因而价格略高;甲国企业自己或请转手商用这笔清算盈余从丙国购买商品,将这批商品售给能支付硬通货的商人。转手贸易涉及面较广,业务比较复杂,但是一种较好的反向贸易。

直接出口对制造企业来说有不少优越处:

(1) 部分或完全控制国外营销计划;

(2) 来自目标市场的信息量大、反馈快,有利于改进市场营销工作;

(3) 能更好地保护商标、专利、信誉及其他无形资产。

但直接出口要求制造商了解出口装运程序,经手出口的各环节、单据和国际结算安排。因此与间接出口相比，直接出口开业成本较高，信息要求量大，风险也较大。此外直接出口和间接出口一样有两个共同的缺点：一是运输和保险成本较高，易发生交货耽搁的问题；二是受到贸易和非贸易壁垒的阻碍，当目标市场国的政府和立法机构对贸易政策进行调整时，常会使外国产品进入市场造成障碍，使正常的贸易流发生变动。

第二节　技术授权

技术授权，又称许可证贸易。授权或许可的最初含义是指“由政府授予权利或特权”，而现在通常指授权使用专有的工业产权或技术。如授权人(Licensor)和受权人(Licensee)在不同国家时，则为国际技术授权。技术授权也是一种出口，但它所出口的不是有形商品，而是技术或诀窍等无形商品。技术授权普遍受进口国的欢迎，不受限制，且常与出口、直接投资相结合。因此，这种国际经营方式日趋重要。

一、技术授权的内容

技术授权方主要包括专利技术、专有技术以及授权方的商标使用权。

1. 专利使用权的授予是国际技术授权最原始也是最基本的形式。专利是一种受到国家法律保护的工业产权，它是各国政府在一定时期内授予技术发明人的一种法定权益。在专利权受到法律保护的地区和有限期限内，任何人要想使用该项技术去制造或销售产品，都必须事先征得专利权所有人的许可并付给一定的报酬。否则，即构成法律上的侵权行为，专利权所有人可以就此向有关当局提出控诉，要求予以制止，并赔偿损失。西方国家由于有专利法保护进行许可证贸易往往要包括专利和专有技术两方面；而在大多数的发展中国家和没有专利法的国家，进行许可证贸易一般是转让专有技术（有时也包括商标），不存在买卖专利问题。

2. 专有技术也称为“技术诀窍”、“技术秘密”，通常是指那些没有申请专利，有时却又是在使用专利技术时必须掌握的最关键性的技术和知识。专有技术不是一种工业产权，它没有向政府注册，因而不受专利法的保护，专有技术的发明人依靠保密手段来控制、占有它。因此，国际企业在进行专有技术的转让时，应要求对方未经许可不得向第三者泄漏所获得的技术。

3. 商标是生产者或销售者为了使自己的商品与他人生产或销售的商品相区别，在其商品上或包装上所标明的一种具有识别性的标志，人们往往通过它来评价企业的信誉和判断商品的质量。商标作为一种工业产权，也可以转让、出售。商标的专用权可以一次卖断，完全转让给承买者。但国际间通常的做法是，商标所有人转让的只是商品的使用权而不是商标本身，商标的独占权仍归商标所有人。

二、技术授权的类型

根据技术转让方授权的大小程度的不同，我们可以将技术授权分为以下几种类型。

1. 独占许可。指许可方给予被许可方在规定的地区、规定期间内有制造、使用和销售某项技术产品的独占权或垄断权，而技术许可方及任何第三者都不得在这个规定地区内制造、使用或销售该技术产品。

2. 排他许可。指技术许可方和被许可方在规定的地区内部有制造、使用和销售的权利，但许可方不得将此种权利给予第三者。

3. 普通许可。指技术许可方给予被许可方在规定地区内有制造、使用和销售的权利，而许可方自己仍保留自己或转让给第三者在这个地区内制造、使用和销售的权利。

4. 可转售许可。即技术的被许可方有权将其所得到的权利以自己的名义再转授给第三者。

5. 交叉许可。这是一种双方相互授予价值相当的,互惠的技术使用权,双方的权利可以是独占的,也可以是非独占的。

上面几种情况的对比状况,见表 5.1。

表 5.1 许可各方权利关系

	各方权利(在一定地区内)		
许可范围	引进方	供应方	第三方
独占许可	有使用权	无使用权	不能获得使用权
排他许可	有使用权	保留使用权	不能获得使用权
普通许可	有使用权	保留使用权	不能获得使用权
部分许可	有使用权	保留使用权	不能获得使用权
交叉许可	有使用权	保留使用权	不能获得使用权

三、技术授权的原因及利弊分析

技术授权对于那些缺乏资金和管理技能,缺乏利用直接投资向海外扩张经验的中小型跨国公司具有特殊的优越性,事实上,许多大型跨国公司,包括在国外的子公司,也广泛使用这一方式。一般说来,在以下情况下许可证协议可作为优先考虑的战略:

(1) 东道国限制进口和直接投资;

(2) 特定的外国市场比较小;

(3) 技术反馈前景光明;

(4) 以许可证协议作为检验和扩张市场的手段,为将来能以直接投资方式进行市场开发作准备;

(5) 技术更新的速度很快,供方能保持技术优势。

总之,许可证协议战略的优势取决于特定的技术、公司的规模、产品的完善程度、公司的国际经营经验和东道国环境等因素,它是一种能取得一系列提成费、出口销售和昂贵技术反馈的有吸引力的战略。

作为一种进入方式,技术授权最显著的优点就是可以绕过增加出口商品的成本(关税)或数量限制(配额)的进口壁垒,在某些情况下,技术授权方式首先借助于向受权方发运中间产品以代替发运最终产品的做法,使企业有可能继续向实行限制的目标市场出口。其次,技术授权方式也克服了高运输成本问题。第三,技术虽然转让了,但其所有权仍在手中,可以进行多次转让,也收回技术开发的成本。第四,从投资的角度看,技术授权可以把技术当作股份投资,实现技术资本化,以技术打进那些对外国资本进入有严格控制的国家或地区的市场。此外,在技术授权中,受权方常常获准采用授权方的商标或同时采用双方的商标。这样可以提高授权方在当地市场上的知名度,对授权方的其他产品进入当地市场有利。

技术授权也有缺点。

1. 控制程度低。授权方在许可证的交易期间总是努力保持他们对这一次交易的某种程度的控制。因此,在合同中往往规定了授权方的某种监督权力。授权方向受权方提供必要的零部件和机器设备,虽可给授权方带来一定程度的控制,但总的说来,授权方式的控制程度远远小于直接投资。而且,当受权方按许可证协议被允许制造许可产品的质量达不到规定质量标准时,就会影响授权方产品和技术的商誉。

2. 培养起潜在的竞争对手。因为受权方通过取得技术许可,至少已取得授权方的一部分优势,从而使授权方要冒失去对自己专有利益独占的风险。当受权方逐渐成熟起来后,极易成为授权方的竞争对手。因此,技术授权方式有可能构成授权方进一步拓展市场的障碍。

3. 授权方通过许可证协议的利润较有限。技术提成费率通常由合同预先规定，目前由东道国政府决定的做法正日益普遍，提成费率一般很少超过5%，况且，授权方式收入还要受到许可证协议有效期限的限制、期限通常为5—7年。

某些限制使得有的国家不宜于进行技术授权形式：

(1) 制订有管制许可证贸易规则的国家；

(2) 有的国家不允许许可证对某些特定产品或地区享有专有独占权利；

(3) 对许可证转让技术的提成费支付实行外汇管制或其他限制。

第三节　合 同 安 排

合同安排又称非股权安排，是国际经营中在股权投资和人事参与之外所采用的另一种形式。企业以承包商、代理商、经销商、经营管理和技术人员的身份，通过跨国的承包工程、经营管理、技术咨询等形式，取得利润和产品开辟新的市场。这种方式不需股份投资，财务风险较小。联合国跨国中心在一份研究报告中指出，合同安排的性质基本上是“直接投资的代理物”。

合同安排主要包括制造合同、工程项目合同、交钥匙项目合同、管理合同、国际分包合同、劳务输出合同。

(一) “交钥匙”工程(Turn-key Project)

由国际公司提供包括技术、设备、厂房在内的分部工程设计、安装、调试甚至包括产品打入市场的一揽子转让，试车成功后，承建公司即将整个工厂体系移交当地管理。除交钥匙项目本身外，通常还要有另加部分，如要求承建公司提供管理训练、技术援助等，称为“交匙另加”。这种形式经常发生在发达国家的国际公司与发展中国家之间在大型的生产设施，如钢铁、石化等部门的转让中，对于技术供应方国际公司来说，它们对这种形式的转让尤为热心,因为这种一揽子的转让不仅可以获得比单纯出售技术产品更多的收益,而且能够保证生产技术完整无缺地掌握在自己手中。而对技术引进方来说,这种形式虽然能够很快投产并形成生产能力,改变国内某一行业短缺的状况,但花费巨大。同时,也必须冒引进的并非较先进的或适合的技术的危险,而且,由于缺乏对成套技术设备情况的了解和操作知识,引进后仍有可能受到技术供应方的辖制。

(二) 制造合同

国际企业利用外国当地厂商现有设施,生产所规定的产品,但该企业仍保留产品营销的责任。国际公司之所以采取合约制造方式,是由于外国施行进口限制所致,有时则是因为产品的运输成本对应市场价值太高,这种形式的好处与技术授权相似,可以迅速进入外国的市场,可以避免重大投资。困难之处在于:难以找到一个有能力而又愿承制的伙伴;难以保证品质标准,而且国际公司一般不愿与一家外国厂商分享制造诀窍。

(三) 工程合同

国际公司为外国政府或厂商从事建设工程(如水坝、油管、道路、交通系统),一方面供应机器、设备及物料,另一方面还须提供设计、施工、管理等多项服务,相当于出口一个货物及劳务的综合体,在工程建设期间,承建公司在外国境内负责管理,而它也确具众多能干的项目经理和技术人员。一旦建设工程完成之后,管理权即移交给当地人员,只留下少数代表担任顾问或训练工作。

(四) 管理合同

当一国的某个企业,由于缺乏专业技术人员和管理经验,经由合同安排交由另一国家的某个企业经营管理时,这种合同安排即称管理合同。如国际希尔顿酒店承担世界上众多国家的酒店管理工作。这种合同上的管理权,可以用于管理某个企业的全部经营活动,也可以只是管理该企业的某一部分活动或某项职能(例如生产、营销)。无论管理权的范围是大是小,按照合同,担当管理责任的公司或企业都不享有所有权。它所得到的,是合同所规定的报酬。这项管理费可以是固定数额,可以根据营业额摊分,也可以在固定费额之外再加上分红(即与利润挂钩)。它甚至还可以包括非金钱的特许或让步。承担管理责任的外国公司可以取得长期采购或供应协议以及经销特许等,以便推销它的组件或采购它所需要的原料。

管理合同是转移管理的一种方式。以往国际间管理才能的转移多靠对外直接投资来达成,但由于东道国对于外国人拥有企业所有权有疑虑,多方加以干预,所以管理合同正好弥补了这一不足。就优点而言,此举可使承担管理的外国公司避免主权资本投资和风险,获得经营控制权力,并缓和东道国对管理控制的反感。就缺点而言,在国外行之有效的管理方式未必同样在东道国内有效,帮助训练当地管理人员等于培养未来的竞争者。况且,管理才能或知识是一项稀缺性资源,收取固定的管理费是否合算,不无疑问。

(五) 国际分包合同

它通常指发达国家的总承包商(跨国公司或贸易公司)向发展中国家的分包商定货,后者负责生产部件或组装成品,所需要的投入品或成品由总承包商提供。最终产品由总承包商出售,出售地点有时在总承包商所在的国内市场,有时则在第三国市场。这种合同有一个共同特点,即绝大多数都是短期合同,而且每年续订一次。

合同安排的形式之所以得以发展是因为从输出方的角度可以不承担太多的风险,通过提供与股权无直接联系的服务,以取得可观的收入并继续保持一定的控制,而从输入方来讲,他们并不想全面依赖对方,而是通过合同的形式从某些方面利用对方的优势。

第四节　对外直接投资

对外直接投资是指一国的企业和个人在国外建立企业,并对该企业的经营管理拥有一定程度控制权的投资活动。对外直接投资是企业跨国经营的高级形式,也是国际企业走向成熟的标志。它不仅有货物与技术的输出,而且更为重要的是,它直接介入企业的经营管理,管理职能的输出成为重要的内容。

一、对外直接投资的目的

对外直接投资不仅使投资者保持着资本的所有权,从而取得由收益率差异引起的资本收入,更重要的还在于使投资者保持着对资本运行和使用的控制权,从而获得远比货币收益更广泛的综合效益。同时对外直接投资是国际经济活动中国际企业所面临最大风险的国际经营形式,因为直接投资是把它的资产直接置于工厂的设备、仓库、商店、土地开发中。这种投资是非机动的 ,不灵活的。在国外的有形资产在自然灾害、战争、内乱、政府干涉等条件下,由于对东道国市场调研不清,经营管理不善,外汇市场不熟悉,国际公司将面临经营困难,甚至倒闭的危险。

对外直接投资的目的,对于发达国家的企业和发展中国家的企业,侧重是有所不同的,我们仅就发展中国家的企业情况作一分析。目前发展中国家跨国公司对外直接投资的动因主要有四个:以市场为目标、以出口为目标、以资源为目标和以技术为目标。

(一) 以市场为目标的对外直接投资

发展中国家的跨国公司,常常以制造业或贸易活动的形式进入东道国(不管是发达国家还是发展中国家)的国内市场,这个动因受海外各国的区位优势所决定。跨国经营可以避开已有的或潜在的贸易壁垒,建立当地市场,促进了产品在当地销售和售后服务。这些国家跨国企业并不在乎当地劳动力便宜与否,资源是否充沛,看中的是市场。然而,也有一些发展中国家跨国公司希望在东道国获得以他们在母国相对低的成本投资,不仅包括获得低劳动力,而且包括有较好的基础设施,进口限制较少,行政管理环境较松散,更有利于进入当地市场。投资到东南亚市场的很多跨国公司属于这个类型。有些发展中国家跨国公司希望分散他们的生产基础,避开那些增长慢,风险大,又受到政府限制的国内基地。

另外一种是与发达国家的跨国公司成立合资企业,这种合资企业将会加强双方的力量,利用发达国家跨国公司的先进技术和名牌的优势,发展中国家公司则着重参与生产和管理,共同占领当地市场。这种动因虽不多,却正在形成趋势。

(二)以出口为目标的对外直接投资

发展中国家跨国公司在自己国家劳动成本愈来愈高,而在东道国则可获得低成本劳动的情况下,在东道国寻找较经济的生产基地建立出口市场,这是传统的做法,重新安排出口市场的主要做法是:投资在工艺简单易学、劳动力集约和设备规模相对小些的制造业,主要代表行业有服装、鞋类、一般电器和普通消费物品。

(三)以资源为目标的对外直接投资

发展中国家对外直接投资的一个重要方面是为投资国获得自然资源。资源缺少的国家企业为获得自然资源首先从附近的原料丰富的邻国开始,其中一些发展中国家已进入发达国家获得丰富的资源。另外一些对特种原料有需求的国家,开始在其他国家投资,开设企业,利用当地特种原材料,并积累了丰富的技术和管理经验。这种对外投资不受制于经济发展的某一阶段,即使处于发展阶段初期的国家,也可以向外投资,关键取决于能否在他国获得资源的竞争优势。中国冶金进出口总公司在澳大利亚合作经营的恰那铁矿,总投资2.8亿澳元,我方占40%,约1.2亿澳元,每年可运回近千万吨铁矿砂,预计在30年合作期间,可运回2亿吨高品位铁矿砂，将为中国钢铁工业的发展提供长期、稳定、优质的铁矿砂资源。

(四) 以技术为目的的对外直接投资

发展中国家跨国公司活动一般较少考虑到追求技术，但从长期来看，在发达国家得到先进技术将具有重要意义。这些投资行业可以在制造业、房屋设计、研究和发展实验室、通讯设备等，主要集中在电子、生化等领域，也涉及其他如旅馆管理、石油勘探、零售等服务行业。对那些已处于较高发展阶段的发展中国家，投资于最先进的行业，他们将会得到处于世界先进的技术。例如，1988年首都钢铁总公司购买美国麦斯塔工程设计公司70%的股份，这一购买可以获得国外先进的轧钢和连铸技术，可以直接使用该公司的850份图纸和缩微胶片，46个软件包，41项专利技术和两个注册商标。

(五) 利用外资和信息服务

除了上述四种较普遍的动机外，在中国企业的对外投资动机中，还有利用外资型和信息服务型。

1. 发展中国家企业在东道国吸收外资的直接办法有：

(1) 海外子公司直接在东道国与对方公司合资开办企业，在自己出资的同时利用对方的一定比例的资金；

(2) 投资国子公司在国际市场上利用对方或自己的信誉向国际金融机构，或向所在国金融机构融资。

2. 在开办海外企业的过程中吸收外资的办法亦有两种：

(1) 海外企业取得投资收益后，将利润带回国内，在国内再办“合资”企业，吸引外资到国内经营；

(2) 海外企业取得投资收益后，将利润留在国外，继续与海外企业所在国的企业合资，或者与其他新的东道国企业合资，在世界市场这个宽广的地域内进行更为广泛的合资活动。

3. 以获取信息和传递信息为主要目的的直接投资也在增加。

1990年代的世界是信息爆炸的时代，谁先获得信息，谁就可获得事业成功和经济效益。国内通讯基础薄弱，得到信息的广度、深度和时效受到限制。相反，国际市场信息横溢，获取和传递信息的手段先进，在国外和境外开办公司可以直接利用国外发达的通讯设备和便利的交通条件，捕捉大量技术和市场信息，及时、准确、直接传递到国内，这对于企业了解国际市场动态，抓住机会，扩大出口市场引进外国资本和技术都是极有好处的。

二、对外直接投资的形式

对外直接投资形式多种多样，一般是在海外某国或某地，设立从事生产、销售、经营及其他盈利性业务的机构。适应我国经济发展水平的投资形式主要是：国内企业在海外独资新建或通过收购一家现成的国外公司，让其以子公司组织结构进行企业实体的生产和营销；在海外注册为以国内企业名义经营的分公司；国内企业与外方合资在海外建立一家公司，这种合资可以是股份式的，也可以是合同式的，即通常说的合作，甚至可以是参股方式，获取国外公司的管理权和利润分配权。

（一）全股子公司

在全股权子公司中，由于95%以上的股权为母公司所有，所以全股子公司是介入程度最大，控制性最强的一种进入方式。全股子公司避免了合营企业所难免的冲突和控制权的分享，母公司能对它的全股子公司进行有效的经营管理决策，使它能更好地服从于公司的战略和整体利益。全股子公司的效率一般比合营企业高，能保护母公司的技术秘密，保证产品质量，维护企业的商誉。

1. 从外资法角度看，1980年代以来，国际间对外来投资者均采取较为宽松的政策，绝大多数国家允许在其境内设立各类型外资企业。但也有一些国家对外资在本国设立独资企业有严格的限制，或者对外资收购和兼并国内公司有诸多干预。比如，印度只允许外资在其境内设立合资企业，且限定了外资在其中所占的股权比例；意大利不允许社会主义国家在其境内开办独资企业。类似的规定实际上限制了投资者在东道国创建独资企业的选择。

2. 从公司法角度看，各国对海外独资子公司的发起人（或公司筹建人员）的资格、资本总额和登记成立的规定通常较为繁琐。就公司发起人的资格而言，德、法、英等国大都允许外国自然人和法人充当公司的发起人，比利时只允许外国自然人作为有限公司的发起人，另外一些国家则严格限制外国人充当发起人，因此不能在这类国家创建独资子公司。就公司资本额而言，一般大陆法系国家和拉丁美洲国家的法律规定，公司设立时须确定从事经营活动的原始资金，公司存款期间应保持与资本相当的资产，在法律上，是偿付债权人的最低担保金。就公司的登记成立而言，大多数国家都规定要在提交齐全的公司章程及有关文件后，才能履行注册登记手续，进而取得法人资格，才可宣告成立。

3. 从税法税负角度看，独资子公司是独立的法人，具有东道国国籍，因而对东道国负有无限纳税义务。于是，一方面，它在东道国的利润被课以公司税；另一方面，它向国内母公司汇回的利润，因被看做是母公司的利息，而需缴纳预提税。这样，海外独资公司的利润便被双重征税，税负自然加重。除非我国与东道国订有税收协定，则我海外子公司可享受免税待遇，才可避免双重征税。

在国外设立子公司的途径通常有两条，即收购和创建。这两种方式有很大的差别，各有其优缺点，这是需很好权衡的。

收购指通过购买另一个现有企业的股权而接管该企业，收购的优点在于可迅速进入，迅速获得现成的管理人员，技术人员和生产设备，可以迅速建立国外的产销据点。如果被收购的企业是一个盈利企业的话，收购者可迅速获得收益，从而大大缩短投资回收年限，可迅速扩大产品种类，利用被收购企业的技术，利用被收购企业的分销渠道，获得被收购企业的市场份额，减少竞争。获得被收购企业的商标和资金融通便利，有时还可廉价购买资产。收购方式的缺点在于：

(1) 价值评估困难，不同的国家有不同的会计标准，外国市场的信息常常比较难以收集，可靠性差，无形资产的评估困难更大，失败率高主要由于管理制度的不适合，管理风格的不一致，或对被收购企业的行业和产品过于缺乏经验；

(2) 往往难以找到一个规模和定位完全符合自己意愿的目标企业；

(3) 原有企业同它的客户，供应者和职工已有的契约关系或传统关系，在处理上可能都会碰到麻烦。

由于创建方式与收购方式是相互替代的，又是相互对立的，所以收购方式的优点往往就是创建方式的缺点，而收购方式的缺点往往是创建方式的优点。创建一般要比收购慢得多，创建除了要组织必需的资源外，还要选择工厂地址，修建厂房和安装生产设备，安排管理人员、技术人员和工人，制定企业的经营战略等一系列复杂的工作。由于创建方式周期长，等到新建企业投产时，市场情况与建厂前的情况可能会有所差别。但是创建新的企业使母公司能按长远发展规划来妥善安排工厂布局，对资本投入的初始量和后来的资本支出具有完全的控制。更为重要的是，母公司能够设置为它们所熟悉的生产工序和生产设备。

(二) 分公司(Branch)

分公司在法律上视同母公司的一部分，无独立法人地位，必须正式授权东道国的某一公民或公司担任母公司在法律上的代理人。海外分公司或代表处由于并非是独立的法律实体，在许多国家设立程序比较简单。美国特拉华洲公司法、奥地利公司法、希腊公司法都规定，只需向有关机关提出申请，并提交一些法律文件，国外公司的分公司即可宣告成立。英国和荷兰也确认国外公司开设分公司毋须获得政府批准。但东道国大多要求分公司创建时披露总公司的全部经营业务活动和财政收支情况。如美国规定,中国公司申请在美国设立分公司时须提交中国公司的财务报表或税表,证明该公司在过去3年中营业额及利润,以表明母公司有财力承担派遣人员的工资及其他费用。因而海外分公司多适用于投资规模较小的贸易及商业企业,不适用于投资规模较大的生产性企业。

海外分公司、代表处、办事处虽然也对东道国负有纳税义务,但只需就其课税利润缴付公司税。应课税利润以分公司、代表处、办事处与总公司独立交易预期所得利润为界定(汇回母公司利润)。且分公司、代表处、办事处在东道国交纳的公司所得税金可在国内应交的税额中得到抵免。

(三) 合营企业

合营企业是指企业非全部股权拥有的子公司。在合资企业里,企业根据其股权策略可以占多数股权,也可以占少数股权。

合营企业可以分为两种形式。一种是合资经营的企业,又称合股企业。另一种是合作经营的企业。合资经营企业通常是指一个或一个以上的外国公司、企业、其他经济组织或个人与当地的公司、企业或其他经济组织在当地或在第三国举办的合营企业。它在东道国注册,服从东道国的公司法,是具有法人地位的有限责任公司。合资经营企业的合作双方(或几方)共同商定投资比例。双方(或几方)可以以现金、设备、土地使用权、厂房、工业产权等作为投资股份。独立纳税,合作双方(或几方)按参股比重分取利益。合作经营企业则是契约式合营企业(Contractual Joint Venture),它不是独立的法人,只是一种合伙关系,合作双方的责任、权利、义务,均由双方通过协议,在合同中加以明确规定。根据合作双方的条件,制定产品、收入和利润的分成比例。

各国政府对外国国际企业到本国投资设厂各有其不同的法律

规定。日本、西班牙、斯里兰卡、印度、墨西哥、巴基斯坦等国通常对外商投资设厂从事制造或生产都坚持要本地股东参加合营,但坚持的态度有所不同。此外,各国政府对各行业向外商开放方面也有一些限制,有的不对外国企业开放,而只允许国营或由本国人经营。只允许本国人经营的行业最普遍的仍是公用事业(水、电、交通、运输等),通讯事业(无线电广播及电视、新闻、邮政、电话、电报等)和金融业务(银行、保险及其他金融业务等)。墨西哥、巴西、印度、埃及、阿尔及利亚、意大利、法国等国还规定在一些行业中必须采取与本国当地政府合营的方式。

从企业行为本身来看,有时也会倾向于在海外投资的企业采取合营的形式。合营企业无形中使人产生一种印象,好像企业不是当地企业,因而会受到东道国政府保护,这有利于企业在当地扎根,占领市场,企业占的股份少了,就会降低风险。在发达国家举办合营企业,由于双方共担风险,共负盈亏,这就使合作方需要投入一些比较新的技术设备,采用比较新的技术,提高产品在市场上的竞争能力,以获得盈利。中方可以较快地掌握一些先进技术。由于合营是共同经营管理,因此中方的管理人员可以学到一些具体的管理经验,包括销售方面的经验。在采掘业中也有不少是采取合营的形式,在这一行业开采成本很大,而成功的机会较小,合营的目的在于分担巨大的开支和风险。拥有高技术的企业,有时愿意以科技成果入股,并以征收特许权费而获取一部分超额利润,在合营的情况下,分红之前就要支付特许权费,这样就可比当地股东得到更多的利润,尽管大多数国家对特许权费的支付都有限制,但是对合营的企业这方面限制却较松。

当中国企业到发展中国家去投资办合营企业时,除了货币投资这种最受欢迎也最多见的投资方式外,以工业产权,技术或实物折合股份也是可行的。当然,这种类型的投资是有限制的,通常只有当国内企业的技术及设备在东道国拥有适用性及价格低廉等优势时，才可考虑选择技术及实物入股。事实上，由于我国尚属发展中国家，生产技术与世界水平尚有差距，外方合资者多半不会欣然接受我方以技术及设备入股投资，因此我方往往一要靠据理争取，二要靠过得硬的适用性及价格优势。

但是举办合营企业也有一些比较复杂的问题是值得注意的，如合营企业的投资双方原来的母公司的目标往往不一致，各自都把合营企业看成是自己的子公司，力求服从于母公司的全局利益和总目标，双方目标不一致。这往往是双方发生矛盾的重要原因。这类矛盾常常会涉及到诸如产品定价、红利分配、出口方向和数量、原料采购和产品设计等方面。例如当地合作者常常要求增加出口，而国际公司为了维护和发展它的全股子公司的出口而宁可在当地市场销售；当地合伙者可能要求在当地采购，而国际企业为了保证质量或为了本身的利益宁可从它的子公司或其他外国企业进口。在价格方面，双方都有可能利用转让价格来为自己谋利。即使是在日常的管理中使用何种财务和信息管理体系，也会有不同的意见。

从总体而言，对外直接投资相对其他国际经营的形式涉及更多的资产暴露，而具有较大的风险和较少的灵活性。这是该种形式的主要缺点。

第五节　国际经营方式的选择

在前面几节，我们介绍了国际经营的几种主要形式，各种形式中可能的选择，以及各种形式的优劣及其适用情况。对于国际商务决策者来说，更重要的或难度更大的在于根据企业内部的因素和外部的环境因素，在控制、风险和灵活性之间作出权衡，最终选择合适的国际经营方式，这是战略性的决策。

一、国际经营方式的比较及选择影响因素

无论采取何种进入方式,都是具有风险的,只是风险的程度有所不同。一般而言,商品出口进入市场的程度较浅,是国际经营的初级形式。技术贸易,非股权安排,进入国外市场的程度逐渐加深,直到最高程度达到在海外进行直接投资,海外生产。这几种国际经营的形式,随着进入市场的程度加深,投入资金也不断增大,其收益也在不断增加,控制程度在不断加深,与此同时风险程度也在不断加大,而灵活度则在减小(在这里,灵活性是指改变进入方式决策的可能性和方便程度)。对于具体的一个企业来说,它既可能采取渐进的方式,逐步由低层次进入高层次;它也可能采取跳跃形式,一开始便进入较高层次,也完全可能并进地同时采用多种形式,根据不同国外市场的不同情况,采用不同的形式。在形式的选择中,通常要受到一些因素的影响和制约,这类因素主要分为内在因素和外在因素两大类。

(一) 内在因素

1. 产品特征。在其他条件相同时,产品的特征对进入方式有明显的影响。

(1) 产品的差异性,差异性较大的产品与标准品相比,具有更大的特定优势,如其技术性能、造型设计等往往不易仿效,或已有专利保护,故卖方的主动权较大,可采取出口方式。反之,标准品则宜通过投资方式进入。在投资方式中,差异性较大的产品几乎都偏向采取独资,而差异性较小的产品则采取合资方式较多。前者如医药、化妆品等。后者如电子消费品、汽车等。

(2) 产品年龄,企业对最新产品采取出口为主,对外直接投资为辅的政策。随着产品的成熟,逐渐转而采用对外投资或许可证交易为主,出口为辅的政策。当企业把产品生产向国外转移时,对于较为不成熟的产品,企业倾向于选择全股子公司的方式,对于较

为成熟的产品，则倾向于选择合营或许可证交易。

2. 产品地位。在企业拥有多种产品和经营横跨若干个行业的时候，企业一般对其重点发展的行业内的产品更多地采取控制性强的进入方式，对于非重点发展的产品则更多地采用技术授权方式，即使进行国外投资，也往往更多地采取拥有股权份额较少的合营企业方式。因为对非重点发展的产品，企业不想投入大量的资本，从而能把资源集中到重点发展的产品上去。

3. 技术水平。这是决定国际企业经营方式的最重要因素之一。由于国际技术市场的高度不完善，为显示技术的价值需要向潜在的买方充分揭示这项技术，而这又等于把技术白白地泄露给对方，同时对技术的估价也很难找到一个客观的标准，由于这些问题的存在，拥有先进技术的公司往往倾向于国外直接投资而把外国市场内部化。而且拥有高技术的跨国公司一般不倾向于采取合营形式，而倾向采用控制性强的进入方式。对于一次性的和小项目技术专利，国际公司也多采用许可证交易的方式，以避免直接投资的固定成本。

4. 商标与广告开支。具有知名度很大的商标的公司常常选择控制程度较大的进入方式，因为当地合伙者很可能会损害公司商标的声誉。商标的知名度除了取决于产品本身的性质外，还取决于广告宣传。因此，商标的知名度或企业广告开支越大，控制性强的进入方式就越有效。

5. 企业的国际经营经验。企业如同人一样，随着年龄的增长而积累经验。刚开始涉足国际经营的公司由于缺乏经验而避免对外直接投资，常常先通过中间商来出口。随后又在国外建立自己的销售子公司来加强对出口的控制，并且也开始进行许可证交易。在通过出口和许可证交易而获得了外国市场的风险、市场潜力和收益的信息以及有关的知识和经验后，它才开始从事对外直接投资。初次进行对外投资的企业在开始总是谨慎地选择它所较为熟悉的邻国或社会文化较为接近的国家,随着经验的积累,则进入较远,较陌生的国家,而且越来越不满足于由合伙者来管理的少数股合营企业。在国际经营上富有经验的公司充满信心地向往控制性强的进入方式。

(二) 外部因素

1. 母国和东道国的社会文化差异。母国与东道国的社会文化差异越大,对公司来说不确定性也越大。因此,面临这种情况,公司就越倾向于控制程度较低的进入方式,以减少资产暴露,增强灵活性。这是因为:

(1) 经理人员不了解,不适应东道国的政治和商业环境以及东道国企业的经营方式,把母公司的管理技术和管理制度引入东道国也是很困难的;

(2) 社会文化差异也导致了很大的信息成本,于是国际企业就通过少数股合营企业或许可证交易来减少这种信息成本。

2. 东道国的管制。不少国家在提供各种优惠政策吸引外资的同时,对外资都有一定程度的限制,如对子公司的最小出口量和最大进口量的规定,对股份额、技术、就业,在当地的研究与开发、利润汇回和财务安排等等的规定和限制。东道国政府的优惠政策或限制在很大程度上影响了跨国公司对进入方式的选择。

二、国际经营方式的选择方法

企业在国外市场力图选择最佳的经营方式,其目的无非是追求利润最大或成本最小或净收入最大。可以通过一些定量分析,对不同经营方式的利润、成本、或净收入进行估算和比较,来帮助企业作出决策。下面介绍一些有关的方式,值得提醒的是,这些方式本身并不复杂,但困难在于数据的准确性和真实性,特别是某些影响利润、成本或净收入的因素是难以量化的。

（一）成本模式(The Hirsch Model)

此方式较适合用于比较出口、许可证协议、投资于几种经营方式的成本，由以色列学者赫曲(Seev Hirsch)提出，故也称为"赫曲模式"。

先设定：

C——母国生产成本，即企业在本国的生产成本；

C'——目标国生产成本、即企业到目标国投资设厂的基本生产成本；

M——出口费用，包括运输、保险、关税等费用；

A——在目标国设厂生产的额外支出，是指由于环境差异所导致的信息成本；

D——转让无形资产的耗散费用。企业所拥有的专利，专有技术、管理方式、销售渠道等，通过许可证协议让渡给他人时，意味着特定优势的耗散，同时还有其他风险，如技术秘密被泄露，专利许可被滥用等，这些都可归为耗散费用。

公司的销售对象无论是外国市场还是本国市场，其销售收入不变。利润大小取决于基本生产成本和特别生产成本。因此，公司可以通过成本的比较来选择一种最佳的国际经营方式。

(1) 如果 $C+M<C'+A(a)$；$C+M<C'+D\ (b)$

则选择出口。

(2) 如果 $C'+A<C+M\ (a)$；$C'+A<C'+D\ (b)$

则选择对外直接投资。

(3) 如果 $C'+D<C'+A$；$C'+D<C+M$；

则选择许可证贸易。

（二）收入模式

对国际企业来说，能带来最大净收入的经营方式便是最佳选择，但未来若干年的净收入都是"将来值"，应折算成"现值"进行比较，故称为"净现值法"。这种方法考虑到了费用成本未来的变动对净收入的影响,所以具有能反映动态变化的优点。例如,开始进入目标市场时,由于对环境很陌生,上述的环境差异成本(A)必定很高,故 A 会高于出口费用(M),但随着时间的推移,对目标国环境的适应能力逐步提高,则 A 会下降,有可能低于 M。

净现值法的其他变量均与赫曲法相同。三种特别成本的初始值之间的关系是:$M' < A < D$。因为 M' 只包括了有关东道国的产品市场的信息成本,而 A 既包括了有关东道国的产品市场的信息成本,也包括了有关东道国的生产要素市场的信息成本。因此,M' 小于 A。具有技术优势的国际公司一般不愿承担由于不成熟的或定价不合适的许可交易而使它的技术优势遭到损失的重大风险,因此,D 通常大于 A。

特别成本随着时间的推移而逐渐减少。特别成本减少的速度的大小刚好同上面的不等式中的三种特别成本排列的顺序相反,对于新发明的产品,D 值为最大,随着产品成熟,D 值下降得最快。由于对外直接投资的介入程度大于出口,可以使国际公司更快地熟悉东道国市场。因此,M' 下降的速度大于 A,但小于 D。

以外国市场为目标市场的国际公司可以有 3 个选择:出口(E),对外直接投资(F)和许可证交易(L)。

假定所有的变量都在时间 t 内,t_0 为时间的初始点,r 为贴现率,R 为最终产品销售总收入,三种国际经营方式的净现值分别为:

$$NPV_E = \sum_{i=t_0}^{t} (R_i - C_i - M_i)/(1+r)^i$$

$$NPV_F = \sum_{i=t_0}^{t} (R_i - C'_i - A_i)/(1+r)^i$$

$$NPV_L = \sum_{i=t_0}^{t} (R_i - C_i - D'_i)/(1+r)^i$$

企业通过比较三种国际经营方式的净现值的大小来作出

选择：

（1）当 $NPV_E > \text{Max}(NPV_F, NPV_L)$，则选择出口；

（2）当 $NPV_F > \text{Max}(NPV_E, NPV_L)$，则选择对外直接投资；

（3）当 NPV_E, NPV_F, NPV_L 都小于 0 时，此时不应进入国外市场。

当然，需要指出的是，任何模型都是辅助性的决策参考工具，而不是惟一的依靠。日本综合商社领导层中流传一个见解，即在跨国经营的战略层次上，更需要决策层的"智慧"（Kenshiki）。这种素质不是智慧团的谋略或教授专家的知识所能取代的，它是在长期的实践和丰富的阅历基础上形成的一种"直觉和洞察力"，这在诸如国际经营的方式这类复杂的决策中尤为重要。

思考讨论题

1. 比较间接出口与直接出口的利弊。
2. 简述国际技术转让的主要内容，转让形式和技术使用费的支付方式。
3. 国际企业进行海外直接投资的主要动机有哪些？
4. 国际商务经营形式的选择主要依据哪些因素？

第六章　国际经营战略

面对纷繁复杂的国际环境，国际企业在起步、成长、成熟乃至衰退的阶段，都离不开国际经营战略。国际经营战略是国际企业开展各项经营活动的基础，是国际企业管理最重要的职能之一。

第一节　国际经营战略的模式与选择

国际企业的战略是一个体系，它包括国际经营战略和企业功能管理战略。其中，国际经营战略部分内容十分丰富，它包括成长战略、竞争战略、风险回避战略、合理化战略、所有权战略等。而企业功能管理战略则包括外国市场的进入和投资方式、财务管理、市场营销、技术生产、组织人力资源等方面的战略。

世界各国的国际企业在发展过程中都有自己的独特的战略模式，这些模式是企业依据自己对环境的把握结合自己的实力分析而制定出来的，其中往往包含着丰富的科学性和艺术性。而一个好的战略模式的制定或选择，又为企业(公司)的国际化发展提供了明确的方向，对其发展起到关键的作用。

一、国际经营战略的模式及模式理论

(一) 横向、纵向发展模式

所谓横向发展模式，是指国际企业将其在母国生产和经营的产品平行地扩展或转移到海外。换句话说，即母公司和分布在世界各地的子公司从事同种产品或同类产品的生产和经营。如 IBM

公司在世界上许多国家建立子公司生产电脑零部件、主体及相关设备。

1. 采取横向发展模式的出发点是：

(1) 母公司本身具有单一性产品和技术，而母公司在当地的市场容量和潜力不大，公司希望将产品安排在国外生产，以赢得东道国市场；

(2) 母公司本身拥有知名品牌，为利用名牌效应而选择横向发展模式；

(3) 母公司为了加强在世界范围内的某产品或某类产品的占有率，谋求市场控制权，则采用横向发展模式。

所谓纵向发展模式，是指母公司与子公司各自生产不同的产品，经营不同的业务，但这些产品和业务彼此之间是紧密联系和相互衔接的，组成一条生产链。作为母公司来说，纵向发展可以选择前向发展和后向发展两种方式。所谓前向发展，即从整个生产链来看，向着原材料或者粗加工方向发展，即向上游方向发展，如一个制造摩托车的制造企业，其子公司向钢铁行业发展。这样，就把原来的生产链向着资源开发供应的方向延伸，将资源的开发、供应纳入自己的生产链中。所谓后向发展，即从整个生产链来说，是向着下游方向发展，由原来只从事资源开发或初步加工逐步向资源的深加工方向发展，由原来只从事原料性中间产品生产向着最终产品方向发展，例如原来只从事石油开采的公司，现在则朝着提炼、精细加工、销售方向发展。

2. 采取纵向发展模式的出发点是：

(1) 确保资源的供应，防止企业生存和发展受到资源供应的制约；

(2) 将分工协作内部化，以减少不可控因素，减少交易成本，增强生产的稳定性，保持竞争优势；

(3) 提高产品的附加价值，在后向发展的情况下，实际上从生产销售附加价值较低的初级加工品发展到生产和销售附加价值高的深度加工品，获得更多的利益；

(4) 提供转移定价的机会，在纵向发展模式下，国际企业内部母公司与子公司之间以及子公司之间存在大量的货物、技术等资源的流动，和转移定价提供了极好的机会；

(5) 降低国有化的风险，由于设在国外的子公司只加工零部件和半成品，东道国不能通过将这些零件和半成品企业国有化而获得完整的生产工艺和体系，而且由于生产出来的零部件和半成品主要出口用以组装而不是在当地市场销售，因此降低东道国将之国有化的愿望。

(二) 混合发展模式

所谓混合发展模式，是指国际企业在保持原有经营业务的同时，向其他部门和行业发展，这些部门和行业与国际企业原来所在的部门、行业没有直接的关系，在这种模式下，母公司与子公司以及子公司之间经营不同的产品，涉及不同的行业，彼此之间没有内在联系。混合发展模式又有两种形式：

(1) 以一种或若干行业的业务为主，兼营其他部门行业的业务，即以一种或若干行业业务为轴心向其他行业、产品扩散；

(2) 各部门、行业的业务不分主次，齐头并进。

国际企业采用混合发展模式的出发点有两点。

1. 寻求更多的新的发展机会。一个部门或行业所能提供的发展机会和余地总是有限的，而且在一个行业的集中发展会受到反垄断法的限制，为了防止这种局限性，谋求更大的发展，国际企业常在维持原有行业或部门业务的同时，大力拓宽新的发展空间。

2. 分散经营风险。国际市场瞬息万变，如果将自己的生存发展限定于某一行业或部门，则难以避免由于该行业形势的波动带来的本企业效益波动，造成企业经营的耐冲击力不强的状况；而要改变这种状况，可以通过混合发展来分散风险。

（三）EPRG 模式

现代跨国经营中，经营战略的选择必须同时考虑到赢利性和合法性两个指标。所谓赢利性，是指因跨国投资项目带来的公司收益的增加、成本的减少或稳定性的增加；所谓合法性，是指跨国投资项目和东道国法规、习俗等的契合程度。依据国际企业经营战略中对赢利性和合法性指标的侧重程度不同，有以下四种经营战略模式。

1. 本国中心主义（Ethnocentrism）：由本国提供管理人员、技术、控制权高度集中于国内，经营出发点中赢利性放在第一位。

2. 多中心主义（Polycentrism）：经营中合法性放在首位，注意使分公司或子公司适应当地的环境特点，管理分散化。

3. 地区中心主义（Regioncentrism）：按地区配置资源，地区内有纵向及横向沟通，管理既集中又分散，兼顾赢利性和合法性两个因素。

4. 全球中心主义（Geocentrism）：全球范围内配置资源，全球范围内沟通协调。管理集中和分散并存。

取以上四种模式的英文首字母把这个模式理论称为 EPRG 模式论。四种模式的比较如表 6.1。

表 6.1 EPRG 四种模式的比较

企业 内容	E	P	R	G
1. 目标	盈利能力（活动）	公众接受程度	兼有赢利能力又为公众接受	
2. 管理格局				
制定目标方法	自上而上制定	自下而上制定（子公司定）	地区与子公司相互磋商	国际企业各级相互磋商而定
信息沟通	等级制（总部大量下达指令）	送交或来自总部的信息少，与子公司的沟通少	地区内有纵向及横向沟通	国际企业内部有纵横沟通

续表

企业 内容	E	P	R	G
资源配置	总部决定投资机会	子公司独立自给，互相无协助	地区配置资源	全球范围内资源配置
3. 战略特性	全球一体化	东道国国民反应	地区一体化与东道国国民反应	全球一体化与东道国国民反应
4. 组织结构	等级制度产品部	等级制地区分部兼各国有自主权的子公司	通过短阵方式组成产品与地区性组织	网络组织
5. 文化特征	母国文化	东道国文化	地区文化	全球性文化
6. 生产规模	大量	批量	灵活制造	灵活制造
7. 营销计划	由本国消费需求出发开发产品	根据当地需求出发开发产品	在地区范围内标准化	全球产品在当地有少量变异
8. 财务管理	利润返回母国，与母国金融机构联系	利润留于东道国，与东道国金融机构联系	在地区内重新分配与地区内金融机构联系	全球重新分配与全球金融机构联系
9. 人事管理及评价标准	培养母国人员，以供全世界各地关键职位用母国人员的业绩标准	培养东道国人员在各东道国决定	培养地区内人员区域决定	培养世界各地优秀人员普遍适用的标准并使之符合当地情况

（四）国际经营导向模式

现实中的跨国公司在国外经营中所扮演的战略角色经历了一个逐渐演变的过程，我们可以依据管理思想的发展历程和国际商务环境中跨国公司这种独特的公司形式的变化路径，将其划分为四种战略模式。

1. 国际战略。采用这种战略的企业，目的是在世界范围内通过充分利用母公司的创新能力和开发出的技术获取更多的利润。

企业跨国经营的开展在很大程度上依赖于新产品、工艺过程,甚至战略由母公司向子公司的转移。因此,这种战略的核心内容是确定怎样在母公司的技术创新和开发能力上建立起强有力的竞争优势,在产品生命周期的哪个阶段通过跨国经营方式把技术、产品或设备转移到国外,转移到哪些国家更有利于跨国经营的发展,采用什么形式实现这种技术转移。显然,母公司具有雄厚的创新技术实力是运用这种战略的前提条件。

2. 多国战略。采用这种战略的企业把侧重点放在各东道国的差异上,通过提高对各东道国的经营环境和市场需求的适应能力,扩大在国外市场的占有率和销售收入。企业跨国经营活动的开展在很大程度上依赖于各东道国子公司自身的适应能力、创新能力和在当地市场的开拓能力。因此,这种战略的核心内容是确定各东道国市场的需求特征,生产什么样的产品才能满足东道国市场的需求,怎样从组织结构、决策机制、人力资源、经营方式等方面提高子公司对东道国经营环境的适应能力。经营的灵活性和对市场需求变化的及时反应,是子公司适应能力的重要表现。在母公司的总体跨国经营战略指导下,每个国外子公司都需要根据所处经营环境的特点判定有利于开拓当地市场的经营战略。

3. 全球战略。采用这种战略的企业,跨国经营的目标是通过获得全球性经营效率提高在全球市场的占有率。依靠大规模生产降低单位产品成本和提高产品质量,是获得全球性经营效率的必要条件。实行全球战略,前提是存在全球市场,并能开发和生产出满足全球性市场需求的全球产品。全球战略的核心内容是确定什么样的产品是全球产品,怎样在全球范围内合理配置有限生产资源,实现全球产品的大规模生产经营,如何通过集权管理和决策,有效协调和控制全球范围内的生产活动,从而提高全球性经营效率。

4. 跨国战略。它是综合了上述三种战略目标的跨国经营战略。国际战略、多国战略和全球战略分别从不同角度考虑如何在跨国经营活动中建立世界范围的竞争优势。因过于强调某一方面能力或优势在跨国竞争中的作用，在实施过程中难免失之偏颇。多国战略强调国外子公司的适应能力和自主经营的灵活性，失去的是效率和相互之间的交流、学习知识与技能的能力。全球战略强调全球性整体经营效率，失去的是对各东道国不同经营环境的适应能力和经营的灵活性。国际战略强调母公司的创新和技术开发能力，但却既缺乏对东道国的适应能力又难以达到较高的全球经营效率。采用跨国战略的企业认识到，为了真正建立世界范围的竞争优势，必须同时兼顾创新能力与效率、成本与收入。这种战略的核心内容就是确定如何合理配置资源及各种生产、管理和经营能力，同时在适应能力、全球性经营效率和创新能力三个方面建立竞争优势。

表 6.2　四种战略的主要特征

	国际战略	多国战略	全球战略	跨国战略
战略的侧重点	通过全球范围的技术扩散和适应性调整利用母公司的知识和能力	依靠企业家的开拓能力，提高东道国子公司的自主经营灵活性，适应不同国家的差异	通过集权、全球规模的经营建立成本优势	同时建立全球效率，经营灵活性和世界范围的学习能力
资源和能力的配置	核心技能集中在母公司，其他分权给国外子公司	国外子公司分权管理，实行适当自给自足经营	全球规模的集权管理	分散的，相互依存的和专门化的能力

二、国际经营战略的选择

以上介绍的战略模式均有自己的利弊和适用条件，选择何种模式取决于国际企业所处的环境以及自身的实力。

（一）国际企业所处的发展阶段

一般说来，处于初级发展阶段的国际企业多选择横向发展模式以本国为中心，其原因在于企业处于国际化的初期，尚需借助母公司的现有的生产技术和经营管理经验。而中级发展阶段的国际企业则倾向于选择纵向发展模式以及多中心主义,因为此时企业一方面在国内的业务有比较稳固的地区,另一方面,也有一定的海外经营的经验和基础,有条件向相关的部门和行业发展,同时由于海外事业的发展,总公司倾向于给子公司更多的自主权,倾向于多国中心。高级阶段的国际企业一般选择混合发展模式,以及地区中心或全球中心,因为对这样的国际企业来说,本国、本地区和本行业已无多大的发展空间,而相关的行业或部门不是已经具有了一定优势地位的企业,就是因为缺乏吸引力而不想进入,因而选择其他不相关或关系不大的但有前景的部门和业务就成为必然的选择。当然,其相对雄厚的技术资金,管理经验和人才也提供了这种可能性。

(二) 企业实力

企业实力是企业资金、技术、生产、管理和人才开发的综合。实力强的国际企业,倾向于选择混合发展模式和纵向发展模式,而实力较弱者则选择横向发展模式。

(三) 企业所在行业或部门的特点

企业所在部门或行业的特点以及企业目前业务和产品性质也会影响对战略模式的选择。如:有的行业或部门拥有较大的经营发展空间,而该行业或部门又符合社会发展趋势,在此情况下,国际企业在原有业务上打下较好的基础以后,会倾向于选择横向发展战略,在相近的业务领域内寻求发展,从而也增加了成功的可能性。反之,如果企业原来所在的行业或部门已无大的经营发展空间,且该行业或部门无大的发展前景可言,则企业会倾向于选择混合发展或纵向发展战略。

(四) 国际经营环境

当国际经营环境比较宽松,经济处于较景气的发展阶段时,国际企业会更多地选择更富有扩张性的混合发展模式,以求把握更多的发展机会,而当经济处于不景气时期,国际企业则倾向于选择自已较熟悉的行业或部门进行横向发展,以求等待时机,再图发展。

(五)进入其他行业障碍及有关法律法规限制

当进入其他行业或部门开展经营的障碍太多,或者难以克服,此时,国际企业会倾向于选择横向发展模式。但是,当国际企业采用横向发展模式在相邻的产品或业务领域拓展时,受到本国法律如反垄断法所限制时,它会转而考虑纵向发展模式或者混合发展模式。

三、建立全球战略的成功关键

企业的全球战略有三个层面的内容:

1. 开发出企业的核心战略,这是企业持续战略优势的基础。在许多情况下,这一战略首先是在母国建立起来的。如果没有建立起正确、完好的核心战略,即使有全球商务的需求也难以建立起全球战略。

2. 核心战略的国际化,通过经营活动的国际扩展来推广核心战略。企业在采取全球战略之前有必要先掌握国际商务的基本规律和技巧。

3. 国际战略的全球化,跨越众多国家进行战略整合。

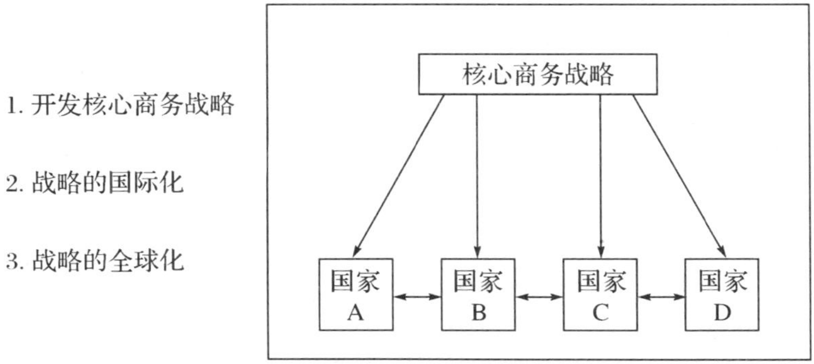

图 6.1　公司全球战略

下面就这三个层面进行分析。

（一）开发核心商务战略

在一国内的每一独立的商务活动都需要它专属的核心战略。在一开始的主要任务就是定义商务活动。这一定义的主要内容包括:所服务的顾客的类型和所提供的产品和服务的类型。而产品和服务的类型又可分为两个方面——与需求所匹配的类型和现有技术所能满足需求的类型。比如,某一商务可定义为一般包装业务,而另一商务可更具体地定义为塑料包装业务。

核心商务战略包括下述关键的因素:

·该商务所提供的产品或服务类型

·该商务所服务的顾客的类型

·服务市场的地理区位

·持续竞争优势的来源

·每一最重要的价值增值活动的功能策略

·竞争地位,包括目标竞争对手的选择

·投资策略

战略学家们有时要求尽可能宽泛地定义商务活动,并批评那些很严格限定他们商务活动的管理者。但是宽泛地或狭窄地定义一项商务活动是战略选择的关键因素,并直接影响到持续战略优势。显然把有限的资源用于在一个窄狭的范围的商务活动中维持竞争优势要比透支资源而使优势丧失要好得多。人民航空一度是美国航空公司中相当成功的一家,可是当它把它的业务范围从过去东海岸减价顾客群加以延伸后,它的业绩一落千丈。Saatchi & Saatchi 曾是世界最大的广告公司集团,曾经把业务延伸到咨询业务中去,它错误地认为可以像拓展传统业务那样拓展新的业务,结果也失败了。

（二）开发国际化战略

当企业经营扩展到国内市场之外时,它就需要把它的核心商务战略国际化。核心商务战略的国际化的第一步也是最重要的一步是选择进行竞争的地理市场。这一选择对于国际商务来说要比国内商务重要得多。对于国内商务来说，在它的一定发展阶段也会面临在国内进行地理市场的选择。这些问题包括测定市场的吸引力，潜在的竞争，适应地方情况的方法，以及如何在一个更大的区域里开展的业务进行有效管理。对一些零售或服务企业，地理市场的选择一直是很重要的，因为经营场所的坐落区位是经营成功的关键因素之一。而对多数国际商务市场选择所呈现的问题要远比在国内进行市场选择更具挑战性。这一挑战包括贸易障碍的作用，诸如关税和配额；对外国所有者的规则，此外还有与国内不同的法律、语言、偏好和行为。战略国际化的其他方面还包括，如何采用适合的产品和计划来满足国外的需求、偏好、文化、语言、气候等等。但是，最终的结果是公司必须紧扣其核心战略并将其发展以适应各个区别很大的国别市场。这种差异性有可能会削弱公司在世界范围内的成本地位、质量、消费者偏好和竞争水平。

（三）开发全球化战略

为了克服由于国际化所导致的一些缺陷,公司需要一个全球化战略来整合和管理世界范围的经营水平和竞争优势。战略的哪些方面需要全球化？管理者可以通过一些制度性分析来回答这一问题:通过产业条件或“产业全球化驱动”的分析;对全球化收益和成本的评估,对全球化战略能够实施的不同路径的理解。

图 6.2 是一个判断和开发全球战略的框架。产业全球化驱动是由产业条件或由商务经济性决定的,而全球战略手段是对世界级商业的有效选择。产业全球驱动(潜在的市场,成本和其他产业条件)开创了世界范围经营达到全球战略的收益的可能性。为了实现这些收益,世界性的经营需要建立它特有的针对产业驱动和针对经营和母公司地位和资源的全球战略手段(如全球标准产品

的推行)。组织运作的能力形成了全球战略有效实现其收益的保证。它也影响到全球战略将有怎样的雄心,同样的,确定的全球战略也将影响组织将形成的结构和其管理模式。

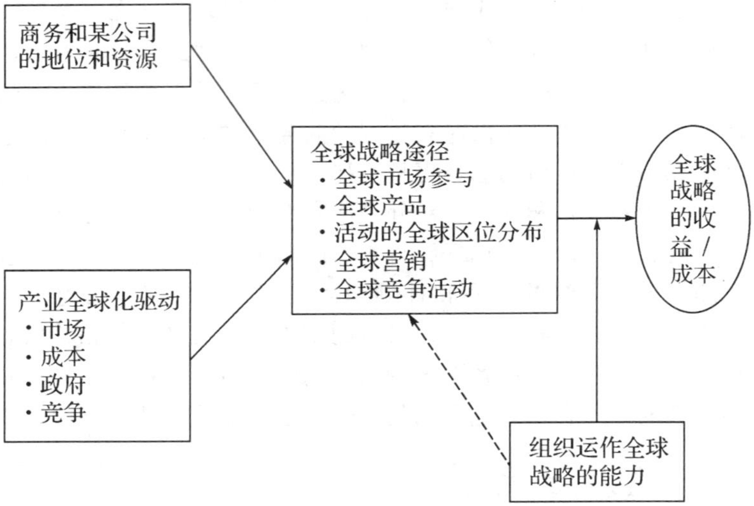

图 6.2　全球战略框架

市场、成本、政府和竞争——这四组产业全球化驱动力代表产业的条件，它决定了以全球战略加入竞争的潜力和需求。这四组驱动力一起覆盖了所有影响全球化潜力的重要产业条件。这种根据驱动力来源的划分，可以帮助管理者更容易确认和处理。一般来说，对于跨国企业，这些驱动力是不可控的，它决定了产业的全球化程度和途径。市场全球化驱动依赖于消费者行为，分销渠道的结构，和在该行业施行市场营销的性质。成本驱动取决于经营的经济性。政府全球化驱动取决于各国政府的法规和政策。竞争驱动取决于竞争者的行动。四组驱动因素对每个产业是不同的，而且它们会随着时间而变化，其中有些产业的全球化潜力会更大一些。这四组因素的共同变化，提高了许多产业的全球化潜力，大大激发了管理者在全球战略中的兴趣。

1. 全球化战略是多维的。为世界性企业建立战略要求选择一组战略维向。一些维向决定了战略是继续向多国本地的目标发展还是向全球目标发展。

(1) 市场介入,包括了国别市场的选择,以及在这些市场中经营的行为、活动的路径,尤其是市场的份额。

(2) 产品/服务,包括跨国企业在不同的国家提供的相同的或不同的产品的范围程度。

(3) 价值增值活动的区位分布,包括整条公司价值链,从产品开发到生产到售后服务的每一活动链结在世界各地的分布。

(4) 市场营销,包括跨国企业在不同国家适用相同的品牌、广告和其他营销因素的程度。

(5) 竞争活动,包括跨国企业把在各个国家采取的竞争活动作为全球竞争战略的组成部分的程度。

对于每一个全球战略维向或路径,多国本土战略谋求全球范围的业绩最大化靠每一国别市场的竞争优势、收入和利润的最大化,而全球化战略谋求全球业绩最大化靠各市场的整合和分享。

利用全球战略,企业能获得下述四种潜在的全球化利益中的一种或几种:

·降低成本

·提高产品或项目的质量

·提升顾客的偏好

·增加竞争能力

表 6.3 概括了全球战略中每一途径可以获得的收益和一些主要的缺陷。

表 6.3　全球战略途径如何达到全球收益

全球战略途径	利　益				主要缺陷
	降低成本	提高质量	提升顾客偏好	提升竞争力	所有途径会导致协调成本增加
全球市场介入	提高规模经济效益	面对需求多样的顾客和创新意识的竞争者	靠全球可能性,全球适用性和全球认可	先行进入优势,提供更多的攻击点和反击点,保证好的行为	对每个市场保持自己的优点会有更多的约束
全球产品	减少重复开发的投入,减少采购生产和库存的成本	集中开发资源和管理资源	在海外用相近似的产品提供给顾客,给跨国单位的组织提供同样的产品	应对市场低成本竞争者;低市场份额缺陷的抵补	对本地需求的低回应
经营活动的全球区位分布	减少经营活动的重复设置;帮助利用规模经济;利用各国要素成本的差异;部分集中化可提高对汇率变化和谈判对手的灵活性	集中力量、提供更可靠的质量控制		维持地方条件的成本优势独立性;在具有竞争优势的地方提供灵活性	顾客活动的距离,增加汇率风险,增加创新竞争者的风险,加大管理价值链的难度
全球营销	减少营销计划中的设计和生产成本	集中能力和资源好的想法	在不同的国家采用同样的营销组合,强化营销信息		降低对当地顾客行为和营销环境的适应性
				对每个国家显示资源的可能性,在进攻和防守中提供更多的选择	本地竞争力可能会不足

2. 战略执行的挑战。执行战略也是困难的,由于涉及多个国家和民族,施行全球战略特别具有挑战性。而且,在许多情况下,全球战略的关键部分是并没有这么多战略的内容(如全球标准产

品),而是决策运作全球整合的管理过程。(如全球产品开发过程)。战略执行是复杂和困难的,在追随一个高度全球战略中,可能并没有足够的收益。特别是,战略全球化经常要求作出变化,这涉及公司在一个或更多的国家里不得不放弃长期建立起来的战略、产品等。一家欧洲生产包装消费品公司,在推行多国本地战略时,会对一个基本产品开发出不同的版本。在一个主要的市场,产品可能被制成不透明的塑料包装,而在另一个市场,同样的产品可能被制成半透明塑料包装的。这其中似乎并没有真正的理由可以解释为什么消费者更偏好于不透明的或是相反。但是每个国家子公司的管理者更愿意继续原来的商品模式,而不愿去冒改变模式的风险,尽管这可能会扩大潜在的市场。正是这样类似的执行问题,成为这样的企业合理化它的世界产品线的路障。

四组关键的组织和管理因素决定了企业开发和执行全球战略的能力,图 6.3 概括了这些因素。

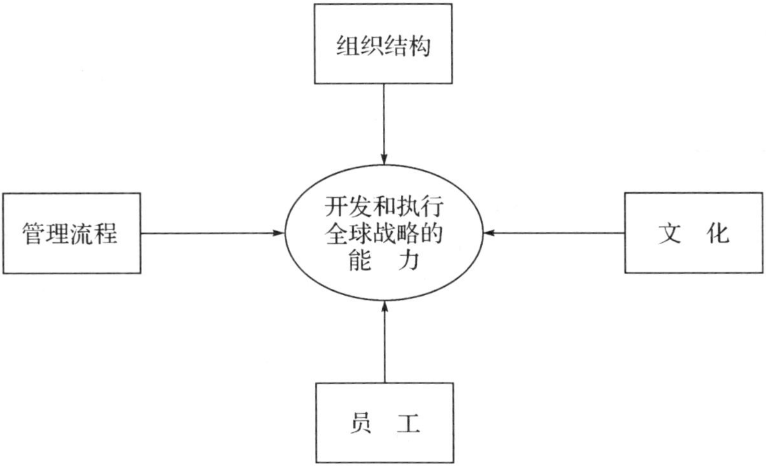

图 6.3　影响全球战略的管理和组织因素

(1) 组织结构包括了企业内的相关关系联结——"块和线";

(2) 管理流程包括了类似计划和预算这样的活动,还有信息系统等等,它们使企业得以运转;

(3) 员工包括世界范围的企业人力资源,包括管理者和其他雇员;

(4) 文化包括指导公司行为的价值和规则。

第二节　全球竞争优势:目标与方法

发展全球优势,一个公司必须实现三个战略目标:

(1) 在其所有活动中建立全球规模效率;

(2) 发展多国适应能力来处理不同国家的特殊风险和机遇;

(3) 建立从其国际经营实践和机遇中学习的能力,并在全球范围基础上利用所获得的知识的能力。

当企业采取战略措施最大限度地实现上述三个不同的,有时甚至是冲突的目标时,竞争优势也就建立了。

在建立每一种能力时,跨国公司可以利用三种不同的工具和方法,这些工具与方法是它可以利用在多个国家经营的不同的资源和市场机会,它可以投资于多样的经营活动以实现协同作用和范围经济,它还可以从它不同的全球活动中获得潜在的规模经济。

所以,跨国公司的战略挑战就是利用国家差异,范围经济和规模经济这三种全球竞争优势的来源,实现全球效率、多国回应能力和全球学习能力的最大化。这意味着公司获得全球竞争优势的关键存在于处理好不同目标以及不同方法之间的相互作用。

一、目标:效率、适应性和学习

在第一章,我们讨论过要对新环境的挑战作出有效反应,一个企业必须发展全球竞争力、多国适应能力和全球学习能力。现在我们对这些战略目标逐一地作略为详细的分析。

（一）全球效率

把一个跨国公司看成投入产出系统，它的总体效率就是产出价值与投入价值之比。产出价值与投入价值通常用销售收入和产品成本表示。因此，效率的提高意味着提高销售收入或降低产品成本。我们用图6.4来说明全球效率的概念。在这个图中，纵轴表示全球活动一体化产生的潜在效益，即通过规模经济和范围经济降低成本；横轴表示适应不同国家经营环境产生的效益，即通过产品、战略或经营方式的差别化，提高在各国市场的销售收入。

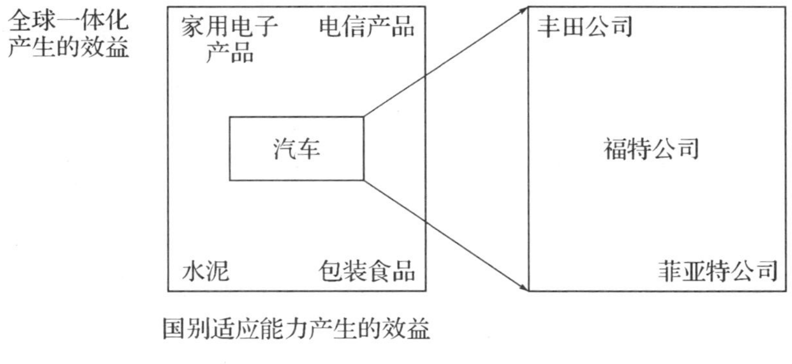

图6.4　全球一体化与适应能力分析框架

图6.4从行业和公司两个层面上说明全球一体化与对不同国家适应能力对跨国经营效益产生的影响。在行业层次上,家用电子产品行业是一体化程度最高的全球性行业,包装食品行业则是各国差别较大的多国行业。在家用电子产品行业,建立竞争优势更多地是依靠全球一体化经营;而在包装食品行业建立竞争优势则需要对不同国家市场的适应能力。对于汽车制造业,全球一体

化和适应能力都很重要,但不同企业实行的跨国经营战略却有很大区别。菲亚特公司长期采用传统的多国战略,在各东道国通过合资经营,借助当地伙伴和政府的支持,把产品打入各国市场。丰田公司则依靠在通过集中于日本的全球规模的制造设备,开发并制造产品获得成功。

一项对其战略更深入的考察揭示,两者的战略都有其重要的实际和潜在价值,也存在其相应弱点。丰田公司的全球规模的产品开发和制造集中于日本的东京,这是菲亚特公司难以与之抗衡的竞争优势。然而,菲亚特公司的制造设施更多地分散在一些劳动力成本低的国家,这些国家的政府能够提供经营补贴,从而使菲亚特公司能够部分地抵消丰田公司的规模优势。在收入方面,丰田公司依靠建立在质量信誉基础上强有力的品牌来帮助打开市场和提高价格,而菲亚特公司提高收入的战略则是通过高度保护性市场间的投资组合和它与合资伙伴间的技术许可协议带来持续收入。

为了建立全球竞争优势,跨国公司都必须同时开发基础设施和对成本与收入管理的能力。研究开发、生产、后勤、供应方面有效而专业化的设施是成本管理方面的要求,强有力的品牌投资、分销设施,接近主要市场和地方资源以创造或改进产品、品牌则是收入管理方面的一些主要要求。

(二) 多国的适应性

跨国公司面临的环境的主要特征是多样性和易变性。对所有公司来说,一些产生了经营环境的机会和风险都是地方性的,然而,另一些则仅作用于跨国界经营的公司。因此,跨国竞争力的一个关键因素就是多国适应性,即公司管理和利用由全球环境多样性和易变性而产生的风险与机会的能力。

尽管决定跨国公司运营背景多样性和易变性的来源很多,我们将讨论我们认为特别重要的四项。

1. 跨国公司面临一定的宏观经济风险。它可能是特定国家、地区或者全球范围的宏观经济风险,而这又是跨国公司完全不能控制的风险,它包括经济危机、工资、利率、汇率和商品价格水平的变动,甚至战争和自然灾害等突发事件。

2. 政治风险。或更准确地称为政策风险,因为这样可以强调风险来源于政府的政策行为。这种政策行为的净影响往往不能从宏观经济风险的影响中区别出来。例如,两者都可以导致某一特定货币汇率的变化。但是从管理观点看,两者又必须区分开来,因为前者是不可控的,而后者在某种程度上是可控的或至少是可施加影响的。

3. 跨国公司还面临其竞争者对其战略的不确定的反应所带来的特定竞争风险。既然垄断与完全竞争都是罕见的,所以公司都在一定程度上面临此类风险。然而,在全球战略环境下,它们之间的牵连关系特别复杂,因为竞争者可能以不同的方式在许多不同的市场作出反应。

4. 资源风险。这种风险产生于公司所实行的战略要求它提供本身所不具备的,不可获得的或紧缺的资源。对于许多公司来说,一个重要的稀缺资源就是管理人才。但是,缺少适当的技术、资本也会导致资源风险。

在这四类不同的风险中,它们的共同特征是它们因国家的不同和时间的流逝而变化,这使适应性成为战略管理的关键要求,因为多样性和易变性创造了必须同时考虑的相应机遇。

一般来说，多国适应性要求管理人员注意公司广阔的环境背景，以发现蕴藏风险和机遇的变化或非连续，然后要求他们在全球经济背景下对新的情况做出反应。在这一模型中，增长主义和机会主义在公司战略发展中可能比资源优先保证和长期计划得到更多的强调。跨国公司利用其对不同环境的探索来发展更一般的，更具适应性的战略，以便灵活地应对不同的国际环境。而且，它们不对偶发事件下注，并创造一些也许在将来实施的战略选择。

(三) 世界范围的学习能力

许多现存的跨国公司理论将跨国公司世界范围内的学习能力视为一个从其内部化能力中获取额外收益的工具。这一假定是公司走出国门,在世界范围内不同的国家利用自己的技术、商标、管理能力来获取更大的收益。但是,根据这些理论,最重要的能力总是存在于跨国公司的总部。

当寻求额外收益或保护已有收入的愿望能被用来解释跨国公司为什么存在的时候,它们并不能对为什么一些跨国公司能够持续增长和繁荣做出同样完美的解释。另一种观点认为,跨国公司的核心资产是其运营环境的多样性,这种多样性使跨国公司处于多重激励下,让其发展多样的能力,并提供比纯国内公司更多,更广泛的学习机会。源于跨国公司内部化的多样化所产生的组织学习的增加,常常是跨国公司成功的重要原因。而且,它的初始知识储备给跨国公司提供了一个优势,它能使跨国公司在一开始就创造出这样的组织多样性。

然而,仅仅是多样性的存在并不能保证学习的发生,这只是提供一种潜在的可能。为利用这种潜力,组织必须制定明确的学习目标,创造相应的机制和系统以支持这一学习过程。

在实行集权管理的公司中,组织资源、战略制定和产品开发都集中在母公司中,国外子公司只是扮演着战略或指令执行者的角色,不会存在世界范围的学习。首先子公司没有资源或责任去察觉、分析并对当地经营环境作出反应,不可能发展学习能力,也没有积极性去学习。其次,集权决策过程通常对公司总部以外积累的知识是不敏感的,即使国外子公司提出建议或要求,这种提议也很少对公司学习产生影响。

在实行分权管理的公司中,国外子公司有高度的自主经营权,但也并不能保证它们会从全球性学习中受益。因为每个国外子公司相对独立,倾向于自我保护,缺乏相互之间的沟通和交流。它们对组织的不同部门所产生的知识与技能缺少转移和综合能力。

那些想发展真正的全球学习能力的公司必须克服集权管理或分权管理过程中的局限,它们必须改进它们的组织结构与系统,在全球范围内感知消费者的需求和市场机会,发掘各种公司资源来发展创新反应。

二、手段:国家差异、范围经济和规模经济

建立全球竞争优势可以借助于三种基本手段:

(1) 充分利用各国在资源和市场潜力等方面的差异;

(2) 利用规模经济;

(3) 利用范围经济。

(一) 国家差异

在国际商务中,产生于资源禀赋差异的区位比较优势是建立竞争优势的重要条件。不同国家拥有的资源的差异,意味着生产要素成本在不同国家之间存在差异。公司的各种价值链流动,如研究与开发、生产、市场营销,都在不同程度地使用各种要素,所以公司能够合理配置,使每一个活动都在相关要素使用多但价格低的国家进行,以获得最低成本,由此来建立企业的成本优势。研究与开发活动可以放在英国,这样可利用高质量而薪资要求适度的英国研究人员,而劳动密集型的零部件的生产则可放在中国进行,这样可利用中国低成本、高效率的劳动力。这是基于比较优势的竞争优势。

在出口市场上也存在国家差别。不同国家的消费者品味和偏好不同,分销系统,对相应产品市场的政府规定,促销策略和其他市场技术的实施效果也各不相同。公司可以调整它的产品和服务

去适应每个国家市场的特殊要求，以获得高价格。

从战略的角度看，各国的比较优势不断发生着变化。作为对影响这些变化的政府主导的产业政策的反应，比较优势的变化远快于所作的历史性假设。因此，对任一国家来说，资本成本和可供性变化了，技术工人的可得性以及熟练与非熟练工人的工资也会发生相应的变化。从长远看，这些变化表现为对国家经济与社会成就的差异的适应；但是，从短期看，它们发生于对政府特定政策和法规的反应。

动态比较优势给公司的战略设计增加了相当的复杂性。简单来讲，一个特定国家的工资比率、利率和汇率的变化，会通过影响基于这些经济变量的经验数据而制定的公司战略来影响公司在该国的开拓能力。但是，这里存在更有趣的第二级影响，如果一项经营活动布局在一个经济低效率的环境中，而且公司能在运营中成功，获得比当地企业更高的效率，而随着当地经济滑落，该公司的竞争优势会提升。这是因为宏观经济变量的变化，如工资或汇率的变化，将成为与世界其他地区相关的整体经济绩效的反映，并且在一定程度上，如果一家公司的绩效好于其东道国的总和，它将从这种宏观变化中受益。

传统观点论述的比较利益，主要是论及劳动力和资本等要素。然而，从管理者的观点来看，应将社会比较优势扩展到包括原材料、人力资源和制度性资源的数量、质量和结构方面。这将包括软资源，如组织间联系（和政府、供应商甚至竞争者），教育系统的性质和组织与管理知识。这些软性的社会因素如果能被整个组织系统所吸收，将像廉价劳动力、低成本资金一样使跨国公司真正受益。国家比较优势可以为公司提供竞争优势，但这种收益的实现，还有赖于复杂的组织因素和过程。

（二）规模经济

规模经济的战略含义十分简单，即通过大规模生产降低单位成本,从而建立成本优势。尽管规模本身是一个静态的概念,但借助经验或学习效应,可能会产生规模的动态效应。高产量既可以使公司获得规模经济效益,又可以使它积累学习经验,当公司沿着学习曲线移动时可导致连续的成本降低。新兴的韩国电子行业尽管在规模上可以与有经验的日本竞争对手抗衡,但却无法获得日本企业从几十年经营全球规模工厂中积累的经验所带来的效率。

由波特教授提出的价值链概念丰富了也复杂化了把规模作为一种竞争优势的分析。这种概念工具允许就公司不同的价值创造活动的规模收益进行个别的分析,有效率的规模也随不同活动发生巨大变化。比如说,零部件生产的最佳规模最大,装配活动次之。与企业总体规模的观点相比,这种分散的观点允许公司调整价值链的不同环节来获得每一环节最佳的规模经济。

规模经济并非总是有益的。依靠产品标准化和生产过程专门化获得的规模效益,必然伴随着经营灵活性和对外部变化适应能力的降低。在复杂多变的跨国经营环境中,具备战略和经营灵活性是很重要的。较为普遍的观点是,通过使用现代先进技术如CAD/CAM和弹性制造系统来获得规模与灵活性的平衡。

(三) 范围经济

范围经济是基于这样一个观念:一些特定经济收益来源于两个或更多产品的联合生产(或开发、分销)的成本低于各自生产的成本。换言之,范围经济产生于联合开发、生产和分销多种产品所节省的费用。例如,有些资源如信息或技术一旦在一个生产项目中得以采用,将能够无成本地运用到另一生产项目中。

范围经济的战略重要性来源于多角化经营公司在同一价值链或不同价值链中分享投资和分担成本的能力——这是没有实行内部多角化或外部多角化的竞争者所不具备的收益的源泉。这种分享和分担可以在部门间、产品间、市场间和包括在联合使用不同类型的资产上实现(见表6.4)。

表 6.4　范围经济的来源

	产品多样化	市场多样化
分享固定资产	采用柔性制造系统生产不同产品(福特公司)	建立全球性品牌(可口可乐公司)
分享外部关系	采用共同分销渠道分销产品(松下)	为多国顾客提供服务(花旗银行)
分享学习成果	在计算机和电信业中分享研究与开发力量(NEC)	把在不同市场中生产积累的知识集中使用(宝洁公司)

一个多角化公司可以在不同业务和市场间分享有形资产,诸如生产设备、财务资源、商标名称,例如福特公司大量投资于使用机器人的弹性生产系统,使每个生产设备以至整条生产线都能够适应不同部件、整机和全部型号产品的生产,可口可乐公司则可能是在不同市场利用同一商标名称获得范围经济的最佳范例。

范围经济第二个重要来源是共同分享(企业)与消费者、供应商、分销商、政府以及其他机构的外部关系。如花旗银行这样的多国银行比仅在一个国家运营的银行给国际消费者提供相对更为有效的服务。而松下公司获利主要来源于通过同样的分销渠道销售不同范围产品的能力。

范围经济第三个重要的能力是知识的分享,日本电气公司全球战略的基本推力是"C * C"——计算机与通讯。日本电气公司坚信:在两个领域内拥有优势并将两者结合起来创造新产品的能力,使日本电气有了成为在单一领域具有强大技术实力的全球巨人的能力。

然而,范围经济也是有代价的,多角化公司的不同部件、产品和市场面临不同的环境要求。为了成功,公司需要差别化它的管理系统和管理程序。另一方面,寻求范围经济就是寻求公司内部及其不同活动之间的内在一致性。正是公司力图在实现内部协同的同时还要满足外部需求,由此产生的组织管理和协调成本可能会超过范围经济带来的利益。一个常犯的错误是，公司不明智地将本来具有很大差异而没有内在联系的业务和市场拼凑在一起，以试图获得范围经济。

表6.5把跨国经营的目标和手段联系在一起来说明企业如何建立全球竞争优势。

表6.5　世界范围优势：目标和方法

战略目标	竞争优势来源		
	国家差别	规模经济	范围经济
在现有经营中提高效率	从生产要素成本的差异中获益	在每一业务活动中扩大和利用潜在规模经济	在不同业务和市场中分享投资和分担成本
通过多国投资性管理风险	管理因不同国家比较优势的动态变化产生的各种风险	在规模与战略和经营灵活性间寻求平衡	通过投资组合分散风险，创造更多选择
创新、学习和调整	在组织、管理过程和系统等方面的社会性差异中学习	从经验积累所带来的成本降低和创新中得到好处	在不同产品、市场或业务的组织构成日分享学习

三、全球竞争优势的战略任务

在已经建立了一个分析框架给出的建立全球优势公司需要做什么以后，我们现在必须面对的问题是，公司将如何对竞争对手的战略行为作出反应，这个任务显然与公司国际化的阶段和历史的不同会有很大差别：作为产业内世界范围主要竞争者的公司必须重点保护它的支配地位；对那些小一些但立志成为世界级竞争者的公司来说，任务则是建立必需的资源和能力以挑战现存的行业领导者；对那些只注重它们的国内市场，并且缺少国际化扩张的资源和动机的公司来说，其任务就是保护它们的母国地位，防备那些正在成为跨国公司的竞争者。

（一）捍卫世界范围的支配性地位

新环境形成的压力即使对那些已在世界范围内建立起强大地

位的跨国公司也是很大的挑战。这些公司的大多数实行的是传统的多国战略、国际化战略或全球战略，并且它们过去的成功是建立在它们特殊的战略能力和与产业内支配性的环境力量的配合上。如联合利华是通过实施多国战略，松下、日立公司是通过实施全球战略，分别获得世界市场的支配地位。

然而，在新的竞争环境中，这些跨国公司不能再依靠已建立的能力或优势去同时实现全球性经营效率、多国适应性和全球范围的学习能力。当越来越多的产业演变出我们所述的跨国性特征时，这些公司面临挑战，它们不但要保护和增大它们已有的特殊优势，同时还要建立其他所欠缺的能力。

对许多公司来说，对这种新的挑战的基本反应是试图重新组合它们的资产和活动来发展它们所欠缺的能力。资源高度集中的全球公司通过向它们在各国的子公司分散资源来寻求灵活性，与此相对应，多国公司则通过集中研究和开发、制造和其他规模密集型活动，试图在经营效率上与其全球竞争对手抗衡。本质上，这些公司都试图通过对已有结构的彻底的重构来找到新的合适的结构。但是如果缺乏基础，而对理想结构盲目寻求，不仅会导致诸如与东道国政府由于关闭工厂而引发冲突等外部矛盾，而且也会在公司自身的组织内部形成大量的创伤。而且这种方法最大的问题在于它腐蚀了公司已具有的特别竞争力，却没有增加其所寻求的新的竞争优势。

为了实现保存已有的优势和建立新的优势间的复杂平衡，要求公司遵从两个相当简单的原则。

1. 它们必须集中至少与开发新的资产和能力一样多的资源来保护和加强其已有的资产和能力，用结构改变替代开展的应急计划。对所必需的改革，应采取更为长期的观点和渐进的过程去组合和管理这些变革，以使它们目前正在进行的活动影响最小。它们的做法倾向于建立在——和逐渐修改——它们现有的基础结构上，而不是根本的重构。在可能的范围内，它们依靠已有设施的现代化。

2. 从它们需要构建新的能力的程度上看，这些公司首先寻找各种途径来弥补它们相对于竞争者在优势来源上的不足和差距，而不是模仿它们的资产结构和任务组合。为寻求效率，具有分散资源结构的多国公司发现，在一些高成本国家已有的工厂里采用新的弹性制造技术来提高效率，比关掉这些工厂并将生产转移到低成本国家，以达到与竞争性的全球公司的结构相一致要容易得多。同时，全球公司发现，通过加强其分布在各国的销售子公司和其集中的开发或生产单位的内部联系来提高反应能力和灵活性，也比把资源分散到各个国家运营从而可能削弱其核心效率的做法更有效。

(二) 挑战全球领导者

在近 20 年中，许多美国的、欧洲的和日本的公司从相对小的区域性公司成长为全球范围内的主要竞争者，对其产业内的传统领导者的权威发起挑战，在相对较短时间内从一个默默无闻者发展成为全球瞩目的公司。这种变化的进程，公司与公司之间差别很大，有的几乎完全通过兼并，而有的则主要通过内部发展建立起能力，尽管有这些差异，我们大致还是可以找到它们拓展的共同点。

这些公司先在市场上找到一个立足点，其方法就是重点开拓狭小的利基市场——常常是以特定产品针对一个特定市场，以及在这一狭小的利基市场上建立强的竞争地位。这种竞争地位是建立在多种竞争优势源泉，而不是单一的战略能力的基础上。通过一个连续的过程，这些公司中每一个都获得了成本优势和产品质量优势。

接着，通过沿产品和地域维度进行适度的、小心选择的扩张，以及将成本与质量方面一步一步地改进延展为投资组合的扩大，使立足点扩大而稳固。这种扩展集中于行业领头企业的次要产品和市场。由于处于行业领导者的视野范围之外,这些挑战者能够保持相对隐身,因此在建立起强势和基础设施的同时,而不致于招致来自具有更多资源的竞争对手的直接报复。

在发展自己的产品组合、技术能力、地理范围和营销技能的同时,挑战者常常通过成为他们较大的竞争对手的初始设备制造(OEM)供应者来扩大制造规模并获取成本效益。尽管这可以使竞争对手从挑战者的成本优势中获益,但也使供应公司掌握了由领导公司占据的发达市场的消费者需求和营销战略。一旦奠定这些全球竞争优势的基石,挑战者将迅速从一个无声的立足者转变为在全球范围内所在行业中具有强大的、长久地位的领导者。

(三)守住国内市场

由于资源的原因或其他制约,一些国内公司或许并不期望做这样的全球性扩张。然而,这些公司却不能免受全球竞争的冲击。它们主要的挑战是保护自己的国内地位,防范拥有卓越资源和多个竞争优势源泉的全球竞争者。

有三种选择可供这样的国内竞争者采纳。

1. 选择防范竞争对手的全球优势。跨国公司没有分析产业趋势和影响竞争条件的特权。跨国公司经理们能利用产业结构全球化的优势,作为竞争对手的国内公司也能在相反方向施加影响。国内公司能采取行动影响产业结构或市场条件,使之对国内公司有利,这包括影响消费者偏好,使之要求更多的当地的适应性或服务密集型的产品,或者堵塞关键的分销渠道,或抢占当地关键的供应源,从而挫败全球竞争者的企图。

2. 选择抵消竞争对手的全球优势。这样做的最简单的方式是游说,寻求政府在关税保护上的帮助。还有些策略是通过研究开发基金、出口补贴、融资或投资等政府资助来获得对等的全球能力。争取政府的行业保护政策是对国内企业竞争地位最有效保护。

3. 通过与具有生存能力的全球公司结盟或联合来接近竞争对手的全球优势。许多这样的联合是出于在高风险的全球环境中分散运营风险和经营成本的目的而形成的。通过共享或交换市场准入、技术和生产能力，较小的竞争者能够获得防范全球大公司的一些措施。

第三节　战 略 实 施

战略实施是发挥国际经营战略对国际企业发展指导作用的桥梁，因为如果没有战略实施过程，任何战略规划都只能是纸上谈兵，没有实际意义。

一、战略实施计划

战略实施计划又称为战略筹划。它是指筹划如何实施已形成的新战略，如拟定实施的时间表、划分阶段、制定分阶段目标、进行资源调配等。战略筹划的好坏直接影响战略实施的效果。

（一）制定战略实施计划的依据

要对未来的战略实施进行正确有效的筹划，必须首先进行对未来的科学的预测。因此，制定战略实施计划的依据是对未来情况的科学预测。预测应该包括科学技术预测、经济预测、社会预测、竞争预测等。

（二）制定战略实施计划要注意的问题

由于战略实施过程的成败对企业经营影响甚大，因此，制定战略实施计划过程中必须注意以下几点。

1. 在将整个战略时期划分为若干个阶段时，应注意前后两个阶段的区别和联系。一般前一阶段为后一阶段作准备，后一阶段是前一阶段的延续和承接。两个阶段的转变需要一定的条件，最好设置一些指标用以衡量，防止只凭主观意志处置。

2. 在确定战略目标时，应注意战略目标不应是一个单一的目标，而是一个多目标体系，要注意目标之间的平衡和协调。应注意研究目标的时间层次结构，明确定义近期目标和远期目标，避免急功近利或假大虚空现象。

3. 在战略重点的选择上，应注意重点和非重点只是相对而言的，它们在一定的条件下会发生转化，应研究其转化的条件，防止实施时对此缺乏考虑。

二、战略实施控制与调整

战略付诸实施以后，必须监控其实施过程，了解实施过程和实施计划、目标之间是否出现了偏差，若有，则如何及时采取纠偏措施。与此同时，要时刻注意研究环境，了解环境变化是否足以造成战略的调整或转移。

(一) 决策是否背离战略的检验

要检验战略是否已被理解接受并正在实施，可以运用考察决策行为一致性的方法来进行检验。因为战略是贯穿于一系列决策中的核心指导思想，当一系列决策行为都表现出指导思想的一致性时，则有理由认为战略已被接受并付诸实施；反之，如果一系列决策行为在时间或空间上表现出不一致性，则要么是决策背离了现行的战略，要采取适当的纠偏措施，要么是现行战略和当前的系统和环境不再适应，这是需要进行战略调整或转移的征兆。因此，在战略实施过程中，应有意识地检查决策行为的一致性，来检验战略实施是否存在问题。这一点对于国际企业来说尤为重要，通过考察其国际经营中各方面的决策行为的一致性，可以提供非常有用的信息。

(二) 战略调整或转移

战略虽然有相对的稳定性，但是当系统内、外环境发生变化时,战略调整或转移的要求也会产生,在这种情况下,只有进行有效及时的战略调整和转移,才能使战略的指导作用得以实现。

战略调整一般是指实施战略的改进、完善和充实工作,这一过程一般是稳定的,循序渐进的,发现不足进行改进,碰到机会进行改善,另外还要在实施中不断地充实。

战略转移一般是指从一个战略转到另一个战略。战略转移有突变和渐变两种方式。两种方式的主要区别是从一种状态转移到另一种状态所经历的中间过渡状态的稳定性。如果动荡剧烈,那就是一个突变过程;如果基本平稳,那就是一个渐变过程。那么,在什么条件下渐变、什么条件下突变呢?特定的战略总是与一定的历史时期、领导和环境紧紧联系在一起,战略转移的必要性来自于这些因素的变化。这三者之中任何一个发生突变,都可能引起战略的突变;如果这三者的变化是以渐变的方式进行的话,则当三者达到某种协调状况,战略才有必要发生突变,否则,一般以渐变的方式转移。

思考讨论题

1. 国际企业经营所制订的国际商务战略与国内竞争战略的比较分析。
2. 试述 EPRG 战略模式体系的主要内容。
3. 标准化生产与差别生产的选择主要依据是哪些?
4. 国际企业的成长战略有何选择,它们各自的特点是什么?
5. 如何有效地实施战略?

第七章　国际商务的营销管理

对于从事国际经营的工商企业，其活动的一个重要内容就是为满足国际市场的需求而进行全面的产品或服务经营活动，以实现和扩大销售额而谋取利润。不论企业采用何种国际经营方式都涉及国际营销活动，广义地说国际经营方式的选择本身就是国际营销的一个组成部分。

第一节　国际营销决策

国际商务人员在对国际市场进行详细的调查研究的基础上，通过对第一手和第二手资料进行研究和分析，以期发现宝贵的营销机会。开拓国际市场，主要按照以下步骤进行：细分市场；选择目标市场；进行市场定位。

一、国际市场的细分策略

国际市场细分是指运用一定的标准把整个市场划分为若干个分市场，这个划分市场的过程就称为市场细分。市场细分是选择目标的基础。企业对国际市场进行细分，对正确开展国际市场营销活动，具有很大的意义，这主要表现在四个方面。

1. 有利于企业分析和发现新的国际市场机会，制造最优营销策略。

2. 有利于企业根据细分市场的特点，集中使用人力、物力等资源，避免分散力量，从而取得较好的国际市场营销效益。

3. 有利于中小国际企业开发国际市场,因为中小企业实力相对较弱,通过国际市场细分,能扬长避短,集中力量占领一块有利可图的细分市场。

4. 有利于企业较快地觉察市场变化,一旦国际市场发生变化,能随机应变,及时调整。

(一) 国际消费市场细分

在国际消费市场上,由于受消费者年龄、性别、收入等因素的影响,不同的消费者通常有不同的欲求。正因为这样,企业可以以这些因素为标准把整个市场细分为若干不同的市场部分或亚市场。而由这些标准所决定的国际消费者需要的差异,则是细分国际消费者市场的基础。目前,国际市场的细分标准可以分为以下几类。

1. 社会经济方面。年龄、性别、家庭人数、收入、职业,家庭生命周期、宗教、种族、社会阶层等。

2. 地理方面。洲、国家与地区、地域、气候、人口密度、城镇大小等。

3. 心理方面。强制性与非强制性、独立或依赖、内向或外向、保守或激进、成就欲、领导欲等。

4. 行为方面。理智与感情、独立或依赖、内向或外向、保守或激进、成就欲、领导欲等。

社会经济变量是区分消费者群体的最常用基础。行为变量是建立细分市场重要的出发点,而心理细分则是对高档消费品和精品市场细分的重要尺度。

(二) 国际工业品市场细分

国际工业品市场细分与消费品有相同的地方,也有不同的地方。一般而言,国际工业品市场细分标准较少,个人心理因素虽起作用,但影响较小。它常用的细分标准有地理位置、用户性质及规模,用户需求与使用频率等。工业品的购买者可以用行为变量,如追求利益,忠诚情况,对产品的态度等。不同的最终使用者常常追求不同的利益，这就需要运用不同的营销组合，才能达到目的。下面以某个铝制品国际企业为例来说明如何使用这些细分标准(见图 7.1)。

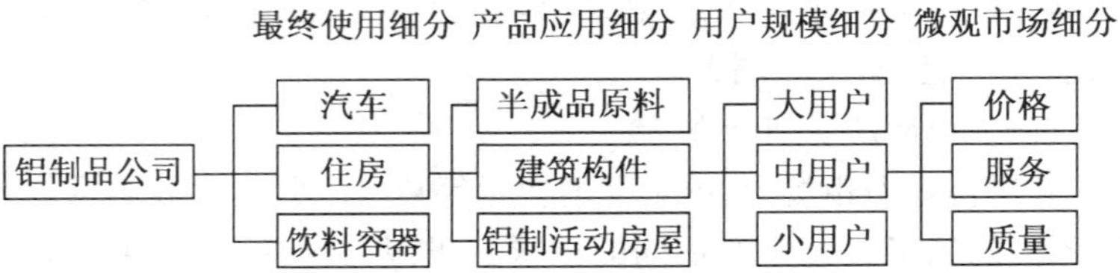

图 7.1　铝制品公司市场细分的步骤

该铝制品公司首先进行了宏观市场细分，宏观市场细分包括了三个步骤。公司考察了所要服务的最终使用市场：汽车市场、住房市场或饮料容器市场。公司选择住房市场为目标市场，然后决定最有吸引力的所需产品：半成品原料、建筑构件，或铝制品活动房屋。公司决定选择建筑物件为目标中用户。在此基础上，进行微观市场细分，即对建筑构件市场中的中用户进行微观市场细分。公司把大用户归入三类：

(1) 根据价格而购买的一类；

(2) 根据服务而购买的一类；

(3) 根据质量而购买的一类。

由于该公司具有优质服务的形象，所以它决定选择着重提供服务这一细分市场。

二、目标市场策略

企业通过市场调研和细分，就可以发现一些良好的国际市场营销机会。但并非所有的机会对国际企业都具有同等的吸引力，企业可能由于资源的限制，并不能够或愿意进入每一个亚市场或市场部分。例如，当企业对欲进入的市场部分进行盈利可能性和大小的分析和预测后，发觉营销成本很高，单位产品利润很小，此时企业常常会放弃这种营销机会。同时，一个企业也无法提供所有买主所需的产品。因此，企业必须选择某一国际市场部分为目标市场。

在选定目标市场后，企业常有三种目标市场策略可供选择。

（一）无差异市场策略

无差异市场策略是指企业把整个国际市场看作一个大的单一目标市场，认为市场上所有消费者对本企业产品的需求都不存在差异性。因此企业只以单一的推销手段向市场推销一种商品，有时甚至在商品的品牌、包装、商标、价格等各个方面都是一样或基本无差别。美国可口可乐公司就是采用这种策略。在大量生产和消费的时代，企业对某些广泛需要的产品实行“无差别的国际市场营销”，可以节省这些产品的生产、储存、运输、广告宣传等费用，降低生产成本和经营费用。但另一方面还应看到，任何一种产品都不可能在市场上长期而且完全一样被所有消费者所接受，一旦有几家企业在同一行业采用这一策略，在较大的国际市场部分中的竞争就会日益激烈，而较小的国际市场部分的需要就会得不到满足，因此，许多国际企业不得不转而实行其他目标市场策略。

（二）差异性市场策略

差异性市场策略，是指企业决定同时为好几个国际市场部分或亚市场服务，并且按照各个国际市场部分的不同需要，分别生产不同的产品，运用不同的国际市场营销组合。美国通用汽车公司针对具有不同财力、目的和个性的国际消费者，生产不同种类、型号的汽车，以满足他们的不同需要。

这种目标市场策略的优点是：企业可以更好地满足各种不同的国际购买者的需要，因而可以扩大销售，大大增加销售额，争取到更多的企业产品“忠诚者”。但是采用这种营销方法比较繁杂，并会增加改进产品费用、生产成本、管理费用、存货费用和促销费用。

（三）集中性营销策略

上述两种策略，都是以整个国际市场为目标，为整个国际市场服务的。而集中性市场策略就是企业只选择一个或少数几个性质基本相同的分市场，作为本企业这一系列或某个品种商品的目标市场。例如，某一汽车企业准备向国际市场推销汽车工具，只选择美国和日本的汽车制造厂作为目标市场。这样做的好处是精力集中，对于目标分市场的需求可深入了解，而且市场性质相似，在组织生产、选择渠道、运用促销手段、订价格等方面都可采取针对性强的营销措施。但实行这种策略也有一定的风险。这是由于其选定的经营范围较小，如果在这个国际市场部分的情况突然变坏（如出现强大的竞争者，消费者的偏好突然变化等），企业就很可能会受损。所以，许多国际企业往往把目标分散在好几个国际市场部分，实行“多角化经营”，以减少风险。

三、国际市场定位策略

企业在进行了国际市场细分并确定了目标市场后，还要采取适当的国际市场定位策略。国际市场定位，是指企业国际营销人员决定的，是关于国际市场需要（或产品属性）上本企业与竞争者在目标市场上的所处位置。

企业要考虑的一个现实是顾客心里已经形成的看法，如何使顾客接受一种新的看法或者改变现有的看法并非易事。企业要为自己的产品在市场上树立一个明确的，有别于竞争者产品的，符合消费者需要的地位。也就是说要为其产品创造一定的特色，树立良好的市场形象，从而让产品在特定的顾客群心中占有位置，留下印象，惟有这样营销才能成功，这其实就是产品的定位策略。这可能意味着在产品策略上要作一些或多方的设计努力：品牌、包装、功能、服务、价格、广告等等。国与国之间的差异，消费者素质的提高和来自竞争对手的压力使得变化甚至是少许的、与众不同的变化都是必要的。

在这种情况下，这个国际企业的产品应当定在什么位置上呢？该国际企业中的市场营销管理主要有以下两种选择。

1. 把产品位置定在竞争者A附近，和A争夺顾客。这样定位时，该国际企业必须具备以下条件：

(1) 能比A生产出更好的产品；

(2) 市场容量大，足以容纳这两个竞争者所生产的产品(否则该企业的产品就卖不出了)；

(3) 比A有更多的资源；

(4) 定位必须考虑到使该国际企业的信誉和特长相适应。

2. 把产品的位置定在生产和出售高质量低价格的产品，这种产品目前还没有人提供。大多数企业都采取这种“拾遗补缺”的办法。国际企业这样干，固然可以在这一部分国际市场上立即取得领导地位，但必须具备以下条件：

(1) 该企业有制造高质量产品的技术；

(2) 以低价出售高质量的产品仍能盈利；

(3) 能使国外购买者相信本企业的产品质量比得上A的质量，因为许多国外购买者认为“便宜没好货”，也就是说，这部分产品在市场上有足够数量的潜在购买者。

日本的国际企业常常采用这种定位策略：当一种新产品刚问世时，其质量非常好，但价格却不高，创出牌子后，系列产品接踵而来，而所谓系列产品，其实往往只是改变产品的外观，或增加一些功能而已，成本并没增加多少，但价格却提高了许多，逐渐往高价格高质量的方向过渡。

企业产品在国际市场上的定位，决定着企业在市场上扮演的角色。角色的不同决定了企业采用的竞争策略亦有所差别。

作为市场领导者，通常在市场上拥有较大的占有率，并且在价格、新产品、促销等方面的活动足以影响其他企业的行动。在维护领导者地位方面的策略有：发展目标市场的每一细分市场或维护取得的市场占有率，通过努力增加产品线中的产品项目，吸引潜在顾客进入市场，增加产品用途或原顾客重购率等方法来完成，并可通过对抗、干扰等方法，打击竞争者。

处于市场挑战者位置的企业，通常比领导者所占的市场小一些，但仍具获得领导者地位的潜力，通常采用市场渗透价格的策略；选择推广对象的策略；发展新产品的策略。

作为市场追随者的是大部分企业，一般策略是有效的市场细分策略，选择满足一部分需求；追求高利润策略，不重视占有率的大小，通过适合的营销组合，以获取高利润。

作为市场钻空者的企业以满足某类产品的细小市场需要为目的，如专门为有特殊需要的顾客生产，专门为国际上某一两个大企业作配套服务，专门生产高质量高价格的产品。

第二节　国际产品策略

企业进行营销活动，不管其经营地域的范围和区位有何不同，但有一条是不会变的，即其首先要解决的问题是企业以什么样的产品和服务去满足消费者的需求，这是产品策略要解决的问题。产品策略是市场营销组合的中心内容，涉及到产品的标准化与差异化、新产品的开发、产品生命周期、产品组合、产品的包装、商标、质量保证和服务等方面的策略。国际营销的产品策略同样也涉及这些方面，但更具有跨国界的色彩。在国际营销产品策略中，有三方面的内容很具有特殊性：出口产品的改变策略；产品生命周期在国际市场的改变及运用；国际目标市场确定与产品定位。

一、出口产品的改变策略

一般来说，企业都是将自己现有的产品出口，特别是对初次进入海外市场的企业更是如此。因为现有的产品是企业所熟悉的，比较有把握获得成功。但是有些因素可能迫使企业或吸引企业对出口产品进行改变。大致会有以下三种情况。

（一）强制性的适应性改变

为了保护本国消费者的利益或者某些集团的利益，或者为了维持已有的商业习惯，各国政府会对在市场上买卖的商品制订出一些特殊的法律、规则或要求。有些是永久性的，有的是临时性的，有的是专为进口商品制订的。产品要想出口到某国，就必须符合该国的这些特殊要求，否则连海关也进不了。比如日本的商品规格就可分为“强制规格”和“任意规格”两种。“强制规格”中指商品在性质、形态、大小和检查试验方法上必须满足特定的标准，否则就不可能在日本进行制造和销售，药品、化妆品、食品、电器等都属于“强制规格”范围。这种类型的适应性改变，有些较容易做到，只要在成分上、产地上、或外观等方面略加改动即可，但有些改动则要花较大的功夫和代价才能做到。

（二）物理环境的适应性的改变

出口到海外的产品由于受到当地的气候、地理、资源、标准等的影响，也可能要作出相应的改变，大众汽车公司与中国合资生产的桑塔纳轿车，是在德方充分考虑了中国的公路状况、气候条件、使用频率后经过多次试验，搜集大量数据后，在原来的型号上加以改进设计而成的。

（三）市场环境适应性的改变

出口产品的价值在于满足国际市场上消费者的需求，由于经济水平和文化背景的差异，不同国家的消费者的需求可能会大相径庭。市场条件不一样，满足这种需要的方式也会不一样。比如长毛绒玩具，出口到非洲，简易的透明软塑料袋包装就可以了，因为那里的消费者更注重的是产品的内核；同样商品同样包装出口到美国，只能放在地摊上出售，如改用竹盒包装，竹上配有图案，再开个窗口可见到长毛绒玩具,价格贵出8倍。表7.1列出了一些市场条件是怎样影响产品需求的例子。

表7.1 市场条件影响产品的使用与需求

市场条件	可能的产品政策
消费者收入低	产品简化或创新
不同的消费者偏爱	重新设计产品
产品用于不同的需求	重新设计产品,调整广告策略
不同的式样爱好	改变产品的外表
使用者的流动性	基本产品的标准化
使用者的技术水平低	改变产品以减少产品使用中所需的技术
不同的销售渠道和购买条件	改变包装和包装大小,或重新设计产品

总的来说,市场环境适应性的改变是非强制性的,是可变可不变的,作出这一决定的标准是改变带来的收益是否超过改变带来的成本。因此,我们又称市场环境适应性改变为营销盈利适应性改变。

由于产品是一个整体概念,因此,产品的核心层、形体层、附加层的变化可以体现在许多方面,表7.2列出了产品策略中的一些主要因素以及相应的可以采取改变的方面。

表7.2 产品策略中适应性的选择

产品策略中的因素	在国际市场上采取适应性策略的一些例子
与性能有关的产品特性	大小、容量、产品属性的数目……
产品安全特性	国际市场要求,使用者训练、指导、产品设计……
产品质量水平	预期使用时间,用的原材料,加工过程……
产品设计/风格	颜色、原料、大小、形状、重量、便利……
包装设计	颜色、材料、形状、大小……
包装标记	语言、使用指导、成分、警告,……
担保	法律责任,时期,……
服务政策	维修设施,维修人员训练,调换……
定位	目标市场与产品性能有关或无关的特性,其他4P……
牌名政策	语言,特许经营,商标保护……

国际市场产品适应策略还可以和广告结合起来，组合成不同的策略。

1. 产品直接延伸策略。即同一产品，同一广告，而向世界。这一策略对国际企业是具有吸引力的，成本低、利润高。

2. 产品沟通适应策略。用原有产品输向国外市场，只是修改广告的形式和内容，以适应当地国的民情风俗、习惯偏好。如自行车在中国是一种主要的代步工具，而在美国、欧洲则主要满足体育、健身的需求，所以在销往这些市场时，在广告、促销上加以调整，强调对当地的适应功能。

3. 产品适应沟通延伸策略。意指改变产品以迎合目标市场的情况与偏好，但无须改变广告和促销手段。如麦克唐纳汉堡包公司，在不同国家销售的汉堡包根据当地消费者的口味对材料配比加以调整，但依然使用公司标准的广告宣传，邀请人们在金色拱形标志下享用汉堡包。

4. 双重适应策略。当产品使用的外界环境条件和产品所发挥的功能都有差异时，使产品和广告都适应当地条件。以提高产品在国际市场接受能力。

5. 产品创新。当存在潜在的、特殊的巨大市场时，使产品创新或设计一种全新的产品以满足特定需求或功能。如为光照特别充足的地区设计太阳能淋浴器，为缺水地区设计“超声波”洗衣机。

二、产品生命周期在国际市场的改变和运用

产品生命周期是营销学里的一个重要概念。在市场营销学中把一个产品的全部销售历史叫产品的生命周期，一个完整的产品生命周期包括了产品的导入期、成长期、成熟期和衰退期，产品在每个阶段都表现出不同的市场特征和不同的销售量，每个阶段面临着不同的复杂任务和机会，要求执行不同的市场营销策略。根

据产品生命周期的概念,市场营销部门应确定产品生命周期每一阶段的市场营销计划,并随着产品的生命周期的变化调整其市场营销策略和计划。

随着商品的国际化和生产国际化的发展,把产品的生命周期放到一个更广阔的市场空间里去考虑,产品生命周期仍然有效但会呈现出一些新的特点。

(一) 产品生命周期的不同阶段的营销策略的新内容

当产品处在创新阶段,由于生产该产品的企业很少,规模又较小,又是新产品,所以在市场上几乎没有竞争对手,这时以满足国内市场为主,并出口一部分到国外市场。到了产品成熟阶段,产品技术趋于完善,产品也已定形,生产企业在不断增加,规模也在不断扩大,消费者能够从不同商标型号的同类产品中进行价格和质量上的选择,对企业来说,成本和价格问题变得日益重要。这时,想以继续维护简单的贸易出口来达到最佳经济效益的路子已行不通。因此,选择对外直接投资,即到国外建立子公司就地生产,就地销售,成为扩大出口、保证经济利益的最佳途径。第三阶段是产品标准化阶段,处于这个阶段的技术和产品都已相当成熟并已标准化了,参与此类产品生产的企业一般也都积累了许多经验,因此,市场竞争更加激烈,成本和价格问题显得十分突出,在这种情况下,就应对各个国家、地区的市场、资源和劳动力价格进行比较,而选择生产成本最低的地区建立子公司就变得十分必要。

(二) 通过市场的转换,使产品生命周期得以延长

当企业把其产品打到国际市场上去后,其产品生命周期通常比仅局限在国内市场的要长,特别是对耐用消费品,机电产品等。这是由于各国的经济发展程度不一样,从而市场需求的发展也不一样,在A国已达到成熟或衰退阶段的产品可能在B国刚刚进入成长阶段,而在C国可能才被引进,因此,如A国的企业抓住时机将产品迅速推向B国和C国,则极有可能延长该产品的生命

周期。

上海永久自行车公司生产的普通车和载重车在国内市场已接近衰退期，在欧美市场已成为淘汰产品，但在东南亚和南美市场，这种车仍有相当潜力。斯里兰卡、孟加拉、巴基斯坦、尼泊尔等东南亚国家对此产品仍有很旺的需求，古巴政府希望该厂在其国家建造一个年产15万辆载重车的自行车工厂。这些海外市场对整车和零部件的需求，一定程度上延长了该产品的生命周期，为企业带来了效益，如图7.2所示，当产品在国内市场已经步入其衰退期时，出口的刺激使它再度跃起，延长其生命周期。

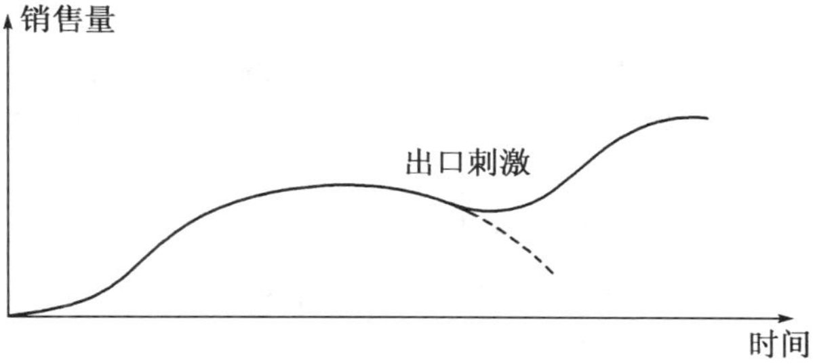

图7.2　产品的生命周期

尽管不同的产品生命周期长短不一，但是一个共同的现象却是值得注意的，由于技术进步的速度和消费者需求变化的节奏都大大加快，产品的生命周期都显著地缩短了。对进行国际营销的企业来说，注意这一点非常重要。一些国家的消费者善于改变他们的购买习惯，改变他们对产品好坏的标准，改变他们的价值观念。据统计美国超级市场上近50%左右的商品是十年前未见过的。能够迎合这些变化的企业，将能继续售出他们不断变化的产品。不能适应这些变化的企业，将失去这个市场。

三、国际专业化生产的策略

1970年代以后，许多国际企业为了在竞争中夺取优势地位，采取了一种新的产品策略。这就是一种产品并不是在本国发展起来之后才转移到国外去生产，而是从一开始就根据世界先进的科技水平和专业分工来安排国外的投资，在全球范围内配置专业化工厂网，定点生产，分工制造部件，然后集中运到有利的地点，定点定向销售。如IBM在美国以外任何一国都不制造完全的586型计算机，它在英国、德国、法国、意大利的子公司生产机器的各种部件，最后集中装配成一个完整的产品。

这种在国际范围内实行专业化生产的策略，必须在生产技术稳定，各工厂的产量相近，以及各国市场的产品规定一致的情况下，才能充分发挥其效率。同时，采用这种策略，在运输费用上也会增加一些负担，有时也会遇到关税和非关税壁垒的限制。但是由于它能够广泛采用最新技术，充分利用当地资源，大大降低产品成本，获得大规模生产的有利经济效益，因而在市场竞争中占有极大的优势，在短期内即可给垄断资本带来巨大的高额利润。近年来，在国际市场竞争空前激烈，产品销售较困难的情况下，制造新产品的任何迟缓都会遭致竞争的失利，因而许多国际公司采取了这种产品策略，在运输设备制造业，电子工业等产品中更是广泛被采用。

第三节　国际销售渠道策略

无论产品面对哪个国家，哪一类市场，也不论其是消费品还是工业品，市场营销人员都必须设法通过分销渠道将商品送达消费者或最终使用者的手中。所谓销售渠道也常常称为分销渠道和商品流通渠道。它是指产品从生产领域进入另一个生产领域或消费领域的流通途径,它不仅是指商品实物形态的运动路线,还包括完成商品运动的交换的结构形式。国际分销渠道与国内分销渠道相比的特别之处不仅在于结构上的选择,而且在于那些影响渠道决策的经营及市场因素的变化。

一、国际分销系统

(一) 国际分销渠道的结构与长度

把产品销售到海外市场,不仅要经过本国的分销渠道,而且还要通过进口国的分销渠道,才能送达进口国的最终用户。国际营销中常见的分销渠道包括三个环节。第一个环节是本国的分销渠道,它由生产企业和批发中间商组成;第二个环节是出口国的出口商和进口国进口商之间的分销渠道,即由本国进入进口国的分销渠道;第三个环节是进口国的分销渠道(如图 7.3)。

要使产品打入国际市场,公司能使用任何一种出口渠道。这些可供选择的渠道之间,根本区别在于是否存在位于母国的独立的出口媒介。当制造业公司使用国内中间商时,它自己不从事出口,在其产品的国外营销中至多有个临界作用,通常把通过国内中间商的出口称为间接出口。

制造企业的出口由图 7.3 所示可以有多条选择途径:

(1) 通过本国批发商再到本国出口商出口。这条途径直接用于数量不大的消费品;

(2) 直接通过本国出口商出口,这条途径宜用于买主和卖主都比较集中的大宗交易;

(3) 直接出口给国外中间商,如国际市场中经常交易的大宗商品;

(4) 直接出口给国外批发商或代理商,如需要利用他们的市场力量来扩大市场覆盖面的商品;

(5) 直接出口给国外零售商,如国外大规模零售商订购的商品;

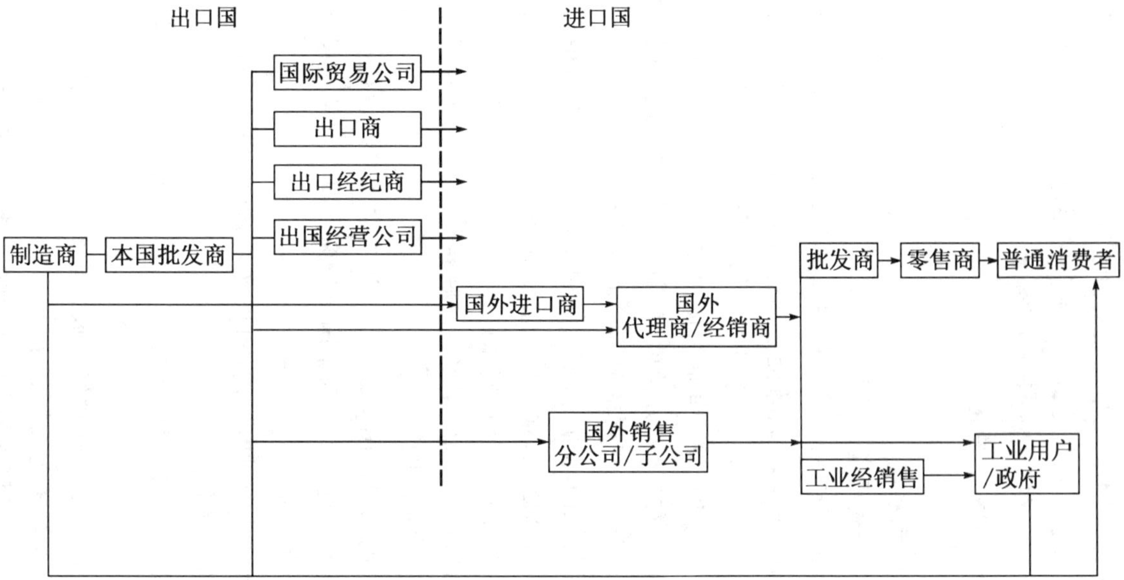

图7.3　国际分销渠道示意图

(6) 直接售予国外客户，如原料性商品，政府企业的订货，邮寄销售等；

(7) 在进口国设立海外生产装配部门，由海外生产装配部门把生产出来的产品售予进口国分销渠道各环节。

可见，国际分销渠道的三个环节是一般的进出口产品的流向，并不是每一次交易行为都要通过出口商或进口商组成的第二个环节。由本国分销渠道组成的第一个环节，也并非要逐一依次经过这些中间商，交易行为也可以越过其中一级或两级中间商。不论采用何种选择，销售方必须对分销渠道施加影响。在国内，销售方通常通过公司的国际营销部来沟通国与国之间的各个分销环节。在国外，销售方还必须监督向最终用户供应商品的渠道。当然，最理想的是公司能控制各个渠道直到最终用户的整个分销过程，但在实际上，由于各种条件的限制，并不能完全做到，但是要尽可能地通过直接和间接的手段对整个渠道加强控制。

公司外部可利用的各种中间商可分为两种基本类型：一种是自营中间商，他们买断销售的商品，取得货物所有权，买卖自主；另一种是代理中间商，他们直接代表委托人，而不是自主经营，在对国内和国外中间商进行分析时，首先要区分是代理中间商还是自营中间商。

需要强调的是，在实际商务活动中，那些分工明确，性质单一的实体并不多见，有不少公司既经营出口又经营进口，既充当代理中间商又是自营中间商，有的还承担货物转运业务，提供金融服务，对这类公司归属分类就不是一件容易的事。

在整个销售过程中，每经过一个对产品拥有所有权或负有销售责任的中间商机构，就形成一个层次，层次越多，分销渠道就越长；层次越少，分销渠道就越短。对中间商分销层次的确定，生产企业综合考虑进出口条件、国际市场容量(特别是目标市场容量)、中间商销售能力、产品特点、生产企业本身的状况和要求，消费者购买要求以及其他的国际市场环境。

(二) 国际分销渠道的宽度

通过考虑各种因素的影响,决定销售渠道的长度,还要确定销售渠道的宽度,即分销渠道各个层次中使用的中间商数目的多寡,这也是销售渠道策略要解决的重要问题,在销售渠道的宽度上有三种选择。

1. 广泛分销。即尽可能多地使用中间商,企业对每个中间商负责的地区范围不做明确规定,对其经营能力不严格要求。这种策略的主要目的是使国际市场的消费者和用户能有更多的机会,方便地购买其产品。在国际市场上,日用品、食品等价格低,购买频率较高,每次购买数量少的商品以及具有高度统一标准的商品,如小工具、紧固件及润滑油等,多采用这种分销策略。外销企业选择广泛分销策略,一般要付较高的广告和其他形式的推销费,使成本上升。分销渠道太宽,对价格、分布和销售形式等企业也较难控制。

2. 选择分销。精选少数符合要求的中间商,由外销企业把产品售给经过精选的一定区域的少数中间商,故要求每个中间商销售能力强、信誉高。这种分销方式适用于大部分商品,特别是消费品中的选购品、特殊品和工业品中的零件。因为这些商品的消费者往往注重产品的牌子,这种分销方法可以与第一种分销方法配合使用,先用第一种方法,通过广泛宣传,提高该产品在广大消费者中的知名度,然后通过淘汰效率低、作用小的中间商,改用第二种方法,以减少销售费用,增加利润。另外当企业缺乏国际市场经营的经验,在进入国际市场的初期,也可选用几家中间商进行试探性的分销。待企业有了一定的国际市场经验,或其他条件成熟以后,再调整市场分销策略。采用选择分配方法,中间商因减少了竞争对手,削价竞争的压力减少,因而乐于为制造厂商销售,甚至可同意负担一部分广告费用。

3. 独家分销。即外销企业在目标市场上或目标市场的一部分地区内仅指定一家中间商经营其产品。通常双方签订书面合同。规定双方的权利和义务,生产企业保证持续供货,价格优惠,并不在该地区另辟销售途径。中间商则保证努力推销该项商品并不得再代销其他竞争性的商品。特殊品的制造商多采用独家经销,尤其是名牌产品,很多中间商乐于独家经营有名气的企业产品,借以提高自己的身价。需要现场操作表演和介绍使用方法的机械产品和其他工业品,需要加强售后服务的耐用消费品,也适合此法。对于制造商而言,独家经销能提高中间商的积极性和推销效率,做好售后服务工作,易于控制产品的零售价格;促销工作易于获得独家经销商的合作。对于中间商而言,独家经销时可凭名牌产品树立市场上的声望和地位,与制造商维持良好的关系,独家产品推销不必作削价竞争,从而确保了营业收益,同时,易获得制造商广告活动的支持。

(三) 分销渠道的选择

销售渠道的选择往往随企业的发展,市场的变化及东道国条件的改变等因素而需作出调整。但一般来说,各种渠道的利用有其相对的稳定性,一种渠道的建立往往要花费大量的人力、财力,而一旦放弃,却又不大容易恢复。每家国际公司都有自己独特的风格,在分销渠道的选择上也是如此。例如,麦克唐纳公司采用直接销售和特权经销的方式,它认为本公司的分配体制是神圣不可侵犯的,而给予当地经销商的权力很小。但也有些跨国公司如可口可乐公司则更多地利用中间商销售并给予较高的自由度。

分销渠道的选择没有绝对优劣之分,公司在考虑分销渠道的选择时,不仅要考虑市场及公司自身条件的要求,也应从营销组合角度出发,使分销渠道决策与产品,订价及促销等组合因素相互配合,形成整体上的效益。下面是一些选择分销渠道的考虑因素。

1. 控制。公司对国际市场营销的控制权要求不同,其分销渠道的决策会有所不同。企业如建立自己的国外市场营销渠道,对渠道的控制自然大。如果使用中间商,企业对渠道的控制程度取决于各中间商愿意接受控制的程度。一般来说,渠道愈长,宽度愈宽,对于售价、销售量,推销方式等的控制能力就愈易减弱。

2. 资金。即建立渠道的资本需要。渠道所涉及的财务因素主要是利用某个中间商所需要的资金和现金流形式。如果生产企业要在国外市场建立自己的销售渠道,往往使投资加大化。如果利用独立的中间商,则可减少现金投资,但往往需要提供贷款,使存货投资并不能减少。

3. 成本。经济性是渠道选择的一个重要指标。这里的成本指的是渠道完全成本。它包括支付本企业推销人员的一切费用,付给中间商的佣金,商品流转过程中的储运装卸,各种单据和书面工作费用,广告宣传,洽谈买卖等等各种业务行为的全部开支。通常,公司利用渠道成本利润率指标进行分析,公式如下:

$$某种渠道成本利润率=\frac{销售额-渠道完全成本}{渠道完全成本}$$

整体分销战略就是要在成本最小化目标和其他目标之间进行平衡。

4. 灵活性。跨国公司选取某种分销渠道后,随着市场环境的变化,或企业自身条件和目标的改变,就会产生分销渠道及其联系方式的改变或调整,但各种分销渠道的灵活性是不同的。一般来说,进入方式越直接,变动越难。

5. 风险。不同的分销渠道具有不同的风险。这些风险包括商业方面的,如库存资金、应收款、外汇率等,也包括来自政治方面的,如国有化、政局变动等。国际公司经常根据风险分析决定渠道介入深度。

除了上述渠道选择标准外,公司还要考虑自身的一些特殊要求,比如,缺乏有经验的海外营销人员会对其选择更直接的分销方式形成障碍。另外,中间商的能力,经验及信誉等也应看作为重要的选择依据。一般而言,中间商与企业实力相当,则更容易合作。总之,选择分销渠道时,跨国公司要对各种中间商作尽可能详细的了解。这些了解多通过东道国的银行、工商团体、贸易协会及一些专门咨询机构等进行,最后得出综合的比较结果,做出决策。

二、国际分销渠道的管理和控制

企业选择了国际分销渠道和中间商以后,还要加强对分销渠道的管理和监控,以谋求企业和中间商之间的相互支持和友好合作。对国际市场分销渠道(特别是对中间商)的管理,主要包括专门管理,健全档案,适当鼓励,定期评估,有效监督和及时调整等几项工作。

(一) 专门管理

出口企业,尤其是经常开展国际市场营销活动的大型企业,一般应设立国际市场分销渠道的专门机构,至少要有专人负责这项工作,以加强对分销渠道的专门化、系统化管理。国外许多大型公司都设有这类机构,专门负责对中间商的联系、沟通、监督和管理工作,效果很好。

(二) 健全档案

与国内外商务、贸易、银行、信息以及政策管理机构等保持经常性的联系,不断搜集、分析、整理有关中间商(重点是本企业客户)的资信材料,包括中间商的地理位置、发展历史、资本大小、经营范围、经营特色、业务能力、资信状况、管理水平以及双方的关系、合作的态度、利弊分析等等,还要对这些材料加工整理,分门别类,做到系统完整,简明扼要,便于查阅。

(三) 适当鼓励

对中间商给予适当的鼓励,目的是促使双方友好合作,互惠互利,融洽感情。

1. 给中间商提供适销对路的优质产品。这是对中间商的最好鼓励。

2. 给予中间商的赚头要比竞争对手给得多,以提高其经销的积极性,尤其是初进入国际市场的产品和知名度不高的产品。

3. 协助中间商进行人员培训。

4. 给予经销商独家专营的权力。

5. 双方共同开展广告等促销活动,并共同承担有关费用。

6. 给成绩突出的中间商一定的奖励。

更重要的是,一个精明的企业首先要认真研究目标市场的情况,客观地衡量本企业与中间商双方的得失,共同议定销售策略,建立长期的伙伴关系。

(四) 定期评估

这要作两方面的工作:一是对分销渠道模式和分销渠道结构进行评估,这种评估的标准主要是经济效益;二是对客户的评估,主要是对客户的履约率、资信状况、销售能力、合作态度、经营效率等作出鉴定,必要时可对客户进行调整。

(五) 及时调整

由于市场环境,分销渠道和企业内部条件等经常发生变化。所以,对分销渠道的适当调整是必要的。比如,目标市场已经转移,中间商信誉较差,企业改变了产品结构,竞争者的分销渠道冲突等。国际分销渠道调整可采用增减渠道或中间商,或改变整个渠道系统。

第四节　国际定价策略

定价是国际市场营销中最为敏感的决策。价格的高低不仅仅会直接影响到企业的经济效益,而且也会直接影响到竞争对手的市场行为。特别是在以买方为主的国际市场上,强手林立,竞争激烈，价格的作用就显得更为明显，价格的制定也就越发要慎重。

涉足国际市场程度不一的外向型企业也会有不同的定价策略。比如出口型企业，根据是把产品卖给本国外贸公司还是外国客户，可以定出厂价，离岸价或到岸价。如果企业有自己的海外营销公司，那就要考虑当地市场的批发价或零售价。对于在海外有自己生产企业的公司来讲，转移价格是一个不应忽略的问题。在国际市场上，企业还要考虑可能与竞争对手达成某种协议价，要考虑产品产地对价格的影响。

一、国际定价的制约因素

任何市场价格的决策都受到三种基本因素的约束：成本——决定价格的低限；竞争——决定价格的高限，以及需求——取决于顾客的支付能力或需求弹性。除此以外，国际企业经理还须面对两类因素：

(1) 国际性的制约；

(2) 公司内部价格目标的冲突。

(一) 国际性的制约包括

上述三种基本因素在各国市场上的差异、各国政府的税收政策和要求，政府的管制法令(如反倾销法令，转移价格规定，以及限价政策等等)，国际间的运输成本，延长了国际分配渠道中的中间商、多国性顾客的“同等价格”要求，各个利益集团的压力等等。至于公司内部各部门的价格目标是有差异的，产品部门要求价格能使本部门的利润最大，而国际市场营销经理以及国外子公司经理则希望价格在世界市场上有竞争能力，财务主管则强调利润，而税务经理则关心定价政策对公司的课税负担，课税延迟机会，以及政府的转移价格规定所产生的影响，法律顾问担心国际定价是否会引起反托拉斯调查和反倾销调查。因此，企业高层领导者对定价问题不得不负决策责任。

对标准化产品或无差别性(通用)产品,价格全由市场决定,卖者无法控制。受政府管制的价格,或专利授权协议下的固定价格,公司高层亦无权决定。由于国际企业活动大多建立在差别化产品上,只要市场未受政府管制,则生产者必须自行定价。在这种情况下,公司在定价政策方面可能有两种态度,一种认为价格只是企业决策中的一个静态成分或一个固定因素(体现为成本加价法)。另一种是视价格为达成市场营销目标的一项积极工具或一个重要变量。美国公司一般把价格看成一个重要变量。一旦市场份额取得领导地位,则利润必将随之而来(这同边际成本定价相似)。相比企业在国内市场定价而言,在国际市场定价要受到一些特殊成本因素和市场因素的影响。

(二) 关税

尽管各国都有种种税种,诸如购买税或货物税,增值税或流转税,这类税在相当程度上提高了商品的最终价格,但是这类税通常不能歧视国外产品,也不能对国外商品起决定性的影响。相比之下,关税是最重要的歧视税,它在很大程度上会削弱外国企业产品同当地企业的竞争力,所以企业在进行国际经营时,必须非常重视关税对商品价格的影响。

(三) 金融成本和风险成本

国际经营所遇到的风险大多数是国际性的,如通货膨胀,外汇汇率的波动等,这类国际性金融风险必然影响到商品的成本,企业经营的成本,甚至于产品价格的确定方法等。特别是要考虑到外汇汇率波动对商品价格的影响。尤其是在订货和交货之间有一定的时间间隔,外汇汇率波动对成本,进而对价格都会有一定的影响。

(四) 需求差异性

一般情况下,企业定价是以生产国的需求作为价格制定的基础,但实际上目标市场国,即消费国的需求对定价来说更重要。国际企业面临的需求状况是非常复杂的,因为每个国家的需求不是抽象的概念,而是具体的购买行为。这种经济与消费行为背后有社会经济、收入分配、文化背景等多种因素的交互作用。这些因素有些是可以量化的,而有些则是非量化的因素。所以企业在考虑目标市场需求状况时,要深入分析这些影响因素,采取针对性的定价策略和价格定位。

(五) 市场竞争状况

企业活动的国际市场通常是国际寡头垄断结构的竞争市场,在这种市场上,垄断企业为了避免价格竞争带来各自的损失,往往在一定时期里结成公开或隐蔽的联盟,来共同操纵价格和市场。但是过剩的生产能力常常迫使企业采取一些应急措施或数量上的折扣等。因此,在直接竞争中,价格更多的是被竞争者的价格所影响,而不是市场需求本身的影响。

(六) 政府的干预措施

企业在各国市场进行经营活动时,会遇到各国政府控制价格的各种限制和法规,诸如限制边际利润;规定价格的最低限或最高限;限制价格变动;政府直接参与市场竞争;政府以补贴的形式支持本国企业在世界市场上进行降价竞争等。

二、定价方法与策略

企业在国际定价方面首先要决定是按边际成本还是完全成本定价,同时必须决定它在通货膨胀、汇率贬值或升值的环境中如何定价,以及在发展中国家如何定价等问题。下面作些简要的介绍。

(一) 边际成本定价(Marginal Cost Pricing)

国际企业在国外市场销售的产品主要考虑其边际成本或增量成本,因为假定国外销售(出口)只是公司的附带业务,只要收入超过边际成本,即可能对固定成本和利润有所贡献。此外,在有的情况下,只有如此,才能进入国际市场并应付当地竞争。

进入国际市场并应付当地竞争的动机，将促使企业以较国内为低的价格在国外市场推销产品，借以打进国际市场。但这种策略容易遭受外国“反倾销”的抑制（用附加税或其他惩罚方式）。不过在美国、加拿大等国，欲使对方“倾销”罪名成立，必须同时具备“价格差别待遇”（Price Discrimination）和造成对本国同类产品生产者的损害（Injure）这两条，政府才会采取“反倾销”法加以制裁。

避免反倾销法制裁的办法之一是出售有差别的商品（即不完全相同）给外国；办法之二是采取非价格竞争的措施，例如对外国经销商延长信用期（这等于是减价）。

（二）全部成本或成本加价定价（Full Cost）

基础稳固，具有实力的企业常常采用这种定价方法。此法不要求每个市场都能收回成本，但就整个企业来说则必须收回。此法优点是比较简单，不需有竞争的市场信息，而且还可按不同市场情况而略加调整。

在出口市场营销方面，成本加价的定价方式常会造成价格逐级上升（Price Escalation）状况。表7.3给出了一个具体的例子以说明额外的费用和不同的分销渠道是如何使出口产品价格逐级上升的。由于商品的运输成本、关税的复杂的分配渠道，很高的中间商边际利润，特别税收以及外汇汇率的波动等等因素的作用，最终导致了商品价格的上升，若分销渠道越长，加成百分比越大，则升级越厉害，往往使产品失去竞争力。对策之一是尽量寻求较低成本的商品来源（在当地就地取材制造，或由运费、关税较低的地方进货）。对策之二是彻底检讨目标市场的分销结构，力求合理化或组织直接营销。

成本加价定价法的缺点很多，首先是其完全忽视目标市场的需求和竞争情况，因而未能使企业在每一国家市场的销售额（或收入）或利润达到最大；其次，成本的测度或估计难以正确甚至歪曲实况。

表 7.3　不同分销渠道下的成本加价定价比较

	出口产品直接进入客户	通过一级批发进入客户	通过二级批发进入客户	通过零售渠道进入客户
国内出厂价	100	100	100	100
运费加保险费	25	25	25	25
GIF 价	125	125	125	125
一级进口批发商成本		150	150	150
一级进口批发商加成 15%		22.5	22.5	22.5
二级批发商成本			172.5	172.5
二级批发商加成 20%			34.5	34.5
零售商成本				207
零售商加成 35%				72.5
顾客支付的价格	150	172.5	207	279.5

（三）通货膨胀环境中的定价

通货膨胀发生之初，买方一般的反应就是对于物价的升高心慌意乱。有时提前抢购并无实际需要的产品，惟恐失去购买力，有时又推迟购买以图在晚些时候挽回失去的购买力。当买方明白通货膨胀并无减缓的趋势时，就会对产品的价值和价格之间的关系更加注意，改变购买的先后顺序，对产品的重要性重新排队（根据实际需要及其价格对通货膨胀的敏感程度）；如果通货膨胀伴随着经济停滞，买方就少买。

在通货膨胀情况下，企业成本不断上升，需不时调整价格，否则入不敷出，更谈不上盈利。在通货膨胀中，企业存货成本的计算一般不用先进先出法，而以后进先出法较为合适。但在急剧的通货膨胀下，最适当的办法是 NIFO（Next In, First Out）法，即按照估计的未来进货价格先出。

但在通货膨胀条件下定价要注意以下几点原则。

1. 必须避免价格猛增，即使一次涨价和另一次之间相隔很长时间也不可取。最好是次频量微，这样做可避免使公众紧张，减少国家干预的危险；

2. 价格的变化最好以营销组合中其他环节的变化相伴随，推出新产品，服务更周到等。

3. 注意竞争者是否作出同样的价格调整，以及市场需求弹性，有时调低目标利润率反而更为有利。

（四）汇率贬值或升值情况下的定价

汇率贬值的国家，其产品的对外价格将较前降低，但如该国有相当的进口，则进口价将上升。所以其出口品价格降低的程度将低于贬值程度。此时从该国出口产品须评估外国市场对该产品的需求弹性及出口者的市场营销地位；如需求无弹性，则国外市场售价毋需减降或仅作少许减降（此时以本国货币表示的价格自然较前增加）；反之，则减少，以求从增加了的销量中增加利润。通货升值时则情况与上述相反，出口商可将以外币表示的价格增加转嫁给外国顾客，或设法减低市场营销费用以自行吸收价格增加的部分，或减低国内价格以自行吸收以外币表示的价格增加部分，或不减低市场营业的费用而让营销所得利润减少。

（五）在发展中国家定价

发展中国家人均收入很低，产品销量有限，故国际企业营销人员常试图用广告和其他促销手段来扩大销路，美国公司就习惯用这种非价格形式进行竞争。结果是销货成本增加，使其产品成为奢侈品或半奢侈品，因价格过高反而谈不上绩效。反之，在低价的情况下，发展中国家的市场会具有很大的弹性。所以如果扩大生产规模，产品适销对路，则发达国家的大量消费物品也可成为发展中国家的大量消费物品，国际企业的经营绩效将大为不同。不少国际企业之所以在发展中国家设厂制造，就地推销，实际是采用了低价格——高产量的路线，实践证明，这常常是行之有效的。

第五节　国际促销策略

国际市场的营销促销，或称营销推广（Marketing Promotion）是企业与国外最终用户的一种信息沟通行为。它是企业将产品或服务的有关信息通过传播，帮助消费者认识商品或服务所能带来的利益，诱发消费者的需求，激发他们的欲望，促进他们采取购买行动，以实现销售的活动。

国际市场竞争激烈，这种竞争不仅表现为产品质量的竞争、价格竞争、服务竞争，而且还表现为信息传播的竞争，当商品在性能、价格、服务等方面相仿时，加强信息传送就显得格外重要。某种商品信息传播先为人知，广为人知，深为人知，就能占有有利的销售地位。

国际市场商品信息既可以通过销售人员面对面地向目标顾客直接传播，又可以通过运用一定媒体向目标顾客进行广泛的，间接地传播。通过人员传送商品信息，引导顾客营销购买的营销活动称为人员促销，也叫人员推销。通过媒体传送商品信息，引导顾客购买的活动称为非人员促销，这类促销主要有三种形式，即广告、公共关系和营业推广。

一、国际广告策略

国际广告的目的是通过各种适应国际广告市场特点的广告形式，使出口商品能迅速地进入国际市场，赢得声誉，扩大销售。一般而言，进行国际广告宣传活动，尤其是先导性的产品市场目标广告宣传活动，由于其直接目标是开拓国际产品市场，向陌生的市场和陌生的消费者介绍产品，起着对外贸易产品的国际营销活动的开路先锋作用，因此，在广告宣传策略上，应该直接采用竞争性策略。在采用竞争性广告策略的过程中，应该把握住两个重点：一是对产品的新特性作出明确的承诺;二是做好引导消费者改变消费习惯的工作。

（一）对产品的新特性作出明确的承诺

在国内市场上,一般消费者对同类商品都有一定的认识,当新产品投放市场时,由于广告宣传,日常的接触,相互传诵推荐和介绍,对商品特征比较容易认识。但在国际市场上,则由于地理、地域、文化的隔绝,当地市场消费者除了对一些传统外贸出口产品有一定的认识外,对多数商品都是一无所知的。只有进攻性的广告,才是他们了解新上市商品的惟一渠道。因此,在出口商品首次进入国际市场时,就可以考虑用广告来迅速地提高商品的知名度,增强当地消费者对商品的认识,才能使产品顺利进入国际市场营销。

同时,国际市场竞争异常激烈,发达国家和地区,商品充斥,以买方市场为市场导向,消费者的购买力强,购买弹性大,选择性较强。为了争夺市场占有率,各厂商间开展激烈的广告战,争夺消费者。所以在这种激烈的竞争中,应发挥广告宣传力量,通过广告活动强化产品的特性,向消费者作出明确的产品新特性的承诺,以在广告宣传上先声夺人,在当地消费者中树立深刻的商品形象和企业形象。

当然,一个产品进入一个新市场,其广告的投入要大一点,以增加媒介种类和频率,造成强大的广告攻势。

（二）加强对消费者消费习惯的引导

在国际市场上,同类产品竞争激烈,在这种浓烈的商品竞争氛围中,消费者已形成了参考广告来选购商品的习惯。在现代市场中,人们购买商品,除了重视商品的使用价值外,还十分讲究商品的社会价值,他们追求名牌,追求新潮和时尚,在购买商品时,首先考虑商品能赋予自己什么形象。同时,在不断推陈出新的国际市场中,国际广告应为外贸出口商品的国际市场营销活动发挥成功的促销作用，对消费者进行引导和争取，引导其改变消费习惯，转而改用广告产品，以致成为不断购买的再消费者。

引导消费者改变消费习惯的具体方法应视市场所在国或地区的社会经济发展、文化习惯等因素而定，通过市场调查和研究分析，寻求心理诉求的突破口。例如，针对现代西方社会的复古思潮，可以考虑强化外贸出口商品的古典、淡雅；针对消费者追求奇异的心理，则可以在宣传中强化异国情调等等。

（三）制定国际广告策略的一些要点

1. 同营销组合的其他决定因素一样，国际广告也面临着集中还是分散进行的决策：

（1）把所有决定集中在母公司去做；

（2）分散到在各国外市场的子公司；

（3）代理商或当地中间商去作决定。

2. 决定权集中就意味着母公司选择广告宣传手段，确定预算和安排整个广告宣传。这样做在下述情况下是可能的：

（1）一家大企业把广告宣传工作委托给一家在各国设有公司的广告公司去做；

（2）产品标准化程度极高；

（3）购买动机在各市场极为相似。

另外集中的情况在只有少数国外市场出售的中、小企业也很常见。在这种情况下，这一政策是出自把广告宣传与产品特点紧密相连的需要，出自尽可能节约的需要。

3. 分散化（当地化）的广告策略可以使广告宣传更好地适应当地消费者需求，适合于当地市场的特点。在采用这一战略时不要忽略下述要点。

（1）完全把广告的责任交给进口商或代理商是不足取的。

（2）尽管广告宣传可以因国而异，一些特点保持不变的商标、颜色，其他特点的规定还是必要的，以避免在各市场作广告宣传的负责人离开企业的总政策过远。

(3) 在具体国家选择广告公司时,最好选择其工作人员都是土生土长的公司。以便地道地在当地开展广告。

二、其他方式的促销策略

(一) 人员推销

在国际市场营销中不通过广告而通过企业的专业人员的参与在买卖双方,或卖方中间商之间进行沟通也是被经常采用的促销方式。有种种理由促使企业在国外市场采用人员推销的方式:这种促销方式的长处是使宣传更为灵活,销售人员可以介绍产品特点,建议选择某种产品,推荐某种售后服务的形式等,从而适应最终买方的具体需求。对于生产资料,耐用产品则要求提供详细使用说明和周到的售后服务,使买方与销售人员最终接触意味着增加成功的可能。在某些国家不能做广告,或者是因为法律禁止,或者因为没有有效的渠道,或因潜在买方数量太少,不足以回收广告宣传经费。

销售人员一般在国外市场主要用来发展三方面的关系。

1. 对中间商,向他们介绍产品特点,说服他们储存产品并把产品"推入"销售渠道,在销售和售后阶段向他们提供帮助。

2. 说服最终买方直接购买或向中间商索购。

3. 使不用该产品者信服其质量,或者说服不购买产品的人去信服它,因为他们可以影响他人决定购买。

在推销人员的选择方面需强调的是搞促销的人最好是当地人,操当地语言,对产品的使用和推销技术训练有素。为使销售人员具有良好的水平,国际经营的企业都需对自己的销售人员定期举办培训班和进修班。

(二) 国内及国际博览会、展销会

通过参加国内及国际博览会、展销会来进行促销,对于那些规

模不大,无需建立直接销售网的企业来说,是一种很重要的手段。

1. 参加博览会的好处。

(1) 介绍产品及其特点比信件往来,有时甚至比访问参观有效得多;

(2) 可在向市场最终推出产品之前,对产品出售的可能性进行检验;

(3) 向想搜集竞争情报,与中间商进行接触的企业提供重要的机会。

在主要市场举办的博览会是很多的,选择哪些参加,这取决于产品(每个行业都有一两个专业性博览会)、国家和意欲出售产品的所在地区,以及想接触的专业贸易人员(买方,代理商,其他中间商)。

2. 参加博览会须遵循一些基本原则。

(1) 必须研究市场,展出使参观者感兴趣的产品。参观头一年举办的博览会,了解谁去参观,展品有哪些,如何展出是有益的。

(2) 须明确参加博览会的目标,为企业树立形象?还是介绍新产品、探测市场的吸收能力;或是为了销售。选定的目标不同,参加博览会的方式也不一样。

(3) 必须精心考虑如何介绍产品,因为与一个企业及其产品的首次接触必然会给顾客留下难忘的印象。

(4) 如果参加博览会是为了向市场推出产品,那么就应立即备好产品,以便销售。如果在介绍了产品的用法及其特点后,销售产品还未做好准备,而使顾客还不能买,那就有使参加博览会的工作前功尽弃的危险。

思考讨论题

1. 制定国际产品策略所考虑的主要因素和策略的种类及采用条件。

2. 海外市场的产品定价受到哪些因素的制约？定价有哪些基本的方法？
3. 略述国际流通渠道的组织管理。如何选择和管理中间商？
4. 国际企业的市场营销管理的基本任务是什么？

第八章　国际商务中的进出口实务

国际贸易就其实质而言,是一种跨越国界的商品交换活动,即贸易在双边或多边条件下进行。商品的交换活动越出了国界,就会出现在国内贸易中不存在的约束和特点。不同国家和地区的贸易当事人依据各国的法律、国际公约和国际惯例,通过贸易准备、贸易谈判和订立贸易合同、履行合同等阶段来实施商品的跨国界交换,这就要求贸易当事人在贸易双方或更多方都认可的交易条件下进行贸易活动,在双方或更多方均掌握、接受的贸易术语基础上完成贸易的全过程。

第一节　国际贸易业务的程序

外贸业务的实际环节很多，各个环节之间往往都有着十分密切的联系，而不同形式和内容的贸易，如传统的进出口商品贸易与技术贸易、劳务服务贸易的业务程度虽然会有较大的不同，但在实际工作中又常常出现各环节前后交叉进行的情况。总体说来，外贸业务的最基本程序大体上可分成交易前准备、交易磋商和订立合同、履行合同这三个阶段。图 8.1 所示的是出口业务程序简图。

交易前的准备工作主要包括:在大量获取贸易信息和对国际市场调查研究的基础上,选择好市场和客户,根据进出口商品的结构、数量、金额和贸易对象等,制订出本企业的经营方案,组织生产或落实货源,开展相应的广告、宣传等促销活动。

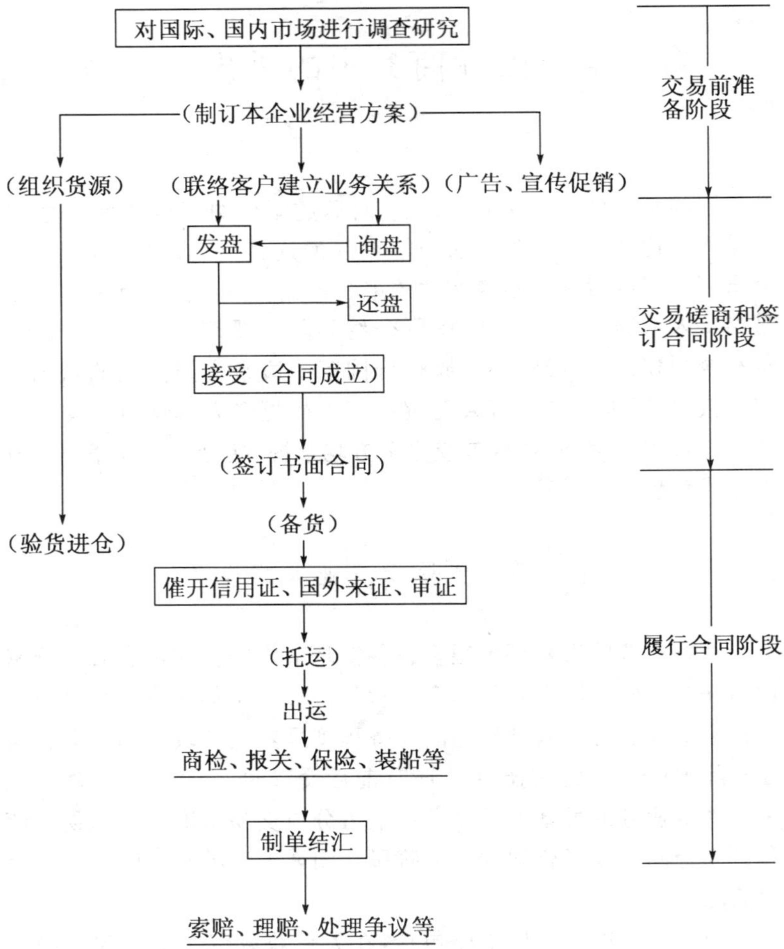

图 8.1　出口业务程序简图

交易磋商和签订合同工作，主要是根据我国现阶段的外贸方针政策和本企业的经营目标，按照既定的经营方案，运用国际市场通用的做法和惯例，与国外客户或代理商就所经营的商品及其交易条件进行磋商，通过发盘、还盘和接受等程序达成协议。按照我国的现行法律，对外贸易合同必须采用书面形式，合同是买卖双方当事人履行各自义务和处理争议的依据。

履行合同是买卖双方当事人根据合同的条款规定，各自履行自己的义务。任何一方违反合同的规定，并使对方遭受损失时，均应依法承担赔偿损失的责任。

就我国的企业而言，履行一项出口合同的义务，主要工作包括：按照合同组织生产或备妥货源；如系采用信用证方式收汇的交易，则要及时向客户催开信用证，并在收到信用证后根据合同进行审核，发现不符而又不能接受的条文时，应立即通知客户进行修改；向运输机构办理委托运输和装运等工作，其中包括租船（订舱）、报验、报关、装船（或航空、铁路等其他运输工具）、保险等工作；在货物装运后，要缮制单据，办理申领必要的出口凭证和证件；最后进行交单和向银行办理结汇以收取货款等手续。

外贸业务中，双方在履行合同时，常会有违背合同条款规定的事发生。违背合同条款并造成一方损失时，就要进行索赔和理赔工作，在处理索赔、理赔的过程中，如果发生争议，则应以合同条款为依据，按照法律和国际惯例进行处理。

第二节　进出口业务中的交易条件

由于进出口业务是在双方签订的合同基础上进行的，为了维护各自的经济权益和利益，贸易双方的当事人都十分重视在合同中明确规定的权力和义务。

在贸易的实质性阶段——贸易磋商阶段，进出口双方就贸易的内容,即各项基本交易条件逐一进行磋商,双方只有对各项交易条件的意思表达完全一致,合同才告成立,买卖双方各自的权力义务得以明确并受到法律的约束。一般而言,在国际贸易中,一份合同应该包括品质、数量、包装、价格、交货、支付、保险、检验、索赔、仲裁、不可抗力等十一项交易条件,分述如下。

一、品质(Quality)

进出口商品的品质是指商品内在的质量和外观形态的综合指标。内在质量一般由商品的化学成分、物理性能、机械性能、生物特征来表示,外观形态则由商品的造型、色彩、图案、结构来表示,由于约定俗成的惯例,味觉也作为外观形态的显示指标。

由于商品的品质是商品使用价值的决定因素,所以贸易的当事人在进行买卖交易时,不仅要明确规定商品的名称,更重要的是要明确规定商品的具体品质,否则就无法确认买卖合同的物质基础。进出口商品的品质一般包含了品质要求和品质表示两大部分。

(一) 品质要求

品质要求从某些意义上来理解,实际上就是商品的质量要求,当今世界,国际市场上商品的竞争十分激烈,产品的更新换代更是日新月异,无论是交易的买卖任一方,要确保自己在交易中的有利地位,根本还在于商品品质即质量的优良保证。

1. 商品的质量保证。商品的质量保证通常有以下几方面内容组成。

(1) 商品的适用性。能够满足消费者某种需要所具备的性能就是商品的适用性。商品具备了这种适用性,才能进入市场,商品的适用性越强,则满足消费者不同需要的效用就越大。进口商品面对的一般是国内消费者,而出口商品面对的是国际市场,所以进出口商品的适用性要满足的是不同国家和地区消费者生产和生活消费的需要。

(2) 安全卫生性。随着世界经济的日益发达，人们对生活质量的认识和要求也在日益提高。进出口商品品质的安全卫生，关系到人们的生命安全和健康保证。国际市场上对商品的安全卫生性要求十分严格，尤其是食品的卫生要求，各国都制定了许多严格的食品卫生法，对不符合食品要求的一律禁止进口，我们的企业在从事食品进出口交易时应详细了解有关食品法的规定，例如对罐头食品、乳制品、冻鱼和蛋品等要经过卫生检验，对冻畜肉、皮张、羽毛等，要经过兽医检验和消毒检验，以证明符合有关的规定。

电器产品，盛放食品的器皿，化妆品等，则都要经过安全性检验。例如众多的家用电器，在进口时必须经技术监督机关检验安全合格后方能投入市场。

(3) 耐用坚固性。耐用坚固性是相对于商品的使用寿命而言的。随着人们的消费观念的转变，未必所追求的都是十分的坚固耐用，商品的适时性往往是消费者购买的动机，一般说来，生产用品和生活用品的耐用坚固性是有区别的。但作为商品品质的一个指标，耐用坚固性必须与既定的使用寿命相匹配。

2. 商品的社会质量和效益的保证。商品品质这方面的内容由于各国的体制及文化道德标准的差异，一般无法用精确的指标来衡量，但又都是有要求的。通常而言，商品的社会质量和效益的保证包括以下几点。

(1) 适销性。商品进入国际市场，从市场细分化的原则角度看，不仅要满足不同国家、不同地区消费者的需求，还要满足不同层次(如职业层次、年龄层次、受教育层次等)、不同性别的消费者的需求。进出口商品在国际市场上还具有时间上的适销性，这主要体现在季节性特点鲜明的商品上，例如我国大量出口的文化衫(圆领汗衫)，一般要求在夏季到来前一个月投入市场。又如圣诞节是西方国家一年中最盛大的传统节日，为圣诞节订制的商品就有极强的时间性，一旦由于船期或其他原因延误进入市场，价格起伏很大，损失应由责任方承担。

(2) 适时性。随着人们生活水准的提高，消费观念近年来变化很快，在一些发展速度较快的国家和地区这些变化更为明显。在对商品的选择上，人们将不仅以耐用的标准来选择，而是用审美的眼光来挑选购买商品，这一点在服装的进出口生产上是十分突出的。追求时尚，紧跟潮流，是现今很大一部分消费者行为的显著特征，因此，进出口商品品质的适时性也就成为能否成功达成交易的重要因素。

(3) 社会效益性。近年来，我国与国际上的文化商品交流发展很快，这些文化商品包括图书报刊、录音录像品、激光唱盘、各种影碟等等。由于各国政治体制、社会道德标准和风俗习惯存在着很大的差异，这些既是商品又兼有意识形态功能的"特殊商品"品质，是我们在进出口贸易中须严格把关的新课题，我们既不能让有损于我国消费者政治素质的这类商品流进来，也不能在这类商品的出口中伤害别国消费者的感情。

(二) 品质表示

国际贸易中，交易双方往往分属不同的国家和地区，对商品品质的确定，通常是根据商品的种类和特点应用不同的方法来作品质表示。

1. 凭现货。凭现货亦称为看货成交(Sales by Quality)。看货成交由交易双方或其委托代理人到实地验看货物后，以所看到的货物作为买卖双方交货的商品品质。在一些大型的出口商品交易会上，某些商品就是看货后由双方当即拍板成交的。

2. 凭样品。凭样品是贸易双方的样品作为交货时的品质依据，称为凭样品销售(Sales by Sample)。

(1) 凭卖方样品销售(Quality as per Seller's Sample)，是由出口方提供样品表示商品的品质，经进口方验看并确认的，出口方应承担所交货物的品质应与样品完全一致的责任。

(2) 凭买方样品销售(Quality as per Buyer's Sample),由进口方提供样品,出口方经协商愿意按进口方的样品为交货时的品质依据,这类交易中所谓的来样加工即属此类。

3. 凭规格、等级、标准。

(1) 凭规格(Specification),是通过反映商品品质主要指标来说明商品的基本品质状况,这些规格指标有含量、化学成分、纯度、重量、长短、容量等。

(2) 凭等级(Grade),是以商品的规格为基础,按其规格的差异,对商品进行等级分类,如一级品,二级品等等。

(3) 凭标准(Standard),标准是指由国家政府机关或民间工商团体统一化了的规格和等级,有些也应用国际间组织专业制定的工业产品标准为依据。

除了上述三种基本的商品品质表示外,还有凭商标或牌号,凭产地名称,凭说明书和图样等,交易中采取何种品质表示为依据,应由交易双方谈判商定。

在国际贸易中,关于商品的品质有时还规定了品质的机动(浮动)幅度,允许交付的货物有一定的品质余地。

二、数量(Quantity)

在进出口贸易中,交易的双方必须事先约定商品的数量标准,作为双方履行合同的依据。

(一) 数量单位

在进出口贸易中,常用的数量单位一般包括:重量、个数、面积、长度、体积、容量及包装单位(Packing)等。

1. 重量单位。通常用的有:吨(Ton)、长吨(Long Ton, 合 2 240 磅)、短吨(Short Ton, 合 2 000 磅)、公吨(Metric, 合 2 204 磅或 1 000kg)和磅(Pound, 1bs);公斤(Kilogram, kg);盎司(Ounce, Oz)

等。在贸易实务中，计算重量的方法也有多种，如毛重、净重、平均皮重、实际皮重等多种。

2. 个数单位。在一般的杂货和传统的工业品中，如服装、文具、五金工具等，常用个数为计量单位，其中包括：只、副、套、打等。

3. 长度单位。工业品中的钢管、电缆等常用长度单位计量，如码、尺、寸等。

4. 其他单位。在贸易实务中，根据不同的约定，还可采用面积单位、体积单位、容量单位、包装单位等。

（二）贸易合同中的数量条款

每一笔贸易合同在洽谈过程中，都不能忽视所采用的度量衡制度，目前除了习惯上使用的英制、美制和公制之外，各国都开始向“国际单位制”（IS 制，International System of Unit）过渡。我国在 20 世纪 80 年代已完成向法定计量单位的转轨，法定计量单位以“IS”制为基础，增加了一些非“IS”制的单位。在贸易合同中，除了度量衡制的约定外，还要注意数量机动（浮动）幅度条款的约定。

三、包装（Packing）

商品的包装是实现其价值的重要方式，良好的包装不仅是生产者和消费者之间不可缺少的桥梁，同时对保护商品、美化和宣传商品起着其他加工不可替代的作用。所以在合同的洽谈中，包装往往也是双方磋商的重要条件之一。

（一）包装种类

进出口商品根据不同的合同约定，可以分为散装、裸装和包装货物三大类。其中包装货物又可分为运输包装和销售包装两种。

1. 运输包装。进出口商品大多数都要经过长途的海上或陆上运输，其包装必须首先在材料和结构上要做到坚固牢靠，以避免和减少在运输过程中的损坏。为了适合在港口的装卸，还要做到每件大小整齐划一，堆码计量明确。运输包装（有时也称之为外包装)的种类较多,一般有箱装、捆装、袋装、桶装、篓装等方式。

2. 销售包装也称内包装(Inner Packing)、小包装(Small Packing)、直接包装(Immediate Packing)、陈列包装(Packing for Display)等。销售包装和运输包装一样,有保护商品在运输过程中免受损坏的作用,但更重要的还在于它能有效地美化、宣传商品,便于购买和使用。另外包装上一般除了商标外,还有数量、产地、生产者名和成分、规格、用途等,这些都会有利于对消费品权益的保护。

(二) 包装标志

包装标志是指在商品上加印、加写的一些图形、文字、数字和字母等,其主要作用还是便于装运过程中的识别和明确商品的原产地。

1. 运输标志(Shipping Mark),俗称"唛头",一般包括收、发货人的缩写和代号、目的港和周转港(站)的名称、货物的件号等。

2. 指标性和警告性标志(Indicative and Warning Marks)。在商品的外包装上,根据商品的性质提醒警告运输和拆装人员注意,以保障商品和有关人员的安全。这些标志有"有毒品"、"小心轻放"、"保持干燥"等等。

3. 原产地标志(Country of Origin Mark)。原产地在世界贸易组织中是优惠待遇的重要条件,所以在商品的外包装和内包装上都要明确地加以注明,例如 Made in China,中国制造等。

4. 重量、尺码标志(Weight and Measurement Mark)。这是用以表示商品每件的毛重、净重和尺码(长、高、阔)的,例如 Gross Weight 15 Ton 等。

四、价格(Price)

进出口贸易中,商品在国际市场上的价格是浮动的,各国各地区各贸易当事人的贸易政策和营销意图,也会直接影响商品价格的变化。为了维护和促成交易者的权益及交易的顺利进行,在合同的磋商中对价格有明确的约定。

(一) 作价方法

商品的作价(定价)方法涉及的因素非常复杂,在出口商品中,国际经济企业往往还要考虑国内价格和创汇成本等问题,限于篇幅,这里无法一一叙述。下面着重介绍的是在贸易实务采用的两种作价方法。

1. 固定价格。在交易双方磋商后签订的合同中,约定的作价货币、单位价格、贸易条件(即价格术语)的单价(Unit Price)条款,便是固定价格。单价条款一般包含数量单位、金额、货币种类和贸易条件。

2. 非固定作价。在国际市场上,某些种类的商品的价格变化很大,贸易当事人认为这类商品的价格趋势难以准确把握,为了保障双方的利益,减少风险,根据双方在合同中的约定可以采取暂不定价和暂定价的办法。例如暂不定价,约定以某年某月某日某国际期货交易所的该商品收盘价为基础,或加或减,以利用套期保值(Hedging)的方式来避免风险或约定佣金(Commission)、折扣(Discount)等条款,还有货物的溢装与短装的价格计算方法等条款。

3. 品质幅度与价格变动。有时贸易双方根据商品的实际情况,允许商品的品质有机动幅度,在约定的范围之内,价格不变,若超过了约定的范围,价格就要浮动,例如含量低于机动幅度的1%,价格每吨降5美元等。

(二) 商品包装的额外加价

在有些商品中,商品的包装形式和材料费用已在约定的价格里了,但由于买方要求这一笔交易需特殊的包装,经双方商定后,可以在合同中订明,增加多少包装费用。

(三) 运输费和保险费的变动

运输费和保险费是商品价格的组成部分,但若在合同订立之后和货物装运之前,运价和保险费提高,为了避免卖方的损失,也可在合同中订立可作调整的条款。

(四)汇率变动

国际金融市场上的汇率是浮动的,计价货币在国际市场上汇率的浮动,无论是向上或向下,都会对贸易双方的利益带来影响,所以在合同中,可以约定某些避免风险的保值条款,也可以约定汇率作为价格条件。

五、价格术语

国际贸易中的双方当事人处在不同的国家和地区,而贸易实务中双方大多数又不直接见面,因此就需要有共同认可的术语来划分相互的责任,总体上来说,这些贸易中的责任包括风险(Risk)、费用(Costs)和手续(Formalities)三个方面。

经过数百年的国际贸易发展和国际组织的不断努力,目前国际贸易术语已制定得十分详尽和严谨,这在本书的篇幅之内是无法全部介绍的,但为了让大家了解这方面的惯例,下面介绍几个主要的常用的贸易术语。

《国际贸易术语解释通则》(International Rules for the Interpretation of Trade Terms)是国际商会为了统一对各种贸易术语的解释而制定的,它的缩写形式为 Incoterms。最早的《通则》产生于 1936 年,以后有过多次修改,最新版本为 2000 年版。Incoterms 2000,将所有的 13 种术语分为 4 个基本不同的类型,第一组为"E 组"(EX WORKS),指卖方仅在自己的地点为买方备妥货物;第二组"F 组"(FCA、FAS 和 FOB),指卖方须将货物交至买方指定的承运人;第三组"C 组"(CFR、CIF、CPT 和 CIP),指卖方须订立运输合同,但对货物灭失和损坏的风险及装船和启运后发生意外所发生的额外费用,卖方不承担责任;第四组"D 组"(DAF、DES、DEQ、DDU 和 DDP),指卖方须承担把货物交至目的地国所需的全部费用和风险。

进出口贸易中使用最多的仍是装运港交货的 3 种术语:FOB、

CIF 和 CFR,在业务中,人们习惯称这些术语为常用贸易术语。今后,随着运输方式的不断进步、集装箱多式联运业务进一步普及,适应这一发展需要的 FCA、CPT 和 CIP 术语也必将成为常用贸易术语。这里我们作简要介绍。

(一) FOB(Free on Board)装运港船上交货

装运港船上交货是卖方在指定的装运港将货物装到买方的船上,国际通用电码为 FOB。FOB 术语贸易中,卖方要办理货物的出口报关和缴纳出口关税,而买方则必须在货物过船舷(Ship's Nail)时起,承担一切费用和损失的风险,所以在 FOB 术语中,买方将负责租船或订舱,支付运费,并将船名和船期通知卖方。

(二) CIF(Cost Insurance and Freight),成本加保险费、运费

此术语有时也称"离岸加保险费、运费"。其基本的含义是 FOB 术语加上保险费和运费。CIF 由卖方负责租船或定舱,支付到达目的港的正常运费和保险费。

(三) CFR(Cost and Freight),成本加运费

CFR 又称"离岸加运费价",在 CFR 术语中,卖方负责租船或订舱,在合同规定的装运期内将货物装上运往目的港的船上,并负责货物上船前的一切风险和费用,支付运费。CFR 术语合同中,卖方不负责办理运输过程中的保险手续和支付保险费。

(四) FCA Free Carrier 货交承运人

该术语指卖方只要将货物在指定的地点交给由买方指定的承运人,并办理了出口清关手续,即完成交货。若卖方在其所在地交货,则卖方负责装货,若卖方在任何其他地点交货,卖方不负责卸货。该术语可用于各种运输方式,包括多式联运。

(五) CPT Carriage paid To (...named place of destination)运费付至(……指定目的地)

该术语指卖方向其指定的承运人交货,但卖方还必须支付将货物运至目的地的运费。亦即买方承担交货之后一切风险和其他

费用。CPT术语要求卖方办理出口清关手续。该术语可适用于各种运输方式,包括多式联运。

(六) CIP Carriage. Insurance Paid to (…named place of destination). 运费和保险费付至……(指定目的地)

该术语指卖方向其指定的承运人交货,但卖方还必须支付将货物运至目的地的运费,而由买方承担卖方交货之后的一切风险和额外费用。但是,按照CIP术语,卖方还必须办理买方货物在运输途中灭失或损坏风险的保险。因此卖方订立保险合同并支付保险费。CIP术语要求卖方办理出口清关手续。该术语适用于各种运输方式,包括多式联运。

六、交货(Delivery)

贸易的合同签订之后,按双方约定的地点、时间和方式将贸易商品交付给买方,交货是卖方最基本的义务。

(一) 装运港与目的港

根据不同的贸易条件,例如在FOB、CIF、CFR(这三种贸易条件在后面的内容中再详细加以介绍)条件下,在卖方把商品装上开往目的港的运输工具(船)上,提交货运单据,就完成了交货责任。这样,在双方合同的约定中,就必须明确商品的装运港(Port of Shipment)。在贸易实务中,一笔交易通常只规定一个装运港,但在商品的数量大货源散的情况下,也可以约定数个装运港。

有了装运港的约定,相应的一定也就有目的港(Port of Destination),目的港一般由买方提出,经与卖方洽谈后约定,与装运港一样,有时根据实际情况也可有数个目的港。

(二) 交货时间

交货时间在贸易过程中是十分重要的因素,买方能否在规定的时间内取到货物,直接影响其生产的投入或开工,市场的销售畅、滞等。对卖方来说,准备货物,安排运输等也需要时间,所以交货时间对买卖双方都十分重要,必须在合同中明确规定。

在不同的贸易条件下,交货时间会有不同,但一般都是规定一个交货期限,最常用的有以下几种。

1. 规定在某月内装运。如:6月份装运(Shipment during June)。

2. 规定在某月月底前装运。如:在3月底以前装运(Shipment during Mar)。

3. 规定在某月某日以前装运。如:自订立合同之日起,最迟不迟于1月15日装运(Shipment on or before Jan 15th)。

4. 跨月装运,即规定在某两个月以上的时间内装运。如:1或2月份装运(Shipment during Jan/Feb)。

除了上述的四种最常见情况外,还有收到信用证后数天内装运、立即装运、即期装运和尽快装运等装运时间规定。

(三) 交货方式

在不同的贸易条件下,交货方式可分为实际交货和象征性交货两种。在象征性交货方式中,卖方只是向买方交付了货运单据,但这货运单据的交割,已表明卖方履行了获得货运单据应尽的义务。

由于不同的运输方法涉及到双方的利益,在不同的贸易条件下合同中均须作出明确的规定。

(四) 货运单据

在象征性的交货合同中,交付货运单据表明卖方已履行了一系列的义务,所以货运单据有特别重要的意义。买方在合同中则须要求卖方提供货运单据和必要凭证的内容,因为只有受益人提交的单据和凭证与信用证条款严格相符,银行才予以付款。

(五) 分装转运和运输保险

在交货中能否采取分装和转运方式,会影响到双方的利益,这也是需要双方在合同中确定的。例如商品采取国际联合运输时,就要允许转运。

一般在货物的运输合同中,都会有货物的运输保险条款,但因采取的不同贸易条件,运输保险的条款也有区别。

七、支付(Payment)

遵照合同中的规定,买方以约定的金额、货币、方式和时间支付货款,是买方所承担的基本义务。

(一) 支付金额

在每笔交易中,支付金额通常就是指合同中应付的总金额。但由于如前面所提到的溢装和短装、货物品质的机动幅度以及套期保值等条款的规定,支付的总金额也会发生变化,但只要在合同中明确约定了约束的条件,支付的金额仍是双方须接受的。

(二) 支付货币

由于国际金融市场汇率的浮动,无论是买卖的哪一方,都要承担汇率变化所带来的风险,所以作为贸易的当事人,都会从各自的利益出发,作出全面综合的分析来判断使用何种货币。在大多数情况下,合同中规定的支付货币就是计价货币,但有时也会有计价货币与支付货币不同的情况发生。

(三) 支付方式

支付方式也是在合同中要规定的,其内容包括支付时间、支付地点和支付方法。就交易中货款的支付,一般有汇付、托收和信用证三种。

1. 汇付(Remittance)。是买方按约定的条件和时间通过银行将款项汇交卖方的支付方式,汇付一般也有三种方式:信汇、电汇和票汇。

2. 托收(Collection)。出口商(或委托人)在货物装出后,开立汇票连同全套货运单据,填列托收指示书,委托出口地银行(托收行)通过其进口地的分行或代理行(代收行),要求进口商按照委托书的指示付款,代收行将收妥后的款项拨交托收行,再给出口商。

3. 信用证(Letter of Credit, L/C)。国际贸易中,信用证支付方式是十分常用的,信用证是一种银行开立的、有条件的承诺付款书面文件。在进出口贸易中,进口地的银行根据进口人的申请向出口人开立书面文件,只要出口人在一定期限内提供符合该文件条款规定的单证,银行则保证履行付款责任。

信用证支付方式一般涉及到六种当事人。

(1) 开证申请人(Applicant),向银行申请开立信用证的一方,一般为进口人。

(2) 开证银行(Opening Bank, Issuing Bank),接受开证申请人的委托,开立信用证的银行,它承担保证付款的责任。

(3) 通知银行(Advising Bank, Notifying Bank),接受开证银行的委托,将信用证转交给出口人的银行,但它只证明信用证的真实性,不承担其他义务,通知行一般为出口人所在地的银行。

(4) 受益人(Beneficiary),指信用证上列明的有权使用信用证的人,一般为出口人。

(5) 议付银行(Negotiating Bank),指愿意买入受益人交来的跟单汇票的银行,议付银行可以是指定银行,也可以是非指定的。

(6) 付款银行(Paying Bank),指信用证上指定的付款银行,一般就是开证银行,但也可以是开证银行指定的其他银行。

信用证支付方式的流转程序如图 8.2 所示。

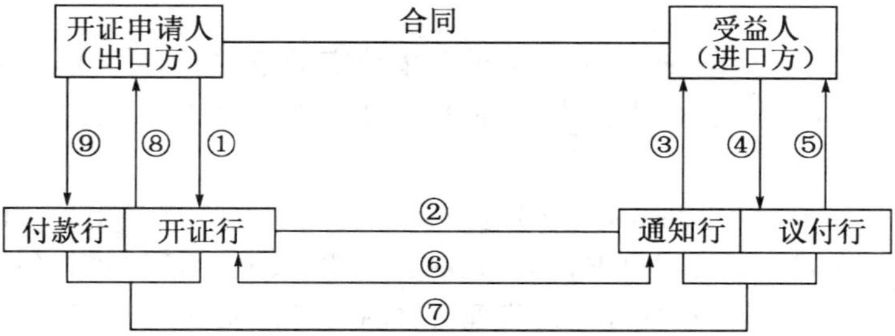

图 8.2 信用证支付方式的流转程序

在图 8.2 中的流转程序简述如下。

(1) 进口方向当地银行申请,交纳押金或提供其他担保,要求银行(开证行)开出信用证。

(2) 开证行根据申请书的内容开立信用证,寄给出口方所在地的分行或代理行(通知行)。

(3) 通知行审核信用证的真伪,确认后,将信用证转交给受益人(出口方)。

(4) 受益人审核信用证与合同相符后,按信用证规定备货出运,制定各项单据,开出汇票,在信用证的有效期内送请当地银行(议付行)议付。

(5) 议付行按信用证的条款审核单据,确认单据和汇票符合信用证上的规定,按汇票金额扣除利息、手续费后,把款项垫付给出口人。

(6) 议付行将汇票和单据寄给开证行(或其指定的付款行)索偿。

(7) 开证行(或其指定的付款行)审核单据与信用证无误后,付款给议付行。

(8) 开证行通知进口方付款赎单。

(9) 进口方付款后取得货运单据,凭单据向承运人提货。

八、保险

国际贸易的过程中存在许多风险,为了在风险和损失发生时,能及时地得到补偿,就需要对货物进行保险。国际贸易中遇到最多的是运输保险。目前世界上的保险机构为数众多,保险本身也有多种险别,在国际海运保险中,一般有平安险、水渍险和一切险三种。关于这三种险的具体责任范围十分严密,读者可以在有关的工具书中去查阅。

九、检验和索赔(Inspection, Claim)

(一) 检验

又称为商检,是商检机构对商品的品质、数量和包装等进行的检查和鉴定,并把检查和鉴定的结果写入检验书。对于进口商品来说,检验的程序又分为表面检验和质量检验。由于检验可以由出口方所在地商检机构和进口方商检机构检验,检验的时间和地点也有不同,所以贸易双方须对由何方检验和检验的时间地点在合同中约定,并订立检验条款,以利在双方对商品有异议时可以根据检验书明确双方的责任。

(二) 索赔

贸易双方的当事人中,有一方不履行合同或不完全履行合同的义务,致使另一方遭受损失,受损害方要求赔偿的行为就是索赔。在贸易中违约的行为是多方面的,例如卖方延期交货,商品的品质、数量、包装与合同条款不符,买方接货延期等等。在合同索赔条款中通过双方洽谈订立的具体赔偿规定,是索赔的依据。

索赔的条款大约包括二个部分。

1. 针对商品的品质、数量和包装要制定的索赔条款。

2. 针对卖方延期交货或买方延期接货订立的罚金条款。

十、不可抗力,仲裁(Force Majeure, Arbitration)

(一) 不可抗力

贸易的双方所订立的合同具有法律约束力,任何一方都不能违反合同。但是合同订立后,并不是合同的任一方违约,而是客观情况发生了变化,所以在合同中还须订立有关不可抗力的条款。不可抗力事故一般有两类。

1. 自然灾害所引起的,如水灾、地震、暴风雨、瘟疫等。

2. 社会原因引起的,如战争、扣押、禁运等。

不可抗力事故发生后,买卖双方从各自的利益出发,会有不同的解释,但通常按国际惯例,一般也是采用解除合同或更改合同来解决,采取哪一种解决的方法,则由双方根据事故对履行合同的影响程度而定。

(二) 仲裁

贸易的双方在履行合同中发生争议时,经双方协商无法解决,可以由双方将争议交给双方共同选择的第三者即仲裁机构进行裁决。在法律上有许多国家也专门制定了仲裁法规。目前,世界各国都设有仲裁机构,仲裁可以在出口国进行,也可以在进口国进行,同样还可以在双方同意的第三国进行。我国的仲裁机构是中国国际经济贸易仲裁委员会。

第三节　贸易磋商的环节

贸易磋商(Business Negotiation),是贸易当事人为约定贸易的合同,对有关的贸易条件进行洽谈协商的全过程。按照国际商务活动和有关惯例的要求,贸易磋商一般要经过询盘、发盘、还盘和接受四个主要环节。

一、询盘(Inquiry)

询盘有时也被称为询价,贸易的一方希望购买某种商品,向贸易的另一方发出购买这种商品贸易条件的询问。询盘可以只询问一种贸易条件(如价格),也可以询问全部的贸易条件。在贸易实务中,询盘一般都由买方提出。

从整个磋商过程来看,询盘只表明一项买卖的意向,因此询盘人不需承担必须买卖的义务,同样,被询盘的一方也不负必须作答的责任。但从交易当事人长远利益的角度出发,被询盘方一般都会迅速作出答复,即便这次交易不成,也为今后的买卖打下良好的基础。当然,询盘对双方均无法律上的约束力,所以并不是每笔交易都要经过这个环节,有时也可以直接向对方发盘。询盘不限对象的数目,可以同时向几个客户发生,根据答复的贸易条件择优进行下一步的磋商。

二、发盘(Offer)

发盘是贸易当事人中的一方为买卖商品向对方提出的贸易条件,在法律上发盘被称为"要约"。一项发盘一旦被受盘人以一定的形式表示接受,则发盘人就必须按所提出的贸易条件履行合同义务,因此与询盘不同,发盘在法律上对发盘人有约束力。发盘可以由买方发出,也可以由卖方发出,买方发生的称为购货发盘(Buying Offer),也称之为递盘,由卖方发生的称之为售货发盘(Selling Offer)。

(一) 实盘(Firm Offer)

实盘是指对发盘人有约束力的发盘。实盘提出了一项合同成立所必须具备的主要贸易条件,这种实盘被受盘人收到后,在有效期内不经受盘人的同意不得随意撤销或修改其中的贸易条件。

1. 实盘成立的条件。有法律约束力的实盘,必须具备以下四个条件。

(1) 向一个或一个以上特定的受盘人提出。发盘若不指定可能表示接受的受盘人,发盘人所发出的是一般发盘(General Offer),发盘人不受法律的约束。

(2) 明确表明发盘人在得到接受时订立合同的意旨。发盘人在发盘中必须明确表示,该发盘在有效期内被受盘人接受,发盘人则按盘中的贸易条件与受盘人订立合同。

(3) 贸易条件是明确肯定的。盘中的贸易条件明确肯定,才能在被接受时成为有效的要约,这种明确肯定一般表现为:明确(Clear)、完整(Complete)和无保留(Final)。明确就是贸易条件准确表达,无含糊的字样。完整是贸易条件完整。一项完整的发盘,通常要包括商品的品质、数量、包装、价格、交货和支付等最基本的贸易条件。但有时在双方已交往多次而形成习惯做法的往来,也可以在发盘中不需重复而省略。无保留是指发盘一经受盘人接受,便立即受到发盘条件的约束。

(4) 传达到受盘人。发盘须传达到特定的受盘人时才实际生效,如果由于某种原因受盘人没有收到发盘,则该发盘是无效的。

2. 实盘的有效期。国际贸易实务中,实盘在发出后,都规定有效期,在有效期内被接受,不得单方面修改或撤销,有效期对发盘人和受盘人都具约束力。

3. 实盘的失效。鉴于实盘有种种约束条件,所以违背了这些条件就被视为实盘的失效。

(1) 超过了实盘的有效期,或有效期虽然没有规定,但超过了发盘的合理时间。

(2) 受盘人还盘,即使是在发盘的有效期内,还盘后原实盘即失效。

(3) 实盘在接受前发盘人作出了有效的撤销。

在实际的商务过程中,实盘的内容是十分复杂的,但其形式却大同小异,下面举几则实盘的例子。

例 1 买方发盘(1999 年 3 月 28 日电)

GREY SHEETING 3018 PLEASE QUOTE LOWEST PRICE CIF C3 HONGKONG 10DAYS CABLE REPLY

坯布 3018 请报 CIF 价佣金 3%香港最低价,10 天复到。

例 2 卖方(1999 年 4 月 1 日电)

YOURS 28TH 3018 PRICE INDICATION £0.88 PER YARD CIFC3 HONGKONG

28 日电收悉 3018 指示性价格每码 0.88 英镑 CIF 价佣金 3% 香港。

例 3　买方(1999 年 4 月 5 日电)

YOURS 1ST ACCEPTED

1 日电收悉接受。

以上的例子是双方在以往的电讯中已表明了数量和交货日期和品质的贸易条件,但为了防止误解,在最后的发盘中,还可以对以往函电中已同意的条件再行总概括。

(二) 虚盘(Non-firm Offer)

虚盘是发盘人可以根据情况和需要作随时修改或撤销的发盘,虚盘不受法律的约束,虚盘有几下几个特点。

1. 主要贸易条件不明确、不完整,或主要条件虽明确完整,但附有保留条件(例如有"以我最后发盘确认","CIF 价仅供参考"等文字)。

2. 发盘没有规定有效期。

3. 发盘人订立合同的意旨不明确。

虚盘的实际作用在性质上等于询盘,在实务中,这类虚盘一般被受盘人视为发盘的邀请。

三、还盘(Counter-offer)

还盘是特定受盘人对发盘中的贸易条件不完全同意,提出了修改、限制、增加新内容的表示,发盘一经还盘,原发盘的效力即告终止,所以还盘实际上可以视为受盘人对发盘拒绝后作出的新发盘。在贸易磋商中,还盘可以进行多次,即还盘,再还盘……买卖双方在不断的还盘过程中逐步在贸易条件上达成一致,最后做成一笔买卖。下面举例说明还盘。

例 4　买方还盘(1995 年 3 月 26 日电)

MAR 20TH COUNTER OFFER SUBJECT REPLY REACHING HERE 30TH 800 CASES 8806 USD 98 CIF NEWYORK JUNE LC 60 DAYS

你3月20日还盘限30日复到800箱货号8806 98美元CIF纽约6月装运信用证60天。

例5 卖方认为,买方的还盘中价格98美元太低,欲售108美元,其他条件都可以接受,于是进行再还盘。

卖方再还盘(1999年3月28日电)

RYC 26TH USD108 LC SIGHT SUBJECT REPLY HERE 30TH

你26日电108美元信用证见票即付30日复到有效。

若买方对卖方的还盘表示同意,则可以发出接受,若还有不同意见,则可进行再还盘磋商。

四、接受(Acceptance)

接受是交易的一方无条件地同意发盘的内容,愿意订立合同达成交易的表示。接受在法律上称为承诺。

(一)接受成立的条件

构成一项法律上有效的接受,必须具备以下四项条件。

1. 接受必须由发盘的受盘人作出。接受只能由发盘的特指受盘人作出,任何第三者对发盘所表示的接受都不会是有效的,因为发盘本身就是发盘人向特定的受盘人提出的订立合同的建议。

2. 接受必须明确表示出来。接受须以口头或书面两种方式表示出来。当然也可以用行动来表示,把商品交运,买方支付了货款等。前述的例子就是一种书面接受。

3. 接受必须与发盘的内容完全相符。接受是对发盘表示的完全同意,若接受中有增减条件出现,则仍可视为还盘而非接受。但若双方交易往来很多,且接受中的增减条件又是非实质性的,则接受还是有效的。

4. 接受必须在发盘的有效期内送达发盘人。发盘都有有效期,故接受在有效期内送达发盘人时才生效。

（二）有条件的接受和撤回接受

1. 有条件接受。有条件接受关键在于接受所提出的变更条件是实质性的还是非实质性的，若接受提出的变动是非实质性的，发盘人对此也不作出反对，就可以视为是有条件的接受，并以接受通知中所表示的更改为准。

2. 撤回接受。在接受送达发盘人之前通知发盘人接受撤回，但在不同的国家与地区对撤回也有不同规定，如在英美的商法中就规定，用信件电报传真表示接受，一经发生，立即生效，因此接受不能撤回。这方面的具体规定，在实际的贸易中企业必须认真了解，避免失误。

第四节　合同的订立

经发盘和接受之后，买卖双方已构成一项合同，但在国际贸易的实践中，买卖双方往往还需签订一份正式的合同，以确定合同成立的证据，合同生效的条件和合同履行的依据。贸易合同一般有口头和书面两种，下面介绍书面合同的意义和形式。

一、书面合同的意义

1. 合同成立的证据。按照各国法律的要求，凡是合同都必须能得到证明，提供证据。其中包括口头和书面证据，人证和物证两方面的证明。在国际贸易实务中，通过口头谈判成立的合同，如不用一定的书面形式加以确定，将很难被证明并得到法律上的保障。我国政府则声明合同必须采用书面形式。

2. 合同生效的条件。书面合同一般并不限于某种特定的格式，任何载明双方当事人的名字、标的物的数量、质量、价格、交货、支付等贸易条件，并经签署后，都足以构成书面合同。但是若在磋商交易时，买卖双方的某一方曾言明并经另一方同意：以签订的正式书面合同为准，那么即使双方已对贸易条件全部取得一致意见，正式书面合同也是惟一有法律效果的文件。

3. 合同履行的依据。在国际贸易的实务中，合同的履行会涉及到众多的企业和单位、部门，过程是十分复杂的，在这一过程中若不将口头合同转变成书面合同，即使通过书信、电报电传达成交易，也难免在履行合同时发生异议，所以将全部贸易条件综合地在书面合同上明确表明，为合同的履行提供了依据。

二、书面合同的形式

国际上对书面合同的形式并没有严格的格式限制，买卖双方可以采用正式的合同(Contract)、确认书(Confirmation)、协议(Agreement)，也可以采用备忘录(Memorandum)，以及定单(Order)和委托订购单(Indent)。

在贸易磋商完成并达成交易时，一般由一方制作合同并一式两份(也可以根据实际情况作两份以上)，当事人双方在合同上签名，然后各执一份备查。

三、书面合同的内容

在每一笔达成的交易中，其内容是各种各样的，但从内容的结构来看，通常由三个部分组成：约首、本文、约尾。

约首是合同的开头即首部，包括合同的名称、编号、签订日期和地点，当事人双方的名称和地址、邮编等等。

本文是合同的主体部分，包括一般贸易条件和主要贸易条件，一般贸易条件通常打印在合同的背面，实质性的主要贸易条件则填在合同的正面。

约尾是合同的结束部分，包括合同的份数和双方的签名等等。

为了适应进出口贸易中特定商品的高效率磋商要求，众多的国际性专门贸易协会还设计了标准的合同格式，例如毛织品合同的标准格式，是由国际毛织品组织设计的。联合国欧洲经济委员会还拟定了多套一般贸易条件和标准合同的格式，例如：

格式 188、574——适用于供应成套设备和机器的出口等。

第五节　合同的履行

一笔进出口交易的顺利完成，除了要磋商贸易条件和订立合同之外，根本还在于双方切实按照合同履行各自的责任和义务，行使和取得各自的权利。

一、出口合同的履行和程序

出口合同的履行是卖方完成从交货到收回货款的整个过程。不同的贸易条件下卖方应尽的责任和义务也是不同的，下面我们以在出口业务中使用较为普遍的 CIF 价和即期不可撤销信用证（Irrevocable L/C）支付方式为例，来介绍备货、催证、审证、改证、租船订舱、制单结汇和发运通知的履行和程序。

（一）备货

出口贸易的合同签订之后，出口商根据合同规定的品质、数量、包装和交货时间的要求，进行备货工作。如果出口商本身就是制造商，且是库存现货，则即可对照合同进行检查备货，如果是期货，则需安排生产，以备准时交货。出口商若是专业的外贸商（中间商、代理商），则要向生产企业和供货部门提出生产的计划安排和催交货物。

（二）催证

以信用证方式支付货款的合同，要通知并催促对方开立信用证。需要催证的一般有以下几种情况。

1. 合同约定的装运时期较长（例如 3 ~ 6 个月），买方应在卖方装运前的一定时期内（例如 30 天）开立信用证，卖方应通知买方预计的装运时间，催请买方开立信用证。

2．买方若未在合同规定的期限内开立信用证，卖方有权要求买方作损失赔偿，但一般的做法是催促对方开证。

3．卖方根据备货和船期提前的实际情况，则可商请买方提前开立信用证。

4．卖方对买方的资信不了解，或了解到买方的资信不清及市场的供需情况有变，也可以催促买方提前开证。

（三）审证

在实际的贸易业务中，收到的信用证往往在内容上与合同的规定不符，这里的原因当然是多方面的，但这种不符有可能造成履约的困难，所以必须进行认真的审证。审核信用证时要注意以下几点。

1．总的政策上的审核。国际贸易必定是在各国和地区对外政策的指导下进行，所以对信用证要注意是否与对外政策方面一致的审核。有时在信用证上出现歧视性或政治性的条款，应视具体情况退回信用证并要求对方改正。

2．与合同规定的一致性。在审证时要十分注意与约定合同的一致性，若有不符，应立即要求对方修改，不能因为有了合同就忽视信用证的内容，因为信用证一经开出便独立于合同，银行是严格按信用证的条款办理的，银行要求卖方提供的货运单据无差错，做到“单证一致”（单据与信用证一致）。

3．对开证银行付款责任的审查。在受益人（买方）提交了规定的单据并遵守了信用证的条款时，开证银方对不可撤销信用证有履行信用证中承诺的义务，在审证时，要十分注意“不可撤销”的注明及信用证内加列的保证付款的责任文字。

4．有效期的审定。信用证的有效期不得早于装运期，通常有效期应到装运期限后的7—15天为止，以便卖方在货物装运后有足够的时间制作单据并交银行议付。信用证的有效期到期地点是在出口国，还是在开证行的所在地，要审定确认无误。

5. 其他项目的审定。信用证除上述的项目外，还有许多专项审核，例如金额是否与合同一致、开证行的资信程度、转运和分批装运交货等等，企业都需在贸易实务中一一认真对待。

（四）改证

审证后，发现有卖方不能接受的条款和要求，要及时向买方提出修改的要求。在贸易实务中，一张信用证上有多处条款要修改的情形也是常见的，修改的内容原则上应一次提出。但是，如发现修改后的内容仍是不能接受时，应及时向买方声明拒绝，同时通过银行向开证行明确声明。有些影响不大且经济损失微小的改动，在实务中也可采取通融的办法处理。

（五）租船订舱

以 CIF 价格术语达成的合同（CFR 也是如此），由出口方负责租船订舱。在办理租船手续时，应先填写托运单（订舱委托书），列明出口货物的名称、件数、毛重、尺码、目的港、最后装运日期等内容，在收单截止期前交外运公司作为订舱的依据，外运公司收到托运单后，会同有关的代理公司安排船只和舱位。对于有特殊要求的货物订舱，如冷藏舱、通风舱、油舱等要较一般订舱提前通知外运公司。

（六）制单结汇

卖方在出口货物装运后，应按照信用证的要求，正确地缮制信用证所要求的各种发票和单据，在信用证的有效期内送银行议付。这些单据包括提单、保险单、产地证明、商品检验证和卖方自行制作的发票和装箱单等。在出口结汇中，最重要的就是各种单据必须与信用证上的规定一致，这就是外贸实务中强调的“单证一致”原则。

二、进口合同的履行和程序

履行进口合同,与履行出口合同是一个事实的两个方面,买方履行进口合同一般内容和程序为开立信用证、付款赎单、催交催装、租船订舱并通知船期、报关报验等。

(一) 开立信用证

进口合同生效后,买方应按合同约定的期限向银行办理开立信用证手续,银行按交易的金额收取一定比例的开证费。买方根据合同的条件填写信用证申请,连同所需附件交银行。申请书中要写明对信用证的要求,内容要完整、明确、无词意不清和自相矛盾的语句。信用证开出后,卖方往往还会要求改证,这时要根据实际情况认真对待。

(二)付款赎单

进口方在收到银行付款赎单的通知后，应对银行出具的从卖方买进的全部货运单据进行仔细审查，无误后，交付货款。若合同规定买卖双方凭卖方银行保函预付货款，则在合同生效后，由卖方银行向买方开立不可撤销保函，买方据以预付合同规定的一定货款，如卖方银行不开具保函，则买方可以拒绝预付货款。

(三) 催交催装

由于市场的销售行情和生产设备的起用都会受时间的影响,故此除在约定的合同中要订明逾期交货的约束性条款外,还必须督促卖方按期或提前装运。一般在实务中,买方开立信用证后就要联系催交催装。

(四) 租船订舱通知船期

在 CIF 和 CFR 价格术语的合同中,由卖方负责租船订舱,但在 FOB 的条件下,由买方安排装运,这就有租船订舱的义务。装运时间确定后,买方还应通知卖方船期船名等。

（六）报关报验

进口货物到达目的港（地）并卸货后，买方或其处理人要在申报进口的期限内，向海关申报。报关包括准备报关证件、填写报关单、海关审单、纳税等几个环节。

我国对进口商品的检验分成两大类，一类是列入《种类表》中及合同规定由我国商检机构检验的进口商品。归入这一类的货到后，由进口方或代理人立即向进口口岸的检验机构报验。另一类是不属上述类的进口商品，进口方式或代理人在到货后，向商检机构申报后自行检验或报请商检机构检验。自行检验应在索赔的有效期内将检验结果报商检机构，如需向出口方索赔或商品不合格的，应及时申请商检机构复验出证。

三、争议的处理和索赔、理赔

进出口贸易中，双方遵守合同，顺利地履行各自的责任和义务，完成一笔交易自然是最理想和完美的。但在贸易实务中，由于双方当事人对合同理解的不一致，或者有一方发生了违约的行为，而对违约所造成的损失又不能认同时，争议就时有发生。当然，预防争议最好办法无过于在磋商与订立合同充分设想到可能出现的意外，使合同条款准确完备。

争议发生后，提出的一方必须以事实为依据，以适用的法律为准绳，同时也要考虑到双方的关系，采取适当的方式和手段向对方提出合理的要求，同时也要明确责任在何方。

由于争议的处理大部分靠协商、由双方认可的第三者调解、请求公认的仲裁机构仲裁、提出诉讼等途径来解决，而其中处理的结果有相当一部分要涉及到索赔和理赔，所以索赔和理赔也是贸易实务中的重要环节。

在贸易实务中，进口方要求索赔的原因很多，归纳起来有三个方面的原因：一是出口方未能履行或未能全部履行合同；二是运输承运人的过失造成;三是属于保险范围内所造成的损失。这样索赔也就产生了三个对象:一是向出口商索赔;二是向承运人索赔;三是向保险公司索赔。

(一) 向出口商索赔

1. 明确索赔的原因,向出口商索赔的原因是多方面的,有商品名不符实、品质不均、规格不符、包装不良、交货误期等等,这些都须在索赔提出时查明。

2. 索赔程序。根据不同的索赔原因和索赔想达到的目的,一般索赔要遵循以下的程序:索赔声明、准备证明文件、正式提出索赔。

3. 赔偿的内容。因不同原因造成的损失,可以要求对方赔偿损失、请求补运、调换、修理,请求折让或减价等,当然损失巨大的则可以拒收货物,请求退还货款并同时赔偿损失。

(二) 向承运人索赔和向保险公司索赔

1. 向承运人索赔是确认了货物的损失是运输过程中损坏或承运人到货迟延。而运输过程中的损坏又不是保险单上所规定的事故。不同的运输方式向承运人索赔的对象也是不同的,如有远洋公司、航空公司、铁路运输公司、陆上运输公司和邮局等等。

2. 向保险公司索赔是由于发生了投保范围内的事故或损害,投保当事人向保险公司提出赔偿的申请。向保险公司索赔必须有保险契约,索赔也有许多详尽的规定和国际上通行的惯例做法,限于篇幅,这里就不一一介绍了。

相对索赔的一方来说,理赔的一方对于索赔的要求,应认真分析,弄清楚对方索赔的要求是否有理有据,同时确认责任在何方,特别要注意甄别所造成的损失是否应该由承运人或保险公司来承担。外贸实务中,大多数接受索赔的当事人都不是直接的生产厂商,所以收到对方的索赔之后,还应在弄清事实的前提下,积极与生产厂商联系,并提出交涉,并根据索赔的具体情况,与生产商洽商尽可能降低损失的办法,如进行修理、折让或减价等。

第六节　EDI 在进出口实务中的应用

以计算机和网络为核心的电子技术和通讯技术的迅猛发展，使得国际贸易信息的传递、交换日臻现代化和规范化，并促使以 EDI 为手段的贸易方式风行于世界，引起了国际贸易结构性的深刻变革，以信函、电传、合同书、纸面单证等为基本手段的传统贸易方式，正被以 EDI 无纸化贸易方式逐渐取代。

一、EDI 的产生与发展概况

EDI(Electronic Date Interchange)译称“电子数据交换”。联合国国际贸易法委员会 EDI 工作组将 EDI 定义为：使用某种商定的标准来处理信息结构，在计算机之间进行信息的电子传递。EDI 是当代计算机网络在国际贸易领域的最新运用。其最大特点是将有关交易的各种单据和文件上的信息输入计算机，由 EDI 系统按照一定的标准进行结构化处理，并通过计算机网络，实现在贸易当事人之间的传递。通过 EDI，可以进行采购、对外磋商、签订合同、递交各种交易单据、办理货运、保险、报检、通关和结算货款等事项。也就是说，进出口贸易中的书面文件、书面单据均可被 EDI 的电子方式所代替，因此，人们又称 EDI 为无纸贸易。

1. 计算机的应用是 EDI 产生于发展的条件，通讯网络的进步是 EDI 产生与发展的基础，报文标准化是 EDI 产生与发展的催化剂。目前，在 EDI 的国际标准方面，有两大主流体系：美国的 ANSIX12 标准和联合国的 UN/EDIFACT 标准。

2. EDI 在当代国际贸易中得到广泛的应用，在北美、西欧和亚太地区的新加坡、日本、韩国等地，具有飞跃发展的趋势，中国也在积极开发和推广 EDI 项目。如上海已于 2000 年建成按国际规范建立的国际经贸电子数据交换网，连接海关、银行、外汇管理局、检验检疫局、运输等机构来完成进出口贸易中的各个主要手续。

3. EDI是用于国际贸易经营管理中的先进技术,它把市场、客户和出口企业的经营管理紧密联系在一起,突破了原来时空上的限制,从而获得强有力的竞争力:(1) 高速的信息传递,便于进出口商增强获取市场信息的速度和广度,增加贸易机会;(2) 有效地实现即时供应,加强出口企业对市场的应变能力;(3) 顺应了欧美、亚洲等国的有关规定、提高竞争力。此外EDI方式,还可降低文件单证的成本;降低人员费用开支;降低库存占用成本,提高资金利用率;减少因单证出错或失落而作事后补救所产生的费用。优化运作机制,提高经营管理水平。

二、EDI在进出口实务中的运作

EDI贸易方式的工作流程如下:

1. 发送方生成原始报文。出口企业在自己的计算机应用系统中对来自于数据库或通过输入设备输入的数据进行数据的编辑处理,生成原始单据格式的报文。

2. 进行数据映射。出口企业使用EDI映射软件,将原始单据格式转换为中间文件。中间文件是用户端格式文件与EDI标准报文之间的接口文件。

3. 进行数据翻译。出口企业应用翻译文件,将中间文件转换为EDI标准格式。

4. 发送方对报文加封。出口企业的计算机应用系统自在报文外层加上通信交换信封。

5. 发送EDI报文。出口企业通过通信软件将标准格式报文发送到增值服务网络或直接传给对方用户。

6. 接收方收到EDI报文后进行数据翻译。接收方应用翻译软件将EDI标准格式报文转换成中间文件,最后生成接收方计算机应用系统能够处理的文件格式。

7. 接收方应用系统进行数据处理。接收方对所收到的报文使用计算机应用系统进行收阅处理。

思考讨论题

1. 在国际贸易实务中,合同的基本贸易条件有哪些?
2. 在几种常见的价格术语中,买卖双方的责任与风险如何划分?
3. 在交易中如何选用不同的支付方式?
4. 如何确定有效的发盘(实盘)和有效的接受?
5. 出口合同的履行的四大环节是什么?

第九章　国际财务管理

财务管理是企业国际商务经营管理的主要组成部分。它是一种跨国界的财务管理活动，涉及到与国外的企业、单位和个人的财务联系，它包括国际融资管理、投资管理、现金流量管理、外汇风险管理、国际纳税管理等。这种财务活动是在多元化的国际环境中进行的，它面临着单纯国内企业财务管理无可比拟的各种复杂风险，但在经营和财务管理上相应的也会有更多的选择和获利机会。

第一节　国际财务管理的功能

一、国际商务中财务管理的目标

财务管理的核心内容是管理企业的资金运动，包括资金的筹集、运用、收回以及分配（主要是盈利的分配）。从这个角度来看，国际商务中的财务管理与一般的财务管理目标是相同的，就是在国际或全球的范围内对企业资金的筹措，分配及使用进行计划和调控，它的任务不只是对现有的规章制度和会计程序的叙述和解释，而主要是在周密严格的分析预测的基础上作出科学合理的决策，使企业资金的流向、流量和结构取得最佳的利用效果。

国际企业财务管理职能是实现企业总目标的一个关键因素。因此，企业总部必须集中力量加以指导，以求实现企业系统的最优化。在理想的情况下，国际财务管理职能应能完成如下三个目标任务：

(1) 发挥多国经营可以降低财务成本和提高经济效益的

优势；

（2）适应各个国家或地区对资金和财务方面的环境限制；

（3）保护企业财产和收益的价值，以使在多国经营中的利益不受财务风险的损害。

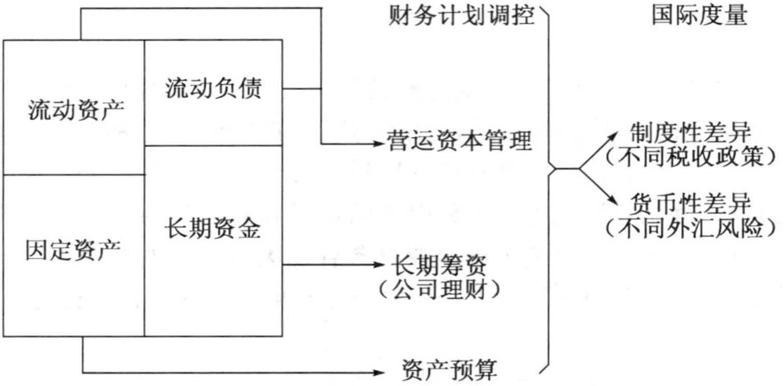

图 9.1　国际财务管理内容

图 9.1 的右边说明，具有国际经营业务的企业，在财务管理上同国内的差别就在于第二部分中的各种管理要经受国际性度量。属于有国际贸易业务的企业，主要是营运资本的管理要经受国际性度量，属于跨国公司性质的企业则所有财务管理都要经受国际性度量。国际性度量有两种不同内容，一种内容是由不同国家和地区的政策所造成的，例如税收政策不同造成的差别；另一种内容是由不同货币汇率体系造成的，例如外汇风险不同造成的差别。

国际企业由于能够获得不同的资源，达到财务上的规模经济，使它具有降低成本，提高经济效益的能力。因此，摆脱东道国对资金汇出的限制是企业财务管理的适应性任务。所谓保护作用也就是避免由于外汇升值或贬值，以及不同的通货膨胀所带来的损失。

具体来说，国际企业财务管理的工作还体现在下述几个方面。

（一）预测经济前景和参与国外子公司的可行性研究

在海外企业筹建中，财务工作必不可少。财务人员必须参与事前的经济预测，预测企业的投资总预概算，预测市场的容量、产品成本、原材料的供应情况，以及外汇汇率变动和外汇风险状况。另外，在可行性研究中，财务人员还需对投资总额、出资方式、贷款来源、税金、利润分配等进行分析和估算，比较各种不同的方案，为方案的最终抉择提供科学的依据。

（二）提高资金的使用效益和保护企业财产的价值

国际企业财务管理的一项重要任务是如何筹措资金和如何合理地使用资金。企业在生产经营中需要大量的固定资金和流动资金，财务人员应根据这些需要，利用各种渠道和各种方式，以最低的代价，筹措这些资金，保证企业生产经营的正常进行，降低成本费用，加速资金周转，提高资金的使用效益，在资金数量一定的情况下，争取更多的产出和利润。同时，还要对债权、债务、外汇加强管理，确保企业资产的完整与资金周转的顺畅。并在此同时避免各种风险（包括外汇风险）。

（三）控制企业的经营过程并监督子公司的生产经营活动

国际企业财务工作是对企业经费进行控制的重要手段之一，并贯穿整个过程。它主要包括事前控制，期中控制和事后分析。运用价值分析，量本利分析法等科学管理方法，从产品的设计和管理着手，编制最合理的预算和经济核算，是事前控制的主要工作内容。期中控制就是以通过预算为目标，监督和控制企业的日常业务活动，如发现实绩与计划目标发生偏离，应及时采取措施，纠正偏差，保证企业的生产经营计划的完成，即对各预算项目进行最后的分析、结算，并总结经验，吸取教训，为下一循环过程提供客观依据。

二、财务决策权的配置

监督和协调海外子公司也是国际财务管理的内容之一，与计划、组织、控制等职能部门一样，财务管理部门在发挥作用时，也面临着决策权的配置问题，即是把决策权较多地集中在公司总部，还是把决策权较多地分散到区域中心或海外子公司。一些专家认为，区域中心和海外子公司的一切活动都是为公司整体利润最大化服务的，因此，国际公司财务管理的决策权应集中于公司总部，以便统一调度和使用资金。另一些专家认为，各区域和东道国的经营环境因素和资金市场供求关系各不相同，而且千变万化，只有授予区域中心和海外子公司较多的财务管理决策权，才能在全球范围内捕捉机遇，避开风险，因地制宜地运用资金，进而从整体上提高公司资金使用效益。

大量实践表明，国际财务管理决策权的配置既不能走极端，也不能一成不变，而应该根据企业海内外生产经营的特点和所处经营环境的异同，在集中与分散之间做出适当的选择，并根据情况的变化进行必要的调整。

国际企业的规模及其国际化的程度是组织形式和最终财务行为的重要决定因素。国外销售额在 5 000 万美元以内的小企业典型地运用"自己管自己"的政策。即总部只提供少量指导和决策，并对实现整个系统的筹资最优化尽一点努力。国外销售额达 2 亿美元的中型企业，则典型地适用集中化经营策略，并关心每项活动对整个系统净成本的影响。国外销售额达 10 亿美元的大企业，则通常实行分散经营管理策略，但要受到总部有关人员的指导，总部人员起到一个协调作用。

在集中或分散这两种极端方式之间还可以有许多选择，有的国际企业在某些具体财务职能方面如资本预算和控制现金准备金等，运用集中方式；但对另一些具体职能如对流动资金的需求等，则采用分散的方式。随着现代通讯和信息技术的发展,这种选择的可能性越来越大。

第二节　国际商务中的融资管理

融资管理是国际财务管理的一个重要组成部分,融资成本的高低会直接影响公司的经营成本,从而影响公司的竞争力。而融资结构(财务结构)的合理与否还将直接影响到公司的后续融资能力,甚至给公司的生存带来危险。

一、资金筹集

任何工商业实体的国际财务活动通常都首先表现为资金的筹集。一般来说,国际商务活动中有六项主要的业务经常涉及国际筹资。这六项业务是:

(1) 借入短期资金以应国际贸易之需;

(2) 借入短期资金以应营运资本之需;

(3) 借入中长期资金以应资产投资之需;

(4) 借入中长期资金以应扩展业务(包括兼并其他企业)之需;

(5) 在全球范围借入和贷出资金以实现资本收益最大化;

(6) 借贷资金以敷外汇买卖之需。

因此,国际商务活动中的资金需求不仅数量庞大,而且涉及多个国家和多种货币,由此决定了其来源也是广泛多样的。

跨国商务实体获得资金的来源大致有以下四个方面。

(一) 公司集团内部的资金来源

跨国企业集团的各个经营实体在日常经济活动中都可能产生或获得大量的有效资金,从而构成了内部资金的广泛来源。这些来源包括母公司或子公司本身的分配利润和折旧基金,公司集团内部相互提供的资金。这类资金，在一般情况下，可以用作公司大量购买子公司的有价证券的投资，这种投资资金或是来自母公司的未分配利润和折旧基金，或是来自母公司在本土国资本市场发行债券的所得资金，甚至可能是母公司在国际资本市场借得的款项或者从另外一个子公司调拨的资金。母公司大量购买子公司证券的目的，主要是为了保证对子公司的所有权和控制权。此外，还可采用集团内部的相互贷款。贷款可以是货币形态，也可以是实物形态，诸如设备、原材料、有关产品，甚至专利、软件技术、管理技术等。提供贷款可以使公司集团减少纳税额，并可逃避东道国对股票汇回的限制。因为许多国家在计算税收时，利息不包括利润之内，股息却包括在利润之内。

（二）母公司本土国的资金来源

通常情况下，母公司与本土国关系最为密切，它不仅是本土国法人，而且与本土国经济发展有着重要的利害关系，从而能够经常得到本土国各种机构乃至政府机构的支持援助。这种情况反映在跨国企业的资金筹集中，就使得母公司本土国往往成为跨国企业一个可靠的资金来源。母公司本土国的资金一般由本土国银行、金融机构和有关政府机构提供，其主要途径有三：

（1）由母公司或子公司争取获得银行和金融机构贷款；

（2）由母公司或子公司在本土国资本市场上发行有价证券；

（3）由母公司或子公司获取本土国有关政府机构的贸易信贷，促进对外直接投资资金等专门基金。

这三种途径中，银行和金融机构贷款历来是占据重要地位的融资来源。银行的融资作用首先表现在国际贸易融资中。信托收据，银行承兑票据以及进出口贷款是最为常见的三种形式。所谓信托收据，指的是银行与进口商之间的一种委托票据，表示由银行支付进口货的贷款，但委托进口商实际处理（即销售）这批进口货物，实际等于银行向进口商提供购买这批进口货的全额贷款，而且在有效期内,销售货物所发生的任何损失和风险均由银行承担。

所谓银行承兑票据,指的是由银行在进出口商收到的汇票上加盖“承兑(Acceptance)”印记,以正式确认对该汇票的偿付责任,即承兑银行认可在受票人或其他各方面无力偿付时,由它偿付票据。银行承兑票据通常在商业票据市场上有较高的信誉级别,不仅所得的贴现率较高,而且很容易脱手。

除了国际贸易贷款以外,银行还可以向它的公司客户提供其他形式的各种资金。较为常见的如信贷额度(Line of Credit),透支关系(Overdraft),优惠贷款(Prime Loan)等。银行和金融机构还有其他各种各样的为支持跨国企业海内外活动的专项贷款。

在本土国发行有价证券筹资是跨国企业举债的传统方法。有价证券包括证券和债券。以证券方式筹资主要通过专门的金融机构进行。

本土国有关政府机构和组织对跨国公司提供的专门赞助资金的作用常常被人忽视,其实它同样是很重要的。方法之一就是由政府控制的银行提供贸易信贷。许多发达国家政府还提供专门赞助支持和鼓励跨国公司向发展中国家进行直接投资,这类贷款由于受到政府补贴,其利息常低于商业贷款利息的平均数。

(三) 子公司东道国的资金来源

子公司东道国的资金来源包括银行和金融机构贷款,发行有价证券,出售债券等。子公司所在的不同东道国所提供资金来源的可能性差异很大。美国、英国和日本等发达国家的银行、金融机构和资本市场较为完善有效,因此,筹资相对容易。但即使在资本市场较为发达的国家,对外国跨国公司的子公司提供资金的方式也存在差异,如有的国家商业银行完全统治着金融市场,有的国家存款和投资由不同的金融机构处理,还有的国家则介于两者之间。这种种差异,导致东道国向外国公司的子公司提供资金的方法也各不相同,相对来说,外国公司的子公司在日本和美国能够有更多的机会获得当地资金来源。

(四) 国际资金来源

国际资金的主要来源有三:

(1) 向第三国银行借款或在第三国资本市场出售证券和债券筹资;

(2) 向国际资本市场借款;

(3) 向有关国际经济组织借款。

向第三国银行借款一般限于获取出口信贷。当子公司向第三国购机器设备、原材料、半成品、最终产品时,就可以设法争取贸易信贷。除此之外,子公司也可能在第三国资本市场上出售债券。美国、日本等跨国公司在欧洲的子公司常常到瑞士资本市场上出售债券,通过一家瑞士银行来进行,交纳约 1.75%的管理费和少量税,费用一般较低。到第三国资本市场筹款虽然只是获取国际资金的一个途径,但由于这种债券发行一般以第三国货币进行,而子公司本身经营活动以本土国或东道国货币进行,因此偿债时的外汇风险增大了。

相比之下,国际信贷和资本市场对国际企业来说是一个重要得多的资金来源,这类市场以欧洲货币市场和资本市场最为典型,国际信贷市场上的大贷主是跨国银行,尽管这一市场上最大的借主是各国政府和政府所在的企业,但银行界对向私人公司,特别是跨国公司提供贷款的兴趣日益浓厚。

国际资本市场也是跨国企业一个极其重要的国际资金来源。跨国企业借款的主要形式是发行债券筹集中、长期款项。在欧洲债券市场发行的公司债券形式也是灵活多样,如浮动利率债券,可转换为股票的债券,这种债券具有固定利率息票和期限,但购买者有一种选择权,可以按照发行时规定的兑换价格,把这种债券转换为等值的公司股票。再如以证券多样化原则为依据的"货币鸡尾酒"(Currency Cocktails)债券,即债券以多种货币混合标价,混合计息，以分散投资者的风险，还有些跨国企业从1975年开始发行以特别提款权标价的债券。在近些年世界市场利率和汇率动荡、金融局势起伏不定的背景下，公司又发行了无息债券（Zero Coupon Bond）的方法，即对购买者不支付债息，按债券面额折扣出售来吸引投资者。

如果有的跨国企业在所活动的国家和所选择的项目等方面符合条件，还可以从一些国际性经济机构得到贷款或得到其他形式的资金支持。这种资金一般都比较优惠。与这方面最有关的最典型的国际机构，就是国际金融公司。国际金融公司赞助私人公司的投资方式有三种：

（1）向这些私人公司贷款，期限一般为7—15年，利率略高于世界银行的贷款；

（2）向这些企业直接入股，分享企业利润；

（3）前两种方法兼而有之的投资。

国际金融公司所筹集的资金，既可用作外汇，也可在当地作流通费用，既可用来添置固定资产，也可作为流动资金。

二、融资决策

国际企业可从全球范围内权衡各类可利用的资金来源，从中选择最佳的资金组合，以达到公司总体融资成本最低化，避免或降低各种风险，建立最佳的财务结构这三大融资战略目标。

（一）融资成本最低化

由于各国政府采用各种各样的行政干预以及某些社会、经济、技术等方面的因素，使得国际资本市场仍可细分为众多的差异化市场。不同来源的资金，其成本不仅因风险不同而各异，而且某些来源的资本可以得到政府补贴。而筹自另外来源的却要缴纳税负，纳税时，采用不同的融资方式或策略，所承担的税负也往往不同。这些，都为国际企业实现总体融资成本最低化的战略目标提供了良好的机会。而国际企业所具有的全球范围的资金调度能力和信息网络使之能较好地把握住这些机会。一般说来，国际企业为实现总体融资成本最低化这一战略目标，主要采用三种策略：减少纳税；利用补贴贷款；争取当地信贷配额。

1. 合理避税。各国的税制、税率有很大差别，即使在一国之内，不同的纳税对象的承受的税负也各不相同。因此，国际公司可以通过选择适当的融资方式、融资地点和融资货币以减少纳税的负担。例如，子公司支付债务的利息，一般说来，不论是支付给母公司还是其他金融机构，都可享受税收抵免，但股息由于是从税收后利润中支付，所以股息发放便不能抵免税负。因此母公司若以债务融资而非股本注入的形式向其国外子公司提供所需资金，就可能使公司的总体税负得到某种程度的减少。

企业对融资货币也应慎重选择。1980 年代末，亚洲许多国家的政府和公司纷纷借入日元低息长期贷款，不料日元的升水幅度大大超过了利差，结果使这些政府和公司损失惨重。

国际企业还可以通过选择融资地点来降低融资的税后成本。以美国公司为例，美国政府根据与其他国家签订的双边税收协定，对支付给国外投资者的利息和股息一般要征收高达 30%的预提税（我国的预提税为 10%）。尽管从名义上，预提税由国外债权人承担，但是，国外债权人（或股东）常会因此而要求较高的税前收益率以作为补偿，于是，预提税的负担实际上又部分（或完全）地转嫁到债务人身上。为了避免过度的纳税负担，又能在欧洲货币市场上处于较佳的融资地位，美国的跨国公司就把融资地点设在不征或少征利息（股息）预提税的国家，如瑞士、卢森堡、巴哈马群岛、巴林等地，具体做法是：在这些国家或地区设立金融子公司、专门负责在国外发行证券筹措资金，再将所筹资金通过内部交易或其他渠道转移到母公司或其他子公司，这样即可减少整体的融资成本和纳税负担。

2. 尽可能利用优惠补贴贷款。各国政府为了鼓励本国产品出口、优化产品结构、扩大劳动力就业等目的，往往提供一些优惠补贴贷款。例如，政府的进出口银行向本国境内的出口企业提供低息的长期贷款，这种优惠信贷也可贷给购买本国商品的外国企业。国际企业可以利用全球经营网络，作出适当的投资和购销安排，充分利用这类贷款。

3. 绕过信贷管制，争取当地信贷配额。各国政府都在一定程度上对本国的金融市场实施干预，当一国处于外资流入过度时，该国政府就可能规定新借外资的一部分必须存入政府指定的某一机构或采取类似措施，使筹借外资的实际成本上升；当一国发现资金流出过度时，其政府便可能对外资企业在当地金融市场筹措资金实施信贷配额管理。因此，如何绕过这些信贷管理制措施，并争取尽可能多的配额，是国际财务管理的一大任务。

（二）避免和降低各种风险

国际企业融资决策的另一个重要目标是，避免和降低各种风险，任何一笔重大的融资安排，不论是母公司所作的融资还是子公司融资，都会对公司总体的风险地位及其他融资渠道产生影响。因此，国际企业的融资布置不仅需要考虑融资成本最低化这一目标，还须考虑如何降低公司的风险地位，保持和扩大现有的融资渠道，为此，常采用下述三种策略措施。

1. 降低外汇风险。外汇风险是指由于不确定的汇率波动而导致公司资产或收益遭受损失的可能性。其中有三类外汇风险：交易风险、换算风险和经营风险。前两种风险主要是由于公司经营中出现的，未加抵补的外币净资产（或净负债）头寸。这种未抵补的头寸通常称为外汇暴露（Exposure）。企业可通过配对的融资安排来消除或减少存在于某种货币上未抵补的净头寸。

2. 避免或降低政治风险，政治风险是指东道国或其他国家政府的政治、经济政策的变化所导致的企业经营风险。降低政治风险的融资策略有：

(1) 尽可能选择政治稳定的国家进行投资。在政治风险高的国家投资时，尽可能利用公司外部资金，如东道国政府硬性规定要求母公司提供内部资金，则尽量以贷款的形式安排。

(2) 坚持以子公司或外国投资项目的盈利作为偿还贷款的资金来源，促使债权人结成利益关系网，抵制或遏制东道国政府的过激行为。

3. 保持和扩大现有的融资渠道。国际企业的融资战略需要具备全球性和长远性的特点，在追求低成本、低风险融资来源的同时，企业还应着眼长远利益，保持和扩展全球范围的融资渠道，以确保稳定的资金来源和融资灵活性。具体策略有：

(1) 努力使资金来源多样化，与各国各类金融机构建立联系，通过借款发行股票、债券等多种方式筹资；

(2) 以超量借款保持现有资金来源，在资金充裕的情况下仍定期向银行借款，以保持透支限额不被削减，在资金紧缩之时可获得应急之资。

(三) 建立最佳的财务结构

公司的财务结构包含多种划分，但作为对公司财务结构风险程度作判断时，最重要的标准是公司债务/股本比率。当一个公司这一比率高时，其股本利润率通常较高，而其后续融资能力却较低。因为，利息是一种固定支出，不管公司的盈利如何，都必须支付定额的利息。因此，债务/股本率高的公司倾向于选择资金报酬率较高因而风险也较大的投资项目，其破产或违约的风险也较高。投资者(不论是潜在的股东还是债权人)在权衡风险因素后，就可能不愿对该公司投资。所以，建立一个最佳的财务结构，对保证跨国企业融资能力最大化就显得很重要。

1. 国际企业总体财务结构。国际企业最佳财务结构建立，基于协调其所有附属公司的财务结构之上。只有通盘考虑全球附属公司的财务结构,公司才能使其总财务结构最优化。因此,总公司在全球融资过程中心须经常监测和调整公司整体的财务结构,以实现成本最低化和融资能力最大化。

2．子公司财务结构。总公司在权衡风险与收益等因素的基础上确定了公司的总体财务结构目标之后,接下来便须确定子公司或投资项目的财务结构。子公司财务结构的确定原则可以有三种类型:

(1) 成本最低化;

(2) 与母公司的财务结构保持一致;

(3) 与当地同行业公司的目标结构保持一致,应根据子公司的具体情况而加以确定。

3．母公司的担保与债务合并。原则上,母公司对提供担保与未提供担保的两种负债所承担的义务是不一样的。区别在于,对于前者无力清偿的债务,母公司负有偿还的法律义务。但事实上,为了不损害公司总体在金融界的商誉,大多数跨国企业对未担保的子公司债务也愿负偿还义务。因此,对母公司未担保的及未合并的公司的债务,国际企业在监督其总体财务结构时,也应一并考虑。

第三节　长期资金投放管理

投资决策是对营业性子公司的最终控制,也是实行全球战略的重要手段。“新建”或“扩建”的投资决策必须综合考虑策略和行为,以及经济等各方面的因素。它不是单纯的财务决策,财务人员要负责分析涉及到的财务问题,比较各方面的期望收益及其他财务指标,因而对这些方面起着主要的作用。

一、资本预算

财务经理对长期投资决策一般要作出资本预算表,编制资本预算表是一个比较资金各种使用方案的期望收益和各种集资方式的成本过程。

国内企业的资本预算方法已获得高度发展,它的分析方法相当复杂,但为投资决策提供了依据。至于国际企业,尽管在跨越国界时存在一系列必须处理的复杂性和不确定性,资本预算方法还是同样得到了发展。

同国内企业项目相比较,国外项目的资本预算有如下的复杂情况:

(1) 该项目与母公司的现金流量必须区别开来;

(2) 必须认识到各国在税制、财务机构、财务准则以及财务流量的限制等方面的差异;

(3) 不同的通货膨胀率会影响公司的一系列获利能力和竞争地位;

(4) 汇率变化能改变国外子公司的竞争地位及其与母公司间现金流量的价值;

(5) 分割开来的资本市场可能创造财务收益的机会,也可能带来成本的增加;

(6) 政治风险能明显地改变国外投资的价值。

在一个国际项目投资评价的三个阶段中,上述各种因素将会分别出现。

1. 在第一阶段,首先要考虑计划中收入与支出的每一类交易运用的预期汇率(有些国家既有国家牌价汇率,又有自由市场汇率,汇率之外又有各种特别税、捐,有些也可以经谈判来商定)。其次,须考虑到融资计划,如果在当地融资,将可减少外汇的风险,但要了解是否有资金可融通。为此,公司须制定不同的融资计划预测不同的收入,支出的预算。再次,须考虑政治条件所带来的风险对投资计划的预期收入和支出的影响,以及由此对母公司和公司体系内其他单位的股息和红利收入所产生的影响。

2. 评价投资计划的第二阶段,首先公司总部须考虑该项计划的收益是否可以自由汇出,或可否换为本国或其他国家的货币周转、储备或转移,或再向当地投资;其次,须考虑收益外汇汇回公司总部所涉及的税收和其他成本;再次,须预测外汇收益汇回公司总部的汇率。

3. 评价投资计划的第三阶段,须对各个不同的投资计划比较进行(国外子公司的计划与总公司的其他投资计划进行比较,或与驻在国其他可能性投资的计划进行比较),或相同投资计划与不同融资方式进行比较。就比较标准而言,可用"净现值"或"投资利润率"来衡量,也可用"偿还期","资金占有率"和"现金占有率"来衡量的投资成本的计算。在政策上可以有两种选择:

(1) 从"资金集中"的观点出发,视全部的公司资金为统一体(公司资金的取得和使用以公司的全球战略为基础,在何处借钱最有利就在何处借款。何处需要资金就向何处投放),因而在评价投资计划时,可采用全公司通用单一目标的贴现率。

(2) 随各国或各个计划的不同而采用不同的资本成本及贴现率。

对于外汇风险、政治风险,本国与东道国管理规定变化的风险须在第一阶段内调整,换句话说,对风险所作的调整宜由现金流量的调整来达成,在以风险因素来调整现金流量时,可以采用主观预测的方法来估计各种可能的现金流量后果。

二、跨国资金长期投放选择

跨国资金长期投放有三种类型,即证券投资、直接投资以及长期资金投放。

证券投资与直接投资之间存在着实质性的区别，因为导致两种投资的动机不同，前者是为了收益、安全和流动性而从事投资；后者则主要是为了收益、控制和经营需要而进行投资。

同时，在短期证券投资与长期证券投资之间也存在着区别：

(1) 短期证券投资可用于满足营运资本管理需要，长期证券投资则相对缺乏这一功能；

(2) 短期证券投资行为受到短期利率的很大影响，而长期证券投资行为则主要受长期利率影响。

显而易见，决定短期利率和长期利率的因素是不同的。例如影响短期利率的主要因素有政府货币政策，商业波动影响下的商业借款需求和资金供给状况，以及政府短期借款需求等。而影响长期利率的主要因素则是资本和储蓄的生产率（即决定“实际”利率的因素）以及通货膨胀的溢价（Premium）（即应该使放款者能够得到抵消通货膨胀的附加收益）等。

对外证券投资曾是现代商品经济发展进程中，公司企业从事海外经济活动的起点之一。

1980年代后，由于世界经济在连年严重危机后走向复苏，同时恰逢国际银行业因前些年的过分放款和一些重债国相继暴发债务危机而收缩贷款，西方发达国家的产业公司在经历了多年危机中深刻且痛苦的调整后，有的经营利润大幅度增加，有的因采用新型技术而呈现广阔发展前景，从而吸引了广大证券投资者，使各发达国家主要证券市场陆续出现了繁荣景象。各国证券市场高涨的一个重要结果，就是使证券投资真正趋向于国际化，开始形成全球性的证券投资市场，从而导致跨国公司也对海外证券投资表现出浓厚的兴趣，一些跨国公司已经在重新考虑把对外证券投资作为长期投资战略的一个组成部分。

对外直接投资历来是跨国公司资金投放的最基本、最重要的形式，关于这部分内容，我们已在“国际商务进入方式”中作了详细介绍,这里不再重复。

跨国资金长期投放的第三个途径是长期放款。虽然一般来说,跨国经营实体以生产性企业居多,但这些跨国公司手中经常持有巨额盈余资金和准备金。例如发达国家的一些大跨国公司都有本公司的养老基金。这种基金通常由雇主、雇员或双方交纳的资金形成,交纳者就持有退休养老基金的债权。大跨国公司的养老基金数额庞大,又可免纳所得税,因此是一个极有潜力的资金集结工具。养老基金既然集结了资金,自然要进行投资保值和增值。长期放款这是一条投资渠道。基金的长期放款一般都不公开进行,跨国公司或是通过本集团的银行转于放款,或利用与本集团关系密切的银行"暗度陈仓",或通过其他中间人放款。长期放款的目的,一般又是与跨国公司集团的战略需要联系在一起的。

第四节 营运资本管理

营运资本(Working Capital),系指企业的流动资产,它包括现金、短期证券、应收账款和存货等。营运资本管理主要包括流动资产管理和流动负债的管理。国际企业的净营运资本则是指流动资产减去流动负债,在国际企业财务管理中占有重要地位。因为流动资产是国际企业用于生产经营的一项巨额投资,流动性大,变异性也大,在管理中花的时间也最多。它通常涉及到不同的国家和不同的货币,因此亦称之为国际货币管理(International Money Management)。

营运资金的管理需分别从流量(Flow)管理、存量(Stock Perspective)管理两方面入手。所谓流量管理,是指国际企业的财务人员应当确定公司总体范围内营运资金的最佳货币组合和安置地点;而存量管理则是对现金、应收账款、存货、短期证券和短期负债的水平及它们的组合结构的管理。

国际企业营运资金的管理目标是：通过资金的合理安置（包括以何种货币持有和资金的分置地点）以及资金的适当集中和分配，使公司在全球范围内能迅速有效地控制全部资金并使资金的保存与运用达到最优化状态。

一、全系统管理方法

目前正在形成一种国际货币管理的先进方法，即全系统方法。总系统由国际公司的所有子公司组成。子公司在经营时有其独特的环境并且有自己的核算系统。但是，这些子公司又通过相互之间的资产和债务的转移，存在一定的联系。跨国公司通过一定的财务政策控制子公司之间资产和债务流动。因此，全系统管理方法的关键问题是，如何使用财务政策这一工具使整个系统得到最优化的经济效益。

国际企业所属各公司之间的财务联系主要有三个方面：

(1) 股本通常由母公司流向子公司，而红利则朝其相反方向运动；

(2) 母公司向子公司提供技术和服务，子公司向母公司支付管理费、专利使用费、返销产品，这种返销是对从母公司得到的产品（机械设备，零部件等）的支付；

(3) 跨国公司所属各公司之间通过长短期贷款、应付账款及利息等形式，发生信贷联系。

财务政策工具的运用，就是要调节上述的各种财务联系，使整个系统的财务处于均衡状态。例如，红利政策是调节股本联系的政策工具，它还可以控制支付的红利水平及支付的期限。从国际企业内部来说，政策工具的使用是为了避免整个系统发生混乱。从跨国公司外部来说，政策工具的运用必须符合东道国的法规、金融市场的惯例及习俗。在此基础上，使财务政策生效。要实施财务政策，使跨国公司达到系统优化，必须掌握足够的内部和外部信息。因此全系统管理受信息成本的约束，信息精确性的约束以及对未来的不确定变量的预测的约束。

使用全系统管理方法是一种复杂而又完备的战略，是使所有的政策工具对国际企业的各个公司同时发生作用。作用的总的目标是使整个系统达到税后利润极大化。实践已证明，采用这种方法可以获取的利益，大于那种在公司之间实行“公平交易”、缺乏调节状态时的利益。

二、国际现金管理

（一）资金统筹

对国际资产、流动资产、短期债务和其他信贷工具的流动控制，在很大程度上基于“资金统筹”这一概念。资金统筹是使流动资产在一个地区或全球范围内得到最好使用的一种管理体系。这种体系的目的在于，使现金充裕的分支机构的盈余资金被现金短缺的分支机构所吸收。这样，公司内部的货币资源可以得到优化使用。公司总体的净盈余可以被作为短期投资，净赤字可以由公司中央信贷机构融资。一个设计出色的“资金统筹”系统可以使贷出资金的分支机构获取较高的利息，并使借款的分支机构在较低的利率水平上得到贷款。

设按金融市场利率进行交易，那么子公司 A 的短期存款仅能按 9%的利率获得利息，同时子公司 B 要按 11%的利率借款。如果有了“资金统筹”系统，那么从 A 到 B 的内部借款，可以使 A 按 10%的利率贷出，B 按 10%的利率借入，双方都得到利益。

“资金统筹”体系往往要求一定程度的财务集中控制，还要求信息的完备，使财务经理对分支机构流动资产的状况及当地金融市场条件作出正确评估，进而对公司之间的资金交易进行决策。当“资金统筹”建立在跨国和不同货币基础上时，必须要考虑各国税制和外汇控制等因素对“资金统筹”体系的影响。如果直接的

"资金统筹"体系难以实施,那么可以通过公司之间的提前或推迟支付来实现间接的"资金统筹"。公司之间的提前或推迟支付往往用于商品交易,有时也用于红利,专利使用费,管理费以及货币偿还等项目。

(二) 资金的国际转移

资金的转移关键在于转移的时间,按照快速流通的原则,要求资金周转速度快,所占的周转资金少。资金周转方面的改进,需要资金转移工具的现代化,用电讯替代邮寄传递。提高资金周转的速度,还要求改善现有的银行系统的效率。

减少交易支付的现金数量,可以降低国际转移的成本。此外,使外汇成本极小化也可以降低国际转移的成本。财务经理可以通过分析子公司相互之间的交易,得出每一公司的应汇寄的净债务或应回收的净贷出。这一工作被称为多种货币结算。结算可以是双边的,也可以是多边的。由于这一工作的进行,实际参加国际转移的交易金额小于成交的金额,因此所要求的周转资本、外汇成本和手续费也较少。

(三) 避免通货膨胀带来的损失

在管理流动资本和控制资金流动时,国际财务经理尤其应当注意的是在通货膨胀率高的国家如何保护资产价值,物化资产,如房地产、厂房和机械设备等,在通货膨胀中可以保持它们的实际价值。流动资本的价值,特别是现金和应收现金的价值,在通货膨胀中是很脆弱的。因此,国际财务经理关心的是母国货币或可自由交换的硬通货所计算的利润和资产的价值。

在通货膨胀情况下,保护流动资本的传统策略是使现金流量极小化,减少应收资金,推迟当地支出的支付,并使当地借入极大化。有些地方对税金的罚款很低,因此一些公司尽可能地拖欠当地税金的支付。至于存货的价值,尤其是进口商品的价值,很少遭到通货膨胀的侵袭。当一个地方公司是跨国企业总体的一部分时，它还有一种保值方法，就是尽快把现金汇寄到母公司，或者汇寄到该总系统中的通货膨胀率低的国家。最后，在高通货膨胀率国家的公司还可以推迟收取来自低通货膨胀率国家的收入。

传统的反通货膨胀策略的缺点是，这种做法仅孤立地解决局部的流动资本，而事实上所有的流动资本是相互联系的。例如，当信贷和应收资金被孤立对待时，通常的做法是限制信贷以减少所持有的货币资产，保证实际购买力。但是在以相互联系为前提的全系统管理方法下，理想的方法是增加信贷而不是减少信贷，这是因为通货膨胀使系统中的这部分市场的吸引力增加了。随着贷入的增加，销售也会增大，从而经济规模增大，边际利润增加。这种利益大于通货膨胀下贷入资金所增加的成本。

三、转移价格

国际企业财务管理最敏感的问题，是公司内部的转移价格。在国际企业里，母公司与在外国的子公司之间或外国分支机构相互之间常有很多商品和劳务上的交易。公司内对这些交易所建立的价格称为转移价格。公司内的每个子公司所在的东道国有不同的关税和所得税规定，不同的外汇风险和不同的外汇控制。针对这些不同的外部环境，公司可以通过转移价格的方式，去进一步实现企业的目标。

跨国公司建立转移价格可以使用买卖调配资金的方法。如果母公司要把资金调进，则可以向子公司高价出售商品和劳务，低价从子公司购买商品。在跨国企业系统内的各个子公司彼此相互买卖，均可以通过高价卖出，低价买入或是低价卖出，高价买入调拨资金。

1. 跨国企业通过转移价格政策从子公司调出资金的利益有以下四个方面：

(1) 可以把公司收入从所得税高的国家调到所得税低的国

家,从而减少所得税义务;

(2) 避免货币贬值带来的风险;

(3) 在一个国家红利汇寄水平受到限制时,可以通过转移价格方式增加资金的流出;

(4) 如果子公司所在国当局要求利润高的企业降低产品价格,或是利润高时,当地工会要求提高工资。那么采用转移价格可以降低呈报的利润。

2. 与上述情况相反,跨国企业采用低价卖出,高价买进的方法把资金调入到一个子公司的利益是:

(1) 低价进口可以减少关税支出;

(2) 在东道国按照进口的总额实行配额时,低价进口可以使进口商进口更多的数量;

(3) 当子公司处于起飞时期,呈报较多的利润,有助于子公司在当地取得较高的借贷信誉。

转移价格这一工具不仅可用于母公司与子公司,或子公司之间的交易上,还可以广泛运用到提供的固定资产,转移的专利及技术出口、咨询服务、管理、租赁及商标等劳务费用,提供贷款的利息,利用产品的销售渠道所用的佣金或回扣,利用公司的运输系统而收取运输、装卸、保险费用,向子公司索取或分摊不同份额的管理费用,人为制造呆账、损失和赔偿等多种且隐蔽的形式。

如上所述,转移价格机制提供了转移资金和利润的机会,然而价格政策是国际企业很少透露信息的敏感问题。尽管跨国公司母国及东道国政府的财政和海关部门对转移价格的限制越来越大,但是在这些限制中总是存在缝隙,使操纵价格得以运用。例如美国法规中开有这样一个口子:如果公司为了进入一个新的市场或是在已有市场中遇到了竞争,那么它可以降低转移价格。因此,很多公司为了占领市场增加利润,自然会考虑转移价格的运用。

第五节　外汇风险管理

自从 1970 年代初国际汇率制度由固定汇率制转向浮动汇率制以来,外汇风险管理在国际企业的财务计划和财务管理中的地位日渐重要,许多公司都适时地从组织上增强和集中了外汇风险管理能力,探索着降低外汇净暴露的处理方式和新的技巧。

一、外汇风险的类型

外汇风险(Foreign Exchange Exposure),也称外汇暴露,是指由于外汇汇率的变化而导致企业的赢利能力、净现金流量和市场价值发生变化的可能性。财务经理的一项重要职责就是预估外汇风险并及时管理,以使企业的赢利能力、净现金流量和市场价值最大化。

外汇风险主要有三种类型:交易风险(Transaction Exposure)换算风险(Accounting Exposure),和经营风险(Operation Exposure)。

（一）交易风险

交易风险是指已达成协议但尚未结算的外币交易,因汇率波动而发生外汇损益的可能性,衡量的是特定的汇率变动对已达成协议的外币交易的价值可能产生的影响。一般来看,需要以外币结算的各种交易都会涉及外汇暴露。如进口和出口贸易,外币借款与放款和国外子公司的销售活动等,当法郎对美元贬值时,美国公司的法郎应收账款就蒙受了外汇损失。

（二）换算风险

换算风险有时也被称为会计风险,产生于国际企业将其国外附属公司或投资经营项目成果的计值单位由记账外币换算成本币的换算过程。国际公司由于法律上和经营上的需要,必须合并其国外附属公司和母公司的财务报表,而各个会计项目换算时所用的汇率并不见得就和入账时的历史汇率相同,因此,那些按现行汇率换算的资产与负债就会产生外币换算损益,这些承受换算风险的资产与负债就被称为暴露资产和暴露负债。鉴于暴露资产和暴露负债的风险可以相互抵消,所以公司的总换算风险就取决于资产与负债之间的差额。

(三) 经营风险

有时也称为经济风险,是指由于意外的汇率变动导致企业未来的经营性现金流量发生变化,从而影响到企业的市场价值,企业价值的变化程度取决于汇率变动因素对企业将来销售量、价格和成本的影响程度,经营风险不局限于实际汇率变动对具体每笔外币交易价值的影响,而是关心汇率变动对整个公司经营活动的影响。此外,它不只重视汇率波动带来的一时得失,即静态效应,更主要的是侧重于汇率变动的动态效应。

二、长期外汇风险管理

长期外汇风险管理的目标是保护资产和长期经营活动的收益,因此它不是对已经出现的资金风险进行套期保值,而是在资金风险还未变得很大,还不需要花费很多钱去对付之前,就尽可能地使这种风险最小化,乃至消除它。所以长期外汇风险管理有三个特征:

(1) 长期资金风险管理考虑的时间一般较长,可达五年左右;

(2) 长期外汇风险管理是动态管理,在考虑保护资产和负债的长期目标时,又须时时注意短期因素;

(3) 长期外汇风险的管理的决策必须有赖于公司的最高管理层,而不能只依靠公司资金部,因为它的管理对象不仅仅是账面金额的风险,还有长期资产、业务收入等各种具有整体性的经营活动。

长期资金风险管理的基本措施包括三个方面。

（一）估计净暴露和净风险

在一个确定时期内，所估计的外汇流入和流出之间的差额就形成净暴露，在汇率变化莫测的条件下导致净风险。长期资金风险管理所考虑的外汇流动不仅是那些已经知道的或已拍板成交所涉及的外汇（例如到期的应收款和应付款、贷款偿还、支付利息和股息等），而且是指那些能够预见到的外汇流动。这种预见的依据则是公司的计划，尤其是长期计划，诸如出口销售、从国外购买材料、在其他国家所计划进行的投资和以其他货币发行的证券等。为了计算，各子公司和母公司都先分别进行测算，然后进行汇总，母公司从整体角度出发，考虑对策。公司一般又把整个估计期限，分割成不同时间的单位的估计期。由于近几年来汇率变化不仅频繁，而且幅度很大，因此，国际公司都对主要货币的暴露程度设置上、下限，若超过界限，则等于发生警报，必须采取抵补或保值措施了。

（二）估计汇率的有效范围

国际企业的本土国和东道国所在地不同，从而不同货币变动对它们业务活动所产生的影响也不同。一家主要在亚洲地区活动的公司，港元、新元等货币价值的变化也会对其产生影响。因此，国际公司需要根据自身情况，正确估计各种货币汇率变动的有效范围，以便有针对性地采取保护措施。

（三）对风险进行抵补

抵补（Cover）指的是在即期买进的同时远期卖出，或者在即期卖出的同时远期买进的一种风险管理方法。在确定未来的长期资金风险后，国际企业一般用两种技术来对风险进行抵补。

1. 在远期市场买卖有关货币，来对这些货币估计在确定日期的净暴露进行抵补。

2. 变动有关货币流入或流出的数量，来减少或消除所估计的净暴露。

这样可能意味着要改变公司的金融计划,诸如把一种货币的贷款换成本地货币的贷款。还意味着改变公司业务计划,诸如减少向某一国家的出口,改变进口计划,改变投资计划等。

长期外汇风险的管理在很大程度上涉及的是经营风险的管理。在对经营风险的管理中,管理者不仅要能迅速判断有效均衡状态是否存在,还必须在意外汇率变动发生前就已准备好最佳的应付策略。达到这一效果最好的办法是在全球范围内将自己的经营和融资多元化。经营多元化意味着分散销售市场、生产地点和原材料来源,而融资多元化则意味着应在整个资本市场上进行多种货币融资。即使管理者不对汇率波动作出主动性反应,多元化经营战略也能减轻公司所承受的风险冲击。因为汇率的变动可能使公司在某些市场和生产基地受到冲击,而在另外一些市场上,来自另外国家子公司的产品却可能因而增加了竞争力,因此,多元化经营使得外汇经营风险因相互抵消而趋于中和,而融资多元化使公司在国际利率市场之差与预期的汇率变动不一致时,降低公司资本成本的机会也就出现了。

三、日常外汇风险管理

日常外汇风险就是指公司在经常性业务活动中所出现的外汇风险,指的是公司的投资及资金流动中因汇率变化而易受损害的程度。日常外汇风险管理是公司外汇风险管理中最基本的任务。

(一) 外汇风险的分析评价

外汇风险管理必须建立在对外汇风险正确分析评价的基础上。资金风险评价的基本问题,是判断公司外汇暴露状况所引起的风险是否能为公司所接受,根据风险管理的定义,并不是要消除所有的风险,各个公司,各有关管理人员都将接受一定程度的风险。

外汇风险评价由三个阶段组成,即:判断外汇暴露和风险的重要性、汇率预测、风险评价。

1．判断外汇暴露和风险的重要性。如果公司对风险的程度规定有上、下限，那么只要判断某一时刻的外汇暴露和风险状况是否在可以接受的界限以内。如果管理者是根据风险和保值成本的比较或影响来判断风险状况的，那就需要确切了解每一种暴露可能产生的影响，这又需要预测汇率的变动情况。

2．汇率预测。关于货币汇率变动前景，国际企业可以向专业预测机构尤其是大银行购买有关信息。但是任何机构对汇率的预测都没有真正值得信赖的准确性，所以要设法从多种渠道获得咨询，还须自己对汇率进行预测，最后得出综合意见。

3．风险评价。上述两项估计得出后，人们就可以评价公司因此而受到的影响。所谓收益或损失即：

$$暴露程度 \times 汇率变动程度 = 收益或损失$$

在一般情况下，管理者的预测和判断只能确定一个大概的变动范围。

（二）日常外汇风险管理手段

对交易风险和换算风险的管理，简而言之，就是减少公司在外币上未抵补的(Uncovered)的净头寸。保值(Hedging)是国际企业处理交易风险和换算风险方式的核心。而所谓保值是指可以部分或全面地抵补汇率变动风险的各种交易和行为。任何保值交易和行为一般都要支付一定的成本或付出一定的代价。因而，从本质上看，保值意味着在以现时已知的保值操作成本来代替将来未知的外汇风险。

1．远期市场保值。即根据预期的外币应收款或应付款的货币种类、数额和日期，通过远期合同卖出或买进外汇，以抵补这些预期的外币应收款和应付款。一般说来，一种外币的远期卖出合同被用来抵补将来的应收款，即通过签订一项合同将预测将来某一日期得到的外币卖出，公司就消除了该项应收款的汇率变动风险,反之,条件适当的远期购买合同则用于抵消应付款及其他外汇净头寸。当然,在采取这种保值措施时,还有必要比较一下汇率可能变动的幅度造成的损失大于保值成本时,才利用这一工具。

2. 货币市场保值。即利用货币市场上的借款所产生的某种货币的相应应收款或应付款来抵消公司存在于该种货币上的应收款和应付款。例如,假定一家美国公司已承诺3个月后支付100万法国法郎,它便可通过这样的程序来抵补该项外汇风险:它首先借入美元,然后再将美元按即期汇率兑换成法国法郎,再将这些法郎投资于法国货币市场工具(如3个月政府短期债券),这些货币工具在3个月到期后转换成的金额便可用来履行支付100万法郎的承诺。通过这种方式,这家美国公司便以固定数量的美元负债代理了一项未知将来需要多少美元才能履行的支付承诺。

3. 提前错后收付法。国际公司经营中产生的各种外币应收款、应付款、债权与债务都直接暴露在汇率变动风险之下,因而公司广泛利用提前错后(Leading and Lagging)技巧来避免外汇风险。通常做法是:对于硬币(即预期升值的货币)债务和应付款应尽量提前支付;而对于软币(即预期贬值的货币)债务和应付款应尽量错后支付。至于债权和应收款,当预测定值货币将贬值时,则应尽快收回贷款和应收款,当预测定值货币将升值时,则相反处理。此外,提前错后支付法与划拨定价作为国际企业内部资金调节机制,也使国际企业可以通过将货币疲软国家子公司和资金转移到货币坚挺国家的子公司来避免外汇风险。

4. 货币选择。审慎地选择货币在外汇风险管理中也十分重要,它可以降低公司净暴露。例如,如A、B两种货币负相关,那么,这两种货币的多余头寸(正余额)就趋于降低总体净暴露;倘若相反,A、B两种货币正相关,那么,A货币的多余头寸就可为B货币的短缺头寸(负余额)所抵消。从事贸易的公司,可在出口中尽量采用硬币定值。欧洲国家和日本的出口商以美元标价,但要求进口商以出口国的货币支付。欧佩克也考虑用特别提款权(SDR)这样更稳定的货币单位来代理美元作为原油定价的基础,这些都是利用货币选择躲避外汇风险的实例。

5. 平行贷款与货币互换。目前,跨国公司日益用相互之间的平行贷款与货币互换绕过外汇市场来降低或消除外汇暴露。平行贷款(Parallel Loan)要求两个跨国企业的母公司在不同的国家,而每个母公司都有子公司在对方所在的国家,如一家美国国际企业在英国设有子公司,而一家英国国际企业在美国设有子公司,美国子公司需要英镑,英国子公司则需美元,在此情况下,可以运用平行贷款,即美国母公司将美元贷给在美国的英国子公司,而英国母公司又将等值的英镑贷给在英国的美国子公司,这种做法的优点是满足了各自子公司对货币的需求,同时又避免了母公司自己进行直接投资而发生的外汇风险,减少了借贷成本。货币互换(Currency Swap)的典型做法是两种货币相互交换,并在一定时期后,再重新换回。初期的货币互换根据现时即期汇率进行。随后的货币再互换也依据同样的货币作价,而不考虑期间外汇汇率的变动。

成熟的国际企业采用有选择地减少风险的策略。采用这种方法,对公司的财务管理提出了较高的要求,它既要求资金部正确预测各种货币的汇率,又要求资金部正确估价各种货币汇价波动对本公司的不同影响,还要求资金部了解各种套头交易方法的成本。但是,由于这种策略比较适应现在国际金融环境下资金活动的特点,所以大多数国际企业都采取这种方法。

思考讨论题

1. 国际融资渠道主要有哪些?
2. 分析跨国企业的资金管理方法和手段与各国对资金转移方面的限制之间的关系。

3. 国际企业投资策略主要有哪些?

4. 对外汇风险的管理主要有哪些策略和手段?

5. 转移价格在国际财务管理中起到了哪些独特的作用?

第十章　国际人力资源管理

进行国际经营活动,完成国际企业的战略目标以及在竞争中获得胜利,都需要人力资源管理加以保证。国际企业经营的任何问题,归根到底都要落实到人,或者是由人去创造,或者必须由人来解决。因此,把适当的人在适当的时间安排到适当的位置上,便成为企业成败的关键。

国际商务活动的人力资源管理包括对管理者的管理和对员工的管理两个方面。但是由于国际经营存在着不同民族、不同文化背景的交叉现象,因而使人力资源管理较为复杂。在跨国公司子公司的经理们必须扮演一个多元化的角色,起着沟通两种文化桥梁的作用。他们还必须在不同的文化环境和不同的文化背景下,指导和协调经营活动。在这一过程中,子公司所选派的人员素质、经历、个性以及对东道国语言、文化的熟练程度和对环境的适应性成为至关重要的因素,对管理人员的选拔、培训等问题也尤为突出。除此之外,企业在国际经营中还会感到各国工人素质、管理形式和劳资关系方面都存在着很大的差异,这些都是国际商务活动中的人力资源管理的独特之处。

第一节　管理者的管理

国际商务活动中的管理者是指在总部控制或者与海外的生产经营保持密切联系的经理,以及在海外从事生产经营的经理。对管理者的管理一般包括国际企业对驻外经理的选拔、培训、晋升、评估、报酬、调整以及管理等方面的内容。国际企业正是通过这一系列程序所选拔出来的管理人员制定和执行企业国际经营的战略和策略，达到企业海外经营成功的目标。

一、管理者的国籍策略

企业在选拔国际经营管理人员以提高他们的素质方面都采用以下三种国籍策略：

(1) 管理人员母国化；

(2) 管理人员当地化；

(3) 管理人员国际化。

这三种不同的人事策略各有利弊，企业可以根据实际情况合理搭配或调整。

(一) 管理人员母国化策略

征聘来自总部或来自母国的人担任海外各分支机构的经理或主要职务的策略是一种被广泛接受的策略。美国以及西欧的许多发达国家的跨国公司大多采用这种策略，因为这种做法充分显示了母公司在国外子公司中的“存在”，加强了母公司对子公司的控制，并且保证了企业全球经营战略的一致性。另外，在企业经营国际化的初期阶段，企业都要经历将部分经营转至国外的过程，而这部分经营活动的技术诀窍对企业来说是非常重要的，因此使用母国人员作为子公司的高级管理人员也许是最有效的人事策略，通常这种策略通过由母国人员担任子公司的总经理或总会计师来实现。

管理人员母国化按照著名经济学家 A·R·内加迪的观点主要有以下几个好处：这些经理熟悉母公司的目标、政策和经营；有较强的技术和管理能力；与母公司人员能保持有效的联络；容易控制海外子公司的经营。但内加迪也同时认为这种策略有一些不利之处：这些经理人员难以适应外国语言以及社会经济、政治和法律环境;选拔、培训以及维持移居海外的经理及其家属的费用较高;受到东道国政府的压力,因为这种策略实际上是子公司中的高级职位不对当地人员开放,是一种文化差异及矛盾的公开化和扩大化,可能会与东道国政策相违背;会导致管理人员在东道国生搬硬套母国的管理方式,引起文化偏见;另外还会带来家庭关系的调整问题。

(二) 管理人员当地化策略

1960 年代和 1970 年代初期,美国的国际企业选派大量驻外经理人员到海外子公司进行经营管理。但是到了 1980 年代,美国海外经理的人数呈下降的趋势,欧洲跨国企业和日本的跨国企业也同样出现这种现象,采用了管理人员当地化的策略。

"当地化"就是雇佣东道国国民担任海外子公司的经理职务进行经营管理。这种做法有许多明显的优点,A·R·内加迪归结为:很大程度上消除了语言障碍,企业无需花昂贵费用进行语言培训,并且这些人熟知所在国的社会经济,政治和法律环境以及商业惯例等;供养费用较低;为当地人提供了晋升的可能性,增强了他们的责任感,往往能比母国派来的人员工作得更出色;对东道国政府当地化的需要作出了有效的反应。与此同时,这种策略也会带来一些问题,例如当地人可能难以有效地控制子公司的经营,他们与母公司人员的交流沟通比较困难,母公司培养跨国经营人才的计划会受阻等等。因此,国际企业一般均在海外子公司生产、经营过程都标准化以及东道国国民经过训练,才逐步让他们担任要职。

(三) 管理人员国际化策略

这种策略的主要目的就是在整个企业中任用最适当的人担任最重要的职务,而不考虑其国籍,不过在实践中通常会是第三国国民出任经理人员。这种人事策略也许是一种最好的折衷办法,因为它的内涵是与国际企业的经营优势相一致的,那就是国际企业有能力在全球范围内合理地利用自然资源、财政资源和技术,甚至是人力资源。第三国国民通常是一些职业的、国际商务的经营管理人员,其所需的费用与母国国民相比,相对较低。另外这些第三国国民往往可能是较为熟知东道国的社会文化、经济、政治背景,弥补了母国人员的不足。但是,这种人事策略的实施常被许多因素所阻碍。东道国对经理人员的国籍有时比较敏感,特别是对那些国家或民族之间有争端的第三国国民,甚至会拒绝其入境工作。这种策略由于需要在很大地理范围内分散地进行招聘,加之语言、文化方面的培训以及其家属在不同国家的流动,花费还是很大。管理人员国际化要求母国企业在人事管理上实施较高程度的中央控制,对子公司经理用人方面限制较多,最后这种策略实施起来需要较长的时间。

(四) 综合人事策略

由于上述三种国籍策略各有利弊,因而任何单一策略往往不能圆满地解决跨国公司在国际商务活动中所面临的复杂的管理问题。对此,大多数跨国公司目前倾向于采用一种综合性的人事策略,即雇佣东道国国民担任设在该国的分支机构的管理人员,而在公司总部则雇用母国人。另外在实际经营中,跨国公司常常要考虑各种相关变量,如国外子公司处于筹备阶段,母公司要培养有国际导向的人才,子公司与其他地区作业密切相关,不能自治,母公司需要取得有关国家和地区的专门知识;技术知识和技能无法受法律保障在经营中是关键因素;其他来源没有合适的经理等。这时,母公司可以聘用本国国民或第三国国民当海外子公司经理。如果在另一组变量条件下,或是当地区市场的专门知识在企业的国际业务经营中起主要作用时,雇佣当地人更为合适。

二、管理人员的选拔与招聘

如果企业想要建立起一支具有国际市场经营能力的管理队伍,那么它必须先制定出一项有效的人事政策,即企业管理人员的录用目标,选拔海外经理的渠道以及选派的标准。

(一) 录用目标

企业的人事政策首先要预测在未来五年内每年所需的管理人员人数,尤其是中高层管理人员在更长期限内的需求量。在此基础上确定新雇员担任的职位,工作地点以及所需人员的类别,以及公司应该在哪国录用新人,录用决策是由母公司还是由分公司作出等。

(二) 选拔渠道

企业海外分支机构管理人员选拔与招聘的渠道可以有以下几种:

(1) 母公司内部人员和其他海外公司人员;

(2) 被收购的外国或本国公司里的一些骨干人员;

(3) 从母国商学院毕业的外国学生,因为他们既经过严格的挑选,又熟悉母公司的文化背景;

(4) 东道国大学的毕业生,他们经过一段时间的经验积累,可以选派到管理层;

(5) 接受过企业管理专业培训的东道国或第三国的管理人才;

(6) 企业通过广告、当地职业介绍所或人才服务机构等高薪招聘来的优秀人才等。

在选拔招聘过程中,一些选择海外经理较成功的机构、企业或组织,都十分重视面谈。面谈可以由对候选人可能碰到的问题有第一手经验的人来主持。

(三) 选拔的标准

驻外分公司的经理人员在国外常常扮演多元角色,他们既是母公司的雇员,又是母公司的海外“大使”,还是东道国的一个临时国民,他们除了要具备一般国内经理所应有的技术和管理能力,还必须具备适应变化莫测的海外经营环境的特殊才能和素质,这也就是母公司选拔海外经理的标准。选派海外经理的标准即应具备的素质或资格是多方面的，不同企业，不同国家的要求也不尽相同，但主要有三个基本方面是必须满足的。

（一）适应能力

它包括对工作的适应能力和对社会的适应能力。到国外任职的管理人员在新的文化环境中常会感到不适，受到文化、政治和经济的“冲击”。他们应有足够的思想准备和调节能力，以增强适应性。他们必须在新的文化环境中建立新的工作关系，认识新的文化环境中人们提出问题、作出决策和接受指示的不同方式，与当地具有不同背景、语言、态度、价值观的外国人打交道，必须使自己的技术和管理诀窍适应当地的环境，还要应付比本国还要复杂的政治、经济情况。对工作和社会的适应能力一般离不开下面几方面素质的积累：

（1）国际知识，不仅对国际政治和世界经济有所研究，而且要熟知外国文化、历史、生活习惯；

（2）精通东道国语言或英语；

（3）具有良好的身体素质；

（4）见识广博与修养良好。这样，它们在与外商交往以及各种社区活动中易于与当地人建立良好的关系。

（二）业务能力

母公司选派海外经理的主要目的是能在海外实现公司的经营目标，发挥他们的聪明才干，管理和控制分公司的日常经营。海外经营与国内经营的最大区别就是在国内，经理们由专家帮助解决经营上的一些困难。而在国外，由于距离、时间、人员以及沟通的限制，许多难题须由经理们独立解决。因此，驻外经理候选人应该具备较强的技术、管理、组织协调、控制和决策能力，并且还要有很强的独立性，独自胜任海外的经营工作。上述能力的具备还必须有丰富的知识作支持，它包括经理人员要拥有经营和管理方面的知识,国际商务方面的知识,如国际贸易、国际金融、国际惯例的专门知识和东道国政府的法律、政策常识,还有关于本公司的知识。海外经理需通晓本公司的发展历程、经营优势和劣势,发展规划目标以及经济实力等等,能够在各种社交场合巧妙地将公司的形象树立起来。

(三)责任心

海外经营,子公司的决策权限和权力相应增加,然而责任与风险也随之加强。这就要求公司所派遣的人员必须具备强烈的责任感,向母公司负全责。一般地说,责任心的是否具备可以从下面几个方面综合考察:正直、诚实、工作热情,到海外工作的意愿,心理特征,待人接物的态度等。

以上三个方面在实践中并非人人同时具备,所以需要国际企业花精力培养和训练海外经理的候选人。IBM 公司曾总结了全美 70 家国际企业选拔海外管理者的标准,这一结果成为各国公司海外经营的重要参考。这 70 家企业一致认为,一个合格的海外管理者必须具备的资格或素质依重要程度依次为:①经验;②适应性;③技术知识;④工作能力;⑤经营管理能力;⑥语言;⑦潜在能力;⑧海外工作的能力与信心;⑨新的管理概念的评价和感受程度;⑩教育程度;⑪工作上的创造力;⑫独立性;⑬情感沟通;⑭成熟性——感情的安定性;⑮其他。

三、管理人员的培训与开发

一个具有全球战略眼光的国际企业,无论它采用什么样的人事策略,都必须具有一个长期的管理人员的培训规划。需要接受培训的不仅是目前已在母公司和子公司担任较高管理职务的人员,更多的是那些有潜力的管理人才,因为他们很可能今后是企业高级管理人员的最佳人选。国际企业必须坚持不懈地使管理人员不断提高他们应付国际市场的能力,对世界市场的变化高度敏感并对这些变化有很强的适应力,同时给他们提供获得国际市场经验的机会。

训练的内容因企业而异。一般有:

(1) 工作能力培训;

(2) 交叉文化的培训;

(3) 特殊需要的培训。

1. 工作能力培训是指拟派人所要具备的面对各种变化进行正常工作的能力训练。一般可经过管理人员在母公司各个专业部门工作和理论知识的学习获得,属于常规培训。

2. 交叉文化的培训主要是指提高管理人员文化敏感性的一种训练。一般包括两方面的内容:一是使管理人员对自己的文化属性和环境做到自觉和自知,大到民族国别文化,小到本公司文化;二是提高管理人员对异国文化在知识和情感上的反映能力。它们包括对前往国家的政策、竞争状况、商业和法律环境的了解,以及气候、习俗、当地货币、对外国人态度、宗教、政党、商店、医药和教育设施等生活条件的认知。这种培训既可通过大量阅读资料和课堂讲授获得,也可在有条件的情况下送拟派人到将要工作的国家进行深造。文化敏感性培训是非常重要的一项培训,它的目的在于提高国际间人员转移的成功率,减轻管理人员从一种文化转移到另一种文化过程中可能出现的极度痛苦,尽量避免由文化冲击和文化误解所带来的重大损失。

3. 特殊需要的培训主要是指企业在实际的海外经营中遇到或听到不同的困难时,为解决特殊问题而举办各种项目培训。它可以通过公司外部和内部的在职培训来实施。外部培训的目的是用来扩大经理们的眼界。如请一些专门机构如商学院等办国际管理讲座,请有关实践人员介绍在某国开办企业的经验,跨国公司成功进行转移价格的实践活动等,促使经理们了解海外企业近期发展情况和当地决策人的想法。内部培训的办法是精心安排以企业最近经营中出现的问题为内容的讨论,将来自具有不同民族和文化背景的培训人员组织在一起,用同一种语言讲述同一个问题,共同解决问题。内部培训的效果非常明显,因为所讨论的课题与实际工作联系密切,一经讨论,培训人员之间彼此知晓各自的观点,增进了了解,可能阻止公司在组织工作上出现的问题。

一个合理的人事策略加之一个长期的人才培训规划是国际企业选拔和开发人才的法宝,在这一过程中总公司再设立人才库,那么,总公司就可以源源不断地向海外派遣合格的管理人员。

四、管理人员的评估与报酬

如何为海外工作人员设计一个公正有效的评估、晋升和报酬分配方案,是国际人力资源管理中最困难的任务之一。因为这些问题的处理不仅直接影响到海外管理人员的工作热情,还会间接地影响到海外业务的开展。对这个问题,又由于牵涉到东道国的工资政策与工资水平,所以没有一个简单的答案,也不能期望可以找到一个一劳永逸的方法。

(一) 国外经理人员的评估与晋升

对国外经理人员业绩的评估标准应与在国内评估一个经理人员业绩标准有所不同,要客观地将国外经营的环境、条件、风险等内容考虑进去。参照子公司和年度财务报告及其有关资料,评估其业务的开展情况应作为考核评估海外经理的最基本标准和基本方式。而在具体评估时,还要加入一些参考系数。如业务开展的起点不同,评估标准也不同。在发达国家建立的子公司,业务收效较快,评估起点要高。在发展中国家设置的子公司,业务进程比较缓慢,可能收效平平,评估起点要低一些。又如经营风险不同,突发性事件发生概率有高有低,评估的标准也要不同。这时对子公司的评估应将其长期表现与突发事件的影响一并加以考虑,才能不失之偏颇。

对子公司开展业务进行考核直接关系到海外经理人员们的晋升问题。目前,许多跨国公司内部人事政策出现了一种趋势,即更多地从海外子公司中选拔母公司高级管理人员,甚至将其作为一种制度固定下来。因为他们普遍认为海外经理人员在开展国际业务过程中往往能够获得更多的知识和经验,这是国内人员所不具备的。另外,在海外建立子公司,是可以成为培养具有全球观点、通晓各种业务、有广泛经历的通才的最佳场所,符合跨国公司大规模多样化经营的趋势。这种晋升方法,吸引了更多的有潜力的青年管理人员到海外工作,不失为一种有效的人事策略。

(二) 国外经理人员的工薪

一种有效的付酬计划既要对去海外工作的经理有吸引力,又要使他们在国外生活满意,同时还要保证他们乐意调回国内或转移到公司所属的其他地方。要做到这些,难度甚高。一般来说,到国外工作十分辛苦,公司一般都要根据东道国的具体情况,给予海外经理人员必要补贴,激励他们更加努力工作。

公司向海外经理人员支付的工薪主要由以下四个部分组成。

1. 基本工资。在母国的基本工资是海外经理工资的起点,即不管这些人在哪里工作,都按母公司的工资标准领取工资。在很多情况下,分配某人去国外工作,往往不仅仅是横向调动,而且是一种晋升。所以,基本工资也随之增加。这种政策的不足之处在于:当东道国工资水平高于母国工资水平时,要保持原来水平会遇到困难;当母国工资水平远高于东道国工资水平,两国管理人员工资相差很大,跨国公司会被谴责为剥削。另外,不稳定的货币兑换率会对基本工资的保持产生影响,一般海外经理人员希望领取本国货币支付的工资,减少税收或兑换的麻烦,也希望领取由价值比较稳定的外国硬通货支付的工资。

2. 奖金。企业通常使用的奖金有两种:一种是用来鼓励雇员在公司内部流动,另一种是用来补助那些在比较艰苦地区工作的职员的，因他们要对另一种陌生的社会文化环境需要进行不断的调整。获第二种奖金的人员不多，因公司只派遣极少数的人员到艰苦地区。公司更主要的是支付奖金以鼓励雇员到海外任职，这种奖金一般是基本工资的百分数的10%—20%，只有到国外任职才可获得。为了促进管理人员在国际间流动，公司采用"逐步减少奖金法"(超过几年奖金逐步减少)和"流动奖金法"(流动一次付一次奖金)来实现。上述两种办法既鼓励了雇员的合理性流动，又限制了那些不称职的人员频繁流动。

3. 生活津贴。津贴是辅助派到国外任职人员继续保持正常生活的一种补贴方式。各国生产水平差别很大，跨国公司一般按不同国家不同地区的大致情况制定生活津贴的标准。它包括海外经理人员在当地的生活费、必要的交际费、娱乐费用、家庭生活费、子女教育费、住房费以及税收等方面，公司给予一定补贴。其中最大两项是税收和住房费用。对于税收，许多跨国公司的做法是以雇员所在国的居民税率为基准扣除税款，然后再向雇员支付实际被征收的税款。总之，在不同国家工作，公司的福利标准会有相当大的差别。

4. 其他额外补助。如特殊保险、支付当地社会安全计划的费用，以及继续学习语言的费用等。

第二节 劳工的管理

许多跨国公司向海外扩展业务的动机往往是由于本国国内工资高，各种小额福利多，使生产费用上升，在竞争中难以取胜。因此他们向那些提供充分的、可以训练好的、便宜的劳工的国家转移产业，这些人力资源优势使这些国家具有吸引外国公司前来投资生产的强大竞争力。而对于那些因公司全球经营战略需要决定在国外设厂生产的企业虽然能从母公司派遣管理人员到东道国进行管理，但劳工必须从当地获得，因此劳工的可获得性以及费用的高低是所有跨国公司共同关心的问题。

一、劳工市场的差别和劳动力特征的差异

跨国公司在母国经营时，往往可以从劳工市场上源源不断地招收到所需的工人，因为国内劳工市场一般发展都比较成熟，劳动力资源丰富。另外，企业在国内招工，一般不会受到什么限制，并且有专门机构如职业介绍所、人才交流中心等帮助完成，因而招工渠道比较畅通。但是到海外经营，子公司则很难大量获得合格的工人。特别在发展中国家，有些尚未建立劳动力市场，有些劳动力市场发展不成熟，因而劳动力市场资源供应不足，又由于企业不熟悉当地的人口情况、习惯、教育和文化传统，没有专门的机构协助，再加上当地政府出于就业问题，经济问题的考虑制定了较为严格的招工法律，如不同意从母公司所在国招收大部分工人，而希望当地人可以直接在外国企业就业。子公司能自由选择合格工人的渠道常受到阻碍。或者由于劳动力政策的不同，公司在母国可以有正当理由解雇劳工，而在东道国则可能不允许解雇不合格的劳工。所以国内国外劳动力市场差别很大。

即使在海外企业获得了经营生产所必须的劳动力之后，企业的生产也不可能像在母国生产那样正常进行。因为东道国的劳动力特征与母国劳动力存在着差异。

1. 劳动力素质不同。在跨国母公司所在国，由于经济的发展，公民教育的程度普遍较高，各种专业技术培训学校遍及全国，因而母国劳动力大都受到良好的教育，并且有一定程度的技术能力，能较快胜任新的技术工作。而东道国的劳动力由于廉价，往往缺乏教育，不懂技术，进入子公司后，需经过较长一段时间培训，方可胜任工作。

2. 劳动力的稳定性不同。在母国经营时，企业的劳工从生

活、事业、晋升和养老等个人因素的综合考虑,往往在一个企业工作几十年,而企业解雇了工人之后,又可从劳动力市场上得到必要的补充,因此劳动力稳定性高,生产能正常进行。目前,在世界范围内形成一种移民趋势,即发展中国家劳动力向发达国家转移,在当地寻找工作。所以跨国公司在这些发达国家开设的子公司也会招收一定量的廉价移民劳工从事生产工作。当这些移民劳工在东道国逗留期限已到或是已经赚了足够的钱要返回家乡时,他们就会随时离开企业。而在发展中国家开设的子公司,当公司结束了对当地劳工的全面培训之时,也常常是这些劳工离开企业的时候。所以,在海外经营的企业将面对劳动力不稳定的最大难题。

3. 语言障碍。本国企业里,管理人员,工人讲同一种语言,风俗习惯,传统等完全相同,沟通非常容易。而在东道国,管理人员与当地劳工讲不同语言,给他们之间的沟通了解、学习培训以及生产管理带来了困难。

4. 由于母国和东道国在劳动力市场和劳动力特征方面存在的较大差异,所以跨国公司在获得劳动力这个问题上要更大程度地依靠子公司与当地政府和有关机构密切配合解决。

二、招工与工作安排

(一) 招工计划

公司一旦决定要招收工人,满足海外分公司的需要,就必须制定招工程序和标准,通常是指劳动计划,并且由专门机构完成。大多数国际企业都设置了人事部门,由人事部门经理负责,并配备若干个专业化管理单位,如训练和发展部、员工福利部、公共关系部、工资管理部等共同实施。

跨国公司的劳动计划经济学家 A.R.内加迪和他的同事们大量的调查研究发现,一般都涉及两方面。

1. 估计企业未来几年经营对各种类型的技术人才或熟练工

人的需求。

2. 制定招工、选择、培训和发展的详细计划，以适应企业的需要。

在计划中，具体规定各种劳动政策。其中包括招工政策，即如何得到素质好又有经验的工人。培训政策要考虑组织何种类型的培训活动，谁应参加哪一类培训，培训的方式是在职还是脱产培训。如何决定工资政策。人事关系政策，即各个部门的人员如何建立起合作关系。福利政策要考虑职工的安全、健康和福利等问题。这些劳动政策是结合当地的政策法律制度和传统、人口情况、风俗习惯等方面因素而制定的。在招工时，可以向当地劳动力和有关部门做宣传介绍，以便招工顺利。子公司还常常在人事部门内任用当地人员，配合招收当地工人。还有，利用当地的职业介绍所和为外国企业服务的公司招收工人也是行之有效的办法。

（二）工作安排

给企业所招收的劳工安排工作的主要依据是对企业内部的工作分析。在许多劳动人事管理功能中，首要任务是收集、分析、记录各种信息，这种信息包括职务、责任、以及进行某项工作的人员所需的资格条件等。这类活动通常称为工作分析，它有以下两个相关的活动。

1. 工作说明。即说明某项工作的主要任务、职责，以及全部活动过程。

2. 工作要求，即指明在某个特定工作岗位上，完成某项任务的个人所必须拥有的资格或素质。

工作分析一般采用数量化的评价标准，每项工作规定以一定的分数，员工的素质只有达到这一分数后，才有资格担任相应的职务。在子公司内部采用工作分析法，目的是使各项工作标准化、定量化，对劳工的评估科学化，同时也为劳工的培训订立了标准。目前，许多跨国公司均采用智能水平、解决问题的能力和工作责任三维度来具体展开分析。智能水平指完成某项工作所需的技术性、专业性智能的深度与广度，包括掌握专业性技术及科学知识的程度，管理方面的智能，人际关系方面的技巧等。解决问题的能力指运用智能灵活、创造性地解决实际问题的能力，包括对要解决问题的思考模式和思考难度等。工作责任指工作的权力和责任，包括行动的自由度，该项工作在形成最终结果的过程中所起的作用，经济后果等。劳工素质按这三项标准进行衡量，得分高低决定了他所能胜任的工作。

工作分析的具体细节因国家、企业、工作而异。那些具有技术复杂工作的跨国公司常采用系统的工作分析法，而那些非专业化、无差别工作较多的跨国公司则难以进行系统的工作分析。

三、劳动管理

跨国公司管理劳动力的基本内容包括劳动力的评估和晋升、训练和发展、工资和福利以及处理与工会的关系等。

(一) 评估与晋升

与对管理者的管理一样，对劳工的评估、选拔和晋升同样具有重要意义。由于企业的员工与当地的联系十分紧密，所以跨国公司在评估与晋升员工时要注意以下几点。

1. 评估。选拔与晋升员工的过程要系统化、正式化。即要有规定的程序和客观明确的标准。那些仅凭管理人员个人好恶来评判的行为是不可取的。因此，特殊化、非正式化的现象要尽量在海外企业中杜绝。

2. 与当地劳动立法和社会环境相一致。在海外经营常会发现许多国家制定更加自由的劳动法规，同时支持工会的活动，其最终结果导致工人的期望增加，也要求有较高的工资。另有一些国家，个人的能力和社会地位往往是家庭背景、财富、性别、教育、种族、国籍、宗教、政治等各种复杂因素的综合。所以，评估晋升过程中要将东道国的立法和社会环境因素考虑进去。

3. 雇佣和提升当地人。虽然国际企业的海外子公司发现当地缺乏技术工人和熟练工人,但几乎所有国家法律都要求雇用和提拔当地人。这是因为海外子公司使用了所在国的资源,如水、能源、矿产等,理所当然,当地居民应当有学习新技术、获得某种经济利益的权利。大多数国家一般都要求跨国企业先雇佣一定比例的本国人,经过一段时间后,则必须百分之百地雇佣本国人并予以他们适当地提升。对于实在缺乏的技术和管理人员才由外国人担任。

(二) 培训和发展

对于东道国是工业化社会的海外子公司,对劳工的培训显得不十分突出。而对那些欠发达国家的外国子公司,由于东道国社会经济发展水平的限制以及必须雇佣当地人,通过内部训练,提高工人的技术素质,使之符合企业发展的需要,就显得十分重要了。

跨国企业内部培训工人的方法一般有两种。一种是通过学校或培训机构进行培训。另一种是使用很普遍的在职培训。

1. 学校和机构培训就是将劳工送到专门的学校或培训机构,或者是本公司的教育中心,让他们参加获取学位的学习或参加专门为达到某种目的的短期学习。这种培训可送当地工人到母公司所在国去培训,但不容易办到。也可送工人到所在国的教育部门建立的培训中心学习,海外子公司能够将自己的力量同所在国教育部门的力量结合起来,向这些教育部门提供一些师资和教育经费,以便利用该国已有的设施,这对双方都有益。

2. 在职培训。训练内容是对专门技术的学习。即工人在有经验的母公司派来的指导人员的训练下,逐步掌握生产过程中各个作业的操作方法,成为有技术和能熟练操作的工人。这种培训的成本低,收效快。

(三) 报酬和福利

跨国公司偿付和激励员工的做法因国家的不同而不同。海外子公司必须使其行动符合当地流行的社会态度和价值。

如果没有当地法律和政策的明文规定，跨国公司对东道国员工付薪和福利的策略可有多种选择。如以现金方式付薪，或采取非现金的福利，包括给职工提供医疗保险、退休福利、住房、低息贷款、娱乐设施等；可采用固定工资制，或采取计件工资制；奖金依个人的表现发放，如对超产的员工进行奖励，对达到高质量控制标准的人进行奖励。或根据团体的表现，公司用奖章、旗帜、奖牌等奖励表现突出的生产单位，或与整个企业的经营状况相联系进行奖励。另外，跨国企业的管理者一般要考虑子公司的工资率要高于当地企业的工资率。

由于在海外经营，跨国企业的报酬和福利策略的选择受到了多种因素的制约，必须在实际制定策略时考虑进去，这些影响因素主要有：

(1) 东道国的法律和政策；

(2) 工会组织和公众的压力；

(3) 要保留和招收高素质工人的工资水平；

(4) 当地企业对外国企业高工资所表现出来的不满及其在政治上和经济上的重要性；

(5) 跨国企业的目的；

(6) 跨国企业在邻近或类似地区和国家所建的工厂的工资水平；

(7) 当地工人的工作表现等。

四、工会组织与工会政策

在跨国公司的劳资关系上，与工会的关系是一个重要方面。然而各个国家中的劳资关系的方式存在着明显的不同，这些不同的方式在不同国家通过改变社会的价值观、工人心理上的需求和纪律等来影响劳资关系。它们反映了一个国家的文化、法律和社会组织的特点,给跨国公司的管理带来了难度。既然跨国公司迟早都会面临与东道国工会发生交涉的问题,那么它就必须对各东道国的工会组织及特点加以详尽了解。

(一)工会组织

工会是劳动者的联合组织,是劳动者为维护并实现自身的利益与资方抗衡的代表。一般工会组织都是具有民族性的。由于受法律和政策以及地方习俗的影响,各国工会所扮演的角色大相径庭。它主要由东道国工会组织的中央集权程度、政府干预程度、集体协议层次、工会化程度、对承诺所负的责任等多种复杂的因素所决定。

例如,美国的工会组织是一个中央集权程度和工会化程度都较低的组织,它的集体协议层次限于企业公司或当地,所达成的协议也只能对参与谈判的工会和公司具有约束力,雇主与工会所达成的集体协议凌驾于任何个人的雇佣合同之上。美国的工会组织最大范围能扩展到一个行业。与美国相似的还有加拿大、法国、英国等。而北欧国家工会组织的集体协议层次是由全国性雇主协会的代表和工会的代表,但通常也是在地区性的基础上共同议定的。协议虽确定了整个行业的最低条件,但不一定能凌驾于个人雇佣合同之上。实施这种工会组织形式的国家有挪威、瑞典、丹麦、荷兰、奥地利等国家。而日本的工会大部分是按企业组织的,往往充当劳资双方的调解人,有的甚至成为资方的附庸。因此,充分了解各东道国的工会组织形式,是制定和实施不同管理政策的基础。

(二)工会政策

在对劳工的管理以及处理工会的关系实行不同的政策策略过程中,有经验的跨国公司认为,子公司必须具有持久地处理劳资关系的责任和权力,通常要委托给子公司的经理,由他们在与工会进行的谈判中拥有最后决定权,并对劳资关系的最终确定负有责任。

这种权力使子公司与工人或工会发展和保持各种关系，而这些关系是公司经营获胜的重要因素。

随着跨国公司的不断成长壮大，各国劳工运动也朝着国际化方向发展。上述的"授权"策略遭到各地工会组织的反对，这些工会组织坚持所有的事情都应由母公司解决，因为真正的决策者是总公司的管理层。所以母公司的国际管理被迫要实施一些集中的对待工会的政策，并在各国进行调整，尽可能少地违反当地的自治权。这种所谓的"统一"策略并不是说各东道国都有共同的策略，它需要总部认真地了解各国劳工管理方式和不断收集有关这方面的情报，对劳资关系的状况加以预测，在每个国家做出不同的安排。

不论是分散还是集中实施对工会的策略，跨国公司总的原则是应关心和改善工人的生活和工作条件，注意与工会组织的沟通，协调与工会组织的关系。此外，应避免与受政治团体或宗教机构控制的工会打交道；尽可能与当地工会而不与全国性工会谈判；同时，与国际劳工组织保持沟通和联系，以了解有关信息和国际承认的惯例。

（三）国际工会组织与跨国公司准则

1970年代开始，许多国家的工会组织已经成为各种国际产业工会联合会的成员。虽然国际产业联合会是机构松散的联合组织，但它在帮助成员工会与跨国公司的对话中起到了积极作用。其中包括：研究和传播个别跨国公司的信息，如跨国公司的活动、财务、工人工资、福利、劳动条件等；为成员工会在处理争执时提供咨询；为工会领导举办怎样对付跨国公司的国际研讨会；进行宣传报导，提供和交流信息；国际行动的支持和配合等。另外，有些工会还加入了本行业以外的国际联盟。其中最著名的是国际自由工会同盟和欧洲工会同盟。这些国际工会组织的建立给跨国公司的海外经营带来了较大的压力和风险。

要解决劳资关系中可能出现的争议和矛盾,到目前为止,还没有一个严格的准则,国际企业更多地参考经济合作与发展组织的就业问题与工业关系的准则。

1976年,经济合作与发展组织颁布了跨国公司准则,其中包括就业与工业关系方面的准则。这些准则虽在法律上不可实施,工会组织也认为不够全面,但仍被许多大跨国公司公开接受,形成了国际惯例。准则的内容主要有:帮助雇员的代表们获得信息;下达解雇通知必须有足够理由;就业标准应和东道国挑选雇员时采用的标准相同;最大限度地利用、培训和提升当地雇员,加强当地工会组织的权力;增加不同国籍雇员的数量;接受、收集的争议内容等。

跨国企业要处理好与当地工会的关系,对当地劳资关系的认识,对国际工会的发展趋势了解以及跨国公司国际经营的惯例准则的遵从都是必不可少的。

第三节　多元文化背景下的管理

跨国企业与纯粹的国内企业在文化上的主要区别,在于前者随着对外投资,必须直接与当地文化打交道;而后者则只涉及一国或一个民族的文化。也就是说,跨国企业的海外经营所要面临的最大问题就是文化差异性问题。

一、文化差异与文化适应

日本管理学家威廉·大内认为:“每种文化都赋予其人民以互不相同的特殊环境,因此,虽然同样的行为原理对于不同的文化是适用的,但由于当地情况的差别而形成的社会结构和行为模式可能使其具有很大区别。”这说明了社会文化因素在管理实践中的作用。另外,还有许多西方的学者如克尔、雷丁、马丁·约翰斯等等都研究了社会文化差异对实际经营管理的影响。因此,跨国企业选派的海外经理不容忽视这个问题。

(一) 文化差异

各国在管理实践中的文化差异主要表现在对一些关键性文化因素的态度差异,认识这些差异对于跨国企业的管理十分重要。

1. 对于工作和成就的态度。在一个社会里,对财富与物质收入所持的主要观点,可能对追求创业精神和企业管理生涯的人的类型、品质、数量有很大的影响,工作人员对物质刺激的反应也是如此,许多伦理学家认为社会对成就和工作所持的观点是对管理业务和生产效率的一种重要的决定因素。

2. 对于未来的态度。不同文化的主要差异之处在于对人类能够影响未来能力的设想和态度。例如,西方的管理哲学主要建立在人们能够在很大程度上影响未来的假设之上的,因而长期计划和以客观分析作为决策依据成为一项有价值的投资。

3. 对于权威的态度。在权威占统治地位的社会中,管理可能从专制制度的一个极端到民主参与制度的另一个极端。在一个特定国家里,无论哪种权威体制占主导地位,跨国企业都必须使其管理模式同当地雇员的期望和传统联系起来。另外,不同社会对表达的坦率程度和对个人差异的容忍程度都影响到人际关系和管理效率,如在许多拉丁美洲国家中,坦率地表达不同观点被认为是对个人的人身攻击。

4. 对家庭的责任。在有些国家,企业家的经营活动是与家庭无关的,在另外一些国家,家族式的经营方式盛行,家族式经营存在着许多优点和弊端,对各国管理模式有着一定的影响。另外各国家庭类型对企业的经营和销售也有影响,在日本,家庭是他们生活中的中心,妇女支配着家庭财务预算,企业对家庭用品的销售更集中于对妇女推销。

5. 社会结构。文化因素最终可归纳在社会结构这个总标题中，它包括诸如社会阶层之间的流动性，地位身份的限定性和教育类型等。社会结构中不同阶层的流动性和社会对个人所从事经营活动的地位和认定，国际经营应该给予特别的考虑。如果一个严格的社会结构阻止一大批杰出人才进入管理阶层和其他负责的经营职位，管理效能在许多经营活动方面都将受到约束。如果在经营活动中，人们在社会结构中所处的地位保持不变，企业将很难吸引足够的有能力的人员到经营位置上来。

（二）文化适应

1. 既然跨国企业内部的社会系统受多国社会文化因素的影响，那么国际企业应该适应异国的社会文化。这种文化的适应有两种方式。

(1) 使自己适应变化了的当地社会文化背景。如东道国工人受教育水平低，分配制度不完备，熟练工人缺乏，劳动力市场不成熟，跨国企业就要在销售方法、公共关系技巧、招工和培训、以及产品生产所需的技术等方面进行变通，适应新的文化背景。

(2) 通过当地文化内部的变化，设法使环境适合自己的特殊需要和要求。如雇用在国外受到良好教育的侨民和当地人担任重要的技术或管理职务；高薪选择最优秀的工人；按自己的标准培训工人和其他人员；依据职业考试的程度和知识曲线录用工人等。通过这一系列措施尽量缩小国家间的差异，减少国际交易成本，实现跨国企业的目标。

2. 异国文化的适应性存在着一个度的问题。它必须以下面三个认识为基础。

(1) 我们应该重视社会文化因素对管理实践和效率的影响作用，但不应该过分强调之，更不应该将一切都归结于这个因素。如社会文化差异对经理及其他雇员的道德观、人际关系等有很大影响，但像计划、组织决策、控制等属于管理控制领域的管理实践只受技术和市场条件的制约。

(2) 管理实践的相似性导致了相似的组织效率。反之亦然。斯比阿曼(Spearman)曾研究出管理实践和效率之间的相关系数是0.81。

(3) 组织具有其自身的逻辑,而这种逻辑建立在管理发展的基础上。管理和技术是组织的自身逻辑,它必然会使各种文化的企业走相同的道路,又由于管理和技术的逻辑发展,企业之间的相似性越来越多于差异性。正因如此,跨国企业才有可能在海外发展生产和贸易。

有了上述认识,海外经理人员便不会对东道国的文化差异感到束手无策,同时心中也有了调整适应的尺度。

二、管理的转移

虽然从长期来看,由于技术和管理的内在逻辑,不同文化的企业最终会走相似的或相同的道路,但从某个时点来看,由于环境条件等因素的作用,不同国家企业之间在管理技术等方面存在着很大差距,因此在不同国家之间就产生了管理技术的转移。

如果说在1950—1960年代,管理技术的转移是从西方发达国家,尤其是美国,将先进的管理实践、技术、方法和知识等转移到发展中国家,那么到了1970—1980年代,由于美国经济和滑坡,日本和欧洲国家管理技术的发展,以及发展中国家的进步,现代的管理技术转移,是多重方面的转移,即不仅是美国将先进的管理技术向发展中国家,以及日本、欧洲发达国家转移,而且,其他国家(包括发展中国家)也将管理技术向美国转移。此外,日本与欧洲发达国家,发展中国家之间也在互相转移管理技术,发展中国家内部也互相转移管理技术。

国际间各国进行管理技术的转移按照经济学家A.R.内加迪的研究有下面几种。首先将组织和管理的实践划分为三个方面:

(1) 以技术为核心的活动(如计划和控制);

(2) 社会系统(如人际关系);

(3) 制度的或外部的关系(如合法性),因此转移过程的系统模型如图 10.1。

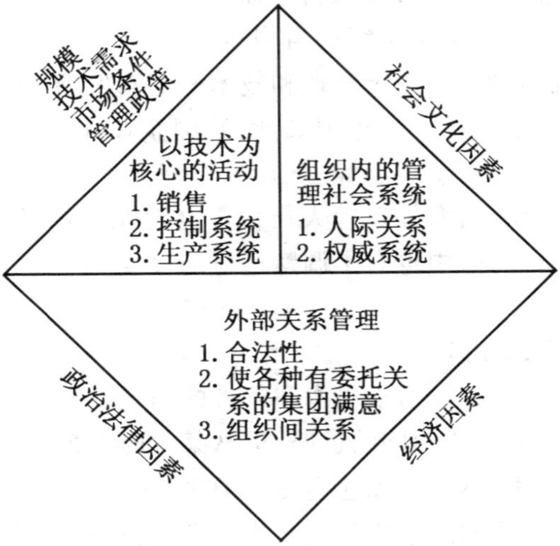

图 10.1 转移过程系统模型

以技术为核心的组织活动受各种相关变量、经济条件、管理政策的影响;组织内的社会系统受社会文化因素的制约;制度的或外部的关系则较多地受政治、法律和经济因素的影响。从这个系统模式中可以得出一般结论,在从事以技术为核心的活动过程中,美国或其他发达国家企业有许多先进的管理技术可转移给发展中国家,或其他发达国家。而在处理与外部关系方面,日本、欧洲、甚至发展中国家都积累了丰富的经验,可转移到美国。但人们对组织内的管理社会系统的认识还相当肤浅,尚无转移的趋势,如日本的终身雇佣制、年龄序列工资等做法就不能直接搬到其他国家。

国际商务活动也是一个管理技术转移的过程，但由于管理技术转移内容的多样化，使跨国经营的实践更加复杂。那些在海外经营中搞种族中心主义，认为自己国内的办事方式总是对的、适当的，进而贬低东道国文化的做法显得越来越不符合国际趋势，而讲究各国管理的相互融合，相互借鉴愈来愈被跨国公司所接受、采纳，与此同时，东道国人员在外国海外子公司中所起的作用和拥有的地位也逐渐在加强。

三、参与管理

管理转移的复杂性使许多国家在接受外国公司在本国经营过程方面出现了一些新趋势。如工人要求参与重要决策的权利，这些决策内容包括利润分享、工厂扩建和关闭、解雇、工资率、红利分配、休假等。工人要求参与管理，要求在工作和企业决策过程中扮演重要角色成为现代工业文化的重要组成部分。

员工参与管理的方式很多，如工人管理、共同决策、丰富工作内容、角色转换、非正式沟通等等。

（一）工人管理

即在理论上工人的权力要高于经理人员的权力，工人实行自我管理。最典型的是原南斯拉夫实行的工人自治的模式，由工人自选工人委员会和管理委员会执行自我管理和自我监督的职能。

（二）共同决策

共同决策要求在董事会里，管理人员和工人的代表各占一半。这一模式是由1952年西德政府立法在钢铁、煤工业中实施共同决策而演变出来的。共同决策的内容不仅是日常的诸如改善工作条件等具体问题，而且包括战略性问题。共同决策的观念作为一种原则越来越多地为美国、欧洲和日本的大跨国公司所接受。

（三）少数参与权

即在董事会里有少数的工人代表。这一做法在德国、瑞典、荷兰、丹麦、爱尔兰、法国等国家都有实施,改善了西方资本主义国家的劳资关系,也影响着新设立的外国公司的控股方式。

(四)工作审议会

1971年联邦德国制定了工作审议会法,它的目的就是由工人代表或由工人和管理者组成团体,由该团体将公司内管理者和工人之间的关系制度化,并有权询问和商议公司的有关人事政策、年度报告、发展计划以及关闭等事情。

(五)丰富工作

就是给工人或工人团体以更大的自主权。工作丰富化的方式有多种,如弹性工作时间,即允许工人自己决定每天和每周的工作时间表,来适应工人的各种生活需要,并充分利用资本密集工业的生产能力等。又如以团体装配取代装配线,工作轮换,以及通过建立定期集会以讨论改善产品质量、提高效率、增强士气的工人团体而形成的质量圈等方式都是丰富工作的有效方法。

跨国企业在海外的经营将随着当地员工参与管理的深度加强而变得复杂和难度加大,海外经理人员必须充分考虑到这一点,结合东道国的法律和风俗,在不同的时间和地点采用不同的有关参与管理的政策,且随着相关因素的变化而随时修改政策。

四、多元文化与人力资源计划

当一个公司跨越国界,开始在许多国家经营业务时,它就面临着广泛的文化差异的问题,而这些问题对于公司能否达到它的经营目标来说,都是举足轻重的。识别多元文化差异的问题并不容易,因为人们有一种自然趋势,喜欢以自己国家的文化条件去考察和评价别的国家人民的行为。

文化方式又并非一成不变的,给在多元文化背景下的跨国经营带来了难度。正是由于文化差异与人有关,因而跨国企业所制定的人力资源计划是关键因素。科学合理的人力资源计划可以最大程度地缩减不同国家和民族的文化差异,减少一些由文化差异可能带来的损失。全面细致的培训安排也可使跨国企业的经理通过各种不同文化的生活阅历来提高对文化的敏感性,并依靠他们鉴别文化的变异因素,相应地调整企业的职能机构及经营活动,适时地促进东道国文化的变异来实现跨国企业的目标。正如本章开头所说,人力资源管理是第一位的。跨国企业的人力资源计划从某种程度上讲是企业进行国际商务活动的成败的关键所在。

思考讨论题

1. 国际经营中的人力资源管理与国内经营面临问题的异同点。
2. 跨国企业的经营战略如何影响其人事政策?
3. 海外经理人员的国籍策略中的不同选择对国际企业经营决策有何影响?
4. 简述国际经营中常见的劳资纠纷问题及其处理。

第十一章　国际商务组织与控制

为了有效地进行国际经营活动,保证国际经营战略目标的实现,国际企业必须建立一套与其国际经营战略相一致的组织与控制形式,并不断提高国际经营的组织管理能力。

国际企业的组织按其性质可分为两类:一是法律上的组织;二是管理上的组织。法律上的组织是根据公司经营目标,为满足法律上的要求而设计制定的,主要作用是处理公司的财务和税收业务。管理上的组织是国际企业为进行国际经营管理而建立的组织,它涉及部门的设置、人员安排、权责分配、生产经营活动的控制与协调、信息交流的渠道等,主要作用是保证国际经营活动的有效运行。本章要讨论的是管理上的组织。

第一节　组织结构的设计与演变

一、国际经营组织结构设计原则

国际企业的组织结构,是为实现国际经营目标而确定的一种内部权力、责任、控制和协调关系的形式。它既涉及国际企业内部部门之间、岗位之间以及员工之间的相互联系,也涉及公司内部的决策和控制系统。

与国内企业相比,国际企业的组织结构往往要复杂得多,诸如更为复杂的经营环境,不同的价值观念、行为方式及生活习俗等因素都对管理者的决策产生影响。因此要把统一性和灵活性有效地融于具体的组织结构中,不是一件易事。尽管如此,企业组织结构的设置，仍可遵循某些原则。这些原则可归纳为以下几项。

(一) 分工与协调平衡原则

任何有组织的活动,不论是复杂还是简单,都涉及两个相对立的问题:

(1) 通过分工将企业活动分解为许多作业任务;

(2) 协调这些作业任务以进行企业的全盘运作。

组织结构就是将其劳动分解成相互独立的任务,进而再在这些任务间进行协调。因此,在组织设计中,分工与协调两者需保持平衡,不可偏废。过度强调分工有碍整体效率,过度强调协调则会妨碍局部的积极性。只有做到管而不死,活而不乱,才能使企业从局部到整体都得到良好的运转。

(二) 有效控制与沟通原则

组织结构包括正规结构和非正规结构两个方面。正规结构是明文规定的组织成员和单位之间的正式关系。非正规结构则由工作群体内的非正式关系所产生。正规结构与非正规结构通常混杂在一起,难以相互区分。正规结构依赖组织内正规权利关系,依赖对不同工作群体的直接监督,遵从三方面原则:

(1) 统一指挥,即每个部属只有一个监督人;

(2) 等级链,即组织内从上到下只一条直接指挥线;

(3) 控制范围,即限定对一个监督人进行有效报告的从属人员的数量。

(三) 结构紧跟战略原则

结构紧跟战略理论由美国学者钱德勒提出,认为一个企业通过地区多样化,或通过增加产品线和产品的最终用途来扩大其业务时,其组织必须从集中的职能形式变成一个分散的业务部制结构,以增强其有效性,该理论在国内企业和国际企业组织结构变化中得到了充分验证。

（四）精干高效原则

精干就是要求在保证满足企业完成经营管理任务需要的前提下，使企业管理层次机构以及管理人员数目降到最低限度。高效就是要根据本企业的特点，选择管理效率最高、经济效益最大的组织形式。机构臃肿庞杂，不仅会浪费管理费用，还会造成职责不清、推、扯皮、决策迟钝，不可能产生高效率。同时，如果不结合本企业的特点，而是盲目照搬其他企业的组织形式，也不能保证管理效率和企业的经济效益。

除了满足上述一般原则以外，随着国际经济、技术、政治环境的变迁，已经使得国际企业面临着一种独特的经营环境，其组织结构在复杂多样甚至是矛盾的环境中，显现出独特复杂性特征。这种独特复杂性具体表现为下述三重矛盾。

1. 全球化与当地化的矛盾。国际企业一方面要以全球范围内利润最大化为目标，为此要进行生产的专业化分工，追求规模经济，在全球范围内与公司内各实体共享管理、技术、知识和信息资源；另一方面，国际企业又必须在其经营的市场上实现当地化。为此，国际企业应根据不同市场的特点开发、生产和销售产品，利用当地优秀的管理技术人才，适应当地文化并与当地政府部门打交道。如果一个公司能够形成一种既全球化又当地化的组织，便会真正建立竞争优势，但这在实践中很难做到最好。巴耐维克等人认为解决全球化与当地化矛盾不可能有一种确定的答案。

2. 大与小的矛盾。国际企业，特别是经营多年的国际企业，往往已是规模巨大、层级分明。然而，在公司组织中工作的人们却是处在不同的小单位中。从高层管理者的角度来看，公司是巨大而又复杂的。然而从基层角度来看，每一种工作都应该是落实的、清晰的。一方面，经理人员应有明确的责任、清晰的义务，以及相应最大限度的自由管理的权力；另一方面又应知道怎样才能对公司整体利益有利，甚至牺牲自己的业务业绩，来保证公司整体利益。而这在很多情况下是模糊不清的，只有上层管理人员才能把握好。“大公司”与“小单位”的矛盾，同样构成了国际企业组织的一个突出特征。

3. 集权与分权的矛盾。按照集权与分权的程度，通常可以将国际企业分成三种类型：一是本国中心型，这是一种高度集权的控制模式。在这种模式下，母公司集中决策，统一指挥，对子公司实施严格的控制。国外子公司少有决策自主权。二是多元中心型，这是一种相对分权的控制模式。母公司控制较少，决策权相对分散，重大问题子公司基本可自行决策。三是全球中心型，这是一种集权与分权程度介于上述二者之间的模式。这种分类方式虽然不能说过时，但同时也应意识到现代国际企业在多样化的要求中，面临的集权与分权的矛盾比任何时候都突出，在很多情况下，要求上述三种模式统一在一个公司之中。

二、国际企业组织结构演变

国际企业的组织结构不是一成不变的，而是随着内部和外部条件的变化而发生改变。英国学者邓宁认为，国际企业组织结构的变化主要取决于以下六种因素：

(1) 企业的所有权结构与法定状况；

(2) 成立的年限与规模；

(3) 所从事的增值活动及其有关交易的数量和特点；

(4) 与其他企业（包括供货商、顾客和竞争对手）建立的关系的形式；

(5) 国际经营活动的区域分布；

(6) 制定并正在实施的国际经营战略。

在国际企业发展的不同阶段，以及不同类型的国际企业中，这些因素所产生的影响并不相同。一般来说，国际企业组织结构的演变大体经历了四个阶段。

(一) 出口部阶段

在凭借出口方式进入外国市场的初期阶段,企业通常委托独立经营的贸易公司代理其出口业务。随着产品的出口量不断增大,企业可以设立一个出口部门,专门负责出口业务,并逐步在国外建立自己的销售、服务和仓储机构。

仅依靠出口开拓国际市场,具有很大局限性。东道国的关税、限额和其他进口壁垒会限制出口业务的发展。为了避开这些进口壁垒,企业可以采取许可证贸易和国外生产。但是,在这个阶段,国际企业在国外的子公司数目不多,规模不大,经营的成败对母公司不起决定作用,加之母公司对东道国的情况不熟悉,子公司与母公司之间的关系比较松散。母公司通常不直接控制海外子公司,主要采取控股形式。而子公司往往具有高度自主权,子公司的经理拥有不受限制地制订与执行决策的权力。

随着在出口地区生产的增加,出口部门与公司其他部门的利益冲突会日益尖锐。由于在国外生产会导致出口部门的出口销售份额降低,所以出口部门宁愿继续出口而不希望增加海外生产。不过,对于大多数成功的国际企业来说,这种情况持续时间不会太长。海外子公司的成功,使它们在公司中的地位得到加强。

(二) 母子公司阶段

母子公司结构也叫国外子公司结构和自治子公司结构。这种组织结构是与企业经营国际化早期生产阶段相对应的,这一阶段只是企业组织结构发展过程中的过渡阶段。这一阶段,企业刚刚开始建立国外子公司,数量少,规模小,其经营的成败对母公司影响不大。同时,母公司也缺乏国际生产和经营的经验,无力控制这些新建的国外子公司。所以,这时期子公司基本上是独立活动的,子公司的经理们实际上拥有行动和决策的全权。母公司对子公司没有什么直接控制,只是定期按股权收取红利,实际上只是起控股公司的作用。在母子关系的结构中,母公司和子公司之间存在着松散的、非正式的联系，这种联系有时是母公司总经理和子公司总经理之间的个人联系，后者向前者负责。

（三）国际部阶段

随着企业国际经营规模的扩大，海外子公司不断增加，要求企业建立一个独立的部门，与国内各部门的业务分开，专门负责开拓国际经营业务，处理国际经营中的特殊问题。1960 年代初，美国的国际企业普遍采用的组织结构形式是设立独立的国际部，加强对国际业务的管理。

设立国际业务部的组织结构存在的缺点是，人为地把国际业务和国内业务分开，既不利于两个业务部门的互相支持和协调，也不利于在统一的战略目标下，进行公司资源的优化配置。

（四）国际性组织结构阶段

随着国外业务的扩大，子公司的增多及产品的创新和多样化，企业的国际化经营进入了成熟阶段，这时，一般的国际业务部对日益繁多的国外业务，已显得不堪负担，也难以协调和处理母公司和子公司之间的矛盾和冲突。因此，企业的组织结构有必要过渡到更为复杂的形式。结果到 1960 年代中期，有越来越多的企业采用了全球的组织结构代替国际业务部，目前除了某些企业仍保留国际业务部的结构外，多数大型的国际企业都采用全球组织结构。

全球范围的组织结构或国际性的组织结构与以前的组织结构相比，有三个方面的显著特点：

(1) 它把国内和国外的经营决策权都集中于公司总部；

(2) 总部任何组织部门都是按全球范围来设置的，既管理国内分支机构，又管理国外分支机构；

(3) 从全球战略出发，统筹安排国内和国外业务，以期在全球范围内取得最大效益。

国际性的组织结构可以按产品、地域和职能中的任何一项因素进行设置,是单项划分的国际性组织结构。单项划分的组织结构并不是国际企业组织结构演变的最终阶段,因为随着国际化经营的进一步发展,在地域、功能和产品之间的相互协调上的矛盾和冲突会日益加剧,因此许多企业又采取了更为复杂的形式,即把产品、地域和功能三个单项组合成混合性组织结构。

国际企业的组织结构是在国内企业组织结构的基础上逐渐演变过来的。在这一演变过程中,组织结构随企业采取的国际经营战略不同,以及国际经营业务的发展而不断变化和完善。事实上,这只是一般的演变过程,由于历史的及文化的诸多因素的影响,不同国家和地区国际企业的组织结构的演变进程有很大区别,而且同一国家的不同企业的演变也不尽相同。并不是每一个国家的企业都是严格沿着上述路径演进的。

第二节　组织结构的基本类型

国际经营的组织结构经过几十年的演变和发展,已经形成若干种相对固定的基本结构模式,企业可以根据自己的实际状况来选择最佳的模式并进行合理的组合。

一、母子结构

国际企业的母子结构,指国外子公司既须接受母公司的指令并报告工作,又具有相当大的经营上的独立性。

(一)母子结构的主要特点

1. 母公司同子公司的业务关系是松散的,子公司在经营业务方面相对独立于母公司。母公司与子公司的联系偏重于财务方面,强调按股权收取红利,对子公司的具体业务一般不进行直接控制,实行分散化决策、分权式管理的体制。

2. 母公司与子公司之间的联系主要是通过经理人员的个人

关系来实现,通常是由母公司总经理或其代理者对国外子公司进行定期或不定期察访,以及靠子公司的定期或不定期的报告和报表。子公司经理只需直接向母公司董事会或总经理汇报,无需向母公司的中层管理机构汇报。

3. 国外子公司通常具有东道国的法人地位,所以在法律方面有很大的自主权。

典型的母子结构如图 11.1 所示。

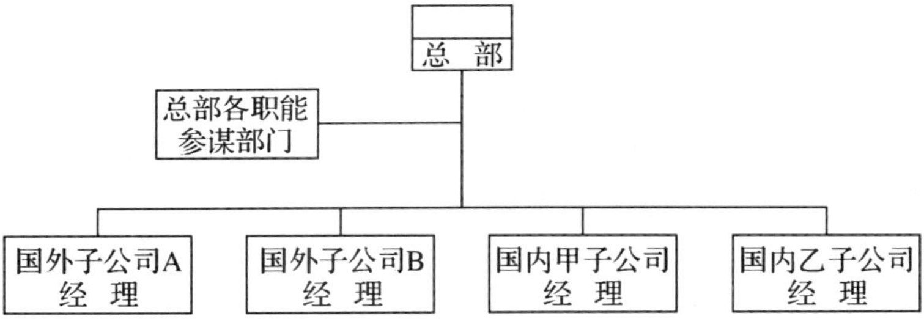

图 11.1 母子结构

(二) 母子结构的优点

1. 子公司经营活动的自由度大,能对东道国的市场变化作出迅速而灵活的反应。

2. 子公司具有东道国的法人地位,有利于吸引当地股资和当地人才。

3. 有利于加强子公司领导者的领导权威和反应能力,使子公司的管理具有较好的稳定性和较高的工作效率。

4. 总公司高级决策人员便于直接获取子公司的准确情报和参与子公司的决策。

(三) 母子结构的缺点

1. 各子公司常常只考虑局部利益,而忽视整个国际企业体系的利益最大化。

2. 母公司总经理依靠个人能力控制和出国察访的做法，当公司规模很大时，势必难以做到对所有国外子公司进行有效的指导，这就增大了失控和失误的风险。

3. 母子结构不便于各种经营资源在公司内部进行合理转移。

(四) 母子结构的适用条件

考虑到母子结构的上述优缺点，一般将其应用到如下一些场合比较合适。

1. 母公司和国外子公司的规模比较小，子公司的数目不多，且离母公司距离较近，交通和通讯联络方便。

2. 母公司经理与国外子公司经理的个人关系较密切(如来自同一家族)，在“管理哲学”方面的共同性较多。

3. 公司系统内产品或服务的多样化程度较低，需跨国进行的公司的内部协调较少。

4. 母公司对国外子公司采用持股的控制方式。

当然，上述应用场合也不是绝对的。事实上，许多老牌的巨型国际企业在长期的发展过程中一直采用母子结构，即使在公司的规模和地区扩展达到了应该选择另一种组织结构的时候也迟迟不作改变(如雀巢公司、飞利浦公司等)，他们这样做的结果也同样获得了巨大的成功。

二、国际部结构

国际部是国际企业总部决策者专门设立的一个分部门，该部门专门负责一切海外经营业务，国际部与国内诸分部门在行政层级上平等，都直属公司总部管辖。按与国际部并列的国内分部门的不同，国际部结构有两种类型：一种是国际部与国内产品分部门并列的结构，另一种是国际部与国内职能部门并列的结构，前一种结构如图 11.2 所示，这是一种较为常见的结构。

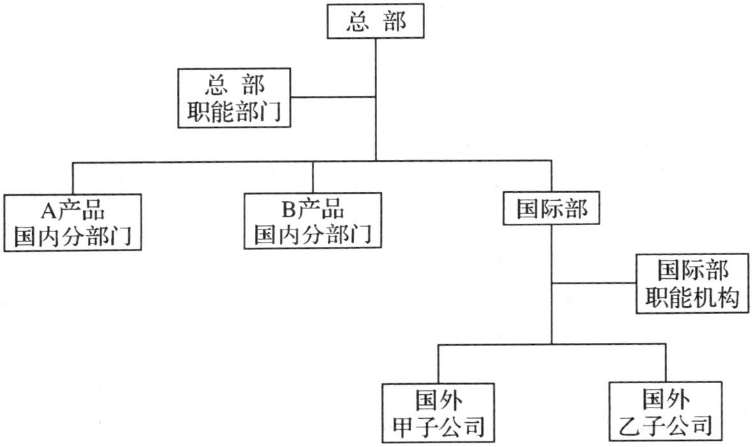

图 11.2　国际部结构

（一）国际部结构的特点

1. 存在一个有实权的国际部，这一部门有自己的职能机构，且通常由总公司的副总经理级人员兼任国际部主管，该部负责国际经营的政策、战略规划、出口业务、技术授权、海外投资业务以及监督海外子公司的建立与发展。

2. 国外子公司与总公司的联系都经由国际部进行。子公司一般不直接向公司总部报告工作，也不直接接受总部的指令。有关国外子公司动作的重大决策，都需经过向国际部报告后才能实施。

3. 由于有国际部这种高级别的专门管理机构，因此加强了国外子公司与公司总部的联系，改变了母子结构那种非正规的个人接触式的工作关系，形成了经常化、规范化的联系渠道。

（二）国际部结构的特点

1. 国际部结构易于协调国外子公司之间的活动，有专门机构来调解各子公司之间的争执，从而能有力地约束各子公司接受公司总部的全球经营战略，共同提高国外经营的综合效益。

2. 国际部结构有利于在公司内部进行各种经营资源的合理调配，提高资源的利用效率。

3. 国际部集中管理复杂广泛的国际经营业务，因而可以将国际部作为培养和选拔国际经理人才的基地，这一环境也较适合于国际经理人才的成长。

（三）国际部结构的缺点

1. 国际部结构将公司诸部门的经理人员截然分成负责国内业务和国外业务这两种类型，客观上扩大了职员之间的差异和矛盾，有时导致国际部与所依靠的产品部之间产生目标冲突，同时也可能导致国内诸分部门与国际部经理人员在经营策略和风格上的不一致。

2. 从公司总部来看，国际部只是其辖下分部门之一，地位还是不够高，且许多公司习惯上将国内分部门在公司整体决策结构中占较大的比重，因而往往在关键时候作出有利于国内分部门的长期决策，这种决策权向国内业务的倾斜当然对国际经营业务的维持和拓展不利。

3. 当国外子公司数目较多、经营规模较大时，国际部的能力有限，易于形成管理无力和指挥不灵。

（四）国际部结构的适用条件

1. 产品多样化程度较低，生产规模不是很大，国外销售量小于国内销售量。

2. 各子公司在地理上的分散程度有限。

3. 国外环境对国际经营活动的影响力不大。

4. 管理人员缺乏国际经营的经验。

当然，国际部结构与母子结构相比，其国外业务活动的规模、地理范围、公司经营一体化的功能都较大、较高一些，一般都把国际部结构视为比母子结构高一个层次。

三、职能分部结构

母子结构和国际部结构的共同特点是采用了按地区划分的国内外两分法,将分部业务所及的地域范围严格区别和分隔为国内、国外两块。但自1960年代中期以后,有越来越多的国际企业放弃了这种"两分法",而代之以"一体化法",根据全球范围经营一体化的需要,在超国家范围内重新将公司分为若干分部,这就形成了全球分部六结构,简称全球结构。全球结构按划分部的标志不同可细分为四种:职能分部结构、产品分部结构、地区分部结构、混合分部结构。

职能分部结构,是将公司内部各部门的责任按经营职能划分,如生产、销售、财务、研究与开发等,各职能部门的负责人要具备全球眼光,对本部门的全球事务负责。典型的职能分部结构如图11.3所示。

(一)职能分部结构的优点

1. 在职能分部结构形式下,集权于公司总部的程度较高,所以有利于公司在全球形成竞争优势。

2. 采用职能分部结构能以比其他结构形式较精简的机构和较少的人员来实施对整个组织的全球控制,有利于减少重叠管理。

3. 采用职能分部结构能够避免各利润中心之间的冲突。

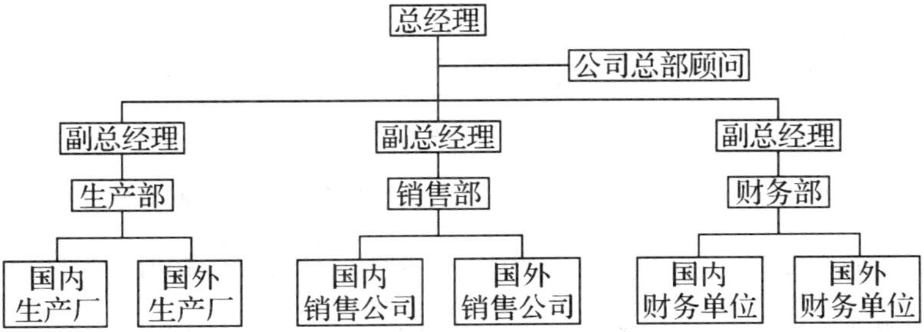

图11.3 职能分部结构

（二）职能分部结构的缺点

1. 各职能分部之间极易出现信息传递失真和阻塞，从而导致互不通气，产生管理脱节或形成对子公司的多头管理，延缓决策过程。

2. 易于产生管理死板僵化的弊病。

3. 难以适应产品多样化经营的要求。

（三）职能分部结构的适用条件

1. 公司规模不太大，产品系列不太复杂。

2. 销售的地区限制因素较少，市场比较稳定，销售区域的分散程度不高。

另外，是否采用职能分部结构，在很大程度上也与企业管理体制有关。如果企业管理体制强调服从上级和各部门的配合，就倾向于采用职能分部结构；如果企业管理体制强调经理人员的独立个性，则较少考虑采用职能分部结构。

四、产品分部结构

这种组织结构根据主要产品的种类及其相关服务的特点设置部门，负责管理和协调不同类型产品的国际生产经营活动。产品组织结构如图 11.4 所示。国际企业的经营目标与战略由总部统

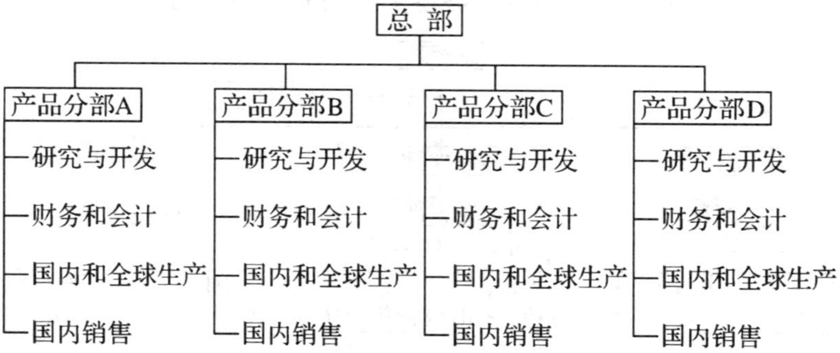

图 11.4 产品分部结构

一制定，每个产品部门以全球市场作为着眼点，对所负责产品的全球性生产经营活动进行管理和控制。

（一）产品结构的优点

1. 加强了公司总部对国际经营活动的控制与协调，通过统一管理和集中决策，提高组织效率。

2. 加强了公司总部与海外子公司之间以及海外子公司相互之间的联系，有利于信息的交流与管理人员的流动。

3. 促使各部门把主要精力集中在产品技术和产品市场上。

（二）产品结构的缺点

1. 经营决策权过于集中，海外子公司通常只是执行公司总部下达的计划，缺乏主动开拓业务的积极性；

2. 一种产品的全球性生产经营活动主要通过纵向联系管理和协调，不同产品部门之间相互独立，不利于横向交流。

（三）产品结构的适用条件

1. 存在产品的全球性市场，即多数国家对产品的需求具有趋同现象，产品不需要进行适应性调整。

2. 产品品种较多，产品标准化程度较高，可以进行大规模生产。

3. 东道国的进口壁垒较低，产品及其零部件的运输成本较低，可以在全球范围内统一组织产品的生产与销售。

五、地区分部结构

地区分部结构将企业的国际经营业务按地区划分，设地区性分部负责管理和协调企业在本地区内的生产经营活动。选择世界地区分部结构的主要原因是实施多地区战略，因为具有多地区战略的公司需要依据国家或地区不同而实现其产品或服务的差异化，因此，需要具有最大的地区灵活性的组织设计。在世界地区结构下拥有半自主权的以国家或地区为基础的下属单位提供了调整或开发满足当地或地区特殊需要的产品的灵活性。地区分部结构如图 11.5 所示。

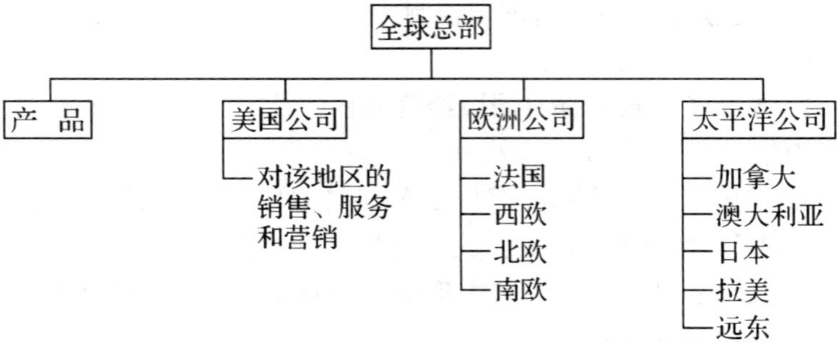

图 11.5 地区分部结构

(一) 地区分部结构的优点

1. 授予地区经理较多的自主权,充分发挥他们的积极性和创造性,根据本地区特点开拓业务。

2. 有利于根据当地市场的变化及时作出决策。

3. 强调各东道国子公司作为利润中心的作用。

(二) 地区分部结构的缺点

1. 各地区分部相对独立,互相之间缺乏必要的沟通与协调,不利于管理经验和技术在海外子公司之间以及地区分部之间互相交流。

2. 每个地区分部和海外子公司要设置与总公司组织结构相对应的职能部门,造成机构重叠和人才浪费。

3. 如果对地区分部的分权过多,总部将很难进行有效的管理和控制。

(三) 地区组织结构的适用条件

1. 产品品种数量不多,各地区及地区内各东道国对产品要求的差异性较大,因而对产品的适应性要求较高。

2. 东道国的关税、定额或其他关税壁垒较高,设在东道国的子公司的生产经营以满足当地市场需求为主。

3. 国际经营活动的区域分布较为分散。

六、混合结构

这种组织结构是把上述的组织结构形式组合在一起而形成的混合式组织结构。混合组织结构的一种典型形式是把地区组织结构与产品组织结构组合起来,使国际企业中的一些部门以地区为主管理和协调该地区的国际生产经营活动,另一些部门则以产品为主管理和协调该产品在全球范围的生产经营活动。混合结构如图 11.6 所示。

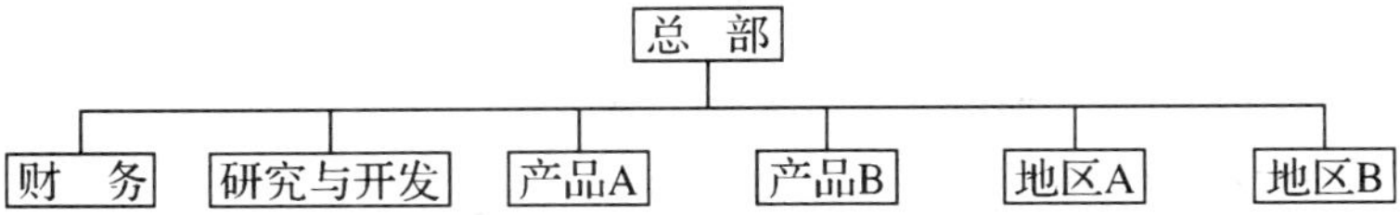

图 11.6 混合结构

(一) 混合结构的优点

适应能力增强,能根据发挥竞争优势的原则对企业组织进行灵活的组合。

(二) 混合结构的缺点

各个层次、不同专业、不同部门的管理人员在业务分工上有交叉,抛弃了单线控制的原则,他们之间的关系和责任难以划清,利益常常发生冲突,因此需要总部进行协调的工作量增大,协调的成本增高。

(三) 混合结构的适用范围

1. 产品多样化程度高、产品销售的地区和国别众多的企业。

2. 企业规模庞大,资本和技术实力雄厚。

3. 企业管理水平高,管理手段先进。

七、矩阵结构

与大多数混合组织结构不同,矩阵结构(如图 11.7 所示)是一个对称性的组织:它在产品类型和地区分部两个方面具有相同的授权路线。矩阵结构为公司同时实施地方性战略和全球性战略提供了理想的组织结构,地区分部注重国别的反应能力;而产品分部注重全球效率。只有当对地区调整方面的环境需要与同规模经济相关的产品标准化方面的环境需要趋于相等时,矩阵结构才能最好地发挥作用。如果没有这些接近等同的需要,组织就将根据哪一方面对竞争优势更为重要而演变成产品结构或地区结构。

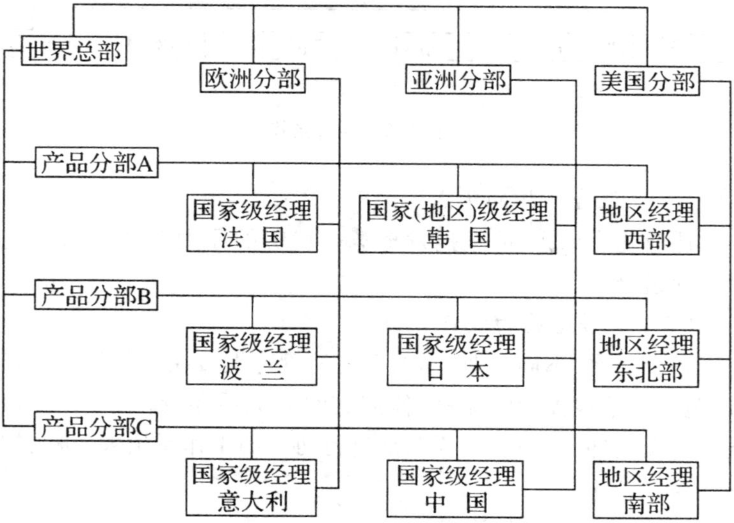

图 11.7 矩阵结构

在理论上讲,矩阵组织会产生高质量的决策,因为两个或更多的经理要就如何平衡当地与世界性的需要达成一致的意见。处于产品分部和地区分部结合点位置上的经理被称为“双重领导的经理”,因为他们有来自公司产品方面的上司和来自公司地区方面的上司。产品上司们倾向强调诸如效率和世界产品等目标,而地区上司则倾向于强调当地市场的调整。这些利益上的冲突意味着要在全球化和地区化压力之间寻求一种平衡,因此,对于所有层次的管理人员来讲,矩阵结构要求不断地补偿产品需要和地区需要。

要成功地平衡存在于全球需要与地方需要之间的内在冲突,矩阵组织需要广泛的资源用于经理之间的沟通。中层经理与上层经理必须具备良好的人际关系技能,这样才能解决产品与地区之间的利益冲突所产生的无法避免的人事冲突。中层经理还必须学会与通常具有竞争利益的双重上司相处,高层经理转而准备解决地区经理与产品经理之间的冲突。

矩阵结构是对全球—当地两难困境在组织上的一种解决方法。但是最近,矩阵结构开始受到责难,因为产品经理与地区经理之间的一致性决策被证明是缓慢而繁琐的。在许多组织中,矩阵变得太官僚,存在太多的会议和太多的冲突。一些组织为进行更有灵活性的迅速的决策,已经对其矩阵结构进行了重新设计。在这些更具弹性的矩阵结构中,矩阵管理层根据需要对在产品和地区方面的关键性决策加强了集中管理。例如,具有独特性的地区可能要求具有更为特殊的战略的自由。

第三节　新组织形态:跨国网络结构

跨国网络结构代表着对具有当地反应能力,并且利用全球规模经济、寻找诸如全球知识来源等地方优势的复杂需要的一种最新的解决方法。与矩阵结构一样,跨国网络结构试图获取各种组织结构方案的所有优势,它综合了职能、产品和地区的下属单位。但是,与具有对称性的矩阵结构不同,跨国网络结构不具备基本形式,它不具有对称性或组织的产品与地区之间的平衡。取而代之的是,跨国网络结构是一种连接世界范围内不同类型子公司的网络,处于网络中心结点的单位协调产品、职能和地区方面的信息。不同的产品类型单位与地区单位具有不同的结构,通常没有两个下属单位是完全相同的。跨国单位的演变是为了利用其所在世界某一地方的资源、人才和市场机会,这些资源、人才和思想可以全方位流动。这种组织结构形式通常具有如下特征。

(一) 具有动态特征

它是一种不稳定的、非标准化的组织,不具有固定的结构与模式。为了对市场需求作出更快的反应,各个节点可以根据市场机会的需要,迅速进行有效的组织设计,组织各种资源,建立起以团队为基本单位的局部网络,这种局部网络可以根据目标市场的扩大而扩大,当需求消失时,该局部网络也将解散,各种资源重新投入到其他的局部网络中去。

(二) 富有弹性且边界模糊

按照现代组织理论的观点,所有组织都是社会网络的重要方面,而一个组织的环境正是其他组织的网络,那么,网络组织作为社会组织的一个基本结构,应该是“嵌入”到整个社会系统中的。因此,作为一个开放的系统,网络组织的边界就超越了一般的组织边界,具有丰富的弹性和模糊性,从而有可能形成一种为了特定目标或项目构成的超组织模式。而在这一组织中,既可以包括国际企业内部的任何组织或个人,也可包括国际企业以外的任何组织或个人,甚至大到可以包括整个市场:供应商、客户、竞争者、甚至传媒机构。

(三) 追求无障沟通

在网络成员间迅速而彻底地分享信息是网络组织追求的重要组织目标之一。特别是在国际企业中,由于距离、语言、文化和时间的阻隔,往往会使信息流发生扭曲。但是,当国际企业从单一、无力的僵硬结构变为有生气的多元化网络时,传统的跨单位等级连接便不再是沟通的主要途径。相反,不同层次、不同职能的节点间具有的无障沟通能力得到了加强。

（四）是一种超组织学习模式

由于各节点具有动态、互补性,而且作为一个组织系统,各节点企业和局部网络又具有自相似、自组织、自学习与动态演进特征,易于形成相似但又不同于整个系统的知识基础。这种知识基础又多半是与组织融为一体的,尤其是那些特殊的专业知识或管理诀窍,很难具体化,转移困难且无法通过市场交易获得。网络体系的形成,增进了相互间的互动与了解,有助于知识的学习与分享,提高了企业的知识水平与竞争能力。

（五）超越了传统官僚体制

在网络组织中,各节点企业或局部网络的主要职能已不再是传统科层体系中的一级执行者,而是具有企业家职能的学习创新者,以往单一的指挥和控制结构显然不能容纳企业家精神,而企业家精神又是动态环境中所必需的。当然,网络组织并不是简单地取代或补充等级体制,而是将在一个更广泛的概念中相互包含。

荷兰的飞利浦公司是跨国网络的一个典型例证。该公司在6个不同的国家从事经营活动,其生产的产品从国防系统到灯泡等多种多样。该公司拥有根据产品相似性划分的60个产品亚类基础上的8个产品分部,每个产品分部都拥有世界范围的子公司。子公司可能集中于一种产品或一定范围的产品,子公司可能专业化于研究与开发、制造或对世界或地区市场的营销,还有些子公司只集中于销售。一些子公司高度独立于总部,而其他单位却受到总部的严格控制。

在地区方面,飞利浦公司将全球市场划分为三类:包括荷兰和美国在内的"关键国家",在这些国家为当地和世界市场生产,控制当地销售;包括墨西哥和比利时在内的"大国",在这些国家拥有一些当地和世界范围的生产设施,并进行当地销售;"当地经营国家"是一些小国,在这些国家所有这些设计选择的目的是最大限度地提高效率、组织学习和当地反应能力。

跨国网络的基本结构框架是由三种因素构成的:分散的下属单位、专业化经营和相互依赖的联系。如上所述,跨国网络结构利用灵活的跨国子公司作为基本结构单位。

分散的下属单位意味着管理层将子公司设立在世界范围内对公司有利的任何地方。有些子公司利用较低要素成本(如较低的劳动力成本);而其他单位则提供有关新技术、新战略和消费者趋势的信息,所有的下属单位都试图利用世界范围的管理与技术人才。例如,飞利浦公司拥有 8 个设立在 6 个国家的研究实验室。

相互依赖的联系是管理分散后专业化下属单位所必须的。在相互依赖的联系中,各单位共享源源不断的信息和资源。要做到这一点,跨国网络通常要建立以最新技术为基础的全球通信系统。

第四节　国际经营控制体系

国际经营的控制是指监督计划的执行,考查执行的结果,并将结果随时反馈,以确定原计划是否应当修改,确保经营能符合计划的目标的行为。战略控制与战略计划紧密相联,没有计划的控制显然缺乏内容,导致流于形式,没有控制的计划则容易迷失方向,导致计划与目标的分离。

在国际商务的控制上,由于沟通上的隔阂使国际企业比国内企业难得多。世界各地的时差、文化差异、通讯延误以及各个国别市场上的不同目标,对应变能力的要求也高于传统的控制方法。

从根本上讲,国际企业的控制体系是为了将子公司活动集中于支持公司战略而所采用的程序。控制体系有助于建立组织的垂直联系和组织层级结构中的上下联系。

控制体系的两个基本职能是帮助多国公司下属单位将其活动集中于支持公司整体的战略目的与目标。

(1) 控制体系衡量和监督下属单位在公司战略中发挥作用的绩效。

(2) 控制体系对下属单位的有效性向其管理人员提供反馈。

评估与反馈可以帮助高层经理与下属单位沟通战略目标。此外,评估、反馈与奖励体系(晋升和薪酬)相结合可以适当地引导下属的行为。

一、控制体系

广义地讲,国际经营中有4类控制体系:产出控制、官僚控制、决策控制和文化控制。

(一) 产出控制

产出控制是基于经营成果而不是取得这些经营成果所采用的过程来评估一个单位的绩效。当应用于多国公司时,高层管理与当地管理之间通常就国外子公司的产出目标进行协商,这些产出目标必须支持公司的总体战略。当总部评估子公司并依据子公司完成产出目标的优秀成绩来奖励经理时,控制也就发生了。

赢利责任是最普遍的产出控制,公司将子公司视作利润中心就是依据其盈亏绩效而进行的产出控制。公司通过考察每个利润中心的盈亏来对这些单位进行比较,这些作为利润中心的子公司通常制定自身的战略、雇佣当地工人并且其行动独立于多国公司的总部。高层经理根据对母公司创造的利润来评判各单位及单位经理的成绩。

除利润之外,诸如市场份额、开发新技术和供应高质量原材料等其他方面的成绩也为控制多国子公司绩效目标提供了方法。例如,具有多国战略和结构的公司可能采取不同的方式来评估其每一家子公司,对一家子公司可能基于其开发世界产品来进行评估;

而对另一家子公司可能依据占有市场份额的市场渗透情况进行评估。

（二）官僚控制

官僚控制强调管理组织内的行为，而不是结果。典型的官僚控制机制包括预算、统计报告、标准的操作程序和决策的集中化，这些体系运作如下。

1. 通过预算设定一定时期内财务开支的目标。预算是通过提供限制子公司在任何活动开支的规则来控制子公司的行为。预算注重成本控制并通常强调效率目标，也就是说，有效率的下属单位能在固定的预算范围内生产更多的产出（服务和产品）。

2. 统计报告向高层管理提供有关非财务成果的信息。例如，一个服务性组织可能报告每周顾客抱怨的数量，制造组织可能报告生产的产品数量和被质量控制部门检验退回的产品数量。

3. 标准的操作程序（SOPs）提供了用于鉴别被认可的行为方式的规则与制度。例如，SOPs 可能规定所有子公司都应遵循的一套人事评价的标准方法。

（三）决策控制

决策控制代表组织层级结构中管理人员拥有决策权的层次。在组织中上层管理很少进行所有的决策。但是在分层的组织中，较低层次的经理要进行大量的较重要的决策；在集权的组织中，高层经理进行绝大多数重要的决策。在大多数世界产品结构中，对职能和战略行为（如生产、财务、营销和产品战略）的控制集中在产品分部的总部，当地国家层次的子公司经理只负责当地行政、法律和财务事务。相比较而言，分权决策在世界地区结构中则更为普遍，当地国家或地区经理拥有来自总部的很大的自主权。跨国网络结构在决策控制方面不存在一般规律，跨国网络结构有许多总部，每个总部根据当地的专门知识及战略环境控制不同类型的决策。依据子公司的力量，决策可能集中在总部这一结点或被放权到较低层次。

(四) 文化控制

文化控制是利用组织文化来控制雇员的行为和态度。强有力的组织文化可以在工人中树立共同的准则、价值观、信念和传统。这种文化鼓励员工对组织的高水平承诺和支持,工人和经理了解管理目标并将其努力导向支持这些目标。目前许多专家证明,一种强有力的组织文化是联结多国公司与来自许多不同文化背景的管理人员的惟一方式。

文化控制有利于跨国网络结构的控制机制。尽管跨国组织继续利用官僚与产出控制机制,但是国际环境的不确定性和复杂性使得这些较为正式的控制机制的有效性低于文化控制。表 11.1 列出了控制机制在各种基本的国际经营组织结构中的应用。

表 11.1　国际经营组织结构中控制机制的应用

跨国结构	控制体系			
	产出控制	官僚控制	决策控制	文化控制
国际分部结构	最可能是利润控制	必须遵循公司的政策	有一些集中化的可能	与对待其他分部一样
地区结构	利润中心最为普遍	有一些必要的政策和程序	当地单位有自主权	当地子公司的文化常更重要
产品结构	供应的产出、供销售的销售额	对产品质量和一致性进行严密的过程控制	生产分部的总部决策集中化	对一些公司是可能的但并不总是必要的
矩阵结构	产品和地区单位共同分担利润责任	不太重要	在地区和产品单位之间进行平衡	文化必须支持共享决策
跨国网络结构	用于供应商和一些独立的利润中心	不太重要	几乎没有总部决策集中化,更多的决策集中于网络关键节点	组织文化凌驾于国家文化之上,支持共享与学习;最重要的控制机制

二、控制程序

控制的核心问题是监督并调整母公司与子公司的业务，使之与公司整体的计划和目标一致。国际公司控制作为负反馈活动，其职能可分为两个部分：

(1) 检查有关业务是否按照公司的程序执行，从而纠正所发生的偏差；

(2) 检查公司业绩与计划比较的结果如何，这部分即是业绩评价。

这里所说的控制程度，主要从业绩评价的需要所进行的控制程序。控制程序可分为六个步骤进行。

(一) 确定目标

公司总部明确提出公司的长期总目标和年度目标，将此目标分解给各子公司，使子公司既有一个确定的奋斗目标，又有一个年度任务的近期目标。

(二) 制定衡量业务绩效的标准

国际企业的控制标准大致有六大类。

(1) 物质标准：适用于材料、人员雇佣、生产制造等业务；

(2) 成本标准：适用于人工成本、设备成本等企业经营的各类直接成本和间接成本；

(3) 资金标准：指资产负债及资本等方面，如投资报酬率(ROI)等；

(4) 收入标准；

(5) 方案标准：指经营人员招待变动的预算方案，或承担新产品开发方案时，方案的招待成果和时效；

(6) 无形标准，指无法用物质或金额表示的，而应用判断审查或纯属预感等可确定的标准。

在建立控制标准时，应从质和量两个方面来考虑。但是，建立控制标准时,应处理好标准和计划之间的关系。一般而言,应尽量利用计划作为绩效标准。在这种情况下,此项计划是目标,也是控制标准。如果日后计划发生改变,控制标准也应随之改变。同时,由于控制标准将应用于接受控制的部门,为了使下属部门乐于接受该标准,也可考虑让他们共同参与标准的制订。

(三) 确定国外业务的最终负责者

由于国际企业内、外部环境的特殊性和复杂性,还由于许多国际企业对国内外子公司的组织领导属于非单维结构的领导,因此,实际上何人应最终对国外业绩负责,成为一个难以确定的事情。有一定国际经营经验的跨国企业,总是尽可能地将基本职责定在一个人身上,此人得到授权,有权利对不同部门的业务和不同的工作人员的活动进行协调和中央控制。这个最终负责者为行使对国外业务的控制权,必须有权有责,责权统一,如果违犯这一原则,那末国际企业控制机制就得不到充分有效的发挥。

(四) 建立报告和通讯系统

一般进行国内经营的公司与其子公司之间或许采用某些非正规的通讯系统就足够了,但是国际公司大规模国际经营业务却必须建立一个有正式组织,成体系的信息系统,以便为公司总部的分析和决策提供充足、及时的信息。因此,国际公司内部的正式的报告制度很重要。报告必须及时、适量和有利于决策的意义。信息适量意味着国际企业报告制度的繁简适度,同时通过报告通讯系统的双向信息交流,子公司才能真正熟悉上级那些不成文的规章政策。

(五) 审查结果

即对收集到的信息资料与既定的公司业绩标准和公司目标进行比较和评价。某些规模较小的国际经营企业,可能在非正式的基础上运用比较和评价方法,例如,收益率计算仅以当地经营的基础,不考虑整个公司的费用和收益。而大型的国际企业,则运用较正式的审查计划和程序来评价和控制国外子公司。预算是它们审查国外子公司经营活动的主要标准。

（六）采取纠正措施

通过对结果的审查，如果结果达不到所期望的水平，则国际企业总部采取纠正措施。纠正措施不一定就是对子公司的经营采取纠正的措施，纠正措施也可能是调整业绩标准与公司目标以及子公司的分目标。在国际企业的控制过程中，从着手纠正到完成纠正之间往往存在一个较长的时滞，所以典型的国际企业常常以一种不间断的方式来审查结果和采取纠正措施。在国外营销等业务的控制方面，对于难以预测的突然变化，国际企业还可能预先制定种种应急计划，这也是一种纠正措施。

思考讨论题

1. 简述组织结构的设计原则演变过程。
2. 组织结构有几个基本类型？
3. 如何保证矩阵结构的沟通管道畅通？
4. 控制体系的四种类型区别何在？
5. 讨论跨国公司中控制体系与网络的关系。

第十二章　中国企业的国际经营

进入 21 世纪,中国企业的发展进入了一个新的历史转折。社会主义市场经济的目标确立和逐步建立,要求中国企业重新定位和塑造,中国企业将按照市场经济的本质要求,来确定企业的目标和行为。社会主义市场经济本质是开放的经济体制,尤其是我国加入 WTO 以后,我国经济的发展必将以世界经济为背景,参与国际分工,扩大对外经济、贸易和金融活动的规模和领域。我国企业的经营必将以国际市场为其活动场所,在激烈的国际竞争中求生存,求发展。

第一节　我国企业国际经营的发展

建国以来,中国企业的国际经营的发展大体经历了四个阶段,即生产外销产品企业,外向型企业,国际化企业和跨国公司等四个阶段,相应地我国企业国际经营层次也由出口产品、国际商务合作(技术出口、对外工程承包)发展到海外投资。

一、出口产品

中国企业以产品出口形式进入国际市场的历史较长,但不同的经济体制下,发展状况与特点有很大的区别,粗线条地划分,大致可分为 1978 年以前和以后两个阶段。

(一) 1978 年以前的企业产品出口

1978 年以前,当时经济体制是产品经济和单一计划经济为基础，对外贸易实行的是高度垄断的国家统制贸易，由国家外贸管理部门的直属外贸总公司统一经营，统负盈亏。其他任何企业都没有外贸经营权，生产企业完全是根据指令计划和外贸公司的定单进行出口商品的生产。在这一体制下，出口冲动主要来自政府。平衡贸易收支的巨大压力迫使政府通过出口财政补贴、双重汇率、出口优惠利率贷款等来刺激出口，而这些政策优惠的得益者主要是外贸企业，而生产企业很少得益，所以生产企业只是被动的接受者。尽管如此，由于原来的基数极低，在这段时间，中国出口的增长平均速度还是较快的。1978 年对外贸易总额由 1950 年的 11.3 亿美元增加到 206 亿美元，年均增长 11%，其中出口额由 5.5 亿美元增加到 97.4 亿美元，年均增长 110.9%。出口商品结构发生明显变化，制成品出口的比重由 20%上升到 46.5%。

(二) 1978 年以后的企业产品出口

1978 年以后随着经济体制和外贸体制改革的发展和深入，随着经济对外开放度的不断加大，我国的外贸体制发生了深刻的变化，企业的出口也有了长足的发展。原来我国外贸高度集中经营的状况根本改变，形成了各种类型外贸企业，多渠道经营的局面。到 2000 年全国已开放对外贸易的海、陆、空一类口岸 210 多个，有外贸成交权的外贸企业近 800 家，有外贸自营权的生产企业 4 400 多家，所有外商投资企业都有外贸自营权，已超过 21 万家，根据 WTO 的要求和我国开放进程，加入 WTO 后的 3 年内逐步取消现行的外贸经营许可制度，进出口贸易实现开放经营。计划管理范围大大缩小，市场调节作用加强，取消了全国出口商品收购和调拨计划，计划出口商品减少到 32 种，规定其某些商品的最高出口数量，主要是为了保证国内人民的基本生活和生产的基本需要。出口商品收购价基本是随行就市，由买卖双方商定。国家取消了对出口的财政补贴，由企业按国际通行做法实行自主经营，自负盈亏。外贸体制的改革促进了我国的外贸发展。2000 年我国进出口贸易额中出口达 2 402 亿美元，从 1979 年到 2000 年，外贸出口额平均增长率为 20%。出口商品结构继续优化，2000 年，制成品出口所占的比重提高到 90%。过去许多进口产品成为主要出口商品，例如，工业用缝纫机、电扇、电视机、录音机及音响组合等。

对外贸易的发展，大大增强了我国经济发展的活力，拓展了发展的回旋余地，优化了资源配置，提高了经济效益。现在，对外贸易出口额已占国民生产总值的 20%左右，进出口额占国民生产总值的近 16.4%，促进了国民经济发展和综合效益的提高。对外经济贸易事业的发展带动了国内市场的繁荣和活跃，提供了更多的就业机会，扩大了国家的财政税收来源，对促进国民经济发展的作用是多方面的。

从微观的企业角度看，特别是获得工业自营进出口权的企业，产品的出口得到很大的发展，而且对企业的经营活动带来了一些深刻的影响。

（一）推动企业对国际市场的有效开拓

推动生产企业走向国际市场，是促进企业转变机制，调整结构，优化资源配置，提高效率的重要途径。赋予生产企业自营进出口权为企业经营和国际规范接轨创造了条件。企业以国际市场需求为导向，按国际标准和国外客户需求组织生产，如上海英雄股份公司，1992 年获得了自营出口权，为了适应国际市场的需求，调整了企业的生产组织结构，把生产车间一分为二，一块为“常规部队”，主要完成批量大的日常性生产，另一块则专门挑选技术好业务精的人员组成“游击队”，专做外商定单任务，以确保出口产品全线绿灯。这一措施使该厂出口势头持续兴旺不衰。

（二）促进了企业新产品的开发与产品结构的调整

工业自营出口企业面对国际市场，能直接感受到来自国际市场的压力。这种压力能诱发企业的动力，激励企业进行新产品开发或产品结构的调整。例如，上海协昌缝纫机厂大量生产家用机，工业机力量很弱，自营出口后，该厂根据国际市场的缝纫机发展趋势，进行产品结构的调整，先后开发了适用服装行业的多能机、工业跳针机、电脑多头绣花机等，使产品从原来的三大系列8个品种，发展到四个系列近三十个品种，并带动了一系列新技术、新工艺、新材料的应用，大大提高了产品档次和国际市场的竞争力。

(三) 培养了一批国际商务人才

获得自营出口权的企业，从过去的间接出口转变为直接出口，对国际商务人才的需求急增，为了获得竞争主动权，这些企业大都把人才的培养作为一个战略问题予以高度重视。宝钢集团的国贸公司对所有员工提出了四会要求：会外语、会外贸、会技术、会开车。他们采用多种方法培训员工，如岗位互换，出口部的员工到进口部，进口部的员工到出口部，经过一段时间就培养出一批一专多能的多面手。

二、技术贸易

中国企业的技术出口在很长时间里是同中国政府的对外经济技术援助联系在一起的。中国的对外经济技术援助主要是向发展中国家提供援助的方式，包括成套项目援助、技术援助、物资援助和现汇援助。其中，成套项目援助是最主要的方式。自1954—1978年，中国先后向近70个国家提供了成套项目援助。承担项目达1307项，建成884个大中小型项目，这些项目大部分是工业交通项目。这些新兴项目的建设，除了由中国政府提供资金外，全部由国内企业提供成套技术、工艺和设备，并派出专家，工程技术人员和工人，进行勘察设计，组织施工安装，为其培训技术工人和管理人员，有些项目建成后，还长期由中方企业派出人员参加管理，提供咨询服务。

从1980年开始，我国开始有较纯粹意义上的技术出口，经过近20年的努力，已有了很大的发展。从1980—1998年对外出口技术 8 163 项，合同成交额 240 亿美元，特别是从 1995 年后，项目数每年平均增长 80%，金额数每年增长 30%。其中大型成套设备和高技术产品是技术出口的拳头产品，同时加大了出口“软件”的比重，技术许可中主要集中在卫星发射，工程设计和计算机技术开发等方面。技术出口集中在能源、机械电子、轻纺、交通通信、冶金和计算机信息服务等方面。但总体而言，由于我国企业创新能力较弱，研究开发费用投入比例低，企业握有的专利和专有技术少，技术出口尚处于较低的层次。

三、海外投资和海外企业

自 1979 年起，先是由一些已被赋予了“合法的法人资格”的专业外贸公司和省、市国际经济技术合作公司率先进行了海外投资，专业外贸公司凭借从事外贸进出口业务所独占的海外渠道，涉外经营的经验及手段在国外开设专营某类商品的外销点或海外代表处，省、市国际经济技术公司则从劳务合作和承包工程、分包工程等项目起步。

1985 年，经贸部作出新规定，“只要是经济实体，有资金来源，具有一定的技术水平和业务专长，有合作对象，均可申请到国外开设合资经营企业”，此后，大批非贸易性企业凭借改革开放的春风，跨出国门，尝试对外直接投资，兴办海外企业。经过 1980 年代前半期的稳定成长，1980 年代后期有所加快地发展起来。1979—1990 年间，我国在国外建立了 762 家以中资为主的合资企业，这些企业分布在全球 90 个国家和地区，投资项目涉及餐饮、工程、金融保险、咨询及制造业和运输业。

进入 1990 年代，我国继续保持对外直接投资增长的势头。在 1999 年，外经贸部、国家经贸委、财政部发布《关于鼓励企业开展境外带料加工装配业务的意见》的规定，政府鼓励我国轻工、纺织服装，家用电器及机械电子等行业具有比较优势的企业到境外开展带料加工装配业务,并通过一系列政策推动境外加工贸易的开展,截至1999年底,我国开展的境外加工贸易项目共有151个,中方投资约3.3亿美元,平均单项金额220万美元。目前中国已在160多个国家和地区设立了大约5 700家境外企业投资领域包括农业资源开发、生产加工、交通运输、医疗卫生、旅游餐饮、咨询服务等,按投资金额比例划分:贸易型投资占60.5%;资源开发型投资占19.4%;生产加工型占11.5%;交通运输占1.8%;其他类型占6.8%。积累投资总额,根据经贸部业务统计,到1999年接近70亿美元,仅占世界对外直接投资存量的0.15%,即使按联合国贸发会议提供的数据,中国对外直接投资为220亿美元,在世界对外投资母国中居21位,仅占世界投资存量的0.55%。

(一) 中国企业海外投资特点

近20年来,中国企业的跨国直接投资,呈现出如下特点。

1. 多元化的投资主体。至少可以划分出如下一些主要的对外投资者类型:专业外贸公司;对外经济技术合作公司;金融企业;工业企业和工贸集团。这种多元化的投资主体构成,反映了改革以来我国利益主体多元化的发展趋势,同时也表明我国几乎各个行业领域的企业经营行为都在发生变化,它们正日益增多地把经营视野从仅局限于国内扩展到国外。

2. 投资规模以中心项目为主,多行业多地域的投资企业为数有限。从投资项目规模来看,一般较小,海外生产性企业平均投资额约为287万美元,其中中方平均出资123.7万美元,只有少数项目投资水平达上亿美元。但是,驻香港企业呈大型化、集团化。这种小型的海外投资项目和经营组织规模,突出地表明我国企业的跨国经营尚处于初级阶段。形成这种状况的主要问题:

(1) 由于我国多数企业国际经营经验不足,在对外经营规模上比较谨慎;

(2) 由于参与跨国经营比较活跃的又主要是中小企业。

3. 投资区域相对集中。1999年底，我国的5 976家非贸易境外企业，分布在世界134个国家，其中亚洲1 133家，占19%，欧洲1 041家，占17%，北美716家，占12%，非洲442家，占7%，拉美276家，占5%，港澳地区2 117家，占35%，以国家和地区计算，主要集中在港澳、美国、日本、澳大利亚、加拿大、新加坡、泰国和俄罗斯，这种相对集中的投资地区分布，反映了我国企业进入国际市场时一些趋同的行为特征：

(1) 避免风险，积累经验，这表现在大量的境外子企业首先集中在港澳地区，这里紧靠大陆，无语言、文化障碍，且基础环境好，信息灵通，成为我国企业学习、演练跨国经营的理想地点；

(2) 寻求有潜力的大容量市场，这主要是发达国家市场；

(3) 发挥历史上形成的经济、技术和文化联系，巩固出口市场，如东南亚国家；

(4) 一些拥有较多海外公司的企业，为了便于管理和控制，使投资项目相对集中。

4. 投资行业趋向多样化。我国企业的早期海外投资，主要是与贸易有关的服务业，比如维修、运输、仓储等，随着海外投资的进一步推进，投资的行业和领域也不断拓展，从工业品制造加工、农业种植、资源开发、交通运输到餐饮旅游、咨询服务、技术开发，到综合贸易、金融业和房地产业等等，皆有企业涉足。我国企业在跨国经营的行业发展中，一个引人注目的行为特点是，它们都自觉或不自觉地突破了国内传统形成的部门分工体系，以更符合市场经济中生产者的眼光来选择国外的投资发展方向，出现了“交叉进入”的多样化发展趋势。这对形成我国跨国经营企业的综合实力，加强国际竞争优势，分散风险，提高经营效益都是有益的。

5. 投资形式以合资为主。外贸专业企业建立的海外企业因投资额相对较小，一般都以独资形式在海外注册，随着生产性项目增加，特别是大型项目的建设以独资形式难以完成跨国经营，因而国内公司与东道国采用合资或合作形式较多。绝大多数海外企业除拥有合资企业部分股份外,一般参与生产和经营活动。有的大型企业利用现代融资手段在国际上筹集资金,作为股份加入合资企业。有的海外企业则以国内设备或技术折合资金入股,或以出售商标、牌号和许可证的形式入股。由于合资经营方式首先有利于企业的跨国投资进入,同时也能吸取和利用当地合作伙伴的优势和长处,弥补我方企业国际经验等方面的不足,此外还有利于形成对东道国政府的利益牵制结构,分散经营风险,而且还可以节省外汇资金的投入,所以被中国海外投资企业普遍采用。

(二) 跨国投资行为分析

在社会主义市场经济条件下,包括对外直接投资在内的经济活动主要是由企业在具体实施,所以我们在观察中国企业跨国投资行为时,要更多地关注企业本身的利益追求和实现。

1979年经济体制改革以来,企业利益同国家利益分离,企业经营自主权不断扩大,使企业日益成为我国经济活动中具有独立地位的重要力量。企业作为多种利益主体及其相关活动构成的矛盾统一体,在跨国投资中也体现出它独特的利益追求过程和某些相对优势,主要表现在下述方面:

(1) 经过10多年市场导向的改革,中国企业已开始形成独立的商品生产者意识,自我发展以谋求自身利益增大的愿望普遍增强;

(2) 经过10多年的经济发展和对外开放,中国企业的经济技术实力和经营自信心显著增强,对国际市场的神秘感和跨国竞争的畏惧感已日渐破除;

(3) 国内市场竞争日趋激烈,而国内传统体制向市场经济转轨的过程中尚存在多种不稳定因素,使部分企业感到经营环境不尽人意,跨国发展逐步列入企业日程;

(4) 国家包括各级地方政府对跨国投资综合利益的追求,在

政企尚未完全分离的条件下可以通过行政促动和财政支持,推进企业的跨国化发展;

(5) 公有制的体制条件,加上自负盈亏的改革尚未真正完成,使得国有企业在跨国寻求优势中对成本和风险的顾虑较少。

考虑到更广泛的企业实践及其背景材料,可以大致概括出现阶段我国企业跨国发展、寻找优势的几种较典型的动机类型。

1. 寻求国外市场。占有足够大的市场,是确立企业竞争地位、实现盈利和其他经营目标最基本的条件。在开放经济条件下,寻求和占有更广阔的国外市场,同样也是我国企业跨国发展最基本和最普遍的动因。如我国电视机行业自1970年代以后才开始起步,但成长迅猛,迅速地进入了产品市场成熟期。在国内市场渐趋饱和的情况下,不少企业纷纷走上向国外扩展市场的道路。更有不少的电视机生产企业已经或正在筹划到蒙古、巴基斯坦等发展中国家投资设厂,扩大海外市场。还有不少企业是在通过出口方式开拓市场受到贸易壁垒阻隔时,进行直接投资,在有关市场的国家设立装配或生产性子企业,保持或扩大原有市场。此外,还有一部分中国企业以成套设备等实物投资,设备投资首先带动了国内设备出口,设备出口又相应带动设备的零部件、技术和技术劳务的出口。

2. 寻求经营资源。资源紧缺对我国宏观经济发展的约束,实际上转化为我国一些企业加快成长的限制条件。因此突破经营资源的约束,成为不少企业发展跨国投资最直接的动机。这些企业大致可分为两种比较典型的类型。

(1) 开采国外自然资源。这些自然资源在国内长期供应紧张,而在其他某些国家和地区,其蕴藏状况和开采、运输等条件却相对十分优越。例如,中国冶金进出口总公司在澳大利亚投资开发的铁矿,每年可运回近千万吨短缺的优质铁矿石,若在国内开发相同规模的铁矿,约需要8倍于在澳的投资。

(2) 吸取引进国外的技术和信息资源。这类资源在现代企业的经营发展中具有越来越重要的战略意义。于是一批专门为国内经营企业提供国际经济技术信息服务的企业应运而生。例如开放初期大批涌现的窗口企业,以及目前正在发展的跨国咨询服务企业。这些企业在国外投资设立网点,接受委托或主动为国内经营企业搜集国外有关技术经济信息,为其进行技术引进和其他经营决策提供依据和资料。

3. 寻求经营效率。除了上述两种比较主要的动机,一些企业还表现出跨国扩展经营范围,充分利用其经营能力,提高企业经营综合效率的行为特征。突破国家界限、谋求总体经营效率是跨国公司最基本的经营原则,它反映了高层次的投资追求。例如不少信托投资公司和制造业公司,有较多的资金和利润积累,在国内进行投资扩展,受到体制、政策以及项目环境等诸多因素的限制,于是便把国外投资作为补充或替代国内投资的重要途径。

4. 寻找经营机会。受这种动机驱使的通常是一些在国内经营十分活跃的中小型工业企业和其他企业。尽管它们对国际市场缺乏足够的知识和经验,且本身的经济规模和技术实力也不是特别突出,但它们对于寻求和捕捉新的发展机会有较高的积极性。因此,当偶然遇到对外投资的机会,比如外商有意邀请,或者国内外贸企业、劳务企业谋求它们合作参与时,它们通常愿以小额的股本和自己的生产技术经验等参与跨国投资。这类企业的投资,通常最初并没有特别明确的市场占有或资源利用目标,而是希望参与合作投资,为自己在国外设立一个新生点,以此来了解和判断国外市场是否有适合自己发展的机会。

(三) 中国跨国公司

近几年来,尽管中国企业的海外投资发展很快,但是在众多的从事国际经营的中国企业中真正称得上跨国公司的仍是极少数。

在国际上,对跨国公司的衡量有三重标准:

第一重标准是结构标准，如公司在几个国家设有子公司，几个国家参与此公司的管理，几个国家对这家公司共有所有权，或几个国家的人员在公司上层管理机构共同担任领导职务等。

第二重标准是业绩标准，如在海外的销售额，资产、利润或雇员在公司中的比例。

第三重标准是行为标准，即公司上层的经营哲学、决策方式、经营取向、经营和投资行为是否从国际或全球的角度来考虑。

如按照头两项标准来衡量从事国际经营和投资的中国企业，可能有不少还够得上是跨国公司，但如果以第三条标准来衡量，真正意义上的中国跨国公司并不多。

1995 年，由联合国跨国公司中心认定的中国跨国公司有 40 多家，而在同一年度，进入世界最大的 500 家公司的中国企业有 3 家，它们分别是中国银行(152.89 亿美元居 207 位)，中国化工进出口总公司(149.87 亿美元居 209 位)，中国粮油食品进出口总公司(109.86 亿美元居 342 位)，这 3 家都是非工业企业，但无论如何，中国跨国公司还是有了一定的发展。在 1990 年，由联合国跨国公司中心认定的中国跨国公司只有中国国际信托投资公司和上海信托投资公司 2 家。

在当今的国际经济舞台上，大企业的集团化经营已成为占主导地位的现象，集团间的竞争已经在相当程度上取代了单个企业间的竞争。大企业及其集团使得中小企业相形见绌，在竞争中处于十分不利的地位。中国企业要走向世界，直接参与国际竞争，也必须有意识集中一定的经营资源，发展一批集团化的跨国经营企业，以大企业对大企业，以集团对集团，近年来成为真正跨国公司的，大多数是这种大型国际经营企业集团。一些较早出去的中央部属大企业，在近 10 年的海外经营和国际竞争中，不断积聚实力，扩大经营领域和规模，正在形成和发展成涉及多个行业领域，横跨多个地区的大型跨国企业集团。

1. 中国化工进出口总公司,现已发展成为经营石油、化肥、化工品、橡胶、塑料等商品的综合商社型跨国公司,1993年公司实现经营额132.11亿美元,名列外贸行业榜首。已在20多个国家和地区建立子公司和各类分支机构62个,其中代表处6个,二级子公司31个,三级子企业25个,拥有海外净资产3.11亿美元,海外企业营业额约35亿美元,连续4年被美国《幸福》杂志评为全球500家最大综合服务性企业的前30名。1995年跻身全球综合排名500家。从营业实绩看,中化公司的国外资产额、销售额、生产值(产品和劳务)、盈利额和雇员人数已超过整个公司的25%。

2. 中国银行,作为中国的外汇专业银行已经在世界许多国家和地区建立了分支机构,并且获准在香港地区发行港币,成为稳定香港经济的一支重要力量。在1992年英国《银行家》杂志首次公布全球最大的68家跨国银行名单中,中国银行作为惟一的发展中国家银行,跻身前10名,名列第8,1995年进入全球综合500强之列。

3. 中国粮油食品进出口总公司,作为一家多功能、国际化的大型集团公司,目前拥有22个全资子公司、6个直属分公司、18个海外独资机构、203个国内外实业项目。1993年国内外经营额达到90亿美元,其中国际化跨国经营额达57亿美元。公司海外投资大项目包括,在马来西亚、印尼投资的37万亩棕榈园、加工能力近100万吨的榨油厂、占地480万平方米的工业开发区、5万吨级的深水码头和参与兴建泰国曼谷16公里的高速公路以及17万平方米的房地产项目,还在泰国、菲律宾联合经营3家五星级酒店,并在香港组建了航务公司。1993年还在香港收购了香港海嘉国际和世界贸易中心两个上市公司,利用重组、注资、资产回购等形式,斥资24亿港元控制两个上市公司50%以上的股权,并利用上市公司与有实力的其他上市公司联手,进一步向其他领域包括保险业发展。上市公司的收购不仅使公司的资产大幅度增值,而且大大增强了公司的投资实力和资金筹措能力，也使公司国际化经营上了一个新台阶。

4．中国国际信托投资公司，是一家从事生产、技术、金融、贸易、服务等综合性业务的国际化企业集团。到1994年拥有36家子公司，534家投资企业，总资产近100亿美元。在24个国家和地区兴办独资、合资企业68家。中信子公司利用国际银团项目贷款与加拿大鲍尔公司，联合巴瑟斯特公司在1986年共同购买了加拿大塞尔加纸浆厂，几经调整后，中信公司共出资3.5亿加元，占股50%，是目前我国最大的海外投资企业。其下属在香港的上市子公司——中信泰富，目前主要的投资为：恒昌企业有限公司100%，国泰航空有限公司12.5%，港龙航空有限公司46%，澳门电讯有限公司20%，中信集团成为在香港成长非常快的中资企业集团。

5．一些由地方政府较早在境外兴办的窗口型综合企业，经过近10年的发展，也正在扩大境外的再投资，形成多角化经营的跨国性企业集团。例如，广东省在港澳兴办的粤海、南粤、广信三家公司，目前已发展成在境外拥有80多家子公司的集团企业，经营业务涉及贸易、旅游、房地产、金融、加工制造等多种行业领域；福建省在香港兴办的华闽公司目前也形成为以8家独资子公司为核心，一批合资子公司为外围的集团性企业。

这些以多角化和集团化为特征的跨国投资企业的出现，标志着较大规模的中国跨国公司正在形成和发展。中国企业的跨国经营正在向高级的企业组织形态演进。

一个明显的事实是，中国工业企业的跨国公司非常少，而且规模较小，这与国际上工业类企业在跨国公司中的主体地位和巨大规模形成鲜明对照。1994年，我国最大的500家工业公司销售收入总和是1 527.77亿美元，还不及美国通用汽车公司一家的销售收入（1 549.51亿美元）。我国最大的汽车工业公司（全国500强第 4 位)——上海汽车工业公司销售额为 28.37 亿美元,仅及通用汽车的 1.8%,与世界 500 强中最小的汽车工业公司日本的 AISIN SEIK 相比,也只有后者的 35.7%,而且国际经营程度很低。这就是差距,这也是中国企业面对全球挑战的地位。

四、中国企业国际经营与世界国际经营发展水平的差距

虽然我国企业的国际经营在政策开放后已经取得了很大的成绩,但是与世界各国企业的平均水平还有很大的差距,特别是在海外投资方面,我们海外企业无论是海外企业数量还是对外投资金额,在世界跨国公司总额中所占的比例都微乎其微。在数量上,我国现有的 5 000 多家海外企业,仅占世界跨国公司子公司总数的千分之一,中方投资总额 220 亿美元,也仅占世界直接投资总额的千分之五。

国际直接投资理论认为,吸收外资和对外投资之间有内在的联系,即当一个国家吸收外资与技术提高本国经济水平后,相应地可以提高对外国直接投资的数量。我国改革开放后在吸引外资后也同步地开展对外投资,但我国吸引外资直接投资的金额与同期或稍滞后时期的我国对外投资金额之间的比例太不协调,差距太大。一般国家引进外资的金额与海外投资的比例为 1:1.1,即吸收 1 美元的资金的同时,向外投资 1.1 美元,其中发达国家的比例为 1:1.4,发展中国家比例为 1:0.13,但我国仅为 1:0.056,即吸收 100 美元投资,对外投资仅 5 美元,这与世界水平相差甚远,与我国整个经济国力的提高和我国在世界中的重要地位也是非常不相称的。

五、我国企业国际经营观念和理论的发展

近年来,我国企业正处于深刻的转轨变型之中,首先是由生产型向经营型转变,逐步摆脱以生产为中心的管理模式;接着又从内

向型向外向型转变，从开拓国内市场转向着眼国际市场，争取多出口，多创汇；然后是一大批企业家更新了观念，有所创新，一部分企业脱颖而出，开始以国内经营型向国际经营型转变。随着改革开放的深化，越来越多的企业决策者，以世界市场作为自己产品的市场，以跨国的视野和观念在国际上寻找经营的机会和落脚点，寻找企业发展的新的支点。

（一）对跨国公司认识的发展

当我国理论界曾以批评观点分析跨国公司，把它作为资本主义制度的特有产物，是当代国际垄断组织的主要形式和国际贸易中的主要垄断力量的时候，我国企业界却以组建具有中国特色的跨国企业，开展国际化经营的实践提出了挑战，进而导致国内理论界对国际经营和跨国公司有了较为充分的认识。

1. 跨国公司是一种与现代化大生产相适应的企业组织形式。跨国公司以一国为总部，在他国设立分支机构和生产经销网点；子公司置于当地法律管辖之下，又同时受控于母公司。整个跨国公司体系内部的经营活动服从总部统一的计划，讲究公司总体利益。只要有条件和需要，这种组织形式对任何一类实行开放经济的国家都是有用的。

2. 跨国经营就是在全球范围内进行生产要素的最佳配置。经济问题的核心是提高资源配置效率。在全球资源既定，各国资源存在不同程度短缺的情况下，通过进出口贸易，技术引进和输出，国际投资，利用世界市场作为组织社会化大生产，是优化资源配置的重要手段。跨国公司内部交易和内部价格转移便是进行生产要素配置和提高资源使用效率的两种方法。

（二）积极扩大我国企业的对外投资和跨国经营

在社会主义市场经济理论与实践发展的条件下，必然会把国际经营作为中国企业发展战略的重要组成部分。鉴于我国改革开放初期的国力和企业发展水平，自 1979 年到 1997 年，我国政府对于开展海外投资的基本政策是,根据国民经济发展的需要和可能,量力而行,积极稳妥地办好海外投资。尽管此间政府多次提出鼓励发展我国企业的跨国经营事业,但受限于国际国内各种条件,在总体上我国对外投资受到的制约大于得到的促进。2000年,根据我国企业在国际市场开发资源和从事加工贸易取得的成功经验和我国经济长远发展的大局需要,中央政府再次强调:"有计划、有步骤地走出去投资办厂,与各国特别是发展中国家搞经济技术合作,这同西部大开发一样,也是关系我国发展全局和前途的重大战略之举。"

"走出去"是相对于"引进来"所讲的,其战略的基本内涵产生于我国产业发展的要求和结果。过去20年我国基本上是以开放市场,引进国外技术、资金和管理方法为主,如今我们已经积蓄了一些产业能量,可以将一些成熟技术向有需求的国际市场(重点是广大的发展中国家市场)转移,从而达到弥补国内资源和市场的不足,把国内技术、设备和产品带出去,腾出空间和资金发展新的产业,并在国际市场形成中国的跨国公司,全面参与国际分工。广义的"走出去"战略指的是使中国的产品、服务、资本、技术、劳动力、管理以及中国的企业本身走向国际市场,到国外去开展竞争与合作;狭义的"走出去"战略是指到国外投资办厂,将各种要素输出到国外,将生产能力向国外延伸和布局。

1. 经济全球化的趋势。经济全球化已形成不可逆转的趋势,每个国家和地区市场都在很大程度上同时作为世界市场的一部分而存在,特别是服务贸易和国际直接投资正以快于全球经济增长和国际贸易增长的速度加深各国经济的融合,经济全球化的发展把整个世界变成了一个"地球村",中国只有顺应这一潮流,突破国界的局限,把视野和目标从国内扩展到全球,建立一个在全球化环境中同样能够取得成功的经济体系,才能确保中国现代化目标的实现和长期持续的发展。实施"走出去"的战略,是使中国的对外开放发展到一个新水平的重要举措。

2. 合理配置资源和更好地利用国外资源。利用本国和他国的不同资源和要素优势,在国际间实现资源和要素的合理流动与重新组合配置,获得绝对和相对利益,这也是发展实施走出去战略的一个重要动因。我国人口众多,自然资源人均占有率低,部分战略资源严重短缺,已经成为国民经济持续快速增长的瓶颈。着眼于国民经济的长远发展和安全,我们必须抓住机会,更多地投资海外,开发和利用国外资源。

3. 有利于经济结构的调整和产业结构优化。“走出去”的战略可以在更广阔的空间里促进经济结构调整和产业结构优化配置,拓展新的经济发展空间和新的经济增长点,增强中国经济发展的动力和后劲。1990 年代以来,我国经济已经从卖方市场转向买方市场。需求结构变化成为我国经济结构变迁的内在动力。从产业结构提升的角度讲,把成熟技术转移到其他有需求的市场去,把国内市场空间用于新的产业发展。同时,企业开拓市场的目标从扩大内需,转向内外市场同时扩张,把国际市场作为重要着眼点。

4. 有助于国有企业,特别是大中企业更快地实行经营的转换,提高国际竞争能力。建立社会主义市场经济的一个中心环节是转换国有企业的经营机制,把企业推向市场。这里,把大中型国有企业推向市场,意味着大中型企业不仅要与国内市场联系,也应走入国际市场。

中国大中型企业要充分利用国际、国内两大市场和两大资源,大胆跨国经营,有计划地参与国际经济合作:

(1) 把适合于发展中国家经济水平的产业、产品、技术转移到这些国家中去,推动国内设备产品的出口,占领东道国市场;

(2) 大中型企业在与世界市场进行市场、金融、产业、管理接轨过程中,直接吸收先进的国际经验,提高管理水平和培养人才,从而提高企业素质和国际竞争力。

中国加入 WTO 后，将有更多的大中型企业进入各国开厂设点，既能享受国际直接投资的种种优惠待遇，又要接受国际市场的严格考验。

5. 有助于开辟和扩大出口市场。在区域经济一体化和贸易保护主义增强的形势下，单纯性的商品出口遇到了挑战和困难。开办生产性企业则可直接利用当地的资金、技术、资源、劳动力等生产要素，或者是兄弟子公司的产品出口，既合法地避开某些国家对制成品进口的限制和高额关税，又开辟了我国的出口市场。

6. 有利于在国际上吸引外资，拓宽利用外资的领域。利用外资的渠道可以是双向的，既可以让外国公司在中国兴办“三资企业”，亦可以让中国企业到国外创办跨国公司。实践已经证明，到境外办合资企业也是吸引外资的重要手段之一。中国跨国企业可以利用公司处在国外的有利条件，自己不出资金或少出资金，运用先进的融资手段，如“融资租赁”等，筹储投资资金。同时，海外企业利用发展同当地银行、财团和企业的关系，介绍外国银行为国内贷款，引进外国企业向中国投资。中国海外企业本身的外汇盈利，既可用于该海外企业的再投资也可把外汇利润汇回国内投资。

7. 有助于向下游输出技术，从上游吸收先进技术。海外企业以在跨国投资中拥有的相对优势为前提，以获得国内市场无法获得或暂时无法获得的利益为目标，从技术上说，大部分投资在发展中国家或地区的中国海外企业或多或少利用了我方在初级产品、一般机械及某些传统产品方面的生产技术优势。中国对外投资企业的中等适用技术和小生产规模也很能适应这些国家国内的经济吸收力，所以受到东道国的欢迎，并能享受某些政策上的优惠。与此同时，海外企业通过各种方式吸收国外的先进技术，改造我国落后的设备。一些人、财、技术实力雄厚的大公司通过直接向发达国家投资，以吸收他方的技术，如上海梅林食品厂将其在加拿大开设的企业中使用的国外设备引进国内，并从海外带回一些精密的检测仪器和工具，使梅林厂的生产及劳动生产率大大提高。

8. 跨国经营有助于学习先进的管理，锻炼适应国际市场竞争的人才。长期以来由体制造成的我国企业与国际市场的割裂，使得管理人才难以适应国际市场的竞争机制。而近年来的跨国投资的亲身实践，已造就了一大批熟悉国际市场投资、营销、管理的人才，这部分人才的出现不仅有利于我国现有海外企业对投资的巩固和发展，也有利于提高国内企业增强竞争意识和管理水平。上海一些海外企业派出人员以最初只在技术上见长，经过几年实践，已学会在东道国接单、谈判、拍价、销售、回访客户等一整套本领。

9. 跨国经营有助于传递信息，扩大影响。不少中国海外企业的主办者把了解国际市场，掌握外部市场信息作为创建海外企业的最主要动机，一方面，对外直接投资比起引进外资是更直接地深入国际市场的途径，可以直接感触到国际市场的动态和趋势。向主办企业反馈国际市场信息，为国内有关企业对外经济贸易活动牵线搭桥，另一方面，海外企业通过跨国经营活动可以为国内本行业或其他企业带来联动效应。

第二节　我国企业国际经营的因素分析

中国是一个发展中国家，由于传统经济体制的束缚，坐失了1960年代与1970年代相继出现的国际结构大调整的良机。随着改革开放的不断深入，企业深深地体会到来自太平洋、大西洋商品浪潮的压力，企业的命运一定程度上被放到“看不见的手”中。从大锅饭到责任制到破产制度的出现到现代企业制度的建立，企业别无他择，那就是认识国际市场，进入国际市场，开展国际经营。

一、我国企业国际经营的优势分析

企业的竞争优势由多方面的因素构成，并且总是相对于同一市场中同一行业的其他企业而言的。在世界范围内，从不同国家的总体企业实力对比上看，发达国家企业具有明显的优势，但如果深入到具体行业看，不同国的企业，则又可能各有所长，从而各自具有自己的相对优势。在国际经营领域，由于世界经济发展的不平衡，不同国家的企业进入不同的东道国市场，企业优势对比的这种相对性也就更为明显。此外，国际经营优势具有动态的增长性，跨国经营不仅是企业实现优势的活动，也是企业在更大的空间范围内寻求优势的活动。

1. 经过多年市场导向的改革，中国企业已开始形成独立的商品生产者意识，自我发展以谋求自身利益增大的愿望普遍增强。

2. 经过20多年的经济发展和对外开放，中国企业的经济技术实力、经营自信心显著增强，对国际市场的神秘感和跨国竞争的畏惧感已日渐破除。

3. 国内市场竞争日趋激烈，而国内传统体制向市场经济转轨的过程中尚存在着多种不稳定因素，使部分企业感到经营环境不尽人意，跨国发展谋求更理想的经营环境逐步列入企业日程。

4. 国家包括各级地方政府对跨国投资综合利益的追求，在政企未完全分离的条件下可以通过行政促动和财政支持，推动企业的跨国化发展。

5. 公有制的条件，加上现代企业制度的建立尚未真正完成，使得国有企业在跨国寻求优势中对成本和风险的顾虑较少。

上述因素在主观和客观上为我国企业跨出国门，寻求新的经营场所和机会提供了条件。我国企业的相对优势可以从下面几个方面进行分析。

（一）所有权优势

1. 适用技术的相对优势。经过建国以来50多年的建设，我国已建立起了规模庞大、门类齐全的工业体系，在纺织、轻工、一般机械、金属冶炼、医药、食品加工、化工等传统工业和小规模制造技术中已形成自己的相对优势。这些技术大都属于劳动密集型,生产规模较小,产品和技术已趋标准化,对发达国家来说是“夕阳工业”,已受到冷落或被淘汰,但对于那些低于或类似于我国经济发展水平的发展中国家来说,则是属于适用技术,有很大需求,受到欢迎。因此,这将有利于我们在发展中国家的直接投资。由于劳动力成本低廉和巨大国内市场所形成的生产规模,使我国的部分产业在国际市场的相当范围内,具备比较优势。轻工产品、部分机电产品、建筑材料在国际市场的信誉日益提高。

2. 部分高技术的相对优势。尽管我国科技水平在总体上还落后于发达国家,但在某些高技术领域(如航天技术、电脑软件、材料工业、生物工程等)还具有一定的优势。近年来,我国技术出口已有长足的发展,一批涉及到航天,电子、医疗、冶金、农业等方面的技术出口到发达国家。另一方面,近 20 年来,通过各种途径引进技术和吸收改造,已使我国一部分工业技术设备,技术水平,产品质量达到了国际先进水平。如青岛海尔集团,产品质量首先得到进入国的质量认证,它的冰箱、洗衣机等已走向美国、欧洲等市场。2000 年在美国投资建立生产线,2001 年在意大利收购生产线就地生产。因此,这类相对优势,使中国企业有能力对发达国家直接投资。

3. 中国属于发展中国家,这将有利于我们在其他发展中国家的直接投资。

(1) 因为中国没有对发展中国家进行掠夺、侵略的历史,所以我们的投资不易使东道国产生担心被掠夺、受控制的心理,因此在感情上容易被接纳。

(2) 我国对不少发展中国家进行了长期的经济技术援助,我们与这些国家有着良好的政治、经济关系。

(3) 我们拥有优势的劳动密集型技术和中间技术,对大多数发展中国家来说是适用的技术,因此会被广泛接受。

南亚、中东、撒哈拉以南非洲和拉美国家产业结构的调整速度很快，部分结构调整还打破了梯度推进的旧框框，呈现出跳跃式发展的势头，尤其是允许外国企业通过收购和参股方式投资敏感行业，这为我国产业的国际转移提供了广泛的市场空间和机遇。

4. 海外华侨的重要作用。依靠种种纽带，在侨民集中地区开辟对外投资领域是发展中国家跨国公司对外投资的一种特有的竞争优势。中国分布在全世界的华人有2 000多万。这些中华民族的炎黄子孙，虽然居住各地，但有相同的文化语言背景，互相之间容易沟通。这些华侨生活在所在国、熟悉当地的经济法律政策，了解当地市场的销售系统。许多华人企业都是家庭式的，内部团结一致，相互信任。如果海外企业与这些华人合作，获得信息迅速可靠，进入当地市场容易，企业成本低，风险小，这种优势一方面体现在中国海外企业可以为华侨居住密集地区提供丰富的有中国或东方色彩的产品和服务，另一方面体现在中国企业可以与华侨合资组成海外“三资”企业，在东道国直接投资。这是中国海外所特有的竞争优势。

（二）内部化优势分析

我国进行国际经营，对外投资的主体是近年发展起来的企业集团，这些企业集团既有在横向经济联合中建立的行业企业联合体，也有以大型企业为核心，以产品和技术为纽带所形成的具有集合优势的企业群，也有以外贸企业为龙头，技、工、贸联合的综合商社，这些企业集团的形成，促进了企业组织结构的合理化，有利于发展社会化、专业化生产协作，实现生产要素的优化组合和资源的合理配置，形成了合理的经济规模，有利于增强企业的经济技术实力，提高企业的市场竞争力。把本来由市场来进行的一部分交易放到企业内部来进行，以降低交易成本，这就是内部化原本的意义。而国际生产折衷理论所强调的内部化优势，是指拥有无形资产所有权优势的企业，通过扩大自己的组织和经营活动，将这些优势的使用内部化。因为内部化使用,可以比非股权式的转让带给无形资产所有者以更多的潜在利益。

我国企业国际经营的内部化优势有如下三点。

1. 通过对外直接投资,利用我国相对充足的原材料和较为廉价的劳动力资源,获取发达国家的先进技术和管理经验,占领或保持海外市场,避开贸易壁垒,节约运输成本,同时可向不发达国家进行“适用技术”和管理知识的输出,并获取稳定而廉价的原材料供应。

2. 以花费较少研究开发费用的技术模仿战略寻求独特的技术优势,以市场细分的方法避免同大规模批量化生产的老牌跨国公司进行直接竞争,以市场“内部化”方式利用二手设备市场和熟练工人市场的不完全性来谋取最大利益。

3. 我国原外贸企业在世界各地经多年积累已设置了许多销售点,形成了具有相当规模的销售网络,基础条件较好,是我国发展国际化经营体现内部化优势的重要基础。

(三) 区位优势分析

区位优势,是从企业角度所认识的不同国家和地区所拥有的比较优势。它一方面产生于若干缺乏流动性的要素禀赋分布差异,另一方面则导因于国家主权所形成的市场壁垒,在壁垒后面所出现的市场容量,要素供给,资源富集程度等方面出现的吸引力。在跨国直接投资普遍发展的条件下,外国企业则可能采用在当地投资兴办子企业的方式来获得利用这种优势。国际市场不完全性的存在,造成了区位优势的普遍存在的差异。这既为企业采用直接投资进行跨国界发展造成了重要的外部环境动因,又为企业的市场与投资提供了多种可能的选择。

1. 获得壁垒后面的产品市场。国家和地区贸易壁垒的存在,加大了产品出口进入的难度和成本,采用直接投资方式有利于绕过这种壁垒,进入特定的区位市场。因此,企业应明确地判明壁垒后面是否存在着对特定产品的市场和较大的市场容量。这是决定选择的基本因素。

2. 获得本国不易获取的经营资源。这里的经营资源是广义的，包括东道国当地蕴藏与开采较为有利的自然资源，发达的科学和教育所提供的价格低廉、甚至免费的科技信息，发达的资本市场以及丰裕和便宜的资本供给，良好的基本结构所提供的能源、运输及其他服务，等等。这些资源由于本身特点或市场不完全而缺乏流动性，从而构成特定国家的比较优势。企业要尽可能地获得和利用这些区位资源优势。

3. 获得当地政府的政策优惠。由于跨国直接投资可能给受资国带来利益，一些东道国政府出于发展本国经济的长期考虑，常常给予外国投资企业以特别的优惠政策，比如在一定时期减免所得税或进出口商品关税，给予优惠贷款权等等。因此，选择这样的国家作经营进入，企业就不仅能够一般地享受该国的区位比较优势，还可以获得超过当地企业的比较利益。

作为国别和地区市场选择应当特别予以考虑的因素，是目标市场国家或地区较长时间内社会政治经济发展的稳定性。如果企业进入社会不稳定的国家，不仅难于取得优势和利益，资产的安全性也难于保证。

二、我国企业国际经营的制约因素

企业国际经营是一种复杂的经济活动，必然要受到包括企业本身优势、人才、经济体制等诸方面因素的制约。

（一）制约因素

1. 外向型企业规模小，力量分散。外向型企业指生产过程基本立足国内，商品交换活动面向国际市场，产品主要是为满足国外用户需要的出口创汇生产企业。外向型企业是在1980—1990年代沿海开放地区发展外向型经济的形势下形成的，近几年来，外向型企业的数量增加虽然很快，但企业规模却不大，企业规模结构仍以中小企业为主，企业之间的分工协作程度较低。

2. 外向型企业和国际营销力量和生产力量不配套，国际市场的开拓力量明显薄弱。不仅绝大多数出口生产企业没有海外专门营销机构，就是不少专业外贸公司、地方贸易公司及自营出口的工贸企业也没有海外营销部门，商品出口主要通过国外计划、海外代理商、各种展销会、交易会或外商主动找上门等营销渠道进入国际市场，企业本身开拓国际市场的力量比较薄弱，适应不了出口生产日益发展的需要。

3. 体制不完善。自我国实行对外开放以来，随着国内经济体制改革的推进，外贸经营决策已由高度集中的国家经营决策逐步演变为权力下放的分散经营决策。国家允许地方、部门和外贸企业在统一政策、统一计划、统一对外的前提下，实行具有相对独立性的分散经营，而代表国家管理部门的外贸部只统一行政职权。然而在经营决策权限的下放方面，对地方、部门的扩权比较明显，对外贸企业的扩权还有待进一步深化，因而在生产和外贸方面在一定程度上存在着分离。

4. 人才因素。企业国际经营是极为复杂的国际经济活动，说到底又是人的活动，无论是产品外销，还是合资、合作经营或是对外直接投资，都必须由人去完成。随着国际经营活动的深入，对外向型人才需求，不仅数量日益增加而且素质要求日高。由于我国企业对外开放的时间短，企业管理人员缺乏经营方面的知识、信息以及国际经营管理的能力和经验，特别缺乏从事国际经营的高级管理层的综合管理人才，这使我国企业面临巨大的挑战。

（二）发展中的问题

在过去十几年中，我国海外投资业务发展迅速，但政府主管部门和国内总公司把工作的着眼点主要放在到国外投资设点这一环节上,加之缺乏经验等原因,忽视了对海外企业的管理,致使我国海外企业在迅速增加的同时,仍然存在许多问题。这些问题表现在以下几个方面。

1. 海外企业效益不理想。据初步统计估计,目前仅有约三分之一的海外企业有不同程度的盈利,多数企业惨淡经营,尤其是中小型海外企业的困难重重。在国内经济体制改革中,地方政府和部分大中型企业权限增大,往往只顾地方和企业局部利益,不顾国家整体利益,在海外投资领域表现尤为突出。目前,国内一些企业中有一种倾向是纷纷要求自己出国投资,而不顾及自身实力和规模效益,造成资金浪费。此外在国内经济体制改革后,一些海外企业的隶属关系不明确造成这些企业无依无靠。

2. 国有资产流失。造成流失有种种原因:海外投资项目可行性研究不科学,对国外合伙人资信程度了解失真,以至于我方盲目地注入资金,结果在当地受制于合伙人,长期不能正常开展业务,每年利息损失很大。海外企业主要负责人缺乏对外经济合作常识和对当地情况的了解,或将中方资金汇入外方合伙人账户上,或将产品设备运到当地不能开展业务,事出之后负责人既不懂得按当地法律法规办事,也不懂得用当地法律保护自己,给国家财产造成很大损失。海外企业规章制度不健全,特别是财务制度不健全、不科学,企业内部和国内总公司都不能对财务和资金形成有效监督和控制。

3. 人事制度受限。目前在海外企业的人事制度上弊端较多,严重阻碍了海外企业的发展。总公司派出的海外子公司的总经理不能胜任工作,有些人业务能力差,缺乏开拓精神,致使海外企业长期不能开展业务。海外总经理人事权不大,不能根据海外企业业务发展的需要选择具备能力的人员到海外企业工作,有的甚至也不能雇佣当地人才,而只能接受总公司派出的人选,对不合适的,也无权辞退。海外企业职工队伍不能长期稳定,中方人员与家属长期两国分居,职工后顾之忧不断。

4. 分配制度不合理。海外企业中方人员工资水平低,严重挫伤职工的积极性和创造力,影响了海外企业的发展。

5. 海外企业不能作为相对独立的法人进行经营决策,许多海外企业的中方主办单位对海外企业中诸多事项需要向总公司报批,致使海外企业在经营中失去良好的商业机会,有的国内总公司在对海外企业管理上不遵守所在国法律和国际惯例,把国内企业的一些管理办法移植到国外。

三、国际经营环境提供的机会和挑战

当前的国际经营环境既给我国的企业国际经营提供了机会,同时在一定程度上也给我国企业提出了挑战。尤其是由于出口贸易是我国参与国际经营活动的主要方式,而我国以出口劳动密集型产品为主,出口商品种类过于集中,所以国际经营环境的许多变化既给我国企业提供了机会,也提出了挑战。

(一)国际经营环境变化提供的机会

1. 国际贸易从国与国之间的外部市场交易转变为跨国公司的市场内部交易。国际贸易由于跨国公司母公司与海外子公司之间、子公司与子公司之间建立了稳定的供求关系,交易可以减少风险,节约交易契约成本,降低交易价格,较之传统的国际贸易方式,内涵有了很大的改变。跨国公司内部交易的扩大,意味着外部市场的相对缩小,给我国企业的出口创汇带来了不利的影响。

2. 新技术革命对出口带来冲击。新技术革命导致劳动力成本作为“比较成本”的一部分在国际贸易竞争中所占的优势削弱,技术取而代之成为竞争的关键因素,这就限制了我国以劳动密集型产品出口为主的企业的发展。另一方面,新技术革命使西方发达国家的“产业空心化”，原材料使用程度下降，直接影响到初级产品出口贸易额的扩大，对我国那些以出口初级产品为主的企业十分不利。

3. 扩大出口将面临更为激烈的竞争。由于世界经济增长速度放慢，国际贸易增长率降低，在国际贸易市场量有限的情况下，我国企业还面临新兴工业化国家和地区及其他发展中国家的竞争。此外，西方工业发达国家的贸易保护主义以及发展中国家普遍采用的进口替代政策，将影响我国国际经营企业进一步开拓国际市场。

（二）经济关系变化提出的挑战

在世纪交替的几年中，由于世界经济发展的不平衡与国际政治形势的变动，国际经济关系发生了一系列重大变化，并直接影响了全球金融、投资的变化趋势和格局。

1. 发达国家间投资对流增加，发展中国家吸引外资有所增加，但总体仍属附属地位。日本、欧洲资本向美国产业部门大肆渗透和扩张，美国也加大向欧洲、日本的投资力度。而发展中国家的吸引外资占世界对外直接投资总量的30%。这个水平比1990年代初有所提高，但总体来说所占比例仍较小。但是值得注意的是发展中国家对外投资的增长势头很猛，这显示了国际直接投资作为一种长期趋势正在不断增长，而且越来越多的发展中国家也加入这一行列，但是投资目标国却相对集中，从而使企业在海外的投资竞争也十分激烈。

2. 从国际直接投资的产业分布来看，国际直接投资正经历着从初级产业和资源加工型产业投资向服务业和技术密集型产业投资的部门结构转变。随着信息技术的发展，服务业中的外国直接投资增多了，高度资本密集型服务业（如电讯和航运）近年对外国投资开放，这为跨国公司提供了新的投资机遇。在制造业投资中，跨国公司间的战略联盟有了长足的发展，特别是产品生产周期短、研究开发成本高的制造业部门中的战略联盟发展更为迅速，这已经成为制造业领域国际交叉投资的重要特征。国际投资的行业流向表明国际投资的要求进一步提高，难度加大，但是跨国公司投资重心的转移，也给中国企业留下一定的投资空间。

3. 发展中国家和东欧国家在吸收外资方面采取了较为积极的政策。第二次世界大战后发展中国家的历史上，曾实行过“外资淡化安排”，即使外资逐渐退出的政策，而现在一些国家转而采取“外资浓化”——提高外资所占比重，不实行企业国有化——政策，以鼓励、吸引外资，例如印度同许多发展中国家一样，在企业外资比例上有一个上限，但在1991年拉奥政府上台后，政府就允许外资在重要工业，特别是出口工业中所占股份的上限由原来的40%提高到51%，甚至在电能工业中达到100%。这些政策的变化表明，发展中国家重新又成为有吸引力的投资地。

第三节　我国企业国际经营的模式与策略

我国企业国际经营的发展，必须根据选择的具体模式，对现有外向型经济的组织形式及结构进行适当的改造。我国企业国际经营模式应基于两个方面：国际市场的外部环境；国内目前社会经济的现实条件。模式的选择首先应从我国国情出发，在充分分析我国目前的社会经济条件包括企业制度、对外贸易体制、国民经济体制的改革，企业规模结构和我国的经济发展水平等的基础上依据企业国际经营的基本理论，借鉴和学习国外成功的企业国际经营模式，以适应国际市场的外部条件。

一、我国企业国际经营模式的选择

我国企业国际经营模式包括宏观模式与微观模式两个方面，其中宏观模式的选择应以微观模式为依据，微观模式的选择以宏观模式为前提，两者相辅相成，相互支持。

(一) 宏观模式

根据我国目前社会经济的现实条件和国际市场的外部环境，我国企业国际经营宜选择“集团化经营”为主导的宏观发展模式，即借鉴日本综合商社型模式，通过企业集团联结中小企业以及生产和外贸企业，实现工贸结合，形成集团优势，在集团内部设置类似国外综合商社型的国际营销机构，创立自己在国际市场的营销渠道和网络，带动企业向国际化方向发展。

鉴于我国目前的产业组织结构不完备和中小企业力量占主导地位的客观情况，组建以制造业企业集团和综合商社型集团为主，同时适当鼓励中小企业国际化经营，这样比较适合于我国的国情。

1. 国际环境。1990 年代以来，多极化、区域化及一体化的世界经济贸易成为一种不可逆转的潮流，西方工业发达国家贸易保护主义盛行，贸易壁垒越来越多。世界贸易集团化的竞争新格局由此形成，一方面，各区域成员国内部的经济贸易关系愈加紧密，国与国之间的贸易竞争演变为超国界的区域集团组织之间的竞争与对峙，另一方面，贸易集团化扩大了贸易规模和总量，从而在市场风险与日俱增的同时，贸易机会也随之急剧增加。

2. 我国的产业结构。在开放条件下，产业结构最佳配置的原则是静态和动态的比较原则。根据这一原则可将我国具有比较优势的传统工业、劳动密集技术以及在某些高技术领域的产业配置，通过企业集团的国际经营，扩展到发展中国家，甚至到发达国家中去，以增强竞争力，占领海外市场等，甚至推进我国具有比较优势的产业结构的高级化进程。此外，我国是人均资源相对短缺的国家，可通过对外直接投资，把某些资源短缺的产业配置，发展到资源相对丰裕的国家，从而获得国际分工的好处，使我国产业结构得以优化。

3. 我国企业规模结构。目前我国企业规模结构仍以中小企业为主，企业之间的分工协作程度较低，组织结构十分松散。在客观上要求企业结构的改组，实现"集团化经营"，才能适应国际市场竞争和企业国际经营发展的要求。

4. 体制改革。评价经济体制改革的目标模式，从资源的跨地区合理配置的角度来看，主要考虑这种体制能否促进和便利企业间和地区间的贸易和合作，促进与便利资源要素的重新组合。总的来说，"集团化经营"模式将对传统的及现行的所有制结构、企业隶属关系、计划体制、物资体制、金融体制、流通体制、外贸体制、劳动人事体制以及工商管理体制等产生全面而深刻的冲击。

(1) 实现"集团化经营"模式，国家可以将战略推动和重点放在企业集团这一层次，其他一般企业由企业集团来间接控制和协调。由于企业集团化，国家调整对象相对集中，不仅可以避免宏观决策失误，而且可以把更多的精力放在国民经济规划和出口产业政策的制订和协调方面。政府还可通过这些企业集团，及时把更多的包括企业活动以及国内外市场需求变化信息反馈到有关部门，使国家宏观调控所需要的信息在多层次中上下对流，以便形成一个能够自我调控的外贸宏观体系。

(2) "集团化经营"克服了宏观上工贸分离的缺陷，这样既可克服生产企业经营外贸业务方面的人才、渠道、经验等缺乏的困难，又可解决外贸企业适销对路产品不足的矛盾，使外贸企业经营置于现实的生产基础之上，同时，也便于把生产企业直接推向国际市场，增强产品的竞争能力。

(3) "集团化经营"是跨行业、跨地区、跨部门的，根据比较优势的原则，恢复和建立企业之间的经济技术联系，这有利于改变我国目前地区封锁、市场分割的局面，促进生产要素的合理流动和优化组合，使国有资产存量得到合理配置，从而使产业结构合理化。

近年，国内有一批大的制造业集团成长很快。由于国内市场的日趋成熟和竞争的日益加剧，使得这些制造业集团的竞争能力和市场开拓能力有了很大的提高，同时具有较强的资金实力和融资能力，这些制造业集团通过对国内市场和国际市场的竞争格局的变化对比；通过科学的市场调查后，选择了一些国外市场，以投资设厂方式进入，由于完全按市场经济条件下企业方式进行海外运作，在海外市场获得成功，这是中国企业国际经营很有希望的一种模式，应积极加以扶植，预计在未来5—10年，以这一形式将会形成我国对外投资的一个高潮。

(4) 海外投资主体的多元化。目前，我国的对外投资主体的企业基本上都属于公有经济的范畴。中国经济改革的总目标是发展有中国特色的社会主义市场经济，为此，允许多种经济成分并存。属于多种经济成分中的一些三资企业、民营企业和股份制企业等出于业务发展的需要，也有到海外办企业的愿望，对于具备条件的也应给予海外投资权。

大企业到海外投资由来已久，而中小企业形单力薄，常被认为并不适合作为对外投资的主体。近年来，在很多国家，一些有实力的中小企业也开始实施全球化战略，为国外提供产品，到国外直接投资。中小企业对外直接投资的重要性获得国际社会的广泛关注。中小企业加大对海外的投资可能出于多种原因：比如产品技术生命周期缩短，扩大海外市场，可使企业保持创新产品的合理生产规模和研发投入的良好回报；由于经济全球化，使中小企业与海外企业也有了更多的关联性，由此触发了对外投资的机会和意志；竞争加剧，政府也不再扮演监护人角色，中小企业把到海外投资作为企业高速增长的途径。和国际趋势一样，中国也有一批中小企业具备了国际化经营的主观愿望和条件，政府也应一视同仁，给这批企业创造到海外发展的机会和条件。

（二）微观模式

“集团化经营”模式中的企业集团概念是特指的综合性企业集团，类似国外的“多角化跨行业企业集团”，与一般意义上的企业集团含义不同。

我国企业开展国际经营的微观模式是企业间多重层次、多种方式、不同程度、不同内容的联合，它可以由以下四个层次构成。

1. 以总公司或母公司形式存在的集团总部。它是独立的法人机构，独立从事一定的生产经营、商业贸易活动，集团总部拥有自己的资产，有相应的职能部门，并通过掌握其他公司一定比例的股份或资产，对其经营活动实行实质性的控制，因而大多是一种混合型的控股公司。

2. 受集团总部直接控制的实力雄厚的骨干核心企业以及商业部门或科研机构。其成员可以是具有独立法人资格的子公司，也可以是不具有法人资格的分公司。母公司通过参股对子公司进行控制，但子公司是一个独立的自负盈亏的法人，子公司有自己的公司名称和章程，有自己的资产负债表，可以独立地召开股东会和董事会，有独立的财产并承担有限责任，可以以自己的名义进行各类经济业务和诉讼活动。分公司在法律上和经济上均无独立性，不是独立的法人。

3. 受紧密层的核心企业控制的半紧密层。这些企业在产品结构、生产计划、经营管理等方面都受到紧密层核心企业的控制，这种控制不一定通过股权参与实现，而可以是依靠设置支配性协议来实现。

4. 松散层，与集团的核心企业只是外部协作关系。

二、我国企业国际经营的具体策略

我国企业国际经营的宏观模式和微观模式确定以后，还应进一步确定实现该模式的具体策略。

(一) 投资目的策略

根据国际商务的理论,一个企业走向世界,进入国际市场的基本动机是扩大销售、获取资源和多元化经营。其目的是为了获取廉价的资源,扩大市场份额,克服贸易壁垒,避免风险,从而使企业获得高额利润。从宏观方面看,一个国家对外直接投资的目的是由其特有的一系列因素决定的,包括国家政治经济制度、国民经济发展水平及自然资源的富裕程度等因素。投资目的是多元的,而决定投资目的的因素也是动态的,随着国家经济的发展,这些因素也会随之而变。

就目前而言,鉴于世界经济的一体化、区域化、集团化,以及日趋严重的贸易保护主义、各种关税壁垒与非关税壁垒越来越多,我国企业应将增加出口作为对外直接投资目的正确抉择。

(二) 投资区域策略

投资区域策略与投资目的策略有着直接的联系,后者决定前者。我国企业在国际经营中的投资区域必须依据投资目的策略、投资环境、生产环境、市场规模、经济效益,以及风险等方面因素综合考虑和分析上寻求最佳的区位优势。对工业发达国家的投资目的是:避开贸易保护主义,确保与拓展国际市场,充实售前与售后服务,获取先进的技术及国际市场情报,积累经营管理经验。对发展中国家的投资目的应是:市场的开发与渗透,利用当地的原料及自然资源,避开非关税壁垒,向第三国市场出口。

我国国际企业对发展中国家的投资更具现实性与可能性。这是因为我国与大多数的发展中国家经济水平相近,甚至还具有一定的优势,某些产品比发达国家更适合于一些发展中国家。但我们也应看到,发展中国家的投资环境要比发达国家差得多,除了有一定的自然资源及劳动力成本低廉外,其他发达国家具有的投资优势很少存在。

（三）投资资金策略

对外投资的两个基本要素：一是资金，二是技术。对外直接投资的实践证明，在大力引进外资、外技的同时，致力于资金和技术的输出，是当今国际投资活动的一个带有规律性的发展趋向。我国作为发展中国家，和其他发展中国家一样，经济相对落后，建设资金比较缺乏，技术水平不高。在现代化的过程中首先需要利用外资、引进先进技术和管理经验，在发展对外投资过程中所需资金短缺确实存在，但是，综观近现代世界经济发展史，资金短缺是国际经济中的一个普遍现象。目前许多跨国公司的对外投资，并不是完全依靠其本身的资金积累，而是可以通过国际银行、金融机构、政府贷款等渠道获得大量的资金，甚至从东道国市场上获得贷款。

我国企业在海外进行实业投资目前既不宜，也不可能依靠国内外汇资金的输出，而应当采取灵活多样的筹资方式和投资方式，更多地利用东道国或第三国的资金。例如以国内设备和技术入股、项目贷款、贷款租赁、贷款参股或合作等等，要注意利用国外合法、合理的避税规定，尽可能地降低筹资成本和风险。

（四）进入策略

我国企业在国际化经营中作为从事跨国经营的经济实体，经营行为同时受国家宏观计划和国际市场的双重调节。因此，国际经营企业要从各方面作出努力，力求建立既有助于集中统一，又有利于灵活经营的内部管理机制，以便于加强企业内部的集中控制，充分发挥企业的总体效能，同时适应国际市场的运行法规。

我国国际企业应按照国际商务中的产品周期理论，依据不同地区，不同国家发展的特点，选择合适的企业国际经营方式。就目前的国际经营环境而言，宜选择生命周期较长，或在发达国家中销售虽然下降，但仍有市场潜力的产品，或具有发展潜力的产品，作为在发达国家投资办厂和联合经营的目标。

三、中国企业跨国经营的管理

(一) 国家对跨国经营的战略管理

在对中国企业跨国经营的管理方面,政府起着很突出的作用。

具体而言,国家和政府对跨国经营的管理可包括如下一些内容。

1. 制定系统的法规,将对外投资纳入依法管理的轨道。特别是抓紧制定和修正相关的法律规则,使跨国投资活动有统一的行为规则和管理标准,避免政府管理行为的主观随意性。同时积极与有关国家签订双边的投资保护协定与避免双重课税协定,以保护我国企业境外投资的利益。

2. 建立高层次的对外投资管理机构。由该机构负责制定我国企业跨国投资的统一战略规划,并与有关部门协同,制定引导企业投资方向的经济政策,以及对特定部门、行业乃至个别大中型企业和企业集团的跨国投资活动进行战略指导和协调,对外则担负起维护我国境外企业合法权益的职能。

3. 制定较长期和分阶段的我国对外投资发展战略,并将其纳入相应的国民经济和社会发展战略规划,为国家有关部门进行宏观战略指导和企业制定实施自己的发展战略提供指导性的决策依据。

4. 制定和实施配套的经济政策,充分运用经济手段对跨国企业活动进行宏观引导和调控。包括对企业跨国投资活动具有重要导向和支持作用的宏观金融政策、财政税收政策、产业政策等,如境外投资担保制度,境外投资准备金制度,税收优惠,信贷优惠。这将是国家实现对跨国企业宏观管理最主要的工作内容。

5. 建立和完善境内外的支持和协调系统,如建立境外投资促进中心,为企业境外投资提供综合服务;鉴定政府间投资保护协定和协议,保护境外投资的待遇和利益,发展商业银行的跨国化,使其一方面为跨国企业的资金融通提供支持和服务,另一方面实现对企业跨国财务活动的监督和控制。又如,加强国家驻外使馆的经济职能,建立半官方的境外企业协会、商会等,为境外企业的活动提供信息服务,进行协调活动等。

在国家对跨国经营企业的管理上,需要反对和防止两种偏向。即:既要反对直接控制企业经营,管得过死,又要防止自由放任,听任企业自生自灭。因为前者的危害是可能使企业失去经营活力和创业精神,从而根本无法实现跨国经营的发展;后者则可能导致一哄而起,盲目发展,乃至自相竞争,最终造成国家利益的严重损失。所以,参照国际惯例,以建立和健全一套有利于加强宏观指导和协调管理体制,这是国家实现对跨国经营管理需要解决的双重任务。

(二)国内母公司对境外子公司的管理与控制

在市场经济条件下,国家战略和政策可以从外部影响甚至部分地左右跨国企业行为,但不可能代替其自身的决策和管理。在跨国企业活动中,企业自身的管理行为,特别是国内母公司对境外子公司的有效管理和控制,对于企业实现自己的利益目标,以及贯彻国家的战略意图,都具有更为基础的意义。

作为跨国企业内部管理的一般原则,当然应该强调集中控制与分散经营的有机结合。但在实践中,如何把握集中与分散的合理界限或度,并不是一件容易的事。以发达国家跨国公司内部管理的演变历史看,母公司总部对子公司的集中控制和管理是逐步在加强,即从个人控制和管理发展到系统组织的控制和管理,从个别项目的管理发展到多项目和较全面的管理,从松散的管理发展到严格的管理。但另一方面,随着跨国公司国外经营活动规模的扩大和多样化,以及国际市场竞争的激化,又出现了加强各子公司自主权,加强分散经营的趋向。如何把握好其间的分寸,是各国跨国公司都在不断探索的问题。

我国对海外投资的主办单位(通常称总公司或母公司)应以保

护自身利益为出发点,按国际惯例和东道国的有关法律规定,选择海外企业的组织形式及权、责、利范围,一般情况下宜建立海外有限责任子公司。在投资建立海外子公司时,总公司应在国家政策指导下,根据总公司的全局利益,为子公司确定明确的目标,在海外企业建成后,从人员、资金、货物和经营方向等方面给海外企业以合理的支持和引导,把海外企业的发展纳入总公司国际化战略范畴。

依据我国企业目前跨国经营的总体水平,实行较为分散的经营还是恰当的,但在下列问题上有关战略性的问题上还应加强控制。

1. 产品发展与目标市场选择。无论是新产品的开发投放,还是老产品的淘汰调整,或是产品组合的多样化扩展,以及围绕产品销售进行的目标市场层面的选择,都是有关企业整体和长远发展的战略性问题,一般应坚持境外子企业先报方案经母公司批准并纳入统一规划后实行的原则。

2. 利润的汇寄、分配与转移价格的运用。利润的积累是有关企业整体的大事,境外企业由于本身所处的局限性,难以从全局角度作出正确决策,因此需要母公司根据各有关东道国的环境变化和企业的总体经营目标进行统筹安排,制定统一控制的汇寄政策和分配标准,规定内部交易的转移价格和利润转移路线。由于财务控制在保护企业资产上所具有的特殊作用,即使是对于只占少数股权的境外合资企业,中方母公司也应适当派员参与财务管理活动。

3. 长期资金的使用与筹措。境外企业再投资,无论是本企业扩大资产规模,还是在当地或第三国进行新的投资,都应在母公司的指导、批准和控制下进行,长期资金的筹措,也同样如此。因为资金的负债与运用,显然对企业总体和长远发展具有重大影响。

4. 境外企业主要管理人员的委派和招聘。显然,人事控制对于保证母公司的有效控制权具有关键意义。因此,无论是境外独资企业还是合资企业的主要负责人及财务主管等,也无论是国内派出,还是国外招聘,其最终任免权都应掌握在母公司手中。

随着国外经营体系和规模的扩大,以及母公司跨国管理控制的经验与能力的加强,集中控制的趋势将会发展,但母公司总部加强集中控制的主要领域仍然是上述产品、市场、财务和人事等四个方面,所不同的只是控制程度的深化和细化。

(三) 管理控制方法

为了真正管好上述几个方面的活动,使跨国经营企业构成一个有机运行的整体,母公司必须对子企业实行一定的控制。母公司控制子企业的主要方法,是建立和实施必要的管理制度。目前跨国经营企业至少应该建立和实施下面一些制度。

1. 责任制度。这里主要是明确落实境外企业主要负责人的经济和法律责任。国家资产通过国内母公司委托给境外子企业经营使用,子企业负责人应对该资产的完整、安全和合理增值承担全部责任。母公司每年应对子公司负责人核定利润任务、落实其他有关责任指标;完成和超额完成任务的应给予奖励;因渎职造成经济损失的,应给予行政的经济的处罚;对违法乱纪,贪污侵吞转移国有资产的应依照国内法和国际法追究刑事责任。对于境外企业规模小,数量少的跨国经营企业可采用以利润指标为主的承包责任制;而实行国际部结构的企业,则应实行更为全面的委托经营责任制。

要创造条件,在境外机构中建立有效的法人治理结构。境外机构应尽量按有限责任公司注册,成立董事会和监事会,董事会中应有一定数量的独立董事,可聘请当地声誉卓著,且有丰富经验的人士担任。

2. 汇报与请示制度。无论哪种结构的跨国经营企业,都应建立境外子公司在重大经营问题上的请示与汇报制度。一些集中程度较高,采用国际部结构的跨国经营企业,则应规定间隔时间较短的定期汇报制度。因为有效的经营控制必须以各种实时反馈的信息为决策资料和依据,境外企业及时地汇报反映经营情况,便于母公司掌握最新动态,及时制定纠偏和应变的综合措施。当然,及时的信息反馈必须以现代化的信息工具和技术手段为基础。各分支下属和机构能否及时反馈信息和接受指示则须依靠严格的管理制度来予以保证。当然,国内总部也应及时对汇报的问题进行分析处理,作出决策,以免贻误时机。

3. 巡视和检查制度。国内总部的主管人员还应对境外实行定期或不定期的巡视检查。因为境外子企业从局部地位反馈和汇报的信息可能有片面性、偏向性或不真实成分,总部人员深入基层现场,实地检查和考核,有利于获得第一手资料,加强对子企业的监督控制和业务指导。

4. 财务报表制度。财务运行状况,是企业特别需要注意控制的领域。无论哪种组织结构的跨国经营企业都应规定严格的财务报告制度,要求境外子企业按国家规定和公司总部的要求定期报送各种财务报表。一般地,境外子公司应在每个会计年度终了时,向国内母公司主办单位财务主管报送资产负债表,损益情况计算表,以及利润分配表,国有资产增减变化表和中方职工工资收支结余情况表等会计财务报表,以便母公司和国内单位充分掌握国有资产在境外的运行情况,保证对国有资产的产权控制。

除了上述管理制度,母公司充分掌握对境外子公司主要负责人、财务主管及其他管理人员的人事任免权,根据他们的工作表现和履行职责情况,进行调整、升迁和罢免,将是保证对境外企业有效管理控制的一项根本性措施。

思考讨论题

1. 试分析我国在现阶段发展企业国际经营的客观必然性。
2. 论述我国企业国际经营的优势和劣势。
3. 论述我国企业国际经营的战略模式及相应的策略。
4. 我国政府在宏观上扶植企业国际经营应采取哪些政策?

案　　例

一、国际商务学生开的国际商务企业*

戈登·克雷格(Gordon Craig)在他26岁即将修完国际商务本科学位时,建立了自己的国际性企业。他创建了“世界居民全套设备全球公司(TA Global)”,开始在全世界经销商品。据戈登说,“世界居民全套设备”的意思是“地球居民的供应部”,这就是他理想中的公司。国外的顾客雇佣戈登寻找所需的物美价廉的商品。戈登主要在零配件市场向日本和菲律宾分销汽车零配件和音响设备。但他现在正在洽谈有关喷气飞机推进装置及新的项目。

戈登生于中国香港,父亲是美国人,母亲是中国人。他从小就追求国际化的生活方式。他在澳大利亚长大并于10年前移居美国,他已在三大洲生活过。因此,戈登在所继承的东、西方传统之间可自由游弋。

如果没有来自朋友的些许帮助,戈登将无法开展业务。与某些初涉国际性商业的企业家不同,戈登并不依赖家族关系。他所依靠的是一个遍及全世界日益扩大的朋友网络。

不论在何时何地(旅行、实习、组织活动或大学里)结识新朋友时,戈登都要交换名片。他将这些名片仔细归档以备将来之用。他的名片集是其未来客户、分销商及供货商的潜在来源,并已成为

* 选自查尔斯·希尔:《今日全球商务》,机械工业出版社。

其商业活动最重要资产之一,张张名片均很珍贵。每张名片不仅联系着一项商业活动,而且还联系着一位朋友。戈登认为,建立这种友谊关系并尊重所会见的每一个人是非常重要的。

当戈登的名片通过朋友的朋友之手转送时,他的联系就扩大了。戈登对通过这种关系建立的联系更有信心。在由于此种联系而签订协议之前,戈登会向他的朋友询问未来客户的简单情况。

戈登的业务主要集中在高性能汽车装置方面,从碳纤维离合器到涡轮机配件都有。他对高性能汽车的渊博知识和迷恋可追溯到高中时代。他已经整理出有关产品信息和业务联系的三大本完善的活页资料。通常总可以在自己所喜欢的产品找到适合出口的商品。而销售自己了解并信任的产品总是比较容易的。

上大学的时候,戈登在一家出口汽车零配件的公司实习过。他在“专用设备营销协会”(简称 SEMA)实习过,这是一个汽车行业售后市场的贸易联合会。在这些实习工作中,戈登丰富了自己的产品知识并结交了一些朋友,其中有的人可以向他供应所需要的商品。

由于戈登与亚洲文化有亲缘关系,他特别关注亚洲的顾客。他说:“我了解亚洲的思维和交往方式。我能做一个亚洲人”。此外,戈登讲一口流利的广州话。这种感情上的共鸣是在外国文化的环境中成功进行商业运营的关键。

戈登正在和三个还没有见过面的日本人合作。最初的联系是通过卡尔·波里世界贸易商组织(Cal Poly World Traders)的一个成员建立的,戈登也是这个大学生组织的成员。最初联系之后将戈登介绍给了一个朋友,而这个朋友又把戈登介绍给另一个朋友。

在菲律宾和戈登做生意的两家公司是另外两个朋友介绍的。去年夏天,戈登在中国进行教学考察以后,于返程途中在菲律宾结识了这两位朋友。为了节约开支,戈登和大学里朋友的朋友住在一起。

在参加这次夏季中国教学考察期间,戈登建立了在香港地区的业务联系。作为教学考察计划的一部分,戈登向一组中国人讲授美国的习俗、礼仪及旅游情况。幸运的是,分给戈登的一组人都是些高层经济官员。戈登的语言水平和乐于助人的精神给他们留下了深刻的印象。

戈登的启动资本不到500美元,继续运营的资本也很少。他在家中办公,最大一项开支是电话费(每月约160美元)。外国公司用传真将订单发给戈登,并将款项电汇给他。然后他才购买商品并空运发出。戈登没有库存并只有收到货款以后才发货。他的利润在20%—30%之间。

戈登每天用3到4个小时业务时间打电话或用计算机接收及发送电子邮件。他的大多数业务是通过电话或电子邮件进行的,这两种方式都不受年龄和公司规模的影响。戈登讲话时声音柔和而又吐字清晰,他了解打电话时要有良好技巧的重要性。他说:"当用电话做生意的时候,我感到很舒服。我颇为自信但总是彬彬有礼和脚踏实地。"他还学过如何在电子邮件交往中表现得合适得体。他发现亚洲客户在进行商业往来之前坚持要建立个人关系。

目前,戈登每月发送的商品价值在1 500到2 000美元之间。假如他能把全部时间用在企业上的话,他计划在年内将营业额扩大10倍。考虑到未来的发展,他知道他需要更多的资本和更多的业务联系。例如,尽管高性能汽车零件的市场很少而风险很大,戈登仍然保持着和中国的业务联系。

戈登正在巴西和埃及考察和寻找新的机会。和过去一样,他在日益扩大的朋友圈子里散发自己的名片。

二、欧洲迪斯尼乐园*

一、你好,米老鼠!

1992 年 4 月,欧洲迪斯尼乐园向欧洲游客敞开了大门。这座坐落在巴黎城东 20 里外、马恩河旁的乐园,按照设计将成为迄今为止迪斯尼公司最大的、主题最丰富的乐园。它比加利福尼亚阿纳海姆的迪斯尼乐园、佛罗里达奥兰多的迪斯尼世界,还有日本的迪斯尼乐园都要大。1989 年,“欧洲迪斯尼乐园”有望成为由董事长迈克尔·埃希和总裁弗兰克·韦尔斯领导的迪斯尼母公司的摇钱树。可惜的是,韦尔斯于 1994 年春天死于空难。在 1992—1993 年财政年度,欧洲迪斯尼乐园亏损了近 10 亿美元。

让迪斯尼管理者们大吃一惊的是,欧洲人不像日本人那样,实现从“傻瓜”到“米老鼠”的飞跃。从 1990 年到 1992 年初,约有 1 400万人游览了东京迪斯尼乐园,而且有 3/4 的回头客。一个四口之家到迪斯尼乐园玩一次,在附近的饭店住上一夜,很容易就花掉 600 美元。与此形成鲜明对比的是,在欧洲迪斯尼乐园,一家人不愿意花费 280 美元去享受包括汉堡包和牛奶冰淇淋在内的快乐生活。在乐园过夜是想都不会去想的,因为那儿的房间实在太贵了。例如,在新港湾俱乐部(迪斯尼六大新饭店中最大的一家,也是全欧洲最大的饭店之一)住上一夜,花费在 100—380 美元。相比之下,在巴黎最好的饭店住一夜也不过花费 340—380 美元。

1994 年,亏损如此惊人以至于迈克尔·埃希亲自出马去构建一揽子补救计划。但一直到与法国银行的一些交易得到解决以及

* 选自菲利普·R·凯特奥拉:《国际市场营销学》,机械工业出版社。

一位沙特王子的意外投资之后,欧洲迪斯尼乐园才启动了为期 2 年的财务稳定计划。迪斯尼的管理者们迅速地启动了一系列的战略战术变革,期望这次能“马到成功”。目前,分析家们正在诊断问题出在哪里,以及欧洲迪斯尼乐园到底会有什么样的未来。

二、房地产梦想成真

在美国本土,迪斯尼发展前景缓慢,向欧洲扩展被认为是迪斯尼在 1990 年代的主要增长点。欧洲迪斯尼乐园董事长罗伯特·J·菲茨帕特里克在 1990 年春天夸口说:“在本世纪剩下的日子里,欧洲迪斯尼乐园是我们最大的工程项目。”巴黎是从由葡萄牙到西班牙、法国、意大利、希腊等二百多个候选地点中选出来的。一般认为由于西班牙长年温和的、阳光明媚的地中海海洋性气候,他们具有最强有力的投标砝码,可惜的是巴塞罗纳周围没有足够大的地盘来发展。

最后,法国政府慷慨大方的优惠措施,加上给人深刻印象的地区人口数据,促使埃斯纳选择了巴黎。据计算,欧洲有 3.1 亿人居住在离欧洲迪斯尼乐园只有 2 小时飞机路程的范围内,其中有 1 700万人可以开车在 2 小时内抵达乐园,这比其他任何乐园选址都具有人口优势。谈起法国北部凄凉的冬季气候让人觉得悲观,这与日本迪斯尼的成功形成鲜明对比:在日本,坚定的游客冒着寒冷的风雪去享受美国式的情趣。此外,巴黎城本来就是全世界各民族游客心目中最受欢迎的城市。

根据法国政府在 1987 年 3 月签订的总协议,欧洲乐园 51%的股份将出售给欧洲投资者,新股一半左右售给法国人。当时工程造价为 120 亿法国法郎(18 亿美元)。开始,迪斯尼以 8.5 亿法国法郎(约 1.275 亿美元)买下了最初股本。在公开发行以后,迪斯尼的股份因它那神奇的名字“迪斯尼”陡然涨到了 10 亿美元。

法国政府提供了慷慨、灵活多样的优惠措施:

·高达 48 亿法国法郎的低于市场的固定利率贷款。

·取消建设施工费方面的税款。

·由法国政府免费建造连接巴黎到乐园的公路、铁路。英国英吉利海峡海底遂道公路即将开通,巴黎–里昂间高速火车预计从 1994 年投入运营开往乐园。

·以 1971 年农用土地的价格卖给迪斯尼 4 800 英亩土地。乐园以外的度假和房地产开发收入预计将达 1992—1995 年计划总收入的 1/3 左右。就像一位分析专家评述的那样:"也许,欧洲迪斯尼不靠米老鼠,就作为一个房地产开发商都能赚大钱。"

1994 年,那些话像阴影一样笼罩着乐园。其时,房地产开发计划被迫终止,旅店房间仍然空空荡荡没有房客,甚至有些已在第一年的冬天就已经关了门。

三、暴跌

迪斯尼公司曾经设想主题新颖的乐园将在开业的第一个年头吸引 1 100 万旅游者,会带来超过 1 亿美元的营业收入。欧洲迪斯尼乐园曾期望在 1994 年创造税前利润 2.27 亿法国法郎(3 400 万美元),而到 2001 年达到 30 亿法国法郎(4.5 亿美元)。可是从开业到 1994 年夏天,欧洲迪斯尼乐园已经亏损超过了 9 亿美元。游客人数在 1992 年累计只有 920 万,游客的购物消费,比预计的每人 33 美元少了 12%。欧洲的旅行社并没能拉到足够的度假者,没能履行他们的诺言使乐园的房间住满房客,于是纷纷要求与欧洲迪斯尼乐园重新谈判协议。1992 年 8 月,英国一家旅行社 Airtour PLC 的营销经理凯伦·杰对未来仍是忧心忡忡,她说:"在雾气弥漫的二月,乐园能有多大的吸引力呢?"她当时的冬季订票情况令人沮丧。

1992 年,如果游客们不成群地涌入乐园,体验一下新欧洲乐园的兴奋,他们会去哪儿度过夏季假日呢?令人啼笑皆非的是,跨大西洋机票降价大战与货币汇率变动不期而遇,导致到奥兰多迪斯尼乐园的机票比到巴黎的还要便宜,宜人的天气和美好的佛罗里达海滩近在咫尺。

1992年,欧洲迪斯尼的管理者们采取了一系列行动以求迅速解决问题。两家酒店降价25%;餐馆引进了一些便宜的饭菜;并在巴黎展开了宣传攻势,宣称:"加利福尼亚离巴黎只有20英里之遥!"

四、一幅美国人的画像

欧洲迪斯尼的第一个年头最令人担忧的局面之一就是,法国人并不光顾迪斯尼乐园,而在预计中50%的游客应来自法国。2年后,位于俄亥俄州辛辛那提的国际主题乐园服务咨询公司的总裁丹尼斯·斯佩格是这样解释这个问题的:"法国人把欧洲迪斯尼乐园看成美帝国主义——最糟糕的、破了相的画像"。众所周知,情感丰富的日本人对迪斯尼人物的依恋,与法国人出乎意料却又普遍存在的对美国童话中的主人公的嘲笑,形成了鲜明对比。法国文化中有他们自己惹人喜爱的漫画人物。例如,头戴头盔的、一品脱大小的高卢勇士 Asterix,在欧洲迪斯尼附近也有一个主题乐园。Asterix 乐园进行了一次大翻修和扩建以期望和欧洲迪斯尼一争高下。

法国人对整个"迪斯尼构想"的敌意早在计划阶段就表现出来了。巴黎的戏剧导演艾伦·蒙切卡恩因为把欧洲迪斯尼乐园描述成为"文化的切尔诺贝利城"而名声大噪。1988年,法国记者吉尔斯·斯马珈写了一本名为《眼中钉:米老鼠》的书,痛斥法国政府投资3亿5千万美元兴建与公园有关的基础设施。1989年秋天,法国共产党在迈克尔·埃斯纳访问巴黎时,向他扔臭鸡蛋。最终,法国农民走上街头抗议法国政府以优惠价格出售当地的土地。"要想让欧洲迪斯尼适应法国，除非把白雪公主的七个小矮人全都改名叫‘暴脾气’”的笑话在当时广为流传。

欧洲迪斯尼乐园的早期广告似乎并没有强调众多诱人的娱乐项目，而是炫耀其规模，激发了法国人的爱国情绪。为了维护迪斯尼件件精品的高质量声誉，埃斯纳董事长坚持在欧洲迪斯尼乐园做更细的工作。

例如，“魔幻王国”的中心城堡必须比别的乐园更大、更神奇。仅因为挡住了“星星之旅”的视线，他命令花 20—30 万美元挪开了“发现乐园”的两架铁梯。乐园沿湖建造了价格昂贵的有轨电车，供游客从饭店去乐园时搭乘，可是游客们却更喜欢步行。在 600 个新建的度假屋附近，建造了一个 18 洞道的高尔夫球场，后来又扩建了 9 个洞。建造球场耗费了 1 500—2 000 万美元，使用率却仍然不高。整个乐园的造价 1989 年估计为 140 亿法国法郎(合 23.7 亿美元)，但所有的追加费用高达 3.4 亿美元，结果实际花费为 160 亿法国法郎，仅酒店的建设就从预计的 34 亿法国法郎涨到了 57 亿法国法郎。

欧洲迪斯尼乐园和迪斯尼公司的管理者们很不幸地疏远了政府部门、银行、广告代理商以及其他相关组织中的对手。美国决策者们四出游说，决意要打开局面。一位法国建筑行业官员抱怨说：“他们总是那么自信。好像因为他们是迪斯尼，什么事情都能做成。”一位参与签订总协议的法国资深银行家感觉，迪斯尼行政管理人员老是企图压垮他们的思想。“他们有着一副难以战胜的形象使每个人确信：只要让他们按自己的思维方式去做，我们大家都将能干一番大事业。”

迪斯尼的经理们自始至终拒绝对早期的经营决策作任何评论，相反却指出一些原来抱怨迪斯尼公司的狂妄行为的人，结果在情况恶化之前急于与迪斯尼签约。一位前迪斯尼经理人员认为：“我们是傲慢的——就像‘我们正在建造印度的泰姬陵，游客会接踵而至——按照我们的条件’”。

五、前方乌云密布

迪斯尼和它的顾问们没能在1980年代末预见到即将来临的经济衰退。就像一名前任经理人员所说:“我们只是尽力把头部露出水面不被淹死。在乐园魅力、开张运营和紧张的工程压力下,我们没能意识到一场经济大衰退正在逼近。”另外一些戏剧性的事件,包括1991年的海湾战争,给那年的度假旅游来了个急刹车;1989年,柏林墙倒塌,给世界经济带来了广泛的影响。在西方国家,国防工业大幅度减少;东欧新出现的民主国家要求西方国家给予外来援助。迪斯尼经理人员所说的、造成迪斯尼财务困难的外在因素还包括贷款利率极高以及一些货币对法国法郎贬值。

欧洲迪斯尼乐园还遇到了竞争方面的难题。代表性事件发生于1992年的西班牙。塞维尔的世界博览会和1992年巴塞罗纳奥林匹克运动会都对欧洲游客充满了吸引力。展望将来,Anheuser-Busch正在为西班牙设计新的主题乐园——Busch公园。这个公园耗资3亿美元,坐落在巴塞罗纳附近。与此同时,六旗公司(Six Flags Corporation)的魔术山庄也将在马尔韦利亚安家。

迪斯尼管理者们确信他们最了解情况,这在园内大势宣传禁止饮酒一事上得到了体现。但结果表明当地文化对此却不甚敏感,法国人是世界上酒类最大消费者。对于法国人来说,一顿没有一瓶红葡萄酒的午餐是不可思议的。迪斯尼变得宽容了,它不得不放松对12 000名固定员工衣着外表的规定,允许女员工们使用比在美国的员工们使用的更红一些的指甲油,但仍然坚持对男性职员们的面部胡须的规定。迪斯尼大学巴黎分校的校长大卫·卡纳立说,“我们要求胡子刮得光光的、干干净净、穿戴整齐的仪表”,这所大学是一所对未来的迪斯尼员工灌输迪斯尼价值观和迪斯尼文化的学校。欧洲迪斯尼的管理者们也在宠物的问题上做出了让步,为给游客们的小动物安家而建造了许多特制的宠物屋。许多法国人认为,在度假时把宠物放在家里,是不理智的行为。

1992年以后,欧洲迪斯尼乐园对未来的发展规划雄心勃勃。计划初步建造的旅馆房间数达到5200个,比戛纳城全城的旅馆房间还多。当欧洲迪斯尼在几年后对外开放第二个主题乐园的时候,房间数计划达到现在的三倍,以便留住游客多住些时候。这里还要建70万平方米的办公用房,这只比法国最大的办公楼——巴黎的国防大厦,小一丁点儿。还有购物商城、公寓、高尔夫球场和度假村,只要是能出售赚钱,欧洲迪斯尼都要自己来设计建造。正如一位前迪斯尼经理人员后来评论的:“无论怎样,当时迪斯尼是可以找几个合伙人来共同承担风险的,或是购买现成的旅馆。但是它可不想放弃任何一个可能赚钱的机会。”

迪斯尼的管理者们从过去的经验中总结出要防止再犯两种错误,以免带来严重损失:

(1) 让别人在乐园附近建造赢利的旅馆(就像在阿纳海姆的迪斯尼乐园);

(2) 让别的公司拥有迪斯尼(如在东京,迪斯尼公司只是收取许可费)。这次拥有欧洲迪斯尼乐园49%的股份,迪斯尼将从乐园管理费和商品销售提成两方面获利。

1980年代,董事长埃斯纳和总裁韦尔斯使迪斯尼公司起死回生的成功记录使人们相信:这两人什么事情也不会做错。“自从他们来了之后,他们从未走错过一步,从没做错过一件事,没有任何失误。”一位前任迪斯尼经理人员说:“人们倾向于认为他们做什么事都能做得完美无缺”。埃斯纳和韦尔斯所取得的令人难以置信的发展记录进一步证实了这种信念。在欧洲迪斯尼开业之前的7年里,他俩让迪斯尼从10亿美元收入的公司一跃成为85亿美元收入的公司。

数十家银行在法国巴黎国民银行、国民农业信贷银行等三家银行的牵头下,急切地与乐园签署协议提供建设贷款。一位银行家见了如此巨大的交易额深表忧虑。他说:“这家公司被抬得太高了,风险太大了。”批评家指责说:“该融资计划风险太大,完全指望将来的房地产交易的资本收益。”

迪斯尼公司对这些反对意见的看法是,这些观点是小心谨慎的反映,欧洲人的旧思想不能理解美国开放风格的融资行为。迪斯尼的支持者们指出在迪斯尼股票发行2年多来,股票价格持续上涨,而且起初的贷款利率也很低。只是后来的费用超支和第一年度末将优先股发给股东作为红利等超出了原来的预计。

一些乐观的设想如欧洲的不动产业在1980年代的繁荣会持续到1990年代,而且利率和货币会保持稳定等,使得欧洲迪斯尼严重依赖于举债融资。本来欧洲迪斯尼乐园外部的房地产开发将会产生利润,帮助偿还34亿美元的债务。进而帮助迪斯尼筹资在附近建造第二个主题乐园。这个乐园靠近MGM电影公司的外景场地,它将给迪斯尼带来更多的游客来住满正空着的旅馆房间,但是这些都是空想。正如一位法国资深银行家在1994年所评论的:“欧洲迪斯尼是一个绝妙的主题乐园和一个破产的房地产公司的结合,两者怎么也分不开。”

六、迪斯尼的童话故事

迪斯尼管理层的错误设想影响了建筑设计、营销、定价策略和乐园管理以及初期的融资。例如,停车场经证明实在太小了。给司机提供的卫生设施只能容纳50人,而在高峰期这儿有200名司机。关于饮食问题,迪斯尼的经理人员得到错误的消息说欧洲人不吃早餐。饭店的早餐供应就相应地减小了规模。一位迪斯尼的经理人员悔恨地说:“可每个人都来吃早饭。于是在一些饭店我们试图以350个人的座位来接待2 500人吃早餐,结果排起了长龙,实在可怕。而且他们不仅仅要新月形面包和咖啡,他们还要熏肉和鸡蛋。”迪斯尼对此作出了迅速反应，将事先包装好的早餐送到房间里去或是其他指定地点。

与游客绝大多数至少停留三天的美国迪斯尼乐园形成对比的是，在欧洲迪斯尼乐园人们最多停留2天。一些精力充沛的游客甚至只要更短的时间。杰夫·萨姆斯，伦敦克勒斯(Kleseh)公司的一位债务经纪人分析家声称，他在5个小时内就玩遍了迪斯尼乐园的全部项目。他在1994年夏天评述说：“这儿并没有足够的吸引力留住客人在这儿过夜”。许多典型的游客一大早就到了，直奔乐园，夜里才从乐园回到旅馆。次日清晨再回头去乐园之前就结账了。此外，乐园开张时，大大低估了住宿登记和结账的车流量，结果在各家旅馆迅速安装了额外的电脑终端。

在向游客推销新乐园的时候，迪斯尼并没有强调去新乐园游玩的娱乐价值。一位巴黎本地的广告代理商说，一味强调乐园的规模“破坏了神奇的色彩”。但在1993年初，广告重点转向法国人最喜爱的Zorro、Mary Poppins，还有盈利丰厚的巨片之星阿拉丁。当时的印刷品广告主要有阿拉丁、灰姑娘城堡，还有年轻的姑娘被邀请参加一次“梦幻旅行”。并且提供了一项促销活动——两天一夜和在一家迪斯尼的旅馆吃一顿早餐——成人每人95美元，儿童免费。广告词说：“在这个王国内，所有的梦想都能成真。”

1994年初，乐园决定新增6个游戏项目。“冒险殿堂”在3月开放了；“故事园”紧接着在5月完工；鹦鹉螺旋项目计划在7月投入使用；7月9日，欢庆唐老鸭的生日；一个秘密的新点子在1995年揭晓。一位乐园的发言人说，“我们把欧洲迪斯尼乐园定位为欧洲首选的为期1—3天的短期游览目的地”。过去并没有试图留住游客住上一定时间。那位发言人还补充说：“我们要告诉大家的主要信息中的一条就是，毕竟欧迪斯尼乐园是人人都玩得起的。”尽管新的一揽子计划和新的淡季低价大大减少游客的花费，但是全部的游园费用并没有改变多少，而且仍然比美国高。

在乐园的管理方面，游客人数季节性的大起大落已经给预期收入带来了不少损失。即使按天计算，欧迪斯尼乐园的管理者们也很难预测游客的数目。原来指望星期一人会比较少，而星期五人会很多，员工的人数也相应地做了安排。可是面对高峰期人数是低谷期人数10倍之多这样一种情况，管理者们还很难确定一个恰当的员工雇佣水平。美国的随意解雇雇员的传统在这儿不说不可能，至少是困难重重的。在法国，法律严格地保障员工的权益。

迪斯尼乐园的经理人员曾经乐观地期望，他们的新主题乐园的落成会让法国家长们在学期中间带孩子们到乐园来放松一下。但这并没有发生，只是在法定节假日或是周末他们才来游园。迪斯尼指望，美国式的、短期的但较频繁的家庭旅行，会改变欧洲人通常在8月份为期1个月的旅行传统。但是法国公司和工厂的作息时间并没有改变，仍然是在8月份休假。

七、明日乐园

面对股票价格下跌和股东中的危机论调，迪斯尼被迫于1993年末采取措施挽救新乐园。迪斯尼公司宣布，在与债权人共同商定资金重组计划出台之前，将为欧洲迪斯尼乐园提供资金。母公司——迪斯尼公司明确表示它是“不会开空白支票的”。

1993年11月，公司宣布由于拨款3.5亿美元给欧洲迪斯尼解决问题，导致迪斯尼公司9年来第一次出现季度亏损。在发布1993年第四季度经营状况报告时，迪斯尼宣布，在1993年的财政年度，它拥有的欧洲迪斯尼股份损失了5.17亿美元。然而，迪斯尼的总体经营业绩并没有受到影响。据该公司报告，多亏它的美国主题乐园和它的娱乐分公司的电影制作的上佳表现，截止到1993年9月30日财政年度，利润达3亿美元。与此相比，公司前一年的利润高达8.17亿美元。

1993年秋天制定的拯救方案遭到了法国银行的反对。对此，迪斯尼定下1994年3月31日的最后期限，甚至暗示可能会关闭欧洲迪斯尼乐园。在3月中旬，迪斯尼许诺增加对欧洲迪斯尼的支持，拨款7.5亿美元。欧洲迪斯尼乐园与银行新近达成的协议要求牵头银行提供5亿美元的资金。目的是将乐园欠下的高利息借款减少一半，从而保证欧洲迪斯尼能在1996年赢利。分析家们认为这个想法是不现实的。

该计划要求以低于市场的价格再发行60亿法国法郎(按当时汇率水平约合10.2亿美元)的配股给现存的股东。迪斯尼将要花费约5.08亿美元买下49%的股份。迪斯尼也同意以2.4亿美元买下欧洲迪斯尼的部分财产，再把它们以优惠的条件租赁给欧洲迪斯尼。银行同意免除巨额未偿还债务的18个月的利息，并同意推迟3年还付本金。银行仍然保留了购买51%的上市股份的权力。对于乐园本身，迪斯尼同意，免收5年盈利丰厚的管理费，取消在销售门票和相关商品等方面的许可费用。以后再逐渐地以较低的水平征收许可费用。

分析家们评论说，欧洲迪斯尼的63家债权银行和股东们的认可，并不是一个有预见性的结论。短暂地停止2年以后，还需继续偿还贷款利息和许可费用，这都给欧洲迪斯尼的未来蒙上了阴影。

八、王子的魅力降临乐园

1994年7月，当一位沙特皇家成员同意投资5亿美元购买24%的乐园股份时，欧洲迪斯尼乐园出现了一线生机。Al-Walid bin Talal bin Abdul-Aziz Al-Saud 王子是世界上资力雄厚的知名人物。几年前，他曾透露到1998年拥有50亿美元资产的心愿。受过西方教育的 Al-Walid 王子持有花旗公司(Citicorp)价值16亿美元的股份，是它最大的股东。这位王子总是在动乱、危机时刻，股票大跌时买进有增长潜力公司的股票。他还持有 Saks Fifth Avenue 11%的股份，拥有一系列的旅店、超市，此外他在利雅得还拥有沙特联合商业银行，一家沙特建筑公司，还有在中东地区的新的阿拉伯广播电视网的一部分。王子计划在欧洲迪斯尼乐园建造一座价值1亿美元的会议中心。欧洲迪斯尼乐园仅有的几条好消息之一便是：它的会议业务超出了原来的预期。

王子的投资将使迪斯尼在欧洲迪斯尼的股份减少到36%。王子业已同意在10年内不增加持股规模。他还同意如果他所持有的欧洲迪斯尼的股份超过迪斯尼的50%，他必须对那部分进行清算。

沙特王子喜欢迪斯尼文化。他游览了欧洲迪斯尼乐园和迪斯尼世界。他信任欧洲迪斯尼乐园的管理者们。促使他投资的积极因素有：欧洲经济复苏、欧洲国家货币之间的汇率上升、“海底隧道”的开通；还有迪斯尼经理人员的谦卑姿态。伦敦克勒斯公司的分析家杰夫·萨姆斯在评价这笔交易时说：“迪斯尼现在有了一个全新的机会去证明欧洲的确有必要建造一座造价高达50亿美元的娱乐园”。

九、管理层和名称变动

1995年法国人菲力普·邦圭根诺成为欧洲迪斯尼乐园的首席执行官，并领导主题乐园再度赢利。他在与银行家的谈判方面起了重要作用，果断地否决了一项他认为会使乐园重新走入黑暗的交易。

也许，长期经营成功的更重要之处在于他改变了营销手段。这个欧洲本地人对市场营销的态度是：放弃泛欧洲的营销方法，瞄准单个的国家市场。这些新的“当地化”考虑到了欧洲大陆上不同游客的不同习惯。他在伦敦、法兰克福、米兰、布鲁塞尔、阿姆斯特丹和马德里都设立了独立的市场营销办事处，每个办事处分管各自市场的广告和形象设计。入园费用降低了20%，旅馆费用降低率则达30%。还在冬季推出了特别促销活动。

新的营销和经营方案的中心主题是人们为了享受“真正的”迪斯尼的一天而来。他们也许并不清楚这到底意味着什么，只是期望能体验到一点美国的感觉。这种思路的结果是乐园改名了。欧洲迪斯尼(EuroDisney)公司标志中打头的“欧洲”二字变小了，加上了“乐园”(land)一词。1994 年 10 月，“欧洲”两字被彻底淘汰，现在乐园改名为巴黎迪斯尼乐园(Disneyland Paris)。

到 1996 年，巴黎迪斯尼乐园超过了拉斐亚艺术博物馆和艾菲尔铁塔，成为法国人首选的旅游之地。1 170 万的游客人数(比上一年增长 9%)使乐园迎来了又一个赢利的年份。然而，领导乐园复兴的杰出设计师现在却离开了公司。尽管被提升到迪斯尼欧洲事务执行副总裁一职，但是邦圭根诺先生辞职成为地中海俱乐部(Club Mediterranee SA)的董事长。有些人说，他对又一个举步维艰的项目起了兴趣。地中海俱乐部面临客源大量流失和巨额利润损失等严重问题。另一些人则推测，邦圭根诺先生离开的更主要原因在于，巴黎迪斯尼乐园即将面临极大的挑战。也就是说，作为乐园重建的一部分，银行家们和股东们所作出的财政方面的让步的期限将至，一些分析家们在地平线上再度看到了乌云密布。

三、波美合资企业中的组织与国家文化*

一、背景

(一) 波兰与美国的公司

该公司是由一家波兰公司与设在波兰的一家美国多国公司的子公司组建的合资企业，该美国公司自 1990 年在波兰开始经营，

* 选自约翰·B·库伦：《多国管理：战略要位》，机械工业出版社。

而该合资企业则是在1992年建立的。

这家合资企业是一个拥有140名雇员的小型非官僚性组织。每个雇员之间都相互了解，管理人员之间存在着一种家庭式的关系。尽管所有的高层管理职位都由美国外派人员占据，但是，无论是波兰当地经理还是美国外派经理都承认存在着一种友好的工作氛围。

（二）波兰人对美国管理的态度

尽管他们以前从没有机会同美国人一起工作，但当问及他们为什么选择为这家公司工作时，波兰的管理人员经常将美国企业描述为“实在的”、“健康的”、“坚强的”、“忠诚的”和“公平的”。他们认为，波兰国家文化的特征与美国的管理知识得到了最好的结合，这些文化特征包括“在不同环境下的工作能力”和“与困苦做斗争的经验”。此外，波兰管理人员表示，为美国公司工作是对其未来成功及职业生涯的一种重要的奖励。多国公司由于其破产的风险几率小而可以提供就业保障，与国有公司相比，人们认为多国组织具有十分不同的组织设计，这种组织设计有助于提高效率和盈利。作为其国有经营经验的反映，一位来自顾客服务经营单位的波兰经理提道：

> “国有公司与该公司的根本差别在于美国的公司组织包括许多必要的不可或缺的要素，然而，在波兰的公司，许多要素并不需要，甚至在某些情况下，这些要素会影响公司整体的有效功能。利润并不是一个主要目标，只是显而易见的行为。许多工作职位，甚至整个公司的设立都不一定是基于现实需要，因而，它们的生产率很低。而在这里，工作职位与部门的设立完全是根据公司有效运转的需要。”

波兰的管理人员对学习美国企业的专有技术表现出极大的热情与兴奋，波兰管理人员感到，他们每天都在学习新东西，这不仅来自正规的培训，而且来自在岗培训。波兰的管理人员经常描述该公司类似于一所大学，自进入市场经济以来，他们第一次感到，他们有机会了解企业的营销、分销及后勤等职能。这种亲美的态度在波兰管理人员中产生了一种渴望，即渴望接受外来经理有关新的工作重点的思想，这种态度也推进了美国人在公司的权力与领导地位的合法化。

波兰管理人员相信，这种新的组织鼓励个人的发展。他们还相信，美国的管理制度激发了自我表现与自我成就感。它尊重个人及其特有的人格，并坚信努力工作就会带来成功，愿意工作的有才能的人就会进步，就会成功。

对于波兰的管理人员而言，这些组织价值都是相当新颖的。在其以前国家控制的组织中，能力与好的业绩并不是决定晋升和报酬的主要基础，奖励与晋升取决于发挥政治作用，而非取决于经济目标。

二、文化冲突

尽管波兰管理人员对美国管理方式持有十分积极的态度，但是，在基于波兰文化传统的期望与基于美国国家文化的组织文化之间仍然存在着许多冲突。

(一) 管理选拔

许多波兰雇员希望直接被雇佣为经理。由于对企业的基本职能没有任何经验，因此，在他们看来，具有魔力的“经理”一词是与较高的地位及成功连在一起的。然而，美国的经理认为“你必须首先要赢得你的激励”。一位美国外派的地区经理回忆道：

> “申请销售部门职位的人们不想作为销售代表从事基层经营，他们希望直接成为经理，我所面试的人们都只想当经理。你会如何管理销售部呢？是否你并不了解他们做什么？他们没能对我的问题给予具体的回答。”

（二）品质、年龄与资历

公司文化鼓励主要是根据在重要技能上的能力和以客观标准衡量的业绩来确定奖酬。当地经理与外派经理都认为，个人的指派与晋升应基于其知识与专业技能。这通常会导致许多年轻的经理管理年长的下属。正如一位财务部的美国经理所言：

> “公司很快将大量的权力授予年轻人，你可能从没有想到，看似比你年轻的小伙子却早已做了副总经理。”

尽管波兰管理人员欣赏这种基于能力晋升的做法，但是，年龄因素则表现为适应上的某种问题。传统的期望是，当一个人年轻时，他不可能知识渊博，不可能具备成功的管理所需具备的经验与能力。正如营销部的一位波兰助理经理所承认的：

> “我喜欢有一个年长的上司，因为，如果我的上司比我还年轻，那样看来十分愚蠢。他缺乏生活经验，且婚史较短，他年轻，他对我没有权威性。我喜欢具有更多的生活经验的人。我认为这很符合波兰的传统，但这也是一个难题。”

（三）薪资体系

波兰的管理人员在适应新的薪资体系的保密性方面出现了困难。在哪些信息是隐私哪些信息可以公开方面，波兰经理与美国经理具有不同的看法，波兰经理希望尽量知晓他人的薪资，他们轻而易举地就可以问清其他雇员准确的收入。对于波兰经理来说，这是建立其相对地位的一种方式，正如一位波兰的品牌助理经理所言：

> “我喜欢这种体系，但我也想知道我相对于其他人的情况，如果我了解到与我一起工作的人挣得比我多，我就会很不高兴。”

对于美国外派人员来说，明确公开薪资信息并不是公司文化的一部分,薪资信息被认为是隐私和应该保密。绝大多数人认为,公开薪资信息会瓦解组织的大家庭氛围。代之的是,美国人明确表示相信这一评价与报酬分配体系。例如财务部的外派主任注意道:

“当波兰人讲‘美国人并不在这一体系分享薪资’时,他们犯了一个错误。我要说这根本不是那么直截了当的,在美国的体系中,在公司的体系中,我们不可能在任何个人坚持的细节上取得一致的意见。我们在尽量争取共享这个体系以使你们获取更多的薪资,我们相当明确了薪资基于业绩这一点,如果你的业绩好,你就可以赚到很多的钱。”

(四) 团队目标

对于许多波兰经理来说,不是为了个人兴趣而是为了团队或整个公司的成功而工作也构成一个挑战,特别是对于那些曾经有过国有经济管理经验的人来说,这一点特别正确。一位波兰经理谈道:

“美国人希望雇佣最优秀的人,因为组织可以从他们身上获益,并且作为上司,你不会担心你所雇佣的人是否比你更聪明。公司会由此受益,那么你也可以从中受益。而在国有公司,你就不得不通过不与作为你潜在敌人的更好的新雇员合作来保护自己。”

另一位波兰的助理营销经理提道:

“在国有公司,如果某人遇到了困难,其会基于自身的利益考虑来解决,而现在,我们是考虑公司的整体利益。如果我犯了一个错误,我会认为是我自己的错,我要对此负责。但是,问题被(被美国人)断定为一个问题,就意味着会损害我们所有人的利益。这是一种不同的思维方式,这也是该公司的态度。无论是成功还是失败，都属于每一个人，这总比无人对此负责要好得多。”

（五）心理契约

从波兰经理的观念看，组织要求他们接受组织与个人之间的一个新的心理契约。一方面，他们对于个人在公司日常活动中的参与程度和责任心持有积极的态度；另一方面，他们又不清楚职业生活与私生活之间的界限所在。许多波兰经理感到，他们作为雇员要取得成功，其组织要求他们在私生活上做出过多的牺牲。正如一位波兰营销经理所言：

“美国人对公司的看法不同，他们将自己与公司紧紧地联系在一起，他们是公司的一部分。过去，我从未认识到与公司之间的这种联系。”

另一位波兰地区经理提道：

“你必须与公司具有一种强烈的心理联系，这种新的思维方式令我吃惊。你必须表明你的兴趣，过去，你会尽量逃避你的工作。”

（六）信任

令波兰雇员感到吃惊的美国文化特征是一种对人们十分信任的基本意识。公司文化与外派经理对于组织内人们的动机都有积极的评价，正如一位波兰的会计所言：

“对我来说，新鲜的是美国人总是假定，你的行为服务于公司的利益，你是忠诚的，人们都是好的。如果你到餐馆去吃工作餐，没有人会说你是卑贱的，说你利用了公司的钱，说你动机不良。”

另一位波兰的品牌助理经理补充道：

"对人们的肯定态度,相信人们,这是一切事情的基础,美国人不愿意紧抓你的错误不放。而我们更多的是怀疑别人,我们的直接假定是人总是要做坏事的。"

波兰的管理人员对于人的本性更多地表现出否定的态度,在组织日常的经营生活的各个方面都可以找到佐证,在下属与上司之间的关系上,"我的上司总要伤害我";在雇员与同事之间,"我的同事总是批评我";在顾客与产品方面,"美国人总是力图向我们推销低劣的产品";在雇员与产品方面,"我不相信这种产品的价值"。一位美国的品牌经理是这样描述波兰经理的:

"我从未见到比他们对未来更怀疑、更不信任的人,与我们做生意的每个人都认为我们以质量较差的产品在市场上倾销,波兰顾客顾虑重重,他们不相信他们得到的产品会同世界上其他的人们得到的一样。"

美国的外派人员观察到,上司对雇员的不信任、担心与顾虑是很普遍的心态。一位来自顾客服务经营单位的美国外派人员谈道:

"有时他们(指波兰经理)并不理解公司在做对个人来说都是正确的事情,有时,还存在认为雇主在利用他们和虐待当地人员的问题,认为如果他们遇到难题,公司和经理不会努力帮助他们,这不是一种好的观念。"

(七) 非正式性

美国经理看重直率的谈话,准确地表达你的意思被认为是道德的,并且美国经理难以忍受含糊不清。因此,外派经理要对表面的评价做出大量的解释。作为对此的反应,波兰经理通常认为美国人在沟通中十分"开朗"、"直率"、"顺理成章"和"自然"。然而,这种类型的沟通与波兰雇员的间接沟通习惯相冲突。正如营销部的美国经理所言：

> “与波兰雇员的沟通是很困难的，特别是当雇员遇到问题时更是如此。波兰雇员普遍不愿意直接谈论自己及其遇到的问题，但是对其他人却是津津乐道。他们也不会谈论自己的要求，他们不愿问询对他们重要的问题，也许这被认为是不礼貌、太唐突或不适合他们。”

波兰经理通过建立相互之间非正式的沟通网络来适应美国人的直率，这种非正式的网络在美国经理与波兰经理之间起缓冲的作用。为应付其美国上司，波兰经理首先在他们中间谈论，然后再由一个人负责到美国经理那里讲明其他人的问题。外派的经理认为需要沟通问题的下属求助于这种非正式渠道是很不正常的，但是，这种沟通上的缓冲为波兰经理提供了一个缓释区。正如波兰的助理营销经理所发现的：

> “波兰人之间更易于批评事物，但是要他们当着美国人的面批评事物却又很难，这似乎是他们对自己的力量没有信心，担心他们的观点不正确或者不合理，他们担心被取笑。”

美国人也采用了一种非正式的沟通方式，即在办公室按照姓氏与每个人单独谈话。外派经理表达了这样一种信念：其组织文化在上司与下属之间关系方面提供了一种为能力而非正式性主导的机会，他们为其在塑造企业关系上的坦率与公正而感到自豪。就外派经理而言，抵制这种非正式性的波兰经理似乎是冷酷的，不令人信任的，外派人员将这解释为“主管综合征”，销售部的外派主管是这样阐述的：

> “我尊重他们的历史，我尊重这些文化特征，每一次他们称呼我‘主管小姐’，我都提醒他们以我的姓氏来称呼。我总是告诉他们，我也有一种文化，公司也有一种文化，我也希望

在此建立一种文化。我不喜欢孕育正规的环境以及由此形成的环境，这是有效沟通的障碍。你的尊重几乎有些过分，这样你就不会与我交谈，很快你就不会来告诉我‘我有一个问题’。”

绝大多数波兰经理很快就适应了在与美国人打交道时称呼其姓氏的习惯，但是，这并不意味着他们希望在波兰经理相互之间交谈时也以姓氏相称，特别是在与其波兰下属谈话时，更是如此。称呼年长者或上司的姓不是波兰人的习惯，一些波兰经理担心，他们会失去接受如此非正式领导的能力，他们相信，上下级之间的距离有助于直接管理下属员工。人力资源部的波兰主管说：

“对于公司中的某些人，我永远也不会以姓氏称呼。对于某些人，我以姓氏称呼；对于其他人，我以女士和先生称呼。我并不知道为什么，但是我不会改变这种习惯。”

波兰人认为经理应具有表明其地位与成功的象征，非正式则与此形成鲜明的对比。波兰经理更看重正规、头衔和地位的标志，如拥有名牌汽车。上司应具有这些包装以表明他们相对下属的权威。与此相对，美国外派人员将其中的许多地位象征视为具有反作用的、无意义的，一位美国品牌经理说：

“波兰人热衷于提高身份地位，人们喜欢穿戴证章标志，以便其他的老百姓都知道是你创造了它。我的上司一定坐一辆大型轿车，‘你开什么车?’一位波兰人在波兰见到我的第一面就这样问我。”

(八) 对工作的积极反馈

波兰经理与美国外派人员在工作反馈类型上存在着巨大的差别。与美国的管理习惯相一致，美国经理很快就会公开或私下肯定成绩；波兰经理一般对此持肯定的态度，并将其视为激励。然而，尽管存在这种反应，但积极的反馈在波兰经理中还不是一种普遍的管理方法，他们倾向在下属与同事面前提出批评，一般是否定的反馈。作为对美国方式的反映，一位波兰地区经理描述了这种情况：

“如果你好，美国人就会送你一封祝贺信，我曾经从我的美国同事那里得到过这样一封信，尽管这位同事并非具体负责我的工作，他也不是我的上司。我从来不会想到这样做，这是一种自发的行动。”

三、结论

由于来自1989年以前缺乏与美国企业的接触与经验这样一种文化，波兰经理一般对美国管理方式持有肯定的但是有偏见的观点。从短期看，这种态度在吸引管理人员到合资企业工作具有极大的激励作用；然而，从长期看，尽管存在着最初的热情，但是，基本的文化差异仍会导致波兰经理的觉醒。

四、通用电气照明公司出击全球三大市场*

通用电气照明公司是美国最大的电灯泡生产商，这一地位自通用电气照明公司的创始人托马斯·爱迪生在1897年发明灯泡时便岿然不动。通用电气照明公司正在使自己成为全球首屈一指的照明设备制造商。为了达到这个目标，通用电气照明公司必须使自己在“三大市场(The Triad)”的每一个市场上都成为一个成功的

* 选自菲利普·R·凯特奥拉：《国际市场营销学》，机械工业出版社。

选手。“三大市场”是 Kenichi Ohame 为全球最大的三大市场——北美、欧共体和日本所起的名字。想要成为世界照明行业的领导者，必须在这三大市场中下大力气。近来，通用电气照明公司已向欧共体和日本进军以实现其称霸的目标。

在美国，通用电气照明公司已获得接近 45%的市场份额。其最接近的竞争对手飞利浦(北美公司)和 Sylvania Lighting，两家都拥有大约 20%的市场份额。飞利浦从西屋电气购买了在北美的照明分部。当时西屋电气是美国第三大照明设备制造商，仅次于 Sylvania——全球性联合企业通用电话电气公司的一个分部。打破美国市场上垄断局面的还有许多其他国家的企业，如西门子/奥斯曼、东芝、松下、Ushio 和三菱。通用电气照明公司之所以能拥有巨大的市场份额，部分原因在于不断的技术创新，精明的市场销售与产品的领先地位。但最主要的原因在于通用电气照明公司与这一工业中的最佳分销渠道所建立起来的各种关系。

但是对于通用电气照明公司来说，维持其在美国市场的优势一直很艰难。随着 1980 年代后期持续的世界贸易壁垒减少和技术转让的日益增多。通用电气照明公司正体验着来自国外竞争者对其国内市场份额的威胁，这些外来者一直用新技术，独特定位的营销手段和诱人的价格冲击着通用电气照明公司的市场份额。以飞利浦和奥斯曼为首的欧洲公司已经成为美国市场的主要技术革新力量，突破领导技术的潮流。

据估计，完全一体化后的欧洲市场将给通用电气照明公司带来更多的麻烦。欧盟内部贸易壁垒的减少将通过规模经营、战略联盟和经营结构重组等带来的利益使得欧洲公司的竞争力得到增强，其结果是欧洲企业的出口能力预计也将会得到加强。通用电气照明公司很清楚这些即将到来的变化，所以已经行动起来去保护美国的市场份额以及在欧共体创造新的机会。

由于极端民族主义的采购政策和贸易壁垒的影响，通用电气照明公司原先在欧洲照明设备市场中并不是一个强大的选手。欧共体市场的领导者是飞利浦,紧随其后是西门子、通用电话电气公司,Thorn/EMI 和汤斯曼(Tungsram)。通用电气照明公司只拥有2%的欧盟灯泡市场,其他制造商共同瓜分了 98%的市场份额。以往的出口业绩并没有给通用电气照明公司带来满意的市场份额,显然,要获得预期中的欧盟市场的领导地位,必须采取不同的策略。

通用电气照明公司的策略大胆而又富有创造性,它决定花费1.5 亿美元购买匈牙利国有照明设备公司——汤斯曼 51%的股份。汤斯曼的预期销售额将达 3.7 亿美元,销售收入 3 000 万美元。同时通用电气照明公司拥有在随后 2 年内购买汤斯曼另外25%股份的权利。通用电气照明公司享受了这一权利,现在总共拥有汤斯曼 76%的股份,资金是由匈牙利信贷银行提供的。

这笔大宗购买给通用电气照明公司带来几个挑战。

1. 需要一项计划让汤斯曼把通用电气的欧洲分部(GEE)纳入其架构之中。这个行动会有三个结果:它为 GEE 提供了一个东欧供货基地,取代以往从美国进口的局面;它使通用电气照明公司的欧共体市场份额增加到 9%;另外,借助于 GEE 的分销渠道,汤斯曼更容易打入市场。

2. 需要对汤斯曼的经营方式进行改造,以东欧的标准,汤斯曼是优秀的,但以西方的标准,则还有相当大的改进余地。据估计,在 1991—1995 年期间,通用电气照明公司将需要投资 5 000 万美元到 2 亿美元方能把汤斯曼改造成为欧洲强有力的竞争者。

3. 需要新的管理人员去完成所需的改革。通用电气照明公司任命 Gearge F. Varga 负责新公司。Varga 大约 30 年前从匈牙利移民到美国,已为通用电气照明公司工作了 28 年。他按部就班地用美国的经理替换了汤斯曼一半的管理人员,但是选择时很细心。“我们要的不是小老虎,我们需要的是能够缔结文化婚姻的人。”

Varga的人员调整旨在使得变革和采纳新观念变得容易些，同时使得整个汤斯曼体系能够继续运行。

尽管汤斯曼的并入提供了一个服务欧盟的宝贵基地，但并没有让通用电气取得“当地”公司地位，以便成为新的一体化的欧共体市场上的主要玩家，在和西门子的“地盘”上向他们挑战。所以，通用电气照明公司在收购汤斯曼的同时，还实施了另一项计划。

当通用电话电气公司试图购买TEL的计划在夏天搁浅之后，通用电气照明公司介入进来。通用电气照明公司答应以1.36亿美元的价格购买TEL的灯泡生产部门。最初通用电气照明公司将购买TEL 51%的股份，并在随后3年内购买剩余部分的股份。TEL的灯泡销售占欧洲市场份额的8%，大约3.6亿美元。购买TEL这笔生意包括在英国的两个工厂，在德国的一个汽车灯泡生产厂，还有在意大利一家照明企业的51%的股份。主要管理人员没有发生变化。

购买TEL使得通用电气照明公司在1992年之后，取得它在欧共体参与竞争所需要的一块地盘。在拥有了英国最古老的照明设备制造厂之后，通用电气照明公司在欧共体市场立刻成为“当地人”。这样，在2年之内，通用电气照明公司使自己由欧共体市场中毫不起眼的竞争者一跃而成为第三号竞争者。买下汤斯曼和TEL所带来的市场份额达17%。通过这两次收购，通用电气照明公司获得了在欧洲本地生产的基地，利用已有的分销渠道，获得更大的市场渗透，并且大大提高了在全球三大市场中的两大市场上拥有的市场份额。

在三大市场中的另一市场，即日本市场，通用电气照明公司不能采取相同的兼并战略。强烈的市场保护和政府干预使得渗透日本市场对于大多数国外公司来说，虽然是可能的，但困难重重。但通用电气照明公司没有放弃。为了避免与来自日本的挑战迎头相碰，通用电气照明公司采用了“走后门”战略。

东芝和通用电气照明公司同意联合他们的资源在俄亥俄的Circleville建造一座荧光灯工厂。这座工厂双方各占50%的股份，采用最新的高速荧光灯技术，进行计算机控制的自动化生产。工厂的产品预定分别在美国和日本市场销售，同样是一半对一半，在美国将以通用电气照明公司的牌子销售，出口到日本的国外部分则以东芝为商标。

这一战略联盟可带来多重好处。通用电气照明公司和东芝只花费通常投资额的一半便提高了各自的生产能力。东芝能够涉足美国的市场，通过与通用电气照明公司费用均摊降低了进入美国市场的风险，并巩固了其在日本国内市场的地位，接下来还会出现进一步的战略。通用电气照明公司和东芝合作在日本制造产品并出口到整个亚洲。这一联盟将使通用电气照明公司成为其梦寐以求的亚洲市场中的一员。

通用电气照明公司是通用电气公司的13个核心企业之一。正如首席执行官杰克·维尔奇所说："我们建立并发展了一个拥有13个庞大而健康的企业的公司，每个企业在全球市场中都是数一数二的。"通用电气照明公司追求的三大市场中的支配地位已成为现实。

五、海鸥方镜照相机在国际市场的夹缝中拓展

照相机问世以来，其研究设计、制造方面都发生了深刻的变化，尤其是近20年来，世界照相机工业已成功地把电子、计算机技术应用到照相机生产中去。1986年来日本推出三种新型照相机（美能达X-9000、佳能T-90、尼康F-501）都具有多种模式自动曝光功能、多种测光方式。对焦、卷片均已自动化，快门速度达到1/

4 000秒。最近推出的数码相机更是传统相机的一次革命性变化，标志着世界照相机已日臻完善。

国际照相机市场容量极大。1987年国际照相机贸易量近7 000万架，但是国际照相机市场的竞争愈来愈激烈。1970年代末，1980年代初，日本把享有“照相机王国”之称的西德挤上了山顶，占领了世界的40%以上的市场。近年，台湾、香港的照相机工业迅猛发展，出口量超过日本出口量的1倍以上。目前，国际照相机已形成了这样的格局：中高级相机来自于日本；超高级和特殊相机来自于德国；简易相机来自于台湾、香港和美国，他们分别以价格适中产品完善、技术精湛无懈可击、价格极低和使用方便的策略确立了各自的霸主地位。

上海照相机总厂，是在世界照相机工业已经经历了120年发展历程的1958年建立的，经过30年的发展，该厂已经成为我国最重要的照相机生产基地。1964年，该厂生产的海鸥牌4型120双镜头反光照相机（方镜）首次与外商出口成交，从而改变了我国只有进口照相机而没有出口照相机的历史。紧接着该产品曾进入30多个国家和地区。1970年代末，由于照相机技术的日新月异，这一产品逐渐失宠。加之其他种种原因，使这一产品出口陷于困境并最终退出了国际市场。在对外开放的新时期，国内照相机市场由120相机向135相机转移，黑白摄影向彩色摄影转移，1986年，120照相机全面滞销。1987年，海鸥牌方镜照相机下马停产。

1988年，上海照相机总厂被列为直接进行外贸进出口业务的经营企业。面对企业较之于国际同行业的无法抗衡的强手，该厂刻意吸收和引进日本的先进技术、先进工艺、购买专利，制造了DF—300较为高级的石英电子单镜头反光照相机，确立了在国内照相机市场中国产相机最高档地位，并向国际照相机市场拓展。

照相机是一个高附加值的民用产品，各发达的工业国为获得这一产品的丰厚利润，进行了长期、艰巨、激烈的竞争，那么，在这样的国际竞争环境中是否还可细分出一块市场?

1988年,该厂对现有国际市场上可能被忽略,或者尚未获得满足需要的空隙地带加以挖掘。他们预测到国际照相机将再度流行方镜120相机,其分析如下。

1. 方镜照相机是1930年代的产品,经过60年的一个运转后将受到一些怀旧感强的消费者的兴趣。据对德国、意大利两个国家的调查表明,在公共场合时常可见到一些有钱的富豪以携提一架方镜相机而沾沾自喜。其原因就是,一方面显示自己的富有。因为方镜照相机在一般人的眼中似一个古董,而玩古董者往往是很有钱的。因此有很多人向往有一台这样的相机。一架$4A_{103}$型方镜照相机,在国内售价为198元,然而在德国竟售到近百美元,意大利市场价还要高一些,而且购买者正日趋增多。另一方面,这相机对一些老的摄影者会引起初学摄影时的怀念,对年轻人则是一个新的面孔,由此,消费者会对这一产品感兴趣。

2. 方镜照相机是不可多得的摄影教具。现代照相机生产技术对摄影者的要求仅仅是按快门,其他的都由相机自动来进行。这大大方便了摄影者,但对于一个刚刚入门的摄影者来说,太先进的相机使之无法懂得摄影原理、成像原理、运光、用光原理等等。而方镜照相机只要把边上和前面的几只螺丝拧出,这一切原理就在它的每一个机械动作中彻底"曝光",毋需多说,学者就可从中获益匪浅。因此,在世界照相机摄影教学中,这一产品占有重要的一席之地。

3. 低廉的价格和实际所需要的功能。方镜照相机最大的特点就是拍摄出的底片由于较之135系列相机底片大,而便于拍摄那些必须或有必要放在较大尺寸的照相纸上。就是不放很大,120底片的一般尺寸照片清晰度也远较135更清晰。许多摄团体照片或大场景都需要使用120照相机。目前国际上生产这类相机的大部分为"哈塞"这类价格高达1万美元的器材。而独缺海鸥方镜这类价格极低，而成像质量（海鸥相机以镜头特好而闻名于世）绝对符合一般摄影者要求的相机。1988 年、1989 年到上海旅游的日本人，有许多人特意赶到“冠龙”照相器材商店购买，甚至有些 20 几个人的组团，每人买一架，口中还喋喋不休地说便宜。

根据这些预测，该厂对是否要恢复这一产品生产进行了讨论。结论是：在国际市场中有这样一条夹缝，而这条缝正是我们的长处，因此要不失时机地进入。原则是宁可少，但要保证每台方镜的质量。宁可少赚一些，但要保住这一市场。

值得庆幸的是，这厂建立的海鸥 4 型相机出口专门生产车间在几年的生产中已赢得了信誉。1990 年初，香港、日本，大量要求供货，世界性的客商纷纷要求给予代理权。在日本照相机年度新产品指导大会上，海鸥方镜相机作为最新产品列在其中，而且处于很前面的位置。这个产品已经在国际市场上站稳了脚跟。

当然，要在这块市场上生存下去，还有许多方面要研究，如产量、经济批量的确定，对待各地区的策略，售后服务、广告宣传等等。无论怎么说，这一产品再次返入国际市场，将对该厂其他产品诸如海鸥 DF—300 相机在国际市场的开拓起到积极的作用。

六、三家外国企业打入美国汽车市场的“进入战略”的比较*

美国是世界上最大的小轿车市场，小轿车保有量占世界 1/3 以上，更重要的是，它是世界上利润最高的小轿车市场。据分析，日本汽车制造商的利润大部分来自于美国市场。不难想像，世界各国的汽车商都想打入美国市场。在 1980 年代中期，日本的铃

* 选自梁能：《国际商务》，上海人民出版社。

木、韩国的现代和前南斯拉夫的尤口(Yugo)三家汽车商相继进入美国市场,但只有韩国的现代取得了显著成功(见表1),在美国市场站住了脚。比较这三家公司的美国市场进入战略,对志在跨国经营的企业有相当启发。

表1 日、韩、前南斯拉夫三家公司打入美国市场初期的汽车销量

品 牌	生产厂商	美国市场进入时间和销量(辆)		
		1986	1985	1984
现 代	韩国现代公司	168 882	—	—
尤 口	前南斯拉夫尤口公司	35 959	3 895	—
斯普林	日本铃木	60 983	31 267	10 927

资料来源:《汽车新闻数据年鉴》。

(一) 韩国"现代"的"进入市场时机"

1980年代中期,贸易保护主义在发达国家重新抬头,美国也不例外,以种种关税和非关税形式对汽车进口加以限制。但是,由于国与国之间的不平衡,对于一个国家筑起的贸易壁垒,可能成为另一个国家打入市场的"战略窗口"。

1980年代初,美国经济陷入战后历时最长的经济萧条,高失业、高通货膨胀使汽车销量骤减,在1982年降到年销售720万辆的水平。1983年之后,美国经济开始复苏、扩张,汽车销量从1983年起开始回升,到1986年,新车销售量达到1 100万辆,创造了美国新车年销量的最高水平。

但是,当时对美出口汽车的主要国家日本,却因受所谓"自愿出口限制"配额的影响,每年允许增加的出口车仅为10万辆,这就造成了美国市场对进口车需求和供给之间的巨大差距。一个日本本田汽车的美国经销商说:"我可毫不费力地1个月内卖出60辆本田车,但我却只能拿到25辆。"

由于日本车对美出口量受到配额限制，而日元对美元的比价又从1985年开始大幅升值，日本汽车商纷纷采取了向高档车转移的方针。据统计，在韩国“现代”打入美国的1986年，日本产的汽车在美国市场上平均售价上涨达7%。

与此同时，美国国内的三大汽车商对低价车也不感兴趣。从自身利益出发，美国三大厂商觉得与其多生产价低利薄的基本型轿车，不如趁日本汽车涨价的时机，相应提高美国车的售价。当年，美国同类汽车的售价上涨了6.3%。克莱斯勒总裁艾科卡认为，低档车(售价5 400美元以下)的市场至多不过10万辆，低于最低经济批量50万辆的水平。艾科卡说：“等低价车市场超过10万辆，我再考虑。但不是现在。”

由于日本车的向高档升级和底特律对低价车市场的无动于衷，给韩国及其他汽车生产国创造了一个打入美国市场的“战略窗口”。据美国汽车销售商联合会估计，当时5 000美元以下的低档普通车的市场每年至少在200万辆。

(二) 打入美国市场的“产品战略”

韩国现代公司早就瞄准了美国市场，在1980年，当“现代”车在韩国本国的销量只有10万辆时，“现代”就建造了设计规模为60万辆的现代化生产厂，准备伺机进入美国市场。1986年时机成熟，定价为4 995美元的韩国“现代”汽车也已准备就绪。

现代公司知道，与日本汽车业相比，韩国的优势是在低工资。当时，日本汽车行业工人的平均每小时工资为13美元，而在韩国汽车业仅为2美元。对于汽车市场的低价位市场来说，劳工成本的差异是很重要的。但是，韩国极为小心地保持了成本和质量间的合理平衡，没有因为计划定价太低而损害产品质量。与此相比，前南斯拉夫的“尤口”汽车则过分强调价格战术，在质量方面作出的“妥协”太多。当时同类日本车的基本售价为6 000美元。表2列出了日、韩、前南斯拉夫这三家企业的产品价格、质量。

表 2　日、韩、前南斯拉夫三家企业产品的价格、质量比较

品　牌	基本售价(美元)	品质评价		
		质量	驾驶性能	价质比
现　代	4 995	B^+	B	A
尤　口	3 995	C	C^+	B^-
斯普林	5 380	A	A	A

资料来源:美国《消费者报告》杂志,1987。

从上表中,我们可以看出三种不同的产品战略。

前南斯拉夫采取了"南斯拉夫价格,南斯拉夫质量"的最低价格策略;价格低到不能再低,产品质量和设计也简化到了不能再简化的地步。美国的《消费者报告》杂志(一家专门评比产品质量的月刊)评论说:"尤口几乎不够格称为一辆汽车。"其驾驶性能极为糟糕,一位试验驾驶员说:"假如我每天必须开着'尤口'去上班,结果我一定会恨我的工作。"

与尤口策略相对的是铃木的"日本质量,日本价格"策略。《消费者报告》杂志的试验样车的驾驶员评论说:"这三种牌号汽车中,斯普林是惟一使人始终微笑的汽车,开起来真令人高兴。"同时,斯普林的油耗在当时所有汽车中是最低的,每加仑可在高速公路上行驶 50 英里。但是,其售价也高于同类车,比"现代"高 400 美元,比"尤口"高 1400 美元,对于低价车目标市场的顾客来说,这是一个相当大的数目。

韩国"现代"车采取的是"尤口"和"斯普林"中间的交合点,定价定在"日本车的质量,韩国的价格"。韩国车的关键部件全是日本的:变速器和 68 匹马力的四缸引擎是日本三菱的,外形设计是由意大利的名牌设计商设计的,虽然不豪华,但却相当舒适。

"现代"车的"技术策略"也独具特色。为了降低成本,"尤口"

采用的意大利菲亚特(Fiat)1970年代的技术,各方面性能都较差。《消费者报告》杂志评论说,“尤口”车“无论在什么价格水平都不安全”。铃木走的则是“最新技术”道路,为了达到低油耗的目标,用的是罕见的三缸马达,车辆自重也最轻。但是,由于这种技术太新了,美国的大多数修车行都无法修理,同时,因为其新,这种技术的可靠性程度在大多数消费者思想上是个问号。与之相比,“现代”采用的是1980年代初期的日本技术,并不是“最新、最先进”的,但在美国市场已经久经考验,其可靠性、备件可供性都很强。这里的战略指导思想是,在保证质量的前提下,尽量采纳“已被证明可靠”的技术,以便尽可能减少产品的售后维修费用。因为维修费用的高低,对于以价格为选购汽车主要标准的低档车购买者来说,是选购汽车时的主要考虑因素之一。

(三)产品形象策略

低价车的“形象”一般来说不是消费者选购的主要标准。但是,同样以低价取胜的战略,在产品形象上仍可以有很大的区别,处理得当,对今后的长期发展有很大影响。“尤口”的形象是“二手车的替代品”,质量虽差,总强于二手车,其广告主题是:“为什么买二手车?不如买‘尤口’!”而汽车推销商则更直截了当地把“尤口”车称为“穷人车”。美国《大众机械》杂志评论说,假如你买“尤口”车,其内部装潢的简陋,所用材料档次之低,时时刻刻都在提醒其车主“你穷”!

而“现代”车虽然也以售价低为主要竞争手段,却采取了完全不同的广告心理战略。不光要让消费者省钱,还要让消费者为之感到骄傲。“现代”的广告主题是:“‘现代’车经济实惠,是聪明人的选择。”言外之意是,花大钱买高档车的人主要是势利眼,花冤枉钱;而买“现代”,并不因为车主穷,而是因为车主更有主见,更聪明,更有内涵,不必靠摆阔取悦于人。很显然,这样一种“廉而不贱”的策略对美国大量的中低收入家庭有很强的吸引力。

(四) 渠道策略

一般来说,首次进入美国市场的汽车商可以采取三种渠道策略。很有趣的是,这三家企业分别采取了三种不同的渠道策略。

1. 利用美国市场现有汽车公司的渠道合营,利用合作伙伴的渠道销售。铃木采取的就是与美国通用汽车公司合营的办法,利用通用的销售网络,以通用公司“雪佛莱”的牌号推销。

2. 依靠美国的独立经销商,二者之间是合同销售的市场关系,生产厂商向独立的经销商出口,然后由独立经销商全权自主地在美销售。前南斯拉夫“尤口”采取的就是这一方式。

3. 建立生产厂商百分之百独资控制的直属销售分部,直接控制美国市场上的销售组织工作。韩国“现代”采取了这一方式。韩国“现代”建立了其独资控制的“现代汽车加拿大公司”,后者进而独资控制“现代汽车美国公司”。

“尤口”采取的独立经销商方式的效果很不理想。由于“尤口”对销售活动没有任何控制权,由于种种产品问题引起销售疲软,使得“尤口”的经销商转而进口马来西亚生产的普鲁顿汽车,这使得南斯拉夫“尤口”的处境更难。

日本铃木的“斯普林”车,虽然在质量、驾驶性能和价/质比三方面都获得了“A”的评价,在美国市场应当很有潜力;但是,因为铃木的经销是通过通用汽车公司进行的,销量远未达到其潜力水平。对通用汽车公司来说,答应经销“斯普林”主要是填补其自身产品浅的空缺,作为“雪佛莱”产品组合的一部分来考虑的,“斯普林”的作用主要是作为“广告诱饵”,以低价为号召,吸引顾客上门。但因为“斯普林”售价低,利润薄,通用汽车公司的经销商在陈列时,都把“斯普林”放在角落处,非但不花力气推销,而且想方设法让那些因为看到“斯普林”广告而来到通用陈列室的顾客,转而购买价格更高、利润更厚的其他通用牌号汽车。通用汽车公司的哲学是,顾客买车往往从低价车开始,然后,随着其收入的上升,逐步向高档车“进化”。换言之,“斯普林”是通用必须具有的“敲门砖”,但绝不是借以盈利的摇钱树,其推销不受重视是理所当然的。有趣的是,通用汽车公司与韩国另一汽车商大宇的合作也遇到了同样的问题。大宇为通用生产 Pontiac LeMans 小型车,由通用的“Pontiac”分部销售。由于同样的原因,销售不力,最近,双方决定解散已经运行了 15 年的合资企业,各自另找伙伴。

对于“现代”来说,由于其采取了百分之百独资销售公司管理的形式,保证了“现代”对于其现代车的美国营销方针拥有直接控制权。“现代”对在美销售实施了其独特的“单立门户”促销制度:凡希望经销韩国“现代”车的,必须建立单独的“现代”车陈列室、单独的售后服务部,以免遇到类似“斯普林”的命运。

这一做法,也迫使其经销商尽全力推销“现代”车。据估计,建立独立门户的展厅和维修机构的投资约在 200 万—300 万美元之间。由于这些设施无法兼作他用,惟一能保证利润回收的办法就是尽可能多地推销“现代”车。这就迫使美国推销商下大力量推销“现代”车。这与“尤口”车推销商兼营马来西亚车形成鲜明对照。

(五) 伙伴政策

现代公司选取日本三菱公司作为其在生产环节的合作伙伴并不是出于偶然的,一开始当现代公司选择合作伙伴时,日本的丰田、本田、日产都表示了相当的兴趣。但是,由于“现代”的目标市场早已明确地定在美国的进口车市场,而日本的三大汽车商(丰田、本田、日产)是美国进口汽车的主要供应商,占进口车市场的78%以上。而“现代”着眼的进口市场份额,至少其中的一大部分会来自于这三大厂商,因此,日本的三大汽车商并不真正愿意协助“现代”打入美国。这种利害冲突可从下面的分析窥见一斑。

假定“现代”车在美国 1986 年销量(17 万辆)的一半(8.5 万辆),是从日本占垄断地位的进口车市场获得(另一半假设来自新增购买力),而日本各汽车商销售受影响的程度与其在美国市场的市场份额成比例，则日本各汽车公司所受影响的估计数如表3所示。

表3 日本厂商汽车销售量因“现代”进入美国而下降的估计数(1986年)

厂 商	(1) 美国销量(辆)	(2) 占日本进口车的百分比(%)	预计损失 (3)=(2)×85 000
日 产	493 549	24.3	20 665
本 田	405 399	19.9	16 915
丰 田	640 155	31.5	26 775
马自达	222 716	11.0	9 350
Subaru	183 242	9.0	7 650
三 菱	49 436	2.4	2 040
铃 木	38 910	1.9	1 615
总 计	2 033 407	100	85 000

从表3可以看出，对于韩国“现代”打入美国市场来说，三菱在“整车市场”上所受的损失最小，而能从作为现代引擎和变速器的供货商的角度得到最大的好处，因为25%的现代车配件是来自三菱的。虽然从当时来说，日本各公司对美国的出口量都受到配额限制，帮助韩国打入美国表面看来与日资公司没有冲突，但是当时日本的主要厂商，本田、丰田、日产都已经开始在美国市场设厂生产，韩国的进入，对它们的长期发展仍是一大威胁，而三菱因其美国市场份额小，至少当时仍无在美国建厂的打算。

(六)“逐步发展”的迂回策略

美国汽车市场的复苏始于1984年，当时，韩国现代公司已经基本准备就绪，可以直接进入美国市场。但是，现代公司采取的却是“先取加拿大”的迂回策略。这种策略大致出于下列几方面的考虑。

加拿大市场与美国市场在很多方面是很相似的。美国市场的所有汽车厂商,美国的通用、福特、克莱斯勒,德国的大众,日本的丰田、日产、本田,均在加拿大市场销售,是学习汽车行业竞争策略的好地方。先进入加拿大,等于是进行一次实践演习。而且由于加拿大市场与美国相比要小得多,在加拿大犯的错误,影响和后果比在美国要小。事实上,"现代"进入加拿大以后,确实发现了不少问题,现代汽车的供暖系统,防锈涂料,都相应作了改进。

作为试验市场,加拿大的另一好处是由于其紧邻美国,美加之间双方旅行人数既多亦频繁,在加拿大的成功经验,根据新产品流传普及的地理规律,渗透美国的规模速度都会大得多,快得多。

"现代"车进入加拿大之后,取得了很大的成功,在 1985 年成为加拿大市场上销量最高的进口车,占市场份额的 7%。由于加拿大市场与美国的相邻条件,韩国"现代"车在美国得到了广泛的宣传,尚未进入美国市场就已先声夺人,广为人知。当现代公司宣布进入美国市场,要选取 200 名经销商时,有 3 000 多经销商报名,给了"现代"很强的谈判地位,得以实现前面提及的"单立门户"完全控制的渠道政策。

与之相反的是前南斯拉夫"尤口"车。"尤口"采取的是一步到位直接打入美国的策略,很显然,"尤口"直接进入美国,希望的是一切都会顺利展开;但由于缺乏实地营销实验,"尤口"车的变速器又屡出问题,被称为"简直是个灾难"。由于同样的原因,"尤口"也无法找到高质量的经销商。出任独立的"尤口"销售公司总裁的威廉·普热,有过几次汽车行业开业破产的纪录,并不是"尤口"所希望的理想的代理人;但因"尤口"本身地位弱,不得不退而求其次。"尤口"这种"匆匆忙忙"进入市场的方法损失很大;虽然"尤口"进入美国市场比"现代"早一年,其第二年的销量却不及"现代"进入市场第一年销量的 1/5。

(七) 强有力的营销支持体系

虽然“现代”采取了全部独资的销售公司的进入方式,但是,股份控制本身并不能保证对经销商实际营销操作的控制。为此,“现代”采取了“少而精”的经销商方针,辅之以“百分之百”支持。

营销渠道的设计可以有“广种薄收”的方式,以尽可能多的经销商覆盖尽可能广的市场区域,“现代”则采取了“少数高产”的方针,有意识地将经销商数量控制在很低的水平,在相当大的地区内,只有一个“现代”车经销商。由于“现代”采取的是低价快速渗透政策,这就要求不但生产成本要低,流通费用也必须低,而在汽车销售方面,经济规模的效益是很明显的。同样的展厅、维修费用,汽车销量越大,则每辆车的销售费用越低。1986 年“现代”的经销商数目在全美总共只有 161 名,而通用汽车则超过 9 000 名,由此而来的结果是,“现代”车的每个销售点的销量,远远高于美国任何其他汽车厂商,为行业平均数的 4 倍(见表 4)。这样做的好处是,顾客购车价格低,而经销商总利润仍很高。1986 年“现代”车经销商的平均利润为 70 万美元,比行业平均额高出 1 倍。

表 4　几种汽车的每个销售点平均销售数(辆)

现代/韩国	1 431
本田/日本	716
丰田/日本	592
日产/日本	495
雪佛莱/美国	311
斯普林/日本	32
美国全国国产车总平均	399

(八) 未雨绸缪,多用“美”货

汽车工业在许多国家所占的经济比重都很高,对目标国的宏观经济有明显影响。因此,汽车出口是政治性极强的一个行业。

要想占有长期、稳定的市场，必须当一个“负责任的贸易伙伴”，尽量避免给目标国造成不必要的经济冲击。

现代公司在打入美国市场时也充分考虑了政治因素，把零部件采购纳入跨国经营的整体战略中一并考虑，尽可能多地采用美国零部件，以保证其产品有相当高的“美国成分”。在加拿大，“现代”已经设有汽车工厂，所生产的汽车中的“加拿大成分”是各种进口车中最高的。“现代”的总经理说，在今天的世界上，我们必须考虑双边的贸易。

韩国“现代”打入美国市场的过程，被美国报刊称为“亚洲最新的成功故事”。

七、ABB公司*

在瑞典韦斯特罗斯和瑞士苏黎士，高度机密的磋商与特别经理会议正在紧锣密鼓地进行着。6个星期后，1987年8月10日，在斯德哥尔摩和瑞士的巴登，同时举行了新闻发布会。几分钟后，电波传遍了五大洲，世界终于知晓了欧洲历史上最大的跨国合并案的惊人细节：欧洲电力设备业的两大巨子——瑞典的阿瑟公司和瑞士的布朗·包维利有限公司——将要合并成为阿瑟·布朗·包维利公司（Asea Brown Boveri，ABB）。

新的ABB公司将成为世界上电力输送领域最强有力的竞争者；合并后的公司，将在处理自动化系统、机器人、高速机车和环保器材方面占据领先地位。阿瑟公司65 000名员工会同布朗·包维利公司的85 000人，组成一个散布于140个国家、包含850个独立

* 选自克里斯托弗·A·巴特利特：《跨国管理》，东北财经大学出版社。

法人的新公司。预计合并后第一个经营年度 1988 年,新公司税前利润就可达 5.36 亿美元,而销售额更是可高达 178 亿美元。

阿瑟公司的首席执行官珀西·巴尼维克(Percy Bamevik)(合并时 46 岁)将接掌 ABB 公司总裁和首席执行官的大印。而托马斯·加琴(Thomas Gasser)(当时 54 岁)担任副首席执行官。他们要把这两个长达一世纪的老冤家捏合成一个新的公司,担子实在不轻。

一、创建新公司

市场对于合并的反应是积极的,在苏黎士布朗·包维利公司股价上涨了 10%,在斯德哥尔摩阿瑟公司股价飚升了 15%。阿瑟公司的利润状况极佳,管理方法得当,市场推进有力;布朗·包维利公司带来的则是支票本,足足几亿美元的现金和证券,而它的技术也是一流的。巴尼维克有力的领导更让分析家看好 ABB 公司。"他就是欧洲的杰克·韦尔奇,"有人这么说,这样的话已是屡见不鲜了。

(一) 重塑组织

1988 年 1 月 1 日,ABB 公司作为合并后的公司开始运转。这中间只有四个半月的时间做准备,巴尼维克深信不存在什么"蜜月期",他决定在第一年公司必须大刀阔斧地开始全面改革。"销售必须搞上去,"他说,"重要的是,不能一天到晚尽忙些内部的事情。我们可不希望大伙感到不确定,让一切陷入瘫痪。"

宣布合并后的一周,巴尼维克分别从每个公司挑选了五名经理,组成新的高层工作组。他把工作组又分成若干特别行动队,要求它们研究怎样才能将两个公司融为一体。2 个月后他们就新组织的主要特征达成共识——全新的矩阵结构,共有 40 个业务领域,一方面它们被归入不同的业务分部,另一方面以国家为基础,通过当地的公司将它们整合在一起。

(二) 新构架下的人事安排

到了10月份，巴尼维克宣布圣诞节时新的组织就要开始运作，这意味着马上必须确定上百个关键职位的人选。为了公平起见，他指派双方公司的人力资源主管，对两公司500多名资深经理进行面试并推出合适人选。作为面试过程的一部分，珀西·巴尼维克和托马斯·加瑟各自面试了100名核心管理者。

选人的标准非常苛刻：他们要敢于承担风险，善于团队合作，精通领导艺术，懂得激励他人。按照巴尼维克的话：

> 我们要的是具备超级明星潜质的人选——他们是久经考验的实干家，具有良好的技术和商业背景，并且显示出领导他人的能力——合并想要成功，我们必须拥有坦诚、无私、以公司大局为重的管理者。

(三) 就组织目标与战略重点进行交流沟通

组建起管理队伍后，巴尼维克发起一个项目，就ABB公司的经营方向与战略重点进行交流沟通。1988年1月间，他在戛纳召集300名ABB公司的高层管理者开会，向他们解释了自己的管理哲学与经营政策，并且设定了企业目标。

在3天内巴尼维克制定了组织日程，并阐释了有关概念与重点。他同时强调"政策圣经"的重要性：这本21页的小册子介绍了新的组织关系、权力下放的承诺、严格的责任制，以及公司变革的方式。然后他要求与会者用自己的语言加以解释，并且回到自己组织后也要召开类似的交流论坛，这样在60天内信息就可以传遍全球3万多名ABB公司的管理者。

(四) 建立报告系统

巴尼维克懂得，新组织的成功运作离不开统一的报告系统，管理者可以从中及时、准确地获得有关销售、订单、利润等重要信息。旁观者预测，在ABB公司这样复杂的企业，设计推行这样的系统，差不多得花 3 年的时间。巴尼维克和他的组织发展团队却要在 1988 年 8 月就启用这一系统(正好赶上 1989 年的预算)。新的系统(绰号叫"算盘")如期启动,巴尼维克还特别为组织发展小组成员和他们的配偶,举行了一场香槟酒会。

(五) 合理化经营

巴尼维克计划充分发挥全球组织的经济效益,在这当中新的算盘系统所提供的信息举足轻重。分析过所有市场的制造成本后,管理者开始讨论让某些工厂专门生产某种产品,以促进规模与范围经济(economy of scale and scope)。他们还引入了零部件外包,削减日常开支,减少库存等降低成本的措施。每一业务领域经理还要确认下属企业中谁做得最好,以便让下属相互交流学习。

(六) 收购新的公司

拥有了原来布朗·包维利公司的巨额现金,再加上合理优化、加强控制所带来的效益,巴尼维克开始踌躇满志地进行收购,这一收购将会改变整个行业版图。ABB 公司之所以实施扩张战略,是因为巴尼维克坚信,虽然发电设备制造长期以来停滞不前,但这一切很快就要改观,因为除了新的需求在不断增长外,欧共体国家过去 95%的发电设备合同,都由本国公司获得。巴尼维克相信新的订单也会交给那些具有强烈地方色彩的公司。这两种信念促成了公司大规模的收购/合资计划,以使 ABB 公司在全欧主要的国家市场中成为"主人而不是闯入者"。

在德国,巴尼维克从通用电气公司(德国)手中买下了蒸汽轮机业务,与西门子合资建造核反应堆;在意大利,他与芬梅坎尼卡(Finmeccanica)签订一项合资协议;在英国,他创建了一家合伙公司以收购从前的不列颠铁路制造公司,并与劳斯莱斯公司合作。ABB 公司在宣布合并后的 18 个月内,对 400 家企业进行了收购,或者成立了合资企业。

1989 年初,巴尼维克的注意力又转向了庞大的美国市场,他与西屋公司谈判以获取其电力发送部门，同时买下了内燃工程集团。到了1990年完成上述两项收购时，ABB公司已经拥有215 000名员工，分布于全球1 300家全资子公司，年收入达到了270亿美元。巴尼维克在回忆ABB公司收购扩张步伐时，是这样说的：

> 这个行业40年来没有什么变化。我并不想说它(ABB公司对于这些公司的收购)是十全十美的，但是既然行业正在发生变化，我们也要有所……如果这能奏效的话，我们在竞争中可要有利多了。

(七) 行业反应

ABB公司在1980年代末的激进行为，引发了整个欧洲电力行业的结构大重组。作为回应，竞争者们开始自我改组。英国的通用设备公司(GEC)与法国Alsthom-Jeumont组成合资企业，成为仅次于ABB公司的电力设备制造商，而这行业的传统老大——德国的西门子则沦为第三。

通用电气公司主管国际事务的副总裁保罗·弗雷索(Paulo Fresco)，在一份内部刊物中所发的感慨很具代表性，他说：

> 整个欧洲一片黑暗，海盗变得恣意妄为。他们当中有个叫珀西·巴尼维克的家伙，这个留着山羊胡子的瑞典佬就像演员埃罗·弗纳(Errol Flynn)一样，在国家之间窜来窜去，不停地达成交易，建立同盟……他也许是正在恢复元气的通用电气电力部门遇到过的最可怕的对手。

二、珀西·巴尼维克：ABB公司的新领导

珀西·巴尼维克留着胡子，说话声音不大，他对公司的前景极有主见，看得很清。在瑞典海岸边的乌德瓦拉(Uddevalla)，他度过了自己的青年时代，那个时候他上完课就去打工，周末到他父亲的印刷厂干活，从中他领悟到辛勤工作和团队合作的价值。他在哥

德堡经济学校拿到经济学学位，然后他又到斯坦福读了2年研究生。

他在瑞典约翰逊集团(Johnson Group)的数据处理部门干了3年，在1969年他加入山德维克(Sandvik)机器工具制造公司，成为公司的控制员。1975年他有机会掌管山德维克的美国分公司。他在随后4年中展示的管理成效吸引了阿瑟公司董事会的注意，于是1980年巴尼维克受聘管理阿瑟公司。他成功地让步履维艰的阿瑟公司焕发青春，这使他成为ABB公司最高职位的最有力的竞争者。

即便对于他手下的经理来说，巴尼维克也是一个谜一般的人物。他生在欧洲，又受到美国教育与管理经验的影响，而他的眼光绝对是国际化的；他懂得技术并对其发展非常着迷，但他又毫不犹豫以市场为先；他相信自己对于ABB公司的长远规划，鼓励管理者提出大胆的策略并加以实践，然而他又坚持必须完成短期的目标；他个人风格比较随意，不摆架子，但他也会变得非常偏执，直来直去。就算那些不太了解他的人们，对他也很钦佩。

有三个特征最能反映巴尼维克的个人管理风格：

(1) 强烈的工作伦理；

(2) 不断的交流沟通；

(3) 决断。

在他一手创办的新公司中，这些价值也留下了很深的烙印。巴尼维克不仅是抓宏观战略，他还培养出一种令人印象深刻的对于ABB公司经营细节洞若观火的感觉。巴尼维克深信应当树立明确的个人目标，并向管理者就他们的绩效提供反馈。他对当前关键的事务与问题保留记录，并且对管理者穷追不舍，时常提些尖锐的问题要他们回答。

巴尼维克经常旅行，估计他1年有200天在旅途中度过。也许常见不到他本人，但总能与他取得联系。他在飞机或汽车中频繁地与世界各地的管理者进行电话交流。他带着一分干涩的幽默指出："我经常旅行，但一般每星期有两天待在办公室里——星期六和星期天。"

频繁的出巡表明了巴尼维克对于组织沟通的重视。"领导者必须首先是老师，"他说道。巴尼维克强烈认为每个人都必须理解企业的哲学与目标以及它们背后的理念。几乎每次出去，他都带着满满一大箱的幻灯资料。他演示时同时使用两台幻灯机，而且仅凭记忆就能引用数据，这在 ABB 公司成为美谈。

巴尼维克认为 ABB 公司的经理应当拓展他们的工作，做出更多的决定，这种逼得管理者做决定——而且是迅速决策——的压力，恐怕是他在 ABB 公司留下的最无法磨灭的个人烙印。他向他的队伍不停地灌输这样的哲学：

> 没有什么比因循守旧更糟糕的了……如果我对十个决定表示后悔，那当中有九个是我推迟做出的……宁要观其大略，快捷迅速，也不要小心翼翼慢慢吞吞。

他还推广他的"7—3"公式，仍然强调这一点：快速决定 10 次中有 7 次是对的，也比浪费时间追求完美解决要好。"积极主动，做出决定——即使最后发现不对。只有一件事我们无法接受，那就是人们无所事事。"但决策必须建立在准确理解业务的基础上，在巴尼维克的队伍中，似是而非的分析与肤浅知识是不可接受的。为了强调这一点，他明令禁止在会议中使用"我认为"("要么就懂，要么就不懂，"他如是说。)。

三、管理新公司

到 1989 年初，距宣布合并已有 18 个月，巴尼维克决定将公司重点从整合新公司转变到提高效率上。

(一) 组织原则

新的组织建立在两个原则上：

(1) 下放权力的责任制(decentralization of responsibility)

(2) 个人负责制(individual accountability)

构造复杂的全球组织,惟一方法就是尽可能地保持其简单化和地方化。说 ABB 公司复杂,这是指我所处的层次。但在基层,也就是具体干事的地方,所有企业都要尽可能地像独立企业一样运转。我们的管理者需要清楚界定的是职责、明确的责任及最大限度的行动自由。

我们是下放权力的狂热信徒。在创建地方组织时,我们总是要一个独立的法人实体。独立的公司允许你有真正的资产负债表,允许你对资金流动和红利真正负起责来。有了真正的资产负债表,从前的经营结果通过资产变动的方式影响到今后的经营,管理者必须继承过去的一切。

ABB 公司是一个巨大的企业。但是大多数的工作都是在小单位中进行的,这些小单位具有损益责任和高度的自治权。我们的企业被分割为将近 1 200 家公司,平均每个公司有 200 人。而这些公司又被分割为 4 500 个利润中心,每个中心平均只有 50 名员工。①

(二) 矩阵组织

巴尼维克根据权力下放和个人负责的组织原则,试图在国家公司的基础上构筑世界级的企业。在具体实施中,他和他的管理团队选择了矩阵结构。机构刚一合并,这一组织方式就开始运作。巴尼维克是这样看待矩阵结构的:

ABB 公司是个具备三种矛盾体的组织:既要国际化,又要保持本地化;既要扩大规模,又要小巧灵活;既要大力推行权

---

① William Taylor, "The Logic of Global Business: An Interview with ABB's Percy Barnevik," *Harvard Business Review*, March-April 1991, 91-105.

力下放，又要集中汇报控制。如果我们能解决这几对的关系，我们将在组织结构上具备优势。

你想要在全球范围内对经营业务进行优化——实现零配件生产专业，尽可能地推动规模经济，在全球范围内对管理者与技术人员进行轮换以使他们分享技能、解决问题。同时你也想在所经营的地方深深扎下根来——在进行销售的国家制造产品，从大学里招募本土精英，与所在地政府合作增加进步。如果你能建立这样的组织，那你的优势真是无人可以企及。

我们以矩阵为框架，组织我们的活动。这使得我们可以在全球范围内本土化业务，并最大限度地提高每个国家绩效。①

业务领域	公司			
	公司A	公司B	公司C	等等
业务领域1				全球
业务领域2				
业务领域3				
等等		所有业务领域		

图 1　集团组织矩阵

图 1 粗略地勾勒了 ABB 公司矩阵结构的轮廓。ABB 公司由 1 300家独立经营的公司组成（见图 1 每一竖栏的顶端），每人经营公司都是独立的法人体，在 ABB 公司所进入的 140 个国家落户。每个公司都有自己的总经理和董事会。这 1 300 家公司按地区进

① Taylor, “The Logic of Global Business.”

行管理。这样一来,每个公司的经理主要拥有本国之内的业务经营,并对下列事务负责:

·以顾客为中心的地区战略。

·地区经营状况与利润水平。

·个体利润中心(individual profit centers)的日常管理。

·在地区部门内发展人力资源。

·与当地政府、社区、工会和媒体的关系。

ABB 经营公司的两个例子是:位于新泽西北不伦瑞格(North Brunswick)的 ABB 电力制造公司(修建电站)和芬兰赫尔辛基的 ABB Flakt Oy(制造环保系统)。

公司经理要轮流向地区经理汇报,地区经理则负责管理某一国家所有的经营公司。比如,ABB 公司 11 名执行副总裁之一格哈特·舒尔梅耶(Gerhard Schulmeyer),负责管理 ABB 公司在美国的 110 家经营公司,其中包括 ABB 电力制造公司。而伯特·斯迈荷姆(Bert-Svanholm),ABB 公司的另一位执行副总裁,则负责 ABB 公司在芬兰的 300 家公司,ABB Flakt Oy 也在其中。

矩阵的另一维(图 1 的竖轴)反映的则是第二种归类形式:即按业务分为 65 个业务领域(Business Areas, BA)。每个业务领域代表了一种特定的全球产品市场。比如说,ABB 公司的电力传送业务就被归入 7 个业务领域:

·电缆。

·网络控制与保护。

·配电变压器。

·电力系统。

·高压开关。

·电力变压器。

·电力计算。

每个业务领域由一名业务领域经理负责,他主要分管:

·全球经营结果和利润水平。
·全球发展战略。
·研究开发和产品发展。
·全球市场配置与原材料供应。
·价格策略以及国与国之间的价格协调。
·采购调剂。
·产品与生产配置。
·传播有关设计、生产、质量的关键技能。
·收购和组织剥离。

每位业务领域经理轮流向11名执行副总裁中负责特定业务分部(即相关业务领域的集合体)的一人汇报。

也许这样会把问题简单化,但我们仍可以说,业务领域经理负责制定全球产品和技术战略,而地区经理则根据当地市场的特殊需要执行这些战略。图2对上述概念进行了图解。

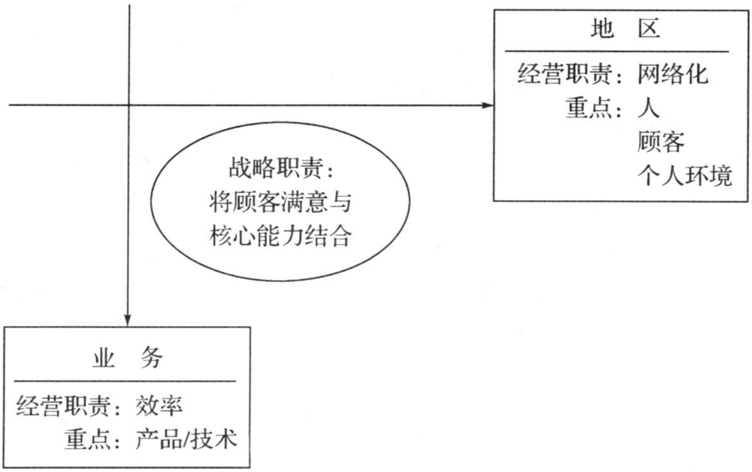

图2 矩阵组织

这种二维的汇报矩阵——一维是地区职责，而另一维是产品职责——要求每位经营经理有两名上司。

ABB公司苏黎世高压开关公司的总经理约瑟夫·达（Josef Dürr），对此解释道：

> 局外人也许难以理解我们的组织，我就给你画一幅草图（见图3）。
>
> 我的公司是瑞士电力传送业务的一部分。在矩阵的地区层次中，我直接向分管瑞士所有电力传送业务的威利·鲁斯（Willy Roos）汇报工作。威利自己向负责瑞士ABB公司所有业务——电力传送及其他的埃德温·萨姆汇报工作。萨姆是执行副总裁，同时也是执行管理组的11名成员之一。
>
> 在业务领域的层面上，我直接向坐镇瑞典的安德斯·拉森汇报工作。安德斯负责全球高压开关齿轮等相关业务。安德斯·拉森又直接向戈兰·林达尔（Goran Lindahl）汇报，他也是执行副总裁，主管全球电力传送分部的业务。
>
> 这样，我直接对鲁斯和拉森两人负责。我要同他们每一个人分别协调我的战略和目标，随时准备应付他们的垂询，而且在他们面前对于我的绩效承担责任。
>
> 但他们两人各有两个上司。鲁斯向萨姆（负责瑞士的地区经理）和林达尔（主管全球电力传送的业务分部经理）汇报。
>
> 拉森坐镇瑞典并管理瑞典的开关公司，他要向安德斯·纳维格（负责瑞典所有传送业务的地区分部经理）和林达尔（电力传送分部）汇报。
>
> 我是不是把你搞得晕头转向了？

11名执行副总裁组成了执行管理委员会，他们是矩阵结构中至关重要的整合纽带。通常他们每人都要负责一个或几个业务分部以及地区分部。

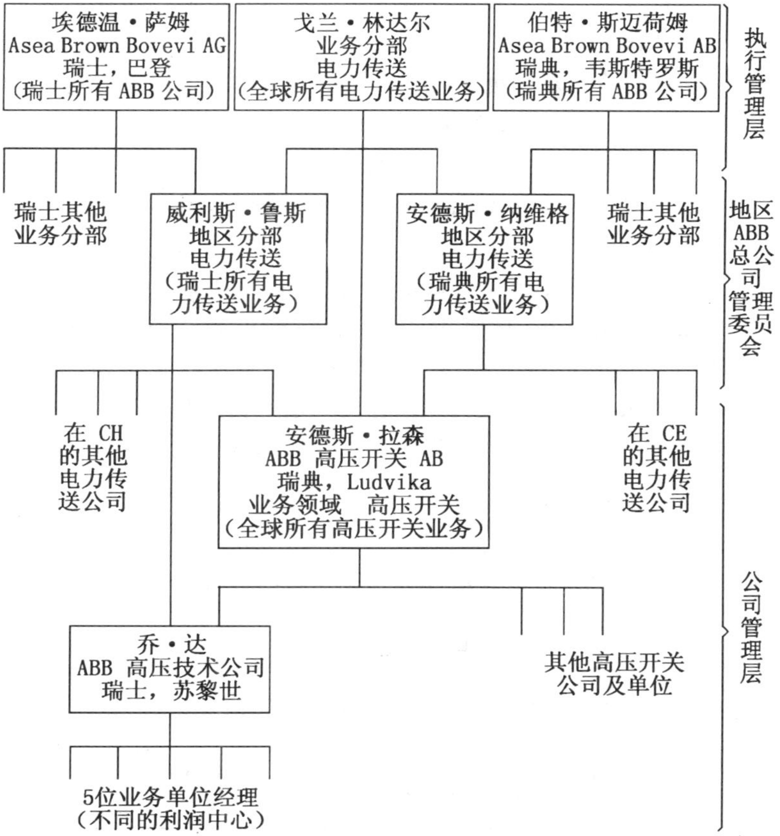

图 3 ABB 公司矩阵关系:代表样例

戈兰·林达尔,46 岁,执行副总裁之一,这样来解释工作机制:

我们的战略是在技术上实现全球化,但在顾客服务上实现本土化。我主管业务的年销售额达到 55 亿美元。在 34 个国家设有 132 家工厂。听起来挺大的,不是吗? 但你要明白电力传送业务是由 750 家不同的利润中心所组成的,各有各的损益责任。平均每家利润中心只有45名员工,700万美元的销售额。

我负责全球的电力传送业务。这意味着我要关心其长期战略:产品计划新技术、收购及组织剥离。

如果我发现某个产品线过于饱和,我就建议关掉一两家厂。你难道认为一家地方公司的经理会建议关掉他的一部分业务吗?

当地经理是为了接近消费者,去执行战略。如果你观看我演示的幻灯片(见图4),你会看到我马上要讲的概念。左边的箭头显示,业务领域主要是由上而下的战略规划。业务领域的次要任务才是实际经营。由于同样的原则你看着右边的箭头——自下而上的那个——情况正好相反。区域性公司主要责任在于经营,战略规划还是其次。但两者之间只是程度上的差异并没有达到非此即彼的程度。

表格的中间表明预算和计划是公司战略与经营的关键纽带。

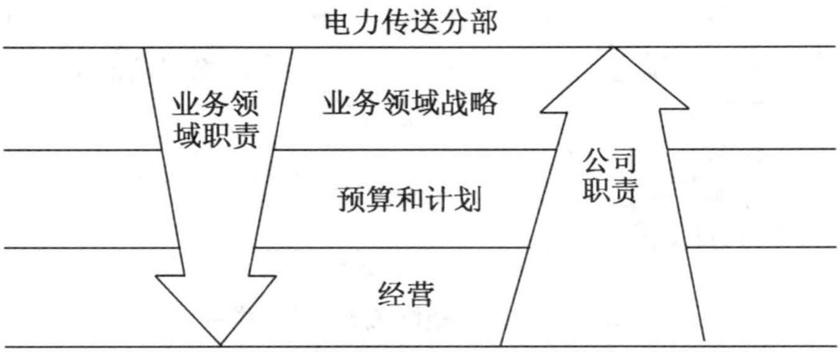

图4　矩阵组织

(三)算盘系统

林达尔的演示表中,预算与计划的中心地位显示出执行经理在实施控制时依靠管理系统的重要性。一套名叫算盘(ABACUS)

的计算机辅助报告系统为监控和决策提供了所需要的信息。巴尼维克是这样解释的,他说:

> 我们通过一套叫做算盘的管理信息系统,实施透明的、中央控制的报告机制。每个月,算盘系统从我们4 500个利润中心提取绩效数据,并将绩效与预算、预测做比较。数据是以当地货币计量的,但最后要转换为美元,这样就可以进行国与国的比较分析。系统也可让你处理信息。你可以按照业务分部、国家和国家内部公司对数据汇总或分解。
>
> 我们寻找业务上升或走下坡路的迹象。比如在每月10日,我都要得到一份公文,内有500个不同经营单位的信息(50个业务领域、所有的主要国家、国家内部的企业)。我检查若干参数——新的订单、发票、利润、现金流——遍及全球或是在不同业务分部。然后我停下来研究引起我注意的趋势。
>
> 比如说某行业分部落在了预算之后,我要看看分部当中的5个业务领域,到底是哪个出了问题。于是我按照国家进行研究,最后发现问题出在美国,他们的收入并不算少,但利润状况却很糟糕。答案就很明显了——爆发了一场价格战。这不表明我要开始发号施令,但我要与有关执行经理就这个问题交谈。

四、实施

尽管很多文章不乏溢美之词,介绍巴尼维克在ABB公司开创的转变,但萦绕在大多数观察家心头的问题是:他和他的最高管理层能保证这种挑战性的管理原则和复杂的组织结构可以有效地运转吗?巴尼维克能够协调好前文提及的三对矛盾吗?他能否实现为ABB公司制定的下列四项目标任务?

1. 全球的经济增长必须有可靠、有效的电力供应作保证。ABB公司致力于通过提高能源效率、生产能力和经营质量，有效地满足这一需求。ABB公司具备先进的技术和环保方面的技能。从环境角度出发，ABB公司为可持续发展做出了贡献，并能帮助全球所有国家实现经济增长、提高生活品质。

2. 我们提高产品价值的愿望，是以不断的技术革新以及我们员工的能力与动力为基础的。我们的目标任务是成为全球领导者，并依此行事。我们将在自己的领域中，成为最具竞争力、最有能力、技术最先进、质量最好的电气工程公司。

3. ABB公司在全球市场的领导地位，在关键市场的本土形象，对于研究开发的投入，对于人员的激励，这一切是满足顾客需求和确保股东、雇员长期利益的基础。作为良好的企业公民，ABB公司意识到并履行了对社会、特别是所在社区应尽的义务。

4. ABB公司的每一分子，都致力于实现这一行动目标及其内在的价值。

起码如巴尼维克自己所承认的："现在才是真正的考验。我们要证明这些新的联盟能够带来我们所预期的优势。"

八、全球竞争中的两个组织*

一、福特公司(Ford)

在1995年1月，英国出生的福特公司首席执行总裁亚力克斯·特罗特曼(Alex Trotman)为福特公司启动了一种新的战略。这个被称为"福特2000"的战略是基于这样的考虑：即通过提高公司效

---

* 约翰·B·库伦：《多国管理：战略要位》，机械工业出版社。

率和为适应快速变化的世界市场加速产品开发来降低公司的成本。此战略的实施依赖于在世界范围内销售汽车,继而在生产与开发领域降低成本,并通过世界范围的生产团队的高度合作与努力来加速产品开发的速度。

为什么这个战略具有必要性? 因为竞争者发展得太快了。日本汽车制造商的新产品投放市场的平均时间为 4 年,而福特公司则为 5 年,克莱斯勒公司甚至将其 Neon 型车投放到市场仅用了不到 3 年的时间。此外,还因为竞争对手更加富有效率。例如,福特公司在汽车方面的税前利润率为 5.4%,而克莱斯勒的税前利润率比福特公司的两倍还要多,为 11.6%。福特公司每名工人生产 20 辆汽车,而丰田公司则达到 37 辆。

为实施"福特 2000"战略,很有必要彻底地改造福特公司的世界组织结构。首要的问题是:将欧洲福特公司和北美福特公司合并为一个协调的组织。其目标是:避免欧洲和北美汽车设计的重复,并在这两个洲生产相类似型号的汽车,从较少的供应商采购中获取规模经济(1995 年的 50 000 家到 1997 年的 5 000 家)。

合并和重新设计的第一步是合并美国和欧洲的产品开发中心。福特公司将 15 000 名员工配置到 5 个新的汽车中心,每个中心负有特定型号汽车的全世界范围经营的责任。其中 4 个中心位于美国密歇根州的 Dearborn,第 5 个中心分设在英国的 Dunton 和德国的 Merkenich。例如,欧洲的汽车中心负有开发全世界小型汽车的责任,密歇根州的中心则负有开发商用卡车的责任。另外,汽车的设计现在是由工程师、设计师和汽车制造商组成的长期团队进行,这和以往有所不同,以往仅是指定公司职能专家临时负责项目。其希望是生产基本零部件被普遍采用(如汽车底盘、汽车驾驶盘),并仅需要一些很小的改动就能适应当地市场的世界汽车。

对福特公司的重组存在着一些批评。一位对手讲,福特公司的巨型世界组织将导致全球产品的成本节约全部被抵消的烦琐的决策。一位咨询家不相信福特公司能设计出一种既适合五大洲市场，同时又能保持低成本的汽车。通用汽车公司的管理人员认为，这种关注于发现对其他市场具有交叉潜力的半独立的地区性组织是更具有弹性的组织形式。

这种组织的效果如何？发动机设计测试时间已从2年降到100天，新型汽车项目的审批已经从2个多月和22次会议降至不到1个月，通过采用来自不同地区的最佳技能而使某些技能得到改进，一个例子就是将较高效率的美国原型部件合作系统与欧洲工厂监控工程系统进行合并。供应商的数量也下降了。

某些问题也开始暴露出来。重组1年之后，福特公司开始脱离作为重组关键的设立5家汽车中心的思想。公司正将其产品开发单位减少到3个，用以避免重复和竞争。同大多数重组一样，它们也面临着来自员工方面的一些负面反应。工程师害怕裁员，有些人也对其在新组织中的位置感到迷惑。

二、Acer电脑公司

Acer公司是中国台湾地区一家发展中的个人电脑公司，其每年的收益增长率接近50%，到1996年(公司20周年)，Acer公司的收益已经达到60亿美元，Acer公司现在已进入全球个人电脑销售的前7强行列。Acer公司生意的29%来自于为其他品牌如日立(Hitachi)、西门子(Siemens)计算机提供原始设备的生产，但Acer公司也以自己的品牌销售产品。

Acer公司采取低成本战略，即通过在中国台湾地区和马来西亚的工厂生产自己的元器件，并在从曼谷到布宜诺斯艾利斯的39家低成本地区进行组装。其与德克萨斯仪器公司的高赢利的合资企业提供计算机存储芯片。

Acer公司精力充沛的首席执行官Stan Shin希望Acer公司成为产品不限于个人电脑和元器件的全球竞争者。他正考虑建立从智能电视机到游戏机这样一条完整的新的电子消费者产品生产线。为在这一竞争性的新兴市场进行全球性的竞争，Shin依靠一种全新的组织形式——Acer公司具有自主权的全球联邦体制。

从1991年起，Shin就将控制权分散到世界各地的Acer公司。到2000年，他希望在美国、欧洲和拉美拥有21个在Acer名下独立的公共贸易公司。为启动这一过程，他使Acer计算机国际公司37%的股权与公司相脱离，这家子公司专门致力于在新兴市场分销产品。它已在新加坡证券交易所上市，Acer计算机国际公司已被局外人控制了37%的股份。Acer计算机国际公司从Acer Peripherals公司采购元器件，但是如果Peripherals公司的价格缺乏竞争力，Acer计算机国际公司也有向其他公司采购元器件的自由。

位于中国台湾地区的两家Acer公司的制造企业分别是产值10亿美元的Acer Peripherals有限公司和产值560万美元的德克萨斯仪器与Acer公司的合资企业。它们拥有非常大的自主权，不久将成为公共公司。其中，Acer有限公司将保留1996年新建的公共公司的股份。Acer有限公司拥有Acer Peripherals有限公司45%的股权和合资企业48%的股权。

为什么Shin期望这种联邦制能够有效运行呢？Shin确信，如果当地分销商拥有Acer公司的股份，他们将更有动力去销售Acer公司的产品。Shin同时也希望当地的灵活性将给公司带来优势。最近在墨西哥基于当地组装(抵消比索贬值)和以适当的价格提供高品质产品方面的成功显示出，Shin的战略和组织实施可能是有效的。

为保持这种联邦的紧密联系，Shin将赌注押在强有力的Acer公司文化和共同财务利益上面。然而，一旦Acer公司放弃所有权，Acer公司将不得不对当地股东的利益做出反应，而不一定顾及中国台湾地区股东的利益。Shin承认这一点，并以此作为公司的一种激励力量。他坚信其工程师能够创造极具吸引力的产品，其吸引力将使相关公司保持对Acer公司集团的承诺。

九、拉特—安德松机器制造公司*

1987 年 3 月的某一天，拉特—安德松机器制造公司(WRIGHT—ANDERSON MACHINES)的财务副总裁保罗·费茨帕特里克一直工作到深夜。拉特—安特松机器制造公司是加拿大一家生产重型工业设备的制造厂商，公司的收入都是加拿大本国货币加元。1981 年 4 月初，公司曾以 6 个百分点的固定利率借了 6 000 万瑞士法郎的 6 年贷款。当时这笔贷款相当于 3 700 万加元。现在货款已接近到期，而且尚无办法还清，看来必须采取滚动续借的办法。保罗的责任是决定重新筹借贷款的最好办法。

为了重新筹资的目的，保罗考虑了几种不同币种和不同期限的筹资办法。特别是他考虑了采用瑞士法郎、德国马克、美元或加元，贷款期限可以是 6 个月，1 年，3 年或者 5 年。

他也想到把 6 000 万元瑞士法郎贷款分割为不同币种和不同期限的贷款，每笔最小相当于 5 百万瑞士法郎。可供选择的方案多得不得了，弄得人头昏脑胀。

早些日子保罗已经同有来往的银行家进行了接触，得到了下述有关目前固定利率贷款成本的信息。

	6 月期	1 年期	3 年期	5 年期
瑞士法郎	5.25	5.25	5.50	5.75
德国马克	5.80	6.00	6.00	6.20
美元	8.60	8.66	8.70	8.75
加元	9.20	9.37	9.75	10.00

* 《国际金融》，清华大学出版社，案例原作者 Richard Nason & Paul Bishop。

保罗也询问了目前的即期汇率和远期汇率，有关信息如下：

期限	瑞士法郎的美元价 \$ US/SF	德国马克的美元价 US/DM	美元的加元价 \$ CDN/ \$ US
即期	0.664 4	0.551 1	1.305 1
3 月期远期	0.673 1	0.558 8	1.306 7
6 月期远期	0.673 5	0.558 4	1.307 9
12 月期远期	0.685 5	0.565 0	1.311 5

超过 12 个月的远期合同通常也是可以成立的，不过这样的远期市场流通性较少。

为了历史地看清问题，银行向保罗提供了下述日期的即期汇率值：

	瑞士法郎的加元价 \$ CDN/SF
1981 年 4 月 1 日	0.619 8
1982 年 4 月 1 日	0.636 1
1983 年 4 月 1 日	0.592 7
1984 年 4 月 1 日	0.592 8
1985 年 4 月 1 日	0.522 3
1986 年 4 月 1 日	0.720 4
1987 年 4 月 1 日	0.866 6

保罗削好铅笔，开始埋头工作。决定必须尽快作出，保罗希望自己真正能作出一个好的决定。

十、国际银行马来西亚分行*

在香港举办的为期4个星期的管理开发学习班就要结束了，国际银行马来西亚分行驻吉隆坡办事处的总经理伊恩·丹克沃恩先生早已归心似箭。他此刻正在为其分行的一起严重人事纠纷感到头痛，手下的两名部门负责人，王青波(信贷部)和赞努地(行政部)之间的矛盾给公司的士气与绩效带来相当坏的影响。一般这种情况，丹克沃恩都当作"两个经理间个人冲突"事件来处理，但这次由于王青波是华人，赞努地是马来人，问题就复杂多了。

这种关系，不仅加剧了他们两人之间的敌意，而且给伊恩出了个大难题。伊恩明白，公司的职员们，甚至马来西亚的有关政府部门，都在密切关注着伊恩对这一纠纷的处理。尽管同是马来西亚公民，但人们一向对两个民族间的微妙关系很敏感。事实上，政府也已针对公司中华人与马来人的比例问题制定了法规。

伊恩回去后，必须马上解决这一问题，但事先还真要好好斟酌一番。

一、背景情况

国际银行是一个商业性的银行组织，虽然总部设在美国，但只要不违背总行的经营政策，各地分行均可根据当地情况，自行处理一些业务。马来西亚分行也采纳了总行的这一策略，给各地储蓄所以自主，只插手一些涉及到"国际"间交往的业务(如与分行国外一些大客户进行业务往来)以及各地储蓄所无权决定的信贷申请

* 亨利·W·莱思等:《国际经贸管理行为学》，大连出版社。

等问题。

吉隆坡地区办事处成立已有好几年了，拥有雇员58人，分几大职能部门，分别经营国际银行在马来西亚的各项业务。作为分行总经理，丹克沃恩全面负责对这些部门的管理与协调。吉·怀特是分行的高级代表，负责总行的“主要业务开发”，即负责那些直接反映总部利益的业务在马来西亚的发展；并且也监管向几个重要客户提供满意的服务。马来西亚各地的储蓄所负责处理一些丹克沃恩或怀特事先安排好的大笔交易的细节。

负责国内各储蓄网点的地区经理程书礼，直接接受丹克沃恩及怀特的指令。

分行所有的经理当中，除了丹克沃恩、怀特及赞努地，其他都是华人。图1列出了办事处人事安排的总体组织结构图。每一部门的经理都与各地储蓄所的经理们保持联系，为其提供一些职能方面的协助并负责监控储蓄所的一些活动，确保其经营没有违背总行所制定的政策。

各部门内部的日常工作各有特色，信贷部有一个起重要作用的专家小组，各地区储蓄所的所有信贷申请都要报请他们核准。对于那些超出他们职权范围(此范围由部门主任、地区经理设定)的重要申请，他们只需审核，并给出对此申请批准与否的意见，再提交上级批准。信贷部还有一个管理小组，通过一些记录与担保文件，对所有已贷出款项的应用情况进行监控，并负责对储蓄所、丹克沃恩或怀特提出的一些有问题项目进行调查，核实其贷款应用是否与原批示相符合。

行政会计部的主任是赞努地，行政方面主要包括两个基本职能。一个是负责地区人事处本身账目的管理，控制所有其他储蓄所的财务开支，将一些财务数据(如信贷记录)给其他各部门作参考，并整理财务报表上交总部。另一个职能是“外汇中心”，向东南亚外汇管理局汇报有关银行的成交量头寸(为客户换汇所收取的

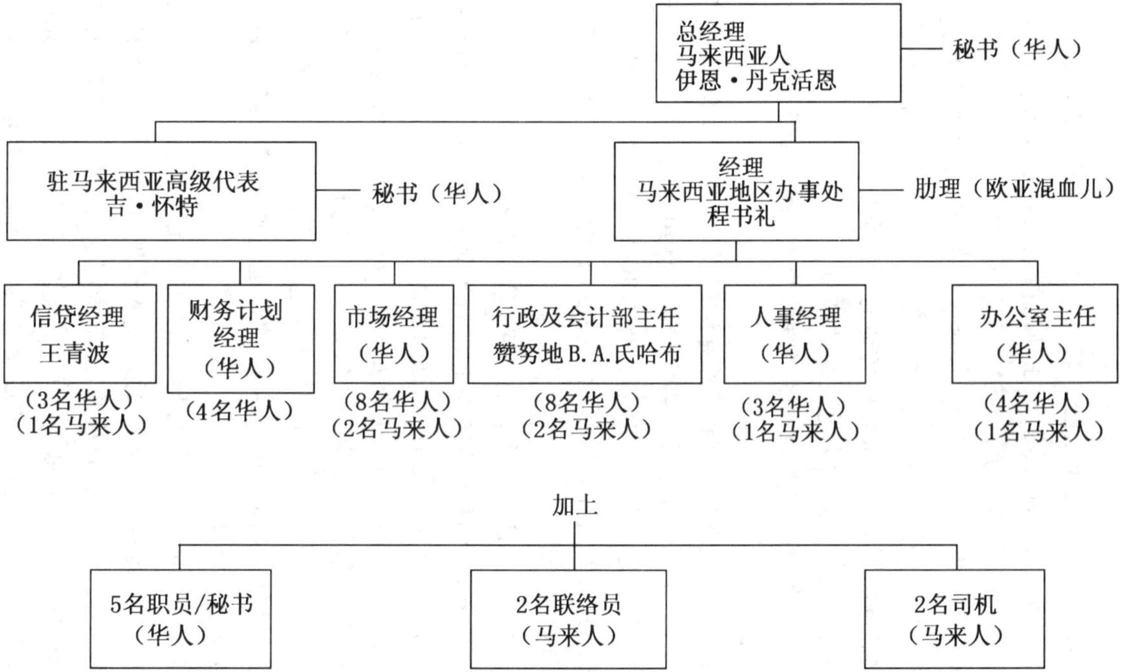

图1 国际银行马来西亚分行吉隆坡地区办事处组织结构图

地方货币佣金)。根据各储蓄所的要求,他们也负责对已确定的换汇程序或汇率进行检查与管理,及时纠正一些偏差,以便保证银行信誉,使其在每一细节上都顾全顾客的利益。

会计部是信息中心,这一职能要求它必须与其他部门的领导及职员进行频繁的交流。例如,国际银行是一个商业银行,但也办理一些“要人”申请的个人贷款,这样的申请,虽然最后要由丹克沃恩审批,但具体问题要由赞努地把关,并为这种非商业性贷款的审批提供一些供参考的文件,如涉及到政治或经济信息。许多向怀特或国内储蓄所提出的一些特别申请都要由信贷部经手,但也需行政部的协助,处理这类申请需要作番努力,因为通常催得都比较急。除了一些大型的国内贷款外,对这套贷款审批工作,赞努地逐渐掌握了一套程序方法,处理也还算得当。

会计部的工作性质以及贷款的审批都要求信贷部与行政会计部之间进行经常的相互交往,因此两个部门之间的人际关系对工作效率会产生重要影响。下面伊恩列出了几起由于两个部门之间的纠纷所产生的不利影响。

1. 应信贷部的要求,财务计划部要对不同储户存款的盈利状况进行分析,以作为确定贷款利率的一个依据。要完成这一任务,需要行政会计部将储蓄所的有关报告收集到一起进行分析,然后提供有关贷款履约、存款账目平衡状况等的详细报告。碰巧这时信贷部也急需一些精确的账目状况报表,以便为一项很有吸引力的贷款定价,这时行政会计部就可能有意拖延时间,迟迟不将报告转交给信贷部。

2. 对个人贷款申请,行政会计部需收集一定资料,再经信贷部提交到地区办事处加以最后审批。由于这种申请对于一个商业银行来说,属于特殊业务,因此行政部就有可能对信贷部的催促不予理会,拖延提供有关资料。这种冲突有时倒不见得是由人际矛盾引起,而是权衡贷款利弊方面双方有不同的看法,但双方显然都不愿以调和的姿态提出各自的见解并加以协商,结果阻碍了业务的开展。

3. 伊恩抱怨说:“甚至我们地区办事处的体育俱乐部都受到影响。”这个俱乐部是由分行发起创办的,目的是鼓励职员们积极参与到各项活动中去。由于王青波是俱乐部经营委员会的成员,因此赞努地一有机会就对俱乐部进行抨击。例如有一次委员会决定出售两块台球板,他们在办事处贴出一则启事,希望对此感兴趣的人在本星期六中午(每星期中5日半工作日)以前以书面形式报上本人所愿意出的价钱。也许赞努地直到星期六上午9点才看到这则启示,他在这最后时刻来到俱乐部秘书办公室说,“我刚听说有关出售台球板的事,很感兴趣,准备参加报价,但现在我必须出去办点事。”

到了中午,管理委员会的人到齐后,准备查看报价时,秘书向委员会们转达了赞努地的想法。但委员会们决定仍按计划进行。他们比较了报价,卖出了台球板。到了星期一,赞努地将他的报价单交给了秘书(他的报价是所有价格中最高的),但当他发现台球板已售出时,立刻火冒三丈,当着办事处职员的面,大发雷霆,吼叫说是王青波在搞鬼,拒绝给他一个公平的机会。伊恩不得不又一次亲自出马,平息这场风波,作为俱乐部的赞助人,伊恩以往很少处理这类事务,都是交由委员会解决,这次是个例外。

二、有关人员介绍

伊恩·丹克沃恩40岁,生长于澳大利亚,并在那里受雇进入国际银行,6年后,被派往远东各国搞经营。担任分行总经理这一职务已有3年,除了他刚刚完成的这期学习班以外,没受过任何其他的特殊培训。但在任现职之前曾以高级代表的身份在马来西亚住过5年。公司对像伊恩这样移居国外的职员比较优待,为他们及其家属提供比较优越的生活条件,比在美国或欧洲的同事们要舒适得多。并且国际银行给予伊恩很大的权限,若留在澳大利亚或去美国,他都不会担此重任的。

由于伊恩杰出的个性并在马来西亚呆过一段时间,他与马来人与华人交往甚多(更多的是与后者),学会了马来语,还常到马来人及华人的家里去做客。在办公室,他有绝对的权威,能够沉着果断地处理各类问题。

赞努地与王青波的冲突常常困扰着伊恩。伊恩认为这两个人表面上有许多共同之处,但实质两人的背景与经历差异很大。赞努地从学校一毕业就进入了国际银行,至今已有 13 年了,受聘后曾在银行的美国本部呆过 2 年。他是个土生土长的马来人,出身于吉隆坡一个相当富有的家庭,父亲是位有声望的律师。赞努地还是位穆斯林教徒,非常虔诚(如他每星期五都去清真寺并参加所有的宗教日活动)。

王青波出身于一个有良好声誉的华裔商人之家,生于马来西亚。大学毕业后,即受雇于国际银行,不久又被送到美国接受为期 9 个月的培训。与马来西亚的许多华人一样,王青波是位佛教徒,但对自己的信仰不如赞努地那般虔诚。

这两个人都住在必打灵查亚,一个距吉隆坡大约有 5 英里的工业居住区,每天都乘轿车上下班,住宅的结构,大小也非常相似,都是公司提供的镶有瓷面的砖房。

伊恩认为,赞努地是和善的人,有极强的幽默感,也常依此自我解嘲。伊恩说:“他很可爱,随和,但也很懒散,业务能力差。他手下的职员倒很喜欢他,常拿他开心。”

赞努地日常工作中常违纪,对职员影响很坏。尽管上司领导反复要求甚至命令他遵守办事处的日常规则,但他依然故我,经常迟到。不加任何解释就擅自离职数小时,经常花几个小时时间吃午饭。因此,其他管理人员对他下属的类似违纪行为也无法制止,因为他们会反驳道,“赞努地也这样,你们拿他有什么办法?”

在评价赞努地工作效率时，伊恩认为，“坦率地说，他用处不大，来此工作的总部高级代表们1个月内就会得出同样的结论”。但是，伊恩补充道，“他的任职是政治的需要。”

在谈到王青波时，伊恩认为，“王不成熟，带有孩子气，喜欢恶作剧。但工作刻苦，业务能力强。他手下的职员们对他的孩子气了如指掌，因此他并没获得一个管理者应受的尊重。但他为公司尽了力，并很有发展潜力。”

伊恩明白，他手下这两位部长间的问题不单纯是性格不和，还涉及到种族间的冲突。具体说，马来西亚政府为了改善马来人的生活水平，极力将更多的马来人安插进工商企业。但是在这个国家中，华人有更好的声誉，他们工作积极刻苦，被公认为极精明(有时有点滑头)的买卖人，只要给钱，一天甚至可以工作18小时。相反，当地的马来人，生活却勉强糊口，尽管马来西亚农民很勤劳，但墨守成规，目光短浅。例如，技术的发展已允许一年种植两季水稻，但农民们仍固守一年一季的水稻种植方法，原因是这已足够自己食用了。

正是由于华人传统的好强精神与勤劳，使得他们在企业中不断被提升到较高职位，但由于政府的限制，他们无法担任高层领导工作，这样的位置是留给马来人的。

三、政府的主张

就在几个月前，劳工部的一名代表来到国际银行办事处，要求检查工资账目，从账目中，他查看了每一薪水等级中，马来人、华人、印度人以及其他人的比例情况，回去后，就给伊恩写了封信，指责国际银行办事处各民族职员的组成比例与国家要求不相符合。政府希望企业中，所有层次职员的分布状况应以下列比例为基准：

马来人	30%—40%
华　人	20%—30%
其　他	剩下的名额

信中还要求公司出一份书面保证，下一年度要按上述规定调整人员结构。

伊恩明白，劳工部的代表是希望在下一年检查时，看到公司中马来人的比例有所增加，并且行政管理人员中，马来人的比例也要提高。当伊恩考虑如何解决王与赞努地之间的矛盾时，调整人员结构这一问题也同时困扰着他。不久以后，地区办事处经理程书礼又要接替另有高就的约翰·怀特，这就使问题更复杂了。虽然没有法律约束，但若国际银行不按马来西亚政府的指示行事，政府会撤回对国际银行的许可。伊恩已注意到，由于马来西亚发生了几起暴乱，政府在执行这一指令时，态度变得更为坚决。虽然这些暴乱是由于种族、经济、社会、语言、宗教、城乡差异等引起的种族间的冲突，却直接影响了那一年的大选。那次大选，同盟党出乎意料地遭到惨败。同盟党是一个由马来西亚国家组织联合会（UM－NO），马来西亚华人委员会（MCA）以及马来印度议会组成的联合政党，自马来西亚于1957年独立于英国以来，一直由此政党执政。这次大选，3个反对党派吸引了华人城市选民及一些马来激进分子（泛马来穆斯林党派）的支持，联合起来对付同盟党，使其在议会中的席位没有达到1/3，难以实现其总理拉曼在竞选时所许下的修改宪法的诺言。

竞选结果一公布，马来西亚华人委员会即宣布脱离同盟党，不再代表这一党派中华人的利益。3个华人反对党对此极为振奋，很快便组织胜利大游行，喜庆的情绪很快感染了所有华人。同时，民族矛盾激化，据报道，猪肉被扔到一些马来人身上，这对于视猪肉为不洁物的穆斯林来说，是极大的侵犯。

随之而来的是严重的暴乱，双方积压了几年的民族仇恨顿时迸发出来，据政府较为保守的估计，暴乱中有200人死亡。死者中华人占很大比例，原因是镇压暴乱的警察与武装部队中，马来人占多数。暴乱迫使修改宪法的工作暂停，权利斗争从5月一直持续到 9 月。拉曼被指责对华人过于软弱,作为反击,他撤销了同盟党内两名批评他的成员,但最终还是被迫辞职(为保全面子)。转年 2 月,全国召开了立法会议。

这些事件本身根源于历史性的种族摩擦,但其影响会持续许多年。解决王与赞努地间矛盾时,也必须考虑这一点,因为在此背景条件下,民族问题很敏感。

四、长远和眼前的问题

伊恩意识到,两位部长间的矛盾是眼前问题,必须马上解决。而这一问题的解决必定会牵涉到对劳工部所限定额的执行问题——这也是一个长远计划。针对劳工部的要求,他可以采取几种方法来对付:增设几个"官位",让马来人作傀儡头目,再配备一名有实权的华人;或者干脆尽快彻底地执行劳工部的指令;也可以综合使用这两种办法。

在考虑选择这些解决方法时,他针对各个方面进行了权衡。从财务支出考虑,去年银行总收入从 1 240 万马来元增加到 1 580 万马来元,但管理费用占总收入(除去所付存款利息)的百分比也由 72%(910 万马来元)上升到 76%(1 200 万零 8 千),而其中 50%的管理费用支出是工资。行政管理人员每月薪水在 1 000 到 2 000 马来元之间(赞努地与王青波的工资都不到 1 500 马来元)。行政管理人员在正式任职前,需经过 18 个月到 2 年的见习期,在此期间,薪水为每月 500—550 马来元,而一旦完成见习,就要将薪水提高到 1 000 马来元。

除了工资支出问题外,伊恩还担心一点就是据他了解,马来人完成高中及大学教育的比例相对于华人来说,是相当低的。尽管初级教育中,马来语、汉语及英语并排使用,但入学是自愿的,并且中途退学率相当高,其中马来人的退学率比华人高得多。

这样,有限的几位马来人毕业生就成了所有公司的"抢手货"。

由于竞争,付给这些马来人的工资也越来越高。据伊恩所知,马来西亚的两家美国石油公司付给见习期马来人(有的甚至大学尚未毕业)每月高达 750 马来元的薪水。这种竞相抬价的状况会越来越糟,除非大学毕业生的数目有明显增加,但由于教师数量有限,政府近几年又不会大幅度增加教育投资,因此几年内情况不会有太大改观。

伊恩感到欣慰的是,由于在港培训,他暂时可避开办事处日常工作的干扰,静下心来仔细考虑一些问题,但他清楚地意识到,无论采取什么措施来解决这些问题,都必须考虑到马来西亚越来越浓的排外倾向。

一种折衷的解决办法也许是应该劝说总部将国际银行在马来西亚的业务卖给或合并入一个当地的金融网络,这有可能既保住国际银行在马来西亚的市场,又可避免一些"干扰",开展正常的业务。在马来西亚,外国银行的数目已减少 20%,而今后政府还会强化这一趋势的进一步扩展。

五、尾声

伊恩下星期就要返回马来西亚了,他必须在回去前认真总结一下该采取哪些步骤。从眼前看,他必须解决赞努地与王青波之间的矛盾,否则会影响办事处的士气与效率;从长远来说,他必须应付来自政府的压力,增加国际银行马来西亚分行中马来人的比重,并尽快有所成效。伊恩准备好第二天的课程,想到他的那些经理同学们已在楼下尽情畅饮,心情异常烦闷,他还是拿不准到底应该怎样解决这些盘根错节的问题。

十一、由海尔的国际化到国际化的海尔

海尔集团是中国家电第一名牌。1999年,海尔实现国内外营业额268亿元,其中工业销售收入215亿元,15年来,海尔的平均增长速度达到81.6%。1999年出口创汇1.38亿美元,比1998年增长一倍以上。2000年1—5月份的出口额已超过去年全年水平,同比增长100%以上。

美国权威的《家电》杂志公布统计数据,在全世界家电企业中,海尔的增长速度名列榜首,超过了德国、日本等世界著名家电企业的增长速度。

海尔不但规模发展迅猛,品牌美誉度和影响力也迅速提高。1999年12月7日,美国《金融时报》公布全世界最受尊重的企业排名,海尔成为中国惟一入选企业。品牌形象的树立和巩固提高又促进了海尔海外市场的拓展。在这一消息公布后,海尔在世界各地的经销商纷纷致函、致电表示祝贺,他们在贺信贺电中表达了一个共同的心声,那就是对与海尔的合作充满了信心。

在世界三大信息公司之一的GFK公司的市场调查中,海尔目前已被列为欧洲名牌行列。

在最近由美国科尔尼管理顾问公司、《财富》杂志集团等参与的"全球最佳营运公司"评选中,海尔成为亚太地区企业惟一得主。

一、海尔的国际化

海尔的国际化和国际化的海尔是两个不同的概念,但它们之间有着内在的、必然的联系。海尔的国际化是手段,国际化的海尔是目的。海尔的国际化要求海尔的各项工作都能达到国际标准,这就如同参加一项比赛,必须先要具备参赛的资格。海尔通过技术的国际化、市场的国际化、网络的国际化等各项深入细致的工作达到海尔的国际化的目的,所以“出口”是针对海尔的国际化而言,但国际化的海尔就不同了,在这一阶段,中国的海尔将成为整个国际化海尔的一个组成部分。届时,还将有美国海尔、欧洲海尔、中东海尔等本土化的海尔出现在世界各地。

海尔的 15 年发展历程可以分为三个发展阶段。

1. 1984—1991 年,名牌战略阶段(增强质量的核心竞争力)

在这个阶段,海尔用了 7 年的时间,专心致志地做好冰箱一个产品。其标志就是 1988 年海尔摘取了中国冰箱史上第一枚质量金牌。通过做冰箱积累了一套经验,形成了“OEC”管理模式,更重要的是锻炼培养了一大批人才,为海尔以后的战略发展打下了良好的基础。

2. 1992—1998 年,多元化战略阶段(增强整体的核心竞争力)

这一阶段是在名牌战略成功实施的基础上进行的一次新的战略创新和转移。按“东方亮了再亮西方”的战略指导思想,发挥海尔文化的优势,以吃休克鱼的方式进行多元化扩张,由一个名牌产品发展成为全部系列家电名牌产品群,增强了企业的整体实力,为实现第三个战略阶段的目标做好了充分准备。

3. 1999 年开始,国际化战略阶段(增强在国际上的核心竞争力)

这个阶段以 1999 年为转折点,在多元化战略成功实施的基础上进行了又一次战略创新和转移。海尔认为“国门之内无名牌”,为创出世界知名品牌,每一个人都应成为有国际竞争力的人才。

海尔的国际化的目标是“三个三分之一”,即最终实现国内生产国内销售 1/3,国内生产海外销售 1/3,海外建厂海外销售 1/3。为了实现这一目标,海尔的国际市场开拓遵循以下两个战略。

1. 国际市场开发战略——“先难后易”,即产品先进入发达国家市场,创出名牌后,再以高屋建瓴之势进入发展中国家市场。海尔产品目前已出口 150 多个国家和地区,其中欧美占 60%以上,并进入了 15 家世界大的连锁集团。国际市场布局日趋合理,海外销售也增长迅速,在美国 180 升以下的冰箱中海尔占 20%的市场份额;在德国,海尔占中国出口冰箱的 95%以上。

2. 国际化品牌战略——开发出国际化的知名品牌。海尔通过"先难后易"出口,凭高质量让用户对海尔品牌达到"认识"的目的;通过"三位一体"实现扎根,最后通过"超前满足当地消费者的需求",在当地实现融资融智,创造本土化的名牌。"创牌"是海尔出口的目的。海尔认为出口创汇和出口创牌有本质的区别:出口创汇以创汇为导向,容易受客户制约;出口创牌以创牌为导向,通过树立用户的信誉实现超出创汇意义的价值。

同时一个国家如果没有自己的名牌,只有自己的加工能力,就会永远受别人制约。一个企业如果没有自己的名牌,在国际贸易中就必须依赖别人,而一旦树立了自己的名牌,这种关系就会变成互相依存的关系,优势互补,互惠互利,实现双赢的合作。

通过海尔的国际化实现国际化的海尔,主要体现在以下几方面。

(一) 观念国际化

促使海尔在国际市场取得突出成绩的因素有很多,但海尔认为最重要的还是观念的国际化,只有观念真正国际化了,市场才能实现国际化。海尔的观念国际化主要体现在对几个问题的认识上的国际化。

1. 对核心竞争力的认识。海尔认为"企业真正的核心竞争力在该组织内的人,而不在其产品和技术"。也就是说,只有当人具备了核心竞争力,才会产生有竞争力的产品和技术,产品和技术的竞争力是人的竞争力的外在体现。

海尔以创新精神形成国际化海尔的比较优势。与世界上著名的跨国公司相比，海尔在资金、技术等方面并不具备优势，但海尔可以形成自己的速度，以灵活、高效率的比较优势与之竞争。

1999年4月5日14:00，海尔接到外商S先生的订单，要求2天内发货，这就意味着当天下班前3个小时内必须装船，按照一般的程序，做到这一切几乎是不可能的。"订单就是命令单"，海尔人打破常规，船运、备货、报关几路同时进行。S先生接到来自海尔的"货已发出"的消息后随之发来传真表示感谢。传真中说，"海尔人的精神是不可战胜的，……我做家电十几年了，这是第一次给厂家写感谢信。"

世界最大的连锁店之一的W公司在香港面向全球采购家电产品。海尔负责此次谈判的是两个年轻人。在离赴香港的20多个小时里，他们进行了充分的准备。当他们把精美的幻灯片和资料翔实的介绍展示出来后，W公司P先生赞许地说，"做得这么优秀，细节如此完美的企业，海尔还是第一家。"当天下午5:00，W公司临时交给他们20多张表格要求第二天16:00填好，这些表格涉及数据繁多而且复杂。他们从当天下午6:00一直填到第二天凌晨5:00，早上8:00把表格交到了W公司。W公司主管简直不能相信。海尔商务人员对自己的企业及产品掌握的程度之熟练，使W公司相信海尔是一个完全可以信赖的国际化企业。该公司破例要用"海尔"品牌，并签下了第一笔订单。

1999年7月，欧洲经销商Y先生要求海尔3个月内制做出5种产品样机，按国际水平至少需6个月时间。1个半月后，当Y先生到海尔来进行交流时，5个系列25种产品样机摆在了他的面前。Y先生激动万分，说"太漂亮了，这25种产品我全部订货。"临别之际，Y先生又将原本向别的客户订的产品决定均由海尔来做，并要求下次见面时能看到样机。第二天，他们准备离开时，样机已经做好了。他们看着海尔人连夜设计的新样机，又看着科研人员那充满血丝的眼睛。Y先生感慨地说："海尔人的这种精神让我想到了25年前的菲利浦。”

这就是海尔人身上体现出的海尔文化。我们认为企业文化分为三个层次:最外层是物质文化,中间层是制度行为文化,核心是精神文化,也就是价值观,海尔文化的价值观,只有两个字,那就是创新。

我们认为企业的国际化关键在于人的国际化。为提高人员素质,海尔一方面整合全球人力资源,一方面加快培养自己的内部人才。海尔在美国的营销经理聘用的就是当地人,年薪25万美金,虽然年薪较高,但他自身的优势是我们派过去的人无法比拟的,人员的本土化是海尔国际化的一个重要举措。

2. 对市场的认识。“用户、用户、还是用户!”一切工作的出发点和落脚点都在用户,为了满足用户的需求,必须不断改进我们的工作。

3. 对品牌的认识。“质量、质量、还是质量!”质量是品牌的重要基础。

3年前,有一位澳大利亚经销商买了7 000台海尔冰箱,凭经验留出100台做售后维修用。1年后,所有的产品一台未出故障,所以提出共同开发市场,在澳洲创立名牌。中东地区有一位客户过去经销中国的显微镜,总是筛选调正后再销。他第一次与海尔合作时也采取了这种办法,结果一台也未发现问题,因而感叹地说“中国货完全可以跟日本货、德国货媲美。”

(二) 产品国际化

我们的原则是开发三种差别化的产品群,通过主导产品提高品牌知名度;通过潮流产品提高品牌信誉度;通过缝隙产品提高品牌美誉度。

“小小神童”就是典型的缝隙产品。由于创造新的需求,赢得了新的市场,海尔成为世界惟一一家可以生产这种小洗衣机的企业。

（三）技术国际化

目前全世界最严格的六种质量标准，海尔都已经通过，为了进一步提高产品设计能力，海尔成立了中央研究院，同时整合全球技术资源，建立全球技术联盟，目前，海尔在世界各地已有六个设计中心 19 个合作伙伴。

海尔的实验室也达到了世界领先水平，它可以模仿全世界各地最恶劣的环境条件对产品进行检测，并获得了以上六个认证机构的等效许可。

在质保体系方面，海尔是中国第一家通过 ISO9001 质保体系认证的家电企业，也是中国产品通过该项认证最多的家电企业，确保了海尔产品在世界各地畅销无阻。

目前，在欧盟国家，买海尔无氟节能冰箱可获当地政府的补贴，此举大大促进了海尔产品在欧盟国家的销售；在美国，海尔产品已达到 2001 年美国能耗标准。

（四）市场国际化

海尔已经形成由一般市场到重点市场，由重点市场到信誉市场，由信誉市场到三位一体当地化三级递进的市场创新模式。

（五）网络国际化

海尔在海外的营销网络包括一般客户、海尔经销商、合作（资）伙伴三类并存。如美国海尔最初由一般客户发展成为海尔经销商，现由经销商发展成为合作伙伴。双方合资成立美国海尔贸易有限公司，目标就是发展成为三位一体的本土化的美国海尔。目前海尔在海外已经拥有营销网点 3.6 万个，售后网点 1 900 个。

（六）机制国际化

海尔提出“内抓市场链、外抓国际化”，内外并举，通过实施市场制约机制，把外部市场竞争引入企业内部，使每个人都是一个市场，每个人都有一个市场。简单地说，下道工序就是市场。这样充分调动了员工的积极性，大大提高了工作效率。比如国际上开发一个产品通常用 1 年，海尔把这个时间缩短了 2/3 甚至更多。

二、21 世纪国际化的海尔

（一）国际化的海尔实际上是本土化的海尔

国际化的海尔在形式上是设计中心、制造中心、营销中心三位一体的海尔，在内容上就是要最终发展成为一个非常有竞争力的具备在当地融智融资功能的本土化海尔。美国海尔就是本土化海尔的一个范例，它的设计中心设在洛杉矶，营销中心设在纽约，生产制造中心设在美国南卡州。

根据国际化战略发展需要，在国家有关政策指导下，海尔积极开展境外加工贸易，规划在世界十大经济贸易区域都建立本土化的海尔，以更好的融入全球市场，实现海尔的国际化目标。目前在海外已建、在建工厂 16 个。仅 2000 年 1—5 月份就带动国内出口贸易额达 3 200 多万美元，是 1999 年全年的 3 倍。

海尔海外建厂的原则是“先有市场后有工厂”。首先要开发当地市场，通过出口进行市场定位及产品定位，同时使品牌出口达到在当地设厂的盈亏平衡点。即市场的竞争力是海外建厂的前提。比如在美国当地建一个冰箱厂的盈亏平衡点是产量 30 万台左右，海尔去年出口美国的冰箱已达到 50 多万台，已远远超出平衡点。目前，美国工厂已试投产，生产的产品在美国供不应求。

（二）海尔文化与当地文化有机的融合

一个成功的国际化企业，离不开自己优秀的企业文化。海尔在海外的工厂做到了海尔文化与当地文化有机的融合。

走进美国海尔宽敞明亮的车间，首先使人感受到的是浓厚的海尔企业文化氛围。海尔旗和美国星条旗庄重地并挂在车间上方，看板上的“Excellent Personnel Produce Excellent Products”（优秀的产品是优秀的人干出来的）、“Respond Quickly Act Immediately”（迅速反应、马上行动）等“美国版”的海尔企业文化用语既醒目又激人奋进。这些译文，正是美国海尔员工对海尔企业文化理解后用自己的语言表达的。

美国海尔员工还通过绘画、写诗等各种不同形式表达自己成为海尔大家庭成员的感受。员工艾默斯蒂娜的漫画，画的是两棵参天大树，寓意美国海尔、中国海尔共同发展壮大。员工霍德的画则表达了对亲手生产的冰箱的关心，在画中她写道："这是我们生产的第一台冰箱，质量完全符合中国海尔的标准"。

对自由、开朗的美国人而言，要求统一着装、工作时间不听音乐、厂区内不得吸烟是难以接受的。况且，GE、伊莱克斯等美国当地和外来的著名家电企业，也无类似的规定。但在了解到海尔在短短的 15 年发展成为国际知名品牌、张瑞敏总裁走上"财富论坛"同可口可乐等国际大公司的总裁同台对话时，美国海尔人都非常激动，改变了以前的观念，同中国海尔人有了一样的共识：有活力和潜力的企业，必须要有自己独特的企业文化和管理方式。

班前会制度、6S 讲评、评选优秀海尔员工等活动，让美国海尔员工感到既新奇又有活力。

站在 6S 脚印上的员工个个非常兴奋。因为由于海尔文化的影响，已使他们认识到，如果作为优秀者是一种自豪，如果作为落后者是一种勇气。

有激情的管理方式形成了美国海尔员工比学赶超的氛围。员工凯文认为，能站到 6S 脚印上的人才会进步。

海尔美国工厂员工积极进取的状态表明，海尔文化已经在美国海尔扎根。

（三）实现三个方面的转移

1999 年 1 月世界经济论坛年会上提出，企业在全球化进程中必须做到三点，即要有一套有应变能力的管理体制，要开发出全球知名的品牌，要有网上销售的战略。根据这三点，海尔进行了"三个方向的转移"调整：

（1）市场方向的转移，从国内市场向国际市场转移；

（2）产业方向转移，从制造业向服务业转移；

（3）管理方向转移，从直线职能式管理向业务流程再造的市场链转移。

这三个方向的转移是在世界经济正加快一体化的背景下进行的。面对瞬息万变的市场，海尔从内部变革入手，增强企业的活力。在市场方向转移方面，其关键在于不是不要国内市场，而是以国际市场的拓展来拉动国内市场。去年以来，由海外设计公司设计的产品在国内市场深受欢迎，如海尔"无霜金王子"冰箱就是海尔法国设计分部设计的，在国内市场已形成脱销的局面。

在产业方向转移方面，面对电子商务时代的来临，海尔及时变革，采取信息化技术，实现了网络化管理、网络化营销、网络化服务和网络化采购，并且依靠海尔品牌影响力和海尔已有的市场配送、服务网络，通过每个加速，即加速信息增值，加速与全球用户的零距离，使海尔的电子商务成为海尔驶向新经济的加速器。

在管理方向转移方面，海尔认为传统企业的金字塔式的管理体制已经不再适应市场发展的需要，海尔在管理机制上把金字塔扳倒，使企业的主要目标由过去的利润最大化转向以顾客为中心，以市场为中心。为了贯彻这一观念，海尔推行了内部"市场链"。市场链的具体做法就是"SST"机制，即索酬、索赔、跳闸。上下道工序，各个部门之间都是市场关系，每个人的利益直接与市场效果挂钩，调动了员工积极性，大大增强了企业内部的活力与创造力。

按照整合的思路，1999 年 8 月，海尔成立了物流、商流（国内商流和国外商流）、资金流三个流的推进本部。物流作为"第三利润源泉"直接从国际大公司采购，降低了成本，提高了产品的竞争力；商流通过整合资源降低费用提高了效益；资金流则保证了资金流转顺畅。

在增强国际竞争力的前提下，海尔又进一步加大投入。1999

年初分别在青岛开发区和青岛东部征地建立了“海尔开发区工业园”和“海尔信息产业园”;1999 年 4 月,在美国南卡州建立了“美国海尔园”。

海尔认为,国际化的品牌背后是因为有一批国际化的人才,为了进一步提高企业员工素质,更好地参与国际竞争,1999 年海尔还兴建了海尔大学校部,邀请国内外专家学者对海尔高层管理人员进行培训。

(四)成为中国人自己的世界名牌

目前国际上已把拥有世界名牌的多少作为衡量一个国家实力的标准,如果一个国家没有自己的世界名牌,那么在世界经济大舞台上将永远扮演配角,海尔的目标就是发展成为中国人自己的世界名牌,振兴中国的民族工业。

十二、中信公司境外企业管理制度*

境外投资是涉及到国际金融、国际贸易、技术转让、跨国管理等诸多方面复杂的系统工程。面对复杂多变、激烈竞争的国际市场,如果没有一整套科学和行之有效的投资、财务、人事及计划管理制度,就无法在境外投资与境外企业的管理上取得良好的经济效益。随着中信公司境外投资规模的不断扩大,其各种科学的境外投资管理制度也相应地建立起来。

一、中信境外企业的目标管理

中信公司对境外各子公司实行的是目标管理,其主要内容包

* 成思危:《中国境外投资的战略与管理》,民主与建设出版社。

括总公司境外投资的阶段性战略目标，及境外子公司的中短期发展目标。

（一）总公司境外投资的阶段性战略目标

1970年代末至1980年代初，中信公司遵照老董事长荣毅仁提倡的“积极、稳妥、慎重”的境外投资策略，以在境外建立非经营性的机构，为境外投资打基础为战略目标。1980年代中期和后期，中信公司的境外投资战略是利用境外融资发展资源开发性的境外投资企业。这一时期的投资项目主要有美国西林公司、澳大利亚波特兰铝厂、塞尔加纸浆厂等。1990年代初期，中信公司境外投资的重点是发展香港地区的金融性投资，利用香港地区的上市公司开展资本经营活动。1990年代中期和后期，中信公司开始注重境外投资项目的整合，以发挥集团公司整体效益为境外投资的战略目标。这些境外投资战略目标都是总公司根据国际市场的变化以及自身的发展水平而作出的。

（二）境外子公司的中短期发展目标

自1980年代后期中信公司实行集团公司的体制以来，中信公司要求境外子公司根据国际市场的变化，行业的发展水平及企业的实际情况制定2年—5年的中短期发展目标，并据此制定年度经营计划。在经营计划的基础上，再分别制定盈利水平、上缴利润额度或比例、资产增值幅度、销售额等各种经营指标。

1990年代中后期，中信公司开始对下属子公司实施战略性的经营计划管理。经营计划是总公司实施整体经营战略的重要途径。其主要内容包括经营环境分析、企业自身评价、经营指标确定、具体方案措施、财务预算安排、监控反馈系统等6个环节。

1. 对境外企业经营计划的指导制度。总公司综合计划部每年末要向境外子公司提出指导性意见，其中包括全球、区域性和国别经营大环境分析；境外企业的本年度经营业绩分析；下一年度的利润指标、资产负责指标等有关企业健康发展的指标；公司主要问题及解决方式;有关投资等财务预算安排等。

2. 境外企业申报年度经营计划制度。境外企业根据总公司的经营计划指导意见,要及时制定本公司的年度经营计划并上报总公司,其中包括投资计划、利润计划、生产计划、营销计划等。

3. 对境外企业经营计划执行的考评制度。中信公司每年对境外子公司的经营计划完成情况和经营绩效进行综合评价,并把它作为考核分配及下一步战略决策的依据。

二、境外投资的决策管理制度

(一) 境外投资审批的基本原则

总体来讲,中信公司对境外子公司的投资、贷款项目,根据其投资额的大小实行分级审批制度。总公司常务董事会是项目审理的主管机构,负责项目的审批。总公司的计划部和财务部是项目的审查办事机构,负责项目审查的日常工作。

中信公司对境外投资、贷款项目的审查实行初审与复审两次审批的制度。初审是审查项目的前期工作,批复项目建议书或初步可行性研究报告。公司在境外的投资项目,经公司初审同意以后,方可向国家计委申报立项。复审是对初审已批准并且条件成熟的投资、贷款项目的审查,对项目可行性报告进行批复。

中信公司在境外的投资项目经国家计委批准后,需报国家对外经贸部审批合同、章程等。

(二) 境外投资项目的审批权限

境外子公司在境外的投资、贷款项目,无论投资额大小必须由总公司审查或审批。公司境外企业在境外再投资的项目,投资在3 000 万美元以下的,需上报总公司进行审批;投资在 3 000 万美元以上的,经总公司审查同意后再上报国家计委审批。

(三) 境外投资项目的初审

境外子公司所有的投资与贷款项目必须经过总公司的初审。

报送初审的项目需由子公司领导签署意见后，项目负责人将必要的文件、资料，包括项目建议书、初步可行性研究报告、东道国投资环境调查报告、合作伙伴情况报告以及对项目的初步分析意见等，报送总公司计划部和财务部审查。

境外投资的初步可行性研究报告要按照国家计委《关于编制、审批境外投资项目的项目建议书和可行性研究报告的规定》要求进行编制。报告必须由有资格的第三者编制，在有国外第三者所做的可行性研究报告的情况下，主要审查项目与公司的地区原则是否一致、资金是否落实、有无违反国家规定等等。其他文件、资料及东道国调查报告等应能说明合作方的资信情况、管理情况、产品市场情况、投资环境情况、技术与设备情况、项目的投资额、资金筹措方式、公司权益的形式及承担的责任、外汇平衡、债务负担及经济效益现状与前景等。

项目经初审立项后，方可正式开展项目可行性研究报告的编制工作。

（四）境外投资项目的复审

经总公司初审批准后的项目，在项目可行性研究报告的评估完成以后，必须进行项目的复审。项目复审报告经报送境外子公司领导签署意见后报送计划部和财务部，并提供正式的可行性研究报告、项目评估意见、东道国投资环境调查复核情况、资金落实情况等文件。

项目审查报告经总公司常务董事会正式批准后，方可办理相关的手续。境外独资（即100%控股）及公司占大股的投资项目，要报送国家计委和对外经贸部备案。为了使中信的境外投资项目建立在科学的基础上，总公司综合计划部还拟订了“境外投资项目科学决策程序图”，并建立了一整套境外投资项目的审批制度，从而保证了中信境外投资项目的成功。

三、境外企业的财务管理制度

(一) 境外企业财务管理的基本原则

中信公司规定,中信公司所属的境外企业要按照当地的法律规定开展经营活动,交纳税款和进行会计核算和财务管理。境外企业要努力完成国家和总公司赋予的各项任务,定期向总公司汇报财务管理和经济效益情况,及时报送会计报表,充分发挥利润中心的作用,并向总公司上缴外汇利润。

(二) 投资与资金管理

中信公司的境外企业有责任保证资产的安全运营,并努力使之保值增值。

中信境外企业应以公司名义作为中信公司的产权代表,境外资产不得以个人名义注册登记,不准以个人作为公司资产的代表。企业主要负责人(董事长或总经理)是中信公司的资产负责人。若企业资产负责人发生变动时,要确定继任的资产负责人,并在离任前办理有法律效力的资产交接手续。

境外企业对国家资金的增减变动应作详细记载。有关国家资金的核减或核销未经总公司审查和财政部及国有资产管理局批准,任何单位和个人都无权决定。

境外企业的负债要纳入中信公司的资产负债管理的范围。其债务应靠实现利润偿还,负债投资所形成的资产属于中信公司的资产。

中信境外企业不得以其资产为外商企业进行借贷担保。如果确有业务需要,必须事先取得被担保人的资信证明,签订具有法律效力的反担保协议,必须经过总公司的批准,并报送财政部和外汇管理局备案。

境外合资、合作企业在撤消、合并、出售或破产时,要及时清理财产及债权、债务,向总公司报告当地会计师事务所审计的详细财务情况及处理意见。境外企业经总公司核批宣布撤消、合并、出售或破产后，还需将清算后的资产负债表、财产估价目录等资料报财政部外管局备案。其剩余资金必须及时调回，不得以任何名义或借口挪作他用或存放境外。

(三) 工资核算与管理

中信境外企业要本着开源节流、增收节支的原则，在不影响正常业务活动的前提下，在用房、用车、宴请等方面力求从简，不得铺张浪费。境外企业一切资金支付，必须要有指定的财务负责人与企业主管人员两人会签。

中信公司境外企业的生产经营成本和其他所得税前列支项目应根据当地的法律规定来确定，不得留在税后利润或名义工资中开支。

中信公司境外企业的中国职工一律实行名义工资，并根据当地法律进入成本。名义工资的数额一般是参照当地的工资标准确定。有外国雇员的境外企业，按照岗位责任确定工资水平，中国职工的名义工资应和外籍雇员享受同等待遇。境外企业对中国职工名义工资的管理实行单独记账、单独核算。为了平衡国内外职工的收入差距，中信境外职工的实际工资一般都大大低于名义工资。境外企业中国职工名义工资与实际工资的差额部分，一般由境外企业单立账户保管，主要用于境外企业中国职工的福利性开支、公关性开支及其他开支等。

(四) 利润分配与管理

境外企业利润是指中信境外独资企业按当地税法交纳所得税后的利润，以及合资、合作企业税后利润中方分得利润部分。此外，境外企业的各种回扣、佣金、分红、股息等收入均应列入利润总额。

由中信公司拨付资本金的境外企业，其盈利后 5 年内的税后利润 20%上缴总公司，80%留给境外企业补充资本金或作为发展基金。自境外企业盈利第6年起,其税后利润的40%要上缴总公司,其余60%留给境外企业用于增资及业务发展基金。

以中信公司名义在境外筹资或境外企业自筹资金成立的境外企业,可用利润优先归还贷款本息。利润归还贷款达到投资总额后按规定要上缴总公司税后利润20%,80%留境外企业用于增资和业务发展基金。从还清贷款后的第4年境外企业上缴总公司40%的税后利润,其余60%自留用于增资或再投资等。

(五)财务管理及会计报表

中信境外独资企业的财务管理应由总经理直接负责。有条件的企业应从国内选派外语好、政治可靠、业务能力强的财务人员直接负责境外企业的财务管理工作。如暂无条件,可聘用当地会计师参与财务管理工作,但总经理必须严格控制财务支配与管理权限。境外合资、合作企业的财务工作,中方最高负责人应当参与管理。有条件的单位,应有中方财务人员参与具体工作。

境外企业的财务制度要实行当地化的内部财务制度和会计核算制度。境外企业的财务开支手续要完备,会计凭证和账簿要齐全、完整并妥善保管。

境外独资企业的一切财务往来和现金支付以及境外合资、合作企业我方资金部分必须实行"联签"制度,即所有会计凭证必须有经办人和企业负责人共同签字。

中信境外企业必须按时向总公司报送会计报表和财务情况说明书,其中主要有:资产负债表、损益表、现金流量表、利润分配表、国有资产增减变化表、中方职工工资收支节余情况表等。中信境外企业的年度会计报表必须经过当地的会计师事务所审核后再上报总公司。

四、境外企业的人事管理制度

(一) 驻外人员的选派制度

中信公司的驻外人员的基本条件是:坚持四项基本原则,维护国家和公司的利益;遵纪守法,作风正派,服从组织领导,善于合作共事;热爱本职工作,具有专业基础知识和涉外工作经验,外语达到独立工作的能力;身体健康,无过重的家庭负担;在公司工作1年以上。驻外人员在赴任前,须与总公司人事部签订《派遣协议书》,并参加适当的短期培训。

(二) 驻外人员的轮换制度

中信公司驻外人员一般任期4年,到期轮换。确因工作需要缩短或延长驻外时间,需报总公司领导特批。为保证驻外人员轮换工作的制度化,中信公司建立了一支驻外人员的后备队伍。

(三) 驻外人员的考核制度

中信驻外人员每年都要填写《实绩报告书》及《中信公司干部年度考核表》,对其进行业绩和年度考评。驻外人员的考核结果与本人的奖惩、升降、职称评定等挂钩。对于境外高级管理层有突出贡献者,经中信公司领导特批,可以给予特别的奖励。

(四) 驻外人员的工资制度

中信公司驻外人员的工资性收入主要包括职务工资、浮动工资、伙食补贴、奖金等。其工资标准与所在国的物价指数浮动挂钩。境外企业须定期向公司人事部提供当地的物价指数,总公司据此平衡、调整驻外人员的工资标准。驻外人员工作积极、业绩突出,原则上可每2年人均调升一级工资。驻外工资只限在境外期间执行,国内档案工资按公司有关政策调整,回国后执行。

十三、万向美国公司境外经营经验:本土化*

万向美国公司在执行万向集团国际化战略的过程中,在销售网络建设、市场拓展和信息反馈方面取得了重大成就。一方面企业自身力量得以壮大和发展,另一方面也有力地拉动了母公司主导产业的扩张。

一、国际化

(一)构建自己的销售网络,提高万向产品的市场份额和地位

过去,从真正意义上讲,万向在国际市场上只有销售,没有市场,只是被动地等国外客户的订单。3 年多来,万向美国公司致力于构建涵盖欧、美的市场网络,积极寻找客户,迅速提高了万向零部件在国际市场的份额。1997 年,集团公司实现出口创汇近 7 000 万美元,较上年增长 40%多。1998 年 1 月~6 月,由于受金融危机的冲击,东南亚市场销售只有往年的零头,其他地区的销售也受到了影响。但是凭借自身的基础优势和境外营销体系的运作,万向有效地消化了金融危机对亚洲市场份额带来的不利因素,欧美市场开拓取得了实质性的进展,使集团保持了出口贸易额的稳步上升。这段时期,集团公司实现出口创汇 3 338 万美元,比上年同期增长 6.56%,其中自营出口 1 240 万美元,增长 15.04%,万向美国公司的增幅达 43.46%。这些成绩的取得与万向美国公司的努力是分不开的。

尤其值得一提的是,得益于万向美国公司的努力,万向零部件

---

* 成思危:《中国境外投资的战略与管理》,民主建设出版社。

产品的市场档次也有了一个飞跃。1998 年 8 月，万向美国公司与集团下属万向钱潮股份有限公司通力合作，实现了机械产品与美国通用汽车公司配套。这在中国也是第一家，在此之前，中国企业能够进入通用装配线的产品，只有随车用的帆布手套。

（二）多方搜集信息，促进新产品的开发

万向美国公司及其下属境外公司充分利用欧美信息渠道多、信息资源丰富的有利条件，多方收集有关信息并以最直接、最快捷的方式，将国际市场最新的技术、质量、价格等信息源源不断地传递给集团。集团根据这些最前沿的信息，及时地、最大限度地提供更能满足客户需求的产品和服务。如万向美国公司通过对市场的调研，发现万向节内油封比外油封更适合美洲的特点，万向钱潮公司据此开发出内油封产品，在美国市场上大受欢迎。又如轮毂轴承、新车型球笼，三叉万向节等几十种高附加值产品，都是根据境外公司的要求开发的，确保了产品的竞争优势。

与此同时，万向美国公司将集团现有的要素与国际市场的需求有机地结合起来，将集团内生产企业的产品类型、生产能力、技术能力推荐给国外客户，邀请他们来国内实地考察。这一方式取得了良好的效果。集团下属的特种轴承，国内需求量小，部分生产能力一直闲置。万向美国公司根据特轴公司的特点，连续开发了十几家客户，因此特轴公司的产品由劣势变优势，不仅解决了生产能力闲置问题，还几次扩大生产规模。这几年，特种轴承公司产品保持 60% 以上的出口量，效益一直很好，1997 年实现利润近 900 万元。

（三）加快反应速度，提高企业抵抗风险能力

万向美国公司是万向集团境外发展的桥头堡，也是公司的境外信息中心。1997 年开始的东南亚金融危机，给许多公司都造成了严重的损失。同绝大多数国内公司一样，万向集团也没有对付这种经济危机的经验，但是万向美国公司迅速、及时地降低了产品

的价格,保住了欧美老客户,并建立了一些新的客户,因而万向集团在金融危机中没有受到损失。可以设想,如果没有万向美国公司,集团的反应不可能这么快。

(四) 提高企业的知名度

万向美国公司的经营业绩,赢得了在同行中的地位,也得到了国内外各界的肯定与支持。1996 年农历正月初一,恰逢美国总统日,万向美国公司负责人作为在美亚裔杰出代表,前往白宫,受到美国前总统克林顿等美国政要的接见和宴请。1997 年 6 月 17 日,中国驻芝加哥总领事视察万向美国公司,盛赞万向美国公司是美国中西部发展最快,管理最好的中资企业,是在美国实实在在地赚美国人的钱,做美国人的老板。1998 年 7 月 13 日,外经贸部副部长李永图视察万向美国公司,指出万向美国公司所取得的杰出成就,在中国境外企业中是极少见的,为国内企业境外发展探索了一条成功之路。

万向美国公司介入的汽车零部件销售业,在美国已是相当成熟,甚至是过度竞争的产业。能在这样的竞争环境中,在这样短的时间内站稳脚跟,并迅速成长,根本原因在于始终坚持国际规范经营。

万向集团走出国门创办境外企业的目的非常明确,就是参与国际市场竞争,抢占制高点,赚外国人的钱。用鲁冠球的话来说,就是“在洋人的地方,用洋人的资源,做洋人的老板,赚洋人的钞票。”而万向美国公司总裁倪频在公司的创办过程中,坚决不把公司办成出国人员的接待站或办事处,绝不忙于迎来送往,惟一的奋斗目标就是全力打开在美国和其他欧美国家的市场。

二、本土

由于万向集团境外投资的目的非常明确,为了确保实现公司的发展目标,万向美国公司在经营管理上采取了与国内绝大多数境外公司截然不同的管理方式,即一开始就按国际规范运营,公司在完善公司法人治理机制的同时,高起点,迈大步,直接渗入美国商业规范体系之中;另一方面,借用发达国家当地银行、会计事务所、律师事务所等现有的社会服务体系,来充实、调整、监督、规范公司的运营,并充分利用当地的法律资源,来促进、保护公司利益的正常发展。在认识上,万向人感到企业越是国际化,越要本土化,因此,在运营中,公司的指导思想就是落地生根,力求实现本土化经营,包括市场营销本土化、管理体系本土化和资本的本土化。

(一) 市场营销本土化

1. 目标定位本土化。在成立之初,万向美国公司的发展目标就定位在不能单纯作为一个进口商,而必须作为本土化公司,并着手建立自己的市场体系,通过品牌、服务、交货的准确性及信息的及时性,以及市场网络的构建,真正摆脱靠单一价格竞争。这也是在东南亚金融风暴后,大量竞争对手进入,而万向集团仍有较大增长的原因。拼价格的结果往往是,在当地价格高的时候,中国企业低价的产品像潮水一样涌入该市场,而一旦当地价格降低的时候,我们又潮水一样退了出来,甚至退潮的速度比涨潮还要快。在当今社会,信息越发达中间人的价值越低,生存空间越小,单一拼价格,肯定是死路。

2. 组织结构本土化。单一价格竞争是治标,市场体系建设才是治本,其中最重要的是组织结构的建设。在执行总公司市场网络布局战略规划过程中,万向美国公司初步将目标市场划分为北美、南美和欧洲三块,以就地服务为原则,分设了地区总部,从组织结构上保证了市场建设的顺利进展,并在包括美国、欧洲在内的许多国家和地区建立了自己的销售网。芝加哥本部负责北美市场,分设工业轴承和汽车传动系统两个部分。万向南美公司,总部位于迈阿密,在巴西、秘鲁、哥伦比亚、萨尔瓦多等国设有销售点,业务遍及南美。万向欧洲公司,总部位于英国,负责欧洲地区的产品销售业务。由万向欧洲公司收购设立的万向欧洲轴承公司，专业负责欧洲地区轮毂轴承及其他汽车轴承的销售业务和产品包装及装配业务。配合布点，公司在硬件配置方面，在美国、英国、墨西哥及巴西设有保税仓库，保证提供良好的服务。

3. 经营方式本土化。在经营过程中，万向美国公司时刻牢记只有双赢，才能真正获得市场，因此为了保护客户的利益，谋求共同发展，万向美国公司采取"化整为零"、"抓大放小"等灵活方式。按当地的经营惯例，对代理商和分销业已形成的市场，公司不再进行直接销售，防止内部竞争，从而有效地保护了代理商和分销商的利益和积极性；对业务往来较多，但遇到困难的客户，如受金融危机影响的客户，公司最大限度地让利给他们，帮助他们渡过难关，加深了与客户之间的关系与感情。

4. 品牌建设本土化。万向的品牌建设是紧紧跟随市场网络建设而展开的。万向美国公司在设计了自己的品牌后，在美国各大杂志上大做广告，参加各种展览会，并花大力气设计自己独特的包装，万向的包装设计很考究，用户评价万向的包装盒和珠宝盒子一样美观。通过品牌建设，万向以其近乎挑剔的产品质量和服务质量，赢得了客户的信任。现在万向的产品在北美市场上，可以卖到和国际名牌一样好的价钱。万向可以骄傲地说，只要是万向的包装盒里的产品，他们都相信。过去，万向打着别人的品牌，只能赚取一点代理商支付的加工费。现在万向和客户之间建立了非常稳固的关系，有时出现了一些问题，双方甚至都主动提出承担责任和损失。有些竞争者用价格来竞争，万向也不怕，哪怕是对方的价格再低，也无法抢走客户，因为客户只相信万向的品牌。

(二) 管理体系的本土化

管理体系的本土化，是市场营销本土化的保证。万向的作法是运用当地优秀的人力资源，按当地最严格的标准管理公司，用最短的时间，进了角色，并在同行中崭露头角。

1. 人才来源当地化或国际化。作为一家中国的跨国经营企业,万向集团在人才方面的做法是,自己的子弟兵当然要派一些来,但是没有必要派太多。万向美国公司现在总共有40多名员工,其中国内来的人员只有两个半,其中有一个在攻读博士学位,半工半读,其余的人全部在当地招聘。万向美国公司及下属的主要骨干都是当地人员;而且除万向美国公司外,其他境外公司均没有中国人。公司的雇员大都经验丰富,原来在美国一些著名的公司做过,有的还做过同行业的总裁或老板,专业水平很高,而且拥有一批客户。在美国,万向节销售用了洛克威尔公司的力量,轴承则合并使用了日本NTN公司与美国通用轴承公司的销售系统;在南美,吸纳了舍勒公司的整个销售网;在欧洲,使用了原GKN系统的人员。这些高层次的人才,之所以愿意来这样的中资公司,并不是因为报酬特别高,而是因为他们看中了万向是一家有优秀前景的新公司,有足够的机会施展才能。万向美国公司的轴承销售经理就是一位美国人,原来是美国通用轴承公司经理,受聘之前曾对万向集团作过调查,认为原来服务的公司比较保守,发展潜力小,而在万向美国公司能够发挥自己的才能。万向公司当地的雇员基本上是一个顶一个用,甚至一个顶几个用。1997年集团年终评比先进,其中有一个是洋劳模,她一个人干三个人的活,每天工作十几个小时。公司发展后,当然对人才更具吸引力,有一次公司在"华尔街日报"上刊登广告,招聘一名销售部经理,应聘者达200多人。

2. 质量标准和经营理念国际化。万向的管理体系完全以高水平的基点定位,完全以美国同行的最高标准来衡量。QS9000是由美国三大汽车公司供应质量要求小组编制的全球性采购要求标准,是汽车行业的最高国际标准,是当之无愧的"经典著作"。为了实现与通用汽车公司配套,并进一步打开通用、福特和克莱斯勒的大门,从1996年起,集团下属万向钱潮公司和万向美国公司,分别作为制造商和经销商，同时进行了 QS9000 认证达标。当时，在国内尚无一家企业能非常成功地运用 QS9000 规范日常生产行为、质量行为，就连关于 QS9000 的英文资料都不全。万向美国公司一方面自己按要求逐条实施，另一方面一条一条地教会国内生产企业。通过不懈努力，万向钱潮公司和万向美国公司分别于 1998 年初通过 UL 公司的 QS9000 认证。高标准要求，使万向美国公司脱颖而出。目前在当地主要竞争对手中，包括制造商和经销商，也没有一家公司能够通过 QS9000 认证。

（三）资本的本土化

资本的本土化，是企业本土化的最终标志，这也是企业发展的必然要求。企业经营管理成功与否，银行和股东的承认是判断标准。万向美国公司的经济效益和发展速度，很快就引起了美国银行的注意。公司开户银行——美国花旗银行，几次提高信用额度，目前达到了 500 万美元。美林公司主动上门提出愿意为公司提供资金支持，共求发展。万向美国公司大胆引入花旗银行的资本，现银行的投入是万向母公司投入的近 2 倍。通过资本来源本土化，不仅壮大了公司的实力，而且达到了规范运作、提高素质、强化监督的目的。

下一步，公司准备将股票上市。这样才能真正实现公司的本土化，也从战略上实现公司经营国际化。

三、境外企业其他几个值得注意的问题

境外企业经营和发展的核心和基础，是在母公司战略目标指导下获取最大的经济效益。但是市场份额的增加和利润水平的提高，并不是境外企业经营目标的全部，母公司的全球化战略和境外企业的生存与发展，还需要境外企业成为信息情报站和技术开发所。境外企业在当地市场经营，还会遇到许多无法想像的问题和困难，如何处理好与我驻外使领馆以及公司总部的关系，也是十分

重要的。

(一) 信息收集与技术开发

境外企业是跨国经营企业总部伸向国际市场的触角,是走向国外市场的桥头堡。信息收集、处理和反馈以及适应当地市场消费需求的技术开发和设计,是境外企业经营的重要任务。

1. 境外企业是信息情报站。了解风云变幻的国际市场,特别是掌握境外企业所在国(地)市场的信息和动向,包括技术和市场动态、投资环境变化、竞争者动向等,是境外企业经营目标以外的任务,但又是必须承担的义务。跨国经营企业全球化战略的制定和调整,离不开对国际市场相关信息的收集、分析和判断,境外企业作为母公司下属企业,理应为总部收集政策、经济和技术情报;同样境外企业自身的发展,也需要对东道国以及相关国家的同类商品市场进行情报分析,否则海外企业的经营就会失去方向。

通常公司总部会向境外企业提出信息收集的要求,但是一些境外企业忙于完成经营指标,往往忽略了信息收集工作。事实上,境外企业作为信息情报站的职能能否发挥好,并不在于是否有专职人员,而是境外企业的每一个员工都要树立这样的意识,在日常的经营工作中,善于捕捉与母公司或本企业经营相关的信息,并及时以信息、报告、或文字加图片的形式向境外企业或公司总部信息部门汇报。由公司总部信息部门将境外企业提供的信息汇总、甄别、筛选和分类,将有效信息呈送给相关技术部门或决策部门。

2. 境外企业是技术开发所。跨国经营企业,是以国际市场为目标市场的企业。只有产品质量达到国际化水准,才可能更大范围地占领国际市场,因此要在产品的质量水准上全方位与国际接轨。这就要求企业在质量保证体系、产品的国际认证、检测水平方面达到国际标准。境外企业在促使母公司的质量保证体系、产品质量的国际认证、检测水平达到国际标准。

十四、上海实业集团海外收购案

一、上实集团跨国经营的背景

上实集团成立于1981年7月，是上海市政府在香港注册成立的窗口性企业。1981年企业创建初期，上实集团下属只有坐落在香港的3家工厂，总资产仅2亿多港元，销售收入1.7亿港元，利润不过1 300多万港元。10多年来，上海实业从借贷500万美元作为营运资金起家，充分利用兼具上海、香港的双重背景和双重优势，发挥“连接沪港桥梁、辐射内外基地”的作用，促进企业综合实力的不断提高。截至1996年底，上实集团净资产达到30.5亿港元，税后利润总额达9.62亿港元。目前属下企业已达130余家，经营范围不仅伸向内地长江流域，还远及美洲、欧洲、澳洲、非洲、东南亚地区等世界各地，已成为上海市在境外设立的最大的综合性企业集团。

1995—1997年，上实集团进入了一个加速发展的阶段，企业经营方式发生了实质性的变化，逐步由传统的产品经营领域向资产经营领域转变，通过经营方式的这一“裂变”，上实集团步入了高速发展的轨道。

1. 在国际资本市场上成功构筑了以上海经济发展为背景的“上海概念股”。1995年上海市政府要求上实集团作为上海市政府的窗口公司，发挥桥梁作用，开创上海至香港直接利用国际资本的先例。通过调查研究和对比分析，上实放弃了内地企业以往较多采用的“买壳上市”和“H股上市”的做法，采取将集团下属两家企业与内地企业结合起来的方式，以红筹股在港直接上市。经过近8个月的努力，最终于1996年5月30日在香港联合交易所成功上市。随后在1996年11月和1997年4月,完成了二次以上海优质资产为主体的重大注资行动,涉及金额达10亿美元,从而成功构筑了以上海经济为背景的“上海概念股”。

2. 在海内外业务拓展方面取得重大突破。在这3年中上实集团已先后在新加坡、南非设立了东南亚和非洲地区总部,在上海设立了面向全国的中国地区总部和资产经营公司。1997年在市政府的支持下,上实集团完成了与上海海外公司的合并,从而将海外分支机构进一步拓展到北美、欧洲、独联体等国家,为进一步开展海外投资和跨国经营打下基础。

3. 在国际融资方面取得重大突破。上实集团已与香港的20多家国际级商业银行建立了良好的业务关系,3年内,成功进行多次国际银团贷款,加上其他融资方式,共筹集了大量资金,投入上海和内地重大项目建设,现在上实集团已经成为上海市直接筹措国际资本的最重要的通道。

二、上实海外目标市场的进入以及收购战略目标的确定

1992年曼德拉作为第一位黑人政治领袖就任南非总统,南非的政治环境日趋稳定。南非政府为增加就业机会,提高黑人社会地位和生活水平,积极推行吸引外国直接投资的优惠政策。上实集团注意到南非市场的巨大发展潜力,自1993年起就开始以贸易的形式进入该国市场,随后又与上海广电集团合作,在南非设立了生产黑白电视机的工厂。随着南非政府着力加快黑人居住区的配变电网络的建设,加之相当一部分人口(以黑人为主)经济收入逐步增加,南非市场上的低中档的电子、电器商品深受黑人消费者的喜爱,以广电在当地生产的12-14寸SVA黑白电视机为例,由于质量优、价格低,市场占有率逐年提高,达到40%以上。因此自1996年初上实集团就计划扩大在南非的直接投资规模,进一步加强与上海的照明电器、电冰箱、微波炉、洗衣机等家电产品的生产企业

合作，到南非建立生产基地，规避高额进口关税。

经过前阶段贸易上的往来，上实集团发现南非商业零售市场垄断性极强，零售额70%左右由几家大型超市连锁公司所掌握。在电子、电器类商品的销售经营方面，由于涉及市场营销和售后服务环节，生产商或进口商一般均通过当地的经销或代理商将产品输入到零售市场。了解到这一市场特性后，上实集团为了确保工业投资项目建成后，产品有畅通的销售渠道，同时也避免将大笔销售利润割让给当地经销或代理商，决定在当地物色合适的家用电器经销商进行收购。为了使收购目标的选择与上实拓展海外市场的发展战略相吻合，在收购操作前，上实集团明确了三项主要收购战略目的。

1. 收购行动能将上海工业的产业梯度转移与在南非当地拥有自己的产品销售网络和品牌相结合。

2. 收购行动能将直接投资与利用证券市场筹资相结合。

3. 收购行动能将商品经营与资产经营相结合。

三、收购目标企业的物色和评估

在明确了集团南非发展的战略目标后，上实集团南非总部开始依托其已在当地建立的信息网络，积极物色目标企业，1996年下半年上实南非总部将寻找的目光集中在经其当地往来商业银行——南非标准银行介绍的销售企业欧米加(Omega)公司身上。为稳妥起见，上实南非总部先与欧米加公司在广电黑白电视机销售业务中建立了业务合作关系，让欧米加作为南部非洲市场的经销商之一。1996年12月，上实集团组织内部专业人员赴南非实地考察，对目标企业从发展历史和经营特点、股权与组织结构、财务状况以及目标企业管理层合作态度四方面进行了初步评估。

(一) 发展历史和经营特点

欧米加公司前身 Audiodeck Holdings Ltd. 是一间在约翰内斯

堡证券交易所挂牌的上市公司,1994 年 11 月 Audiodeck 被 Tandem 进出口公司反向收购,并由 Tandem 公司管理层接管负责公司管理,并改名为欧米加控股有限公司,该公司在南非约翰内斯堡交易所被列为电子电力板块的上市公司。

1995 年 8 月,欧米加公司又收购了爱华(Aiwa)和 TDK 产品在南非的独家代理公司 Frank&Hirsch 公司。收购完成后,欧米加公司主要从事家用电子产品的批发销售业务,其中包括音响、电视机、微波炉以及汽车音响等电子产品,是 AIWA、TDK、SILVER、ALPINE 等国际知名品牌在南非的独家分销商。欧米加自身还拥有诸多中低档电子产品品牌,其中包括 Tempest、Supersonic、Audiodeck、Maxam、Omega 等,上述这些品牌均有 20 年以上的经营历史,主要针对南非中低层收入的黑人消费市场,且已在不同的分类市场中拥有一定市场占有率。

欧米加公司拥有超过 8 000 家零售商客户,几乎遍布南非的主要大中城市。为了保证售后服务素质,形成与销售网络相配套的维修网络,欧米加在南非各地设立了 24 个维修服务分公司,40 个维修代理点。

(二) 股权及组织结构

欧米加公司在 1995 年重组后将人员减少至 1996 年的 205 人,人员中主要为市场销售和售后服务的工作人员,公司下属五大业务部门,其股权与组织结构如图 1 所示。

(三) 财务状况

1995 年以来,欧米加公司致力发展主营业务,提高产品毛利率,因此在 1995 年 3 月至 1996 年 3 月的财政年度取得了不错的业绩。销售收入由 1995 年的 7 490 万兰特(约 1 664.4 万美元)上升至 1996 年的 16 960 万兰特,增幅为 2.26 倍,经营利润也由 1995 年亏损 340 万兰特上升至 1996 年的盈利 1 140 万兰特(约 250 万美元)。由于该公司加强了成本控制,以及前几年经营亏损带来的所

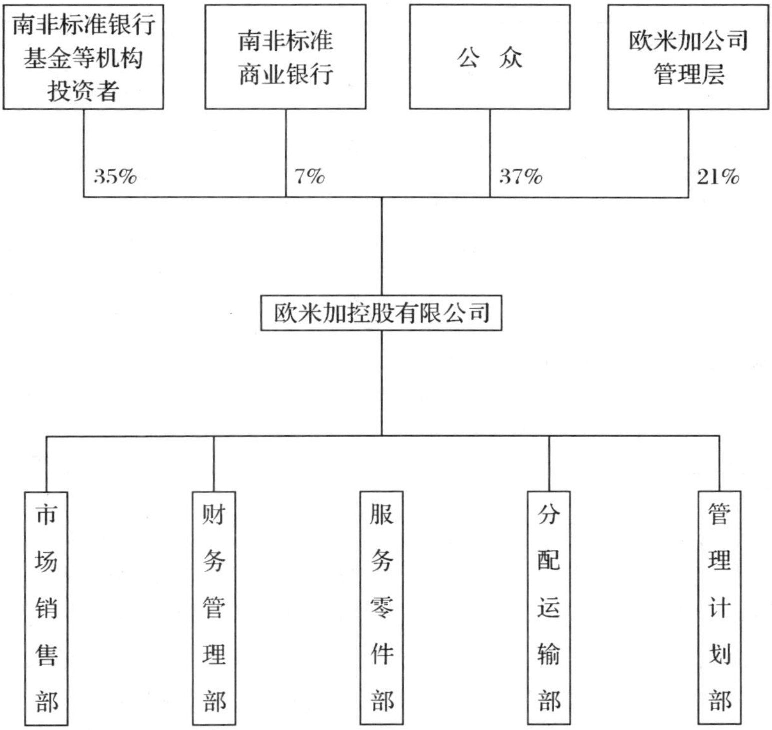

图 1

得税抵免,欧米加公司在扣除利息支出后,净利润由 1995 年亏损 540 万兰特上升至 1996 年的盈利 500 万兰特(约 110 万美元)。下面列示了欧米加公司财务状况简表(见表 1)。

(四) 欧米加公司管理层合作意向

由于欧米加公司主营业务是销售电子产品,因此公司最有价值的资产是销售管理这一软件,于是现有管理的合作态度取向对收购的成败起至关重要的作用。经初步接触,欧米加公司管理

表 1

	1996年 9月30日止 中期业绩 兰特	港币	1996年 3月31日止 全年业绩 兰特	港币	1995年 3月31日止 全年业绩 兰特	港币
营业收入	107 924 000	178 074 600	169 616 131	279 866 616	74 905 955	123 594 826
经营利润(亏损)	8 407 000	13 871 550	11 372 421	18 764 495	(3 369 583)	(5 559 812)
利息支付	5 838 000	9 632 700	6 371 597	10 513 135	2 249 684	4 074 978
除税后利润	2 569 000	4 238 850	5 000 824	8 251 360	(5 839 267)	(9 634 791)
每股盈利(亏损)	11.4	18.81	30.2	49.83	(184.4)	(304.3)
股东权益	54 969 000	90 698 850	32 349 968	53 377 447	27 863 374	45 974 567
总资产	149 577 000	246 802 000	92 877 000	153 247 000	67 312 000	111 064 800
流动资产	136 042 000	224 469 300	79 234 000	170 736 000	53 434 000	88 166 100
流动负债	94 608 000	156 103 200	60 527 000	99 869 000	39 449 000	65 090 850
流动比率	1.43	1.43	1.31	1.31	1.35	1.35
每股净资产	228.1	376.37	167.5	276.4	144.2	237.93

附注：1 兰特 = 1.65 港元

层对与上实的合作抱有极大的兴趣,愿意上实成为欧米加的新股东,甚至是控股股东。他们希望可以通过这一合作,优先获得上海企业在南非当地生产的轻工产品的销售权,从而降低其原来大多产品由中国大陆进口的运输和关税成本,提高毛利率。同时欧米加公司也表示愿意参与上实在南非的轻工业制造项目的直接投资,将其业务领域扩展到相关的制造行业中。欧米加公司同意在签署保密协议后,向我方提供该公司进一步详细经营状况材料。

四、初步分析后的目标企业确定

经过考察和分析后,上实集团将南非欧米加公司确定为收购目标企业。

1. 上实考察团实地参观了南非多家大型连锁仓储式购物中心的家电产品销售区域后,一致认为南非目前的家电产品,无论在质量、款式和性能上都属国内 1980 年代初期水平,且售价不低。上海的工业尤其是轻工业在技术和价格上均具备了产业梯度转移的空间。上实南非如能成功收购一间既拥有诸多具有一定知名度的品牌，又具备较广泛销售网络的销售批发公司，不仅可以分享梯度转移产品在销售环节上的利润，同时也为这些产品提供了稳定、畅通的销售渠道，从而确保了上海工业产业梯度转移的顺利进行。

2. 欧米加公司的股份结构中有两大特点，首先是管理层大比例持股，这种结构有利于收购完成后管理层的稳定性。上实虽已在南非经营数年，但经验局限在工业制造上，对于南部非洲的销售市场的运作和管理不甚熟悉，收购后必须倚重于欧米加现有的专业管理队伍，因此管理层的稳定性非常重要，而且管理层的持股使上实的收购谈判对象可以较为集中。其次，欧米加近四成的股份由专业机构性投资者持有，一方面说明公司发展前景被投资基金看好，另一方面说明以长线投资为主体的机构性投资者多于散户个人投资者，而且更为重要的是，这种结构使上实有可能向机构性投资者一次性转让股份而无需在市场上吸纳，即不会造成股价波动，也有利控制收购成本。

3. 如果能顺利收购欧米加公司的控制性股权，由于该公司1996、1997年财务状况良好，营业额与利润因业务扩张而不断增加，投资者对公司发展前景正面乐观，因此上实作为外国公司收购该企业的行为较易被投资者接受，而且上实未来还可以利用欧米加公司的上市公司地位进行股权融资，从而打开集团海外业务拓展的筹资新通道。

4. 从欧米加公司的经营情况可以看到：

(1) 该公司已在南非形成较广泛的电子、电器产品的销售网络，在南非的零售和批发客户达8 000多家，并已延伸到南部非洲其他国家，符合上实以南非为桥头堡拓展整个南部非洲市场的战略要求；

(2) 该公司在为AIWA、TDK国际名牌商品总代理销售方面业绩良好，并在整个南非设有24个维修服务分公司及40个维修代理点，将来可以为上实生产的产品提供配套的售后服务；

(3) 欧米加公司本身拥有多个家电产品的品牌如 Tempest, Supersonic，且大多有相当长的经营历史，并在南非有一定的知名度，尤其是在中低档的黑人消费者市场。上实计划生产的产品针对的就是这一消费群体，使用欧米加现有这些品牌将在市场进入上将更易被消费者接纳；

(4) 欧米加公司管理层作风相当进取，多次运用收购扩张战略，取得国际名牌产品在南非的独家分销权，促使经营产品多元化，而且管理层对收购合作也有较大的积极性，另外他们的进取作风也与上实拓展南非市场的战略要求相吻合。

五、中介机构的筛选和确定

在明确了欧米加作为收购目标企业之后，上实开始进行中介机构的筛选，其中包括财务顾问、会计事务所以及法律事务所。

(一) 会计事务所选择

在会计事务所的选择上，上实倾向于仍聘用其目前公司的年度审计师德勤会计师事务所。作为全球六大会计事务所之一，德勤在南非设有分支机构，且是南非最大的会计师事务所，员工达2 000多人。考虑到德勤与上实在香港上市以及中国国内收购行动中的密切配合，上实决定聘请南非德勤作为欧米加项目的审计师。

(二) 财务顾问的选择

南非德勤会计师告知上实，在南非，会计师行可以向当地证券监管部门申请财务顾问的经营执照，而南非德勤已在多年前获得了这一资格，并曾为多个收购方案提供过财务顾问服务。在确认南非的金融制度确有此规定以及南非德勤的顾问资格属实后，上实最后同意请德勤在作为收购项目的审计师的同时，担任上实的财务顾问。

（三）法律顾问选择

在法律顾问的选择上，上实基本采取了小范围招标的方式，首先通过集团在港来往的著名律师事务所介绍推荐，与南非当地多家大型律师事务所作初步接触，然后将选择范围缩小到三家在南非排位前五名的著名事务所：Webber Wentzel Bownens。Werksmans和 Bowman Gilfillan Hagman Godfrey。上实决定以竞标形式作出选择，并要求三间律师行在项目建议信（Project Proposal）中提供以下资料：

（1）事务所发展历史、规模和业务范围；

（2）与国际同行尤其是与香港及中国律师行的合作关系和合作经验；

（3）曾经参与的收购兼并业务经验及主要客户名单；

（4）为上实提供服务的专业人员名单及其学历资历情况介绍；

（5）欧米加项目的初步操作意见和步骤设计（包括时间表）；

（6）项目的收费标准以及费用预算。

经过严格分析比较，最后上实选择了 Webber Wentzel Bownens 律师行。该行建于 1868 年，是南非历史最悠久的律师行，与许多国际著名大律师行建有协作关系（Associate relationship），而且该行也曾为中国经贸部在南非的窗口企业长城集团的数宗反倾销案件中提供过服务。在人员配备上，该行派出了负责兼并收购的合伙人担任项目小组负责人，虽收费标准略高于其他两家，但亦属市场合理水平，而且还列明项目成功和不成功两种费用计算方式，更具弹性。

六、尽职调查开展

由于欧米加为上市公众企业，任何的信息披露必须面向全体股东，因此上实在开始尽职调查之前应欧米加公司要求，与其签订了保密协议，然后与会计师、律师一起开始了财务、法律以及商业上的尽职调查。由于1997年5月，欧米加公司又通过发行新股权集资收购了菲利浦产品南非总代理公司——TEK公司，使得尽职调查的范围扩大许多。

整个财务和商业尽职调查工作主要涵盖了以下几方面的内容：

(1) 企业发展历史和公司股权结构；
(2) 企业发展战略和经营目标；
(3) 企业产品和品牌情况；
(4) 企业仓储及分销管理；
(5) 财务报告及控制体系；
(6) 财务报表分析；
(7) 税务状况和融资安排；
(8) 市场和竞争状况；
(9) 销售、促销和客户情况；
(10) 企业董事、管理层和员工结构；

通过仔细大量的实地访问、取证以及向管理层和员工咨询，德勤分析了欧米加公司的竞争优势，指出了未来可能影响欧米加经营业绩或在经营管理上需改进的问题。

七、收购谈判和磋商

尽职调查完成之后，上实开始与欧米加公司股东就入股事宜进行正式谈判。由于当时欧米加公司许多销售产品的产地已转为中国大陆，该公司已开始从中国广东省等地直接组织货源供应南非市场，与上实的合作意味着对方可以在南非当地就近获得稳定且成本更低的供货资源。另外，上实在香港及国际资本市场上已建立了良好的企业形象与声誉，并在资产经营方面积累了较为丰富的实战经验，这两点对企业只属中小型规模的欧米加公司具有相当的吸引力。因此欧米加公司的老股东对上实入股均持正面态度，考虑到欧米加公司的股权结构相当分散，上实提出由欧米加现有的大股东推选出授权代表和上实进行实质性谈判，以提高工作效益，最后欧米加原股东选出了由欧米加现有管理层及南非标准银行两位董事作为授权股东代表。

谈判中涉及的双方有分歧的主要问题是：

(1) 入股比例、方式和价格；

(2) 新董事会和管理层架构安排；

(3) 收购合约适用法律的选择。

(一) 入股比例方式和价格

1. 入股比例。上实在初步将欧米加公司确定为收购目标公司时，希望可以绝对控股欧米加公司，即持股比例大于50%，由于南非全面收购触发点是35%，因此如果要绝对控股，必须进行全面收购。而欧米加完成TEK公司收购后，公司规模几乎扩大了一倍，绝对控股的成本大大提高。另外，欧米加原有股东均流露出不想减持股权的意思，上实要达到绝对控股，操作上亦不太可能，而且收购TEK公司后，在欧米加所有股东中，最大的持股比例为20.6%，因此上实的持股比例只要大于20.6%，即可以达到相对控制。

相对控股的风险在于今后上实能否与其他股东在公司发展战略、经营方针以及其他重大决策上取得一致，并成功达到收购欧米加公司的战略目标。为了对这一风险作充分评估，上实对欧米加完成TEK收购后的大股东结构作了分析，发现持股比例超过5%的大股东7名，除管理层持有20.6%外，其余6名大股东均是机构性金融投资者，其中南非标准银行及其控制基金持有18.5%，另外四间基金或投资公司分别占有9.7%，6.5%，6.8%及5%欧米加股份。而且在欧米加过往的经营管理中，这些金融投资机构都是作为被动投资者不参与企业任何经营活动，而只对企业经营业绩作综合考评以决定是否继续持有。另外，这些投资者在与上实就入股事宜进行接触和磋商的过程中，均对上实的加入以及今后欧米加公司的发展战略表示极大欢迎，上实近年在资本市场成功的资产经营活动也进一步增强了他们对欧米加未来前景的信心。通过上述分析，上实决定将持股比例调整到 25～30% 左右，一方面作为第一大股东相对控股，另一方面由于持股量大于 20%，上实在集团综合财务报表中，可按权益法反映欧米加每年的经营业绩而不仅仅是分配到的股息红利，从而可以真实地反映出这一投资项目的回报率情况。而且根据南非证券法，股东持股量大于 25%，如其对公司经营有重大不满，可动议召开特别股东大会进行管理层和董事会的改选，使股东对企业有更大的控制力。

2. 入股方式。上实最初提出以增发新股或受让旧股的方式进行入股，而且为了保证欧米加公司收购完成后经营管理的延续性，上实要求原管理层不得出售其所持有的股份。对于上实要求管理层保持原股份的要求，对方授权代表一致同意，但是由于大多数老股东看好欧米加未来发展前景，尤其是他们相信上实入股后欧米加的业务发展会更迅速，股价表现也会反映这一趋势。所以不愿意减持他们手中欧米加股份，因此受让旧股份的方案行不通。而增发新股，由于会对老股东所持股份产生股权摊薄效应，而且老股东也无法直接分享增发新股的益处，因此，此方案也得不到大多数老股东的认可。最后上实集团综合了新、旧两个方案的优点，提出了有偿转让配股权的方案，该方案的具体操作内容为：

(1) 目标公司欧米加先向其所有老股东提出配股要求，配股比率为每 100 股普通股获派 38 股新股认股权证；

(2) 该新股认股权证为有价值可转让的认股权证；

(3) 老股东将其所获配的新股认股权证转让给上实集团，获得一定的转让收益；

(4) 上实集团以新股认股权证出资获配新股。

该方案由于兼顾了老股东的长短期利益，最终获得了对方授权代表的接纳。

3. 入股价格。关于入股价格，上实提出分两部分：认股权证的价格和以认股权证购买新股的价格。新股认购价以签订合约前三个月的上市股份的平均交易价作为基础，溢价部分即表现为认股权证的价格，溢价水平不超过10%，经过多轮磋商、谈判上实与欧米加股东授权达成一致，将每股认股权证价格确定为0.40兰特，每股新股作价5.5兰特。

（二）董事会架构

上实作为入股后持股比例第一位的大股东，提出要派出两名代表进入董事会，而且其中一位要担任董事长。但欧米加老股东认为7名董事会成员中，上实一下子加入2名不太合适，且认为董事长仍由欧米加管理层中最大股份持有者 Mr. Gavin Koppel 继续担任，其理由是欧米加是上市公司，董事会架构变动太大会影响投资者信心。我们认为其理由不够充分，因此仍坚持2名代表加入董事会。但略作让步同意先担任副董事长，待现任董事长任期满后，再担任董事长，并同意另一位代表以非执行董事身份先进入董事局。为了加强对欧米加公司日常管理的监管，上实提出派出两位高级管理人员进入欧米加管理层分别担任财务副总监和中国采购部主管，协助原管理层进行工作。经过磋商，最后谈判双方达成了一致，对方基本接受了上实的提议。

（三）关于协议适用法律的选择

由于上实是香港注册企业，而欧米加老股东均是南非注册的公司，因此双方对股权转让协议适用法律的选择出现了分歧。欧米加老股东以欧米加公司在南非经营运作且股权转让交易发生地在南非为理由，坚持一定要以南非法律作为协议适用法律。虽然对方这一要求的理由较上实充分，但是作为一间香港企业，接受对方意见，意味着将来出现纠纷时上实风险较大。而且上实是一间总资产超过100多亿港元的大型企业，一旦纠纷产生巨额赔偿，公司无法控制损失。为此，上实提出以其南非分公司作为收购主体与对方签订股权转让协议，并同意以南非法律作为协议适用法律，一方面南非分公司本身也是南非注册企业，原来就受南非法律制度管辖。另一方面南非分公司注册资本规模较小，其入股欧米加的资金由上实母公司以股东贷款形式注入，作为有限责任公司，即使涉及赔偿，风险也只在其注册资本金范围内，经谈判，对方最后接受了我方的意见。

图书在版编目(CIP)数据

国际商务管理/薛求知,刘子馨主编. —2 版. —上海：复旦大学出版社,2002.4
(2025.2 重印)
(大学管理类教材丛书)
ISBN 978-7-309-03146-1

Ⅰ. 国… Ⅱ. ①薛…②刘… Ⅲ. ①国际贸易-经济管理-高等学校-教材 Ⅳ. F74

中国版本图书馆 CIP 数据核字(2002)第 013018 号

国际商务管理(第二版)
薛求知　刘子馨　主编
责任编辑/戚雅斯　张宇宏

复旦大学出版社有限公司出版发行
上海市国权路 579 号　邮编：200433
网址：fupnet@fudanpress.com　http://www.fudanpress.com
门市零售：86-21-65102580　团体订购：86-21-65104505
出版部电话：86-21-65642845
浙江临安曙光印务有限公司

开本 850 毫米×1168 毫米　1/32　印张 15.75　插页 1　字数 408 千字
2025 年 2 月第 2 版第 17 次印刷
印数 76 601—77 700

ISBN 978-7-309-03146-1/F · 696
定价：38.00 元